"十二五"普通高等教育本科国家级规划教材
普通高等教育"十一五"国家级规划教材
北京高等教育精品教材

供应链管理

第 3 版

主编 施先亮 王耀球
参编 李伊松 兰洪杰 徐 杰

机械工业出版社
CHINA MACHINE PRESS

本书首先介绍了供应链的基本知识、供应链管理的相关理论，然后阐述了供应链战略、供应链合作伙伴、供应链设计与优化等内容，接着对供应链采购管理、供应链生产管理、供应链物流管理、供应链信息管理、供应链财务管理等进行了论述，最后就供应链管理方法、供应链的组织与流程和供应链绩效评价进行了总结。

本书适用于普通高等院校物流管理专业和相关专业的教学，也可供从事企业管理、物流管理工作的人员学习使用。

图书在版编目（CIP）数据

供应链管理/施先亮，王耀球主编．—3版．—北京：机械工业出版社，2016.4（2025.2重印）
普通高等教育"十一五"国家级规划教材 "十二五"普通高等教育本科国家级规划教材 北京高等教育精品教材
ISBN 978-7-111-53185-2

Ⅰ．①供… Ⅱ．①施… ②王… Ⅲ．①供应链管理-高等学校-教材 Ⅳ．①F252

中国版本图书馆 CIP 数据核字（2016）第 045576 号

机械工业出版社（北京市百万庄大街 22 号 邮政编码 100037）
策划编辑：易 敏 曹俊玲 责任编辑：易 敏 宋 燕
责任校对：郭明磊 封面设计：刘 科
责任印制：单爱军
保定市中画美凯印刷有限公司印刷
2025 年 2 月第 3 版第 13 次印刷
185mm×230mm · 20.75 印张 · 409 千字
标准书号：ISBN 978-7-111-53185-2
定价：46.00 元

电话服务　　　　　　　　　网络服务
客服电话：010-88361066　　机　工　官　网：www.cmpbook.com
　　　　　010-88379833　　机　工　官　博：weibo.com/cmp1952
　　　　　010-68326294　　金　书　网：www.golden-book.com
封底无防伪标均为盗版　　　机工教育服务网：www.cmpedu.com

前　　言

当前，市场竞争日益激烈，企业之间的竞争已经演变为企业所在的供应链之间的竞争。如何提高供应链管理水平，提高在供应链管理理论指导下的企业管理与运作水平，成为企业界与学术界越来越关心的问题。

本书是在 2005 年版的《供应链管理》的基础上进行的第二次修订。书中首先介绍了供应链的基本知识、供应链管理的相关理论，然后阐述了供应链战略、供应链合作伙伴、供应链设计与优化等内容，接着对供应链采购管理、供应链生产管理、供应链物流管理、供应链信息管理、供应链财务管理等进行了论述，最后就供应链管理方法、供应链的组织与流程、供应链绩效评价等进行了总结。本书力求全面介绍供应链管理的理论和方法，并对基于供应链的采购管理、生产管理、物流管理、信息管理、财务管理等几个重要问题进行了重点阐述，以便使读者能够掌握基于供应链进行企业管理的方法。

本书是由北京交通大学从事多年物流教学和科研工作的教师编写而成的。全书由施先亮、王耀球主编，其中第一章、第二章由王耀球编写，第三章、第四章由李伊松编写，第五章、第八章、第九章、第十章、第十一章、第十二章由施先亮编写，第六章由徐杰编写，第七章、第十三章由兰洪杰编写。感谢乔晓慧、张泽、曹方磊、杨丽莉、王影等研究生同学为本书的编写与出版所做的工作。本书在编写过程中参阅了国内外许多同行的学术研究成果，参考和引用了所列参考文献中的某些内容，谨向这些文献的编著者致以诚挚的感谢。

由于时间仓促、编者水平有限，书中难免会有错误与不足之处，殷切希望广大读者批评指正，以利于今后进行改进。

为方便教师授课，本书作者制作了配套 PPT 课件等资料，以本书作为教材授课的教师可向出版社编辑索取（cmp9721@163.com）。

编　者

目 录

前言

第一章 供应链概述 ... 1
- 第一节 供应链管理的产生背景 ... 1
- 第二节 供应链的基本概念 ... 5
- 第三节 供应链管理的基本概念 ... 12
- 案例讨论 ... 19
- 习题 ... 21
- 本章参考文献 ... 22

第二章 供应链管理的相关理论 ... 23
- 第一节 价值链 ... 23
- 第二节 核心竞争力 ... 28
- 第三节 业务外包 ... 33
- 第四节 集成化供应链管理 ... 40
- 案例讨论 ... 46
- 习题 ... 47
- 本章参考文献 ... 47

第三章 供应链战略 ... 49
- 第一节 供应链战略概述 ... 49
- 第二节 供应链战略与企业竞争战略的匹配 ... 56
- 第三节 供应链战略匹配范围的拓展 ... 68
- 案例讨论 ... 72
- 习题 ... 72
- 本章参考文献 ... 73

第四章 供应链合作伙伴 — 74

- 第一节 供应链合作伙伴关系 — 74
- 第二节 建立供应链合作伙伴关系的理论基础 — 81
- 第三节 供应链合作伙伴的选择 — 87
- 案例讨论 — 92
- 习题 — 94
- 本章参考文献 — 94

第五章 供应链设计与优化 — 96

- 第一节 供应链设计概述 — 96
- 第二节 供应链网络结构 — 107
- 第三节 供应链设施网络决策 — 115
- 第四节 供应链设施网络优化 — 122
- 案例讨论 — 128
- 习题 — 130
- 本章参考文献 — 130

第六章 供应链采购管理 — 131

- 第一节 采购的特点 — 131
- 第二节 供应链管理中的即时制采购策略 — 139
- 第三节 供应链管理中供应商的选择、评价与考核 — 146
- 案例讨论 — 154
- 习题 — 155
- 本章参考文献 — 155

第七章 供应链生产管理 — 156

- 第一节 生产计划 — 156
- 第二节 供应链生产管理的特点 — 161
- 第三节 供应链管理下的生产计划与控制 — 164
- 第四节 供应链管理下的生产组织新思想——延迟制造 — 176
- 案例讨论 — 182
- 习题 — 183
- 本章参考文献 — 184

第八章　供应链物流管理 ... 185

- 第一节　物流与供应链管理 ... 185
- 第二节　基于供应链的运输管理 ... 188
- 第三节　基于供应链的库存管理 ... 195
- 案例讨论 ... 208
- 习题 ... 211
- 本章参考文献 ... 211

第九章　供应链信息管理 ... 212

- 第一节　供应链中的信息 ... 212
- 第二节　供应链中的信息流及其控制 ... 214
- 第三节　信息技术在供应链管理中的应用 ... 219
- 第四节　供应链管理中的信息系统 ... 222
- 案例讨论 ... 233
- 习题 ... 235
- 本章参考文献 ... 235

第十章　供应链财务管理 ... 236

- 第一节　供应链的财务分析 ... 236
- 第二节　供应链的财务决策 ... 245
- 案例讨论 ... 256
- 习题 ... 258
- 本章参考文献 ... 258

第十一章　供应链管理方法 ... 259

- 第一节　快速反应 ... 259
- 第二节　有效客户反应 ... 265
- 第三节　协同规划、预测和连续补货 ... 270
- 案例讨论 ... 276
- 习题 ... 277
- 本章参考文献 ... 277

第十二章　供应链的组织与流程 · 278

第一节　供应链管理的组织结构 · 278
第二节　供应链运作参考模型 · 282
第三节　供应链业务流程重组 · 288
案例讨论 · 296
习题 · 297
实践与思考 · 297
本章参考文献 · 298

第十三章　供应链绩效评价 · 299

第一节　供应链绩效评价的特点 · 299
第二节　供应链评价体系的构架 · 302
第三节　供应链企业激励机制 · 313
案例讨论 · 319
习题 · 321
本章参考文献 · 321

第一章

供应链概述

作用

本章是全书的基础，着重介绍供应链的基本知识，使读者对供应链有初步的了解。本章介绍供应链产生的背景，分析现代竞争环境的特点和企业面临的挑战，指出传统"纵向一体化"管理的弊端，最后阐述了供应链的一些基本概念。

关键

- 供应链管理的产生
- 供应链的基本概念
- 供应链管理的基本概念

第一节 供应链管理的产生背景

一、现代竞争环境使企业面临挑战

（一）现代竞争环境的特点

20世纪90年代以来，由于科学技术不断进步、经济不断发展以及全球化信息网络和全球化市场的形成，围绕新产品的市场竞争日趋激烈。技术进步和需求多样化使得产品生命周期不断缩短，企业面临着开发新产品、缩短交货期、提高产品质量、降低生产成本和改进客户服务的压力。这些压力归根到底是要求企业对市场做出快速反应，不断开发出满足消费者需要的"个性化产品"去占领市场以赢得竞争。

21世纪全球竞争环境有以下几个方面的特点：

1. 信息技术飞速发展和信息资源利用要求提高

信息技术的发展，打破了时间和空间对经济活动的限制，为国家、企业间经济关系的发展提供了新的手段和条件。网络通信、数据库、标准化等技术使得各种信息能够快速地超越国家和个人的界限，在世界范围内有效地传递和共享。

2. 产品研发提升到企业竞争的重要地位

高新技术的迅猛发展提高了生产效率，缩短了产品更新换代周期，加剧了市场竞争的激烈程度。例如，当今的移动电话、计算机，几乎是上市没多久就会被更新的、更先进的新产品所替代，消费者都有些应接不暇了。所有的公司都面临着不断开发新产品、淘汰旧产品的挑战。

3. 全球化市场的建立和无国界竞争的加剧

随着 IT 技术的发展，特别是互联网技术的出现与广泛应用，全球经济一体化的进程加快。无国界化企业经营的趋势越来越明显，整个市场竞争呈现出明显的全球化和一体化。据联合国有关部门估计，跨国公司的销售额已占全球贸易额的 75%，占全球技术贸易额的 80%。

4. 消费者个性化、多样化需求的出现

随着时代的发展，大众知识水平的提高和现代市场激烈的竞争使得市场上的产品种类越来越多，品质越来越好。消费者的要求和期望越来越高，消费者的价值观也发生了显著变化。消费者对产品的品种规格、品种花色、需求数量等方面的要求呈现多样化、个性化的发展趋势，而且这种多样化要求具有很高的不确定性。消费者对产品的功能、质量和可靠性的要求日益提高，而且这种要求提高的标准又是以不同用户的满意程度为尺度来衡量的。

5. 全球性技术支持和售后服务

生产和销售的全球化、一体化，信息技术的飞速发展和广泛利用，企业有条件在全球范围内获得技术支持，及时满足生产所需。同时，全球化的销售网络也需要有全球性的售后服务网络支持。销售做到哪里，服务就送到哪里。

（二）企业面临的挑战

1. 缩短产品研发周期

随着经济全球化的发展，企业面对的消费者需求呈现多样化的趋势，消费者对产品更新的要求也越来越高。这就要求企业的产品开发能力要不断提高。例如，AT&T 公司新电话的开发时间由过去的 2 年缩短为 1 年，惠普公司新打印机的开发时间从过去的 4.5 年缩短为 22 个月。

2. 降低库存水平

因为消费者需求的多样化越来越突出，企业为了更好地满足其需求，便不断推出新的品种，结果产品品种数成倍增长，导致制造商和销售商背上沉重的库存负担，严重影响了企业的资金周转速度，进而影响了企业的竞争力。

3. 缩短响应周期

缩短产品的开发、生产周期，在尽可能短的生产时间内在最大限度地满足消费者的需求,正成为所有管理者最为关注的问题之一。企业间的主要竞争因素在20世纪60年代为成本,80年代为质量,90年代为交货期,而进入21世纪则为响应周期(Cycle Time)。企业不仅要有很强的产品开发能力、完善产品品种和对供应链成本的控制能力,更为重要的是缩短产品上市时间,即尽可能提高对客户需求的响应速度。20世纪90年代,日本汽车制造商平均每2年就推出一款车型,而美国推出相当级别的车型却要5~7年,日本汽车能更好地响应客户需求,因而在汽车市场上占据了更大主动。

4. 提供定制化的产品和服务

传统的"一对全"的规模经济生产模式已不能使客户满意,也不再能使企业获得效益,企业必须具有能根据每个客户的特殊要求定制产品和服务的能力。显然,个性化的定制生产提高了产品质量,使企业能够快速响应客户要求,但对企业运作模式提出了新的要求。

总之,企业要想在这种严酷的竞争环境下生存下去,必须具有较强的处理环境变化及其影响的能力。如何应对这种挑战,始终是管理者们关注的焦点。

二、传统管理模式存在的弊端

传统的管理模式是"纵向一体化"的管理模式。从管理模式上看,企业出于对制造资源的占有要求和对生产过程直接控制的需要,传统上常采用的策略,或是扩大自身规模,或是参股到供应商企业,成为向其提供原材料、半成品或零部件的企业的一家股东。这就是人们所说的"纵向一体化(Vertical Integration)"管理模式。我国企业(特别是过去的国有企业)一贯采取"大而全""小而全"的经营方式,可以被认为是"纵向一体化"的一种表现形式。

20世纪40至60年代,企业处于相对稳定的市场环境中,这时的"纵向一体化"模式是有效的。但是到了20世纪90年代,在科技迅速发展、市场竞争日益激烈、顾客需求不断变化的形势下,"纵向一体化"模式则暴露出了种种缺陷。

1. 增加企业投资负担

不管是投资兴建新的工厂,还是用于其他公司的参股、控股,都需要企业自己筹集必要的资金。这种需要给企业带来许多不利之处。首先,企业必须投入人力、物力设法在金融市场上筹集所需要的资金;其次,资金到位后,随即进入项目建设周期(假设新建一个工厂)。为了尽快完成基本建设任务,企业还要投入大量精力从事项目实施的监管工作,这样一来又消耗了大量的企业资源。由于项目需要一个建设周期,在此期间内企业不仅不能安排生产,而且还要按期偿还借款利息。显而易见,用于项目基本建设的时间越长,企业背负的利息负担越重。

2. 面临丧失市场时机的风险

对于某些新建项目来说,由于有一定的建设周期,往往出现项目建成之日,也就是项目下马之时的现象，市场机会早已在项目建设的过程中逝去。从选择投资的方向看，决策者当时的决策可能是正确的，但就是因为花在生产系统基本建设上的时间太长，等生产系统建成投产时，市场行情可能早已发生了变化，错过了进入市场的最佳时机，从而使企业遭受损失。因此，项目建设周期越长，企业面临的风险越高。

3. 迫使企业从事不擅长的业务活动

按"纵向一体化"管理模式运作的企业实际上是"大而全""小而全"企业的翻版。这种企业把产品设计、计划、财务、会计、生产、人事、信息管理和设备维修等工作看作本企业必不可少的业务工作，许多管理人员往往投入过多的时间、精力和资源去从事辅助性的管理工作。结果是，辅助性的管理工作没有抓起来，关键性业务也无法发挥出核心作用，不仅使企业失去了竞争特色，还增加了企业产品成本。例如，1996 年，办事机构设在密歇根州特洛伊市的劳动力协会的一个顾问机构指出，通用汽车公司抱着纵向管理思想不放，公司自己生产 70% 的零部件，而福特公司只生产 50%，克莱斯勒也只生产 30%。他们指出，正是由于通用汽车公司的顽固做法，使它现在不得不承受多方面竞争的压力。通用汽车公司因为生产汽车零部件而耗去的劳动费用高于其他两个公司，每生产一个动力系统，它就比福特公司多付出 440 美元，而比克莱斯勒公司多付出 600 美元，因此在市场竞争中始终处于劣势。再如，某机器制造厂为了解决自己单位富余人员的就业问题，成立了一个附属企业，把原来委托供应商生产的某种机床控制电器转为自己生产。由于缺乏技术和管理能力，不仅成本高于外购产品的成本，而且产品质量低劣，最后影响到整机产品的整体性能和质量水平，导致一些老客户纷纷撤出订单，进而使企业蒙受不必要的损失。

4. 在每个业务领域都直接面临众多竞争对手

采用"纵向一体化"管理模式管理企业的另一个问题是，它必须在不同的业务领域直接与不同的对手进行竞争。例如，有的制造商不仅生产产品，而且还拥有自己的运输公司。这样一来，该企业不仅要与制造业的对手竞争，而且还要与运输业的对手竞争。在企业资源、精力、经验都十分有限的情况下，四面出击的结果是可想而知的。事实上，即使是 IBM 这样的大公司，也不可能拥有进行所有业务活动所必需的才能。因此，从 20 世纪 80 年代末期起，IBM 就不再进行纵向发展，而是与其他企业建立广泛的合作关系。例如，IBM 与苹果公司合作开发软件，协助 MCT 联营公司进行计算机基本技术研究工作，与西门子公司合作设计动态随机存储器等。

5. 增大企业的行业风险

如果整个行业不景气，采用"纵向一体化"管理模式的企业不仅会在最终用户市场遭受损失，而且会在各个纵向发展的市场遭受损失。过去曾有过这样一个例子，某味精厂为了保证原材料供应，自己建了一个辅料厂。但后来味精市场饱和，该厂生产的味精大部分没有销路。结果不仅是味精厂遭受损失，与之配套的辅料厂也举步维艰。

三、供应链管理模式的产生

鉴于"纵向一体化"管理模式的种种弊端,从20世纪80年代后期开始,国际上越来越多的企业放弃了这种模式,随之而来的是"横向一体化"思想的兴起。"横向一体化"就是利用企业外部资源快速响应市场需求,只抓企业发展中最核心的东西——产品方向和市场,至于生产,只抓关键零部件的制造,其他零部件全部委托其他企业加工。例如,福特汽车公司旗下名为Festival的一款车就是由美国人设计的,但它的发动机由日本的马自达汽车公司生产,其他零部件的生产和装配则由韩国的工厂承担,最后在美国市场上销售。制造商把零部件生产和整车装配都放在了企业外部,这样做的目的是利用其他企业的资源和优势促使产品快速上马,避免了因自己投资带来的基建周期长等问题,使产品在低成本、高质量、早上市诸方面赢得了竞争优势。

"横向一体化"形成了一条从供应商到制造商再到分销商的贯穿所有相关企业的"链"。由于相邻节点企业表现出一种需求与供应的关系,当把所有相邻企业依次连接起来时,便形成了供应链(Supply Chain)。这条链上的各个节点企业必须做到同步、协调运行,才有可能使链上的所有企业都能受益,于是便产生了供应链管理(Supply Chain Management,SCM)这一新的经营与管理模式。

第二节 供应链的基本概念

一、供应链的定义

2006年,中国发布实施的国家标准《物流术语》(GB/T 18354—2006)对供应链的定义是:"生产及流通过程中,为了将产品或服务交付给最终用户,由上游与下游企业共同建立的网链状组织。"

华中科技大学马士华教授在其编著的《供应链管理》一书中这样写道:"供应链是围绕核心企业,通过对信息流、物流、资金流的控制,从采购原材料开始,制成中间产品以及最终产品,最后由销售网络把产品送到消费者手中的将供应商、制造商、分销商、零售商、直到最终用户连成一个整体的功能网链结构模式。"

通过比较以上两种供应链的定义可以看出,若把供应链比喻为一棵枝繁叶茂的大树,生产企业就是树根,独家代理商则是主干,分销商是树枝和树梢,满树的绿叶红花是最终用户。在根与主干或主干与枝的一个个节点上,都蕴藏着一次次的流通,遍体相通的脉络便是管理信息系统。供应链是社会化大生产的产物,是重要的流通组织形式。它以市场组织化程度高、规模化经营的优势,有机地连接生产和消费,对产品的生产和流通有着直接的导向作用。

二、供应链的结构

一般来说,供应链由所有加盟的节点企业组成,一般有一个核心节点企业(可以是产品制造企业,也可以是大型零售企业),节点企业在需求信息的驱动下,通过供应链的职能分工与合作(生产、分销、零售等),以资金流、物流和商流为媒介实现整个供应链的不断增值。供应链的基本模型如图1-1所示。

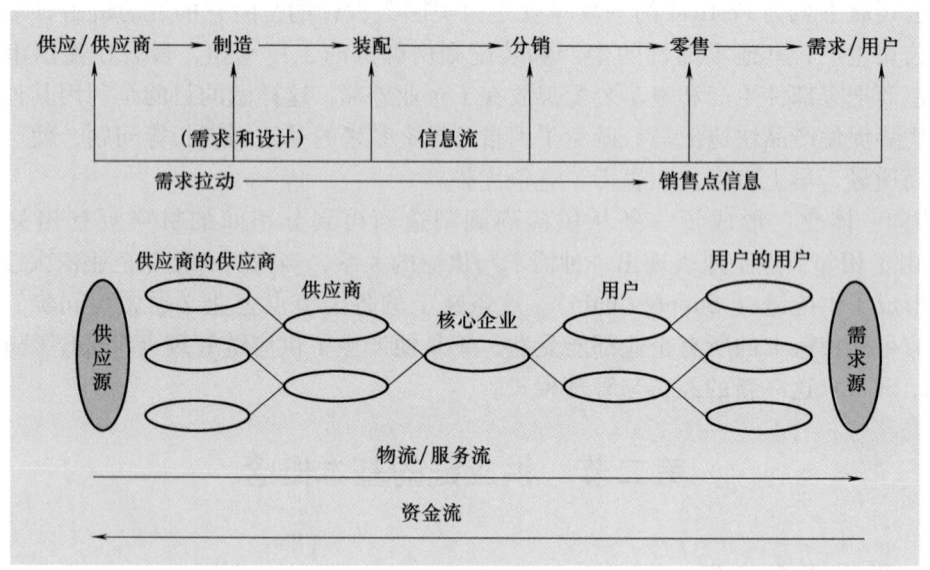

图1-1　供应链的基本模型

三、供应链的特征

供应链是一个网链结构,由围绕核心企业的供应商、供应商的供应商和用户、用户的用户组成。一个企业是一个节点,节点企业和节点企业之间是一种需求与供应的关系。供应链主要具有以下特征:

(1)复杂性。因为供应链节点企业组成的跨度(层次)不同,供应链往往由多个、多类型、多地域企业构成,所以供应链结构模式比一般单个企业的结构模式更为复杂。

(2)动态性。供应链管理因企业战略和适应市场需求变化的需要,其中的节点企业需要动态更新,这就使得供应链具有明显的动态性。

(3)交叉性。某个供应链的节点企业可以同时是另一个供应链的成员。众多的供应链形成交叉结构,增加了协调管理的难度。

(4)面向用户需求。供应链的形成、存在、重构,都是基于一定的市场需求而发生的，并且在供应链的运作过程中，用户的需求拉动是供应链中信息流、产品/服务流、资金流运作的驱动源。

四、供应链的类型

根据不同的划分标准，可以将供应链做以下划分。

1. 稳定的供应链和动态的供应链

根据供应链存在的稳定性不同，可以将供应链划分为稳定的供应链和动态的供应链。基于相对稳定、单一的市场需求而组成的供应链的稳定性较强，而基于相对频繁变化、复杂的需求而组成的供应链则动态性较强。在实际的管理运作中，需要根据不断变化的需求，相应地改变供应链的组成。

2. 平衡的供应链和倾斜的供应链

根据供应链容量与用户需求的关系，可以将供应链划分为平衡的供应链和倾斜的供应链。一个供应链具有一定的、相对稳定的设备容量和生产能力（所有节点企业能力的综合，包括供应商、制造商、分销商、零售商等），但用户需求处于不断变化的过程中。当供应链的生产能力和用户需求平衡时，供应链处于平衡状态；而当市场变化加剧，造成供应链成本上升、库存增加、浪费增加等现象时，企业不是在最优状态下运作，供应链则处于倾斜状态。平衡的供应链可以实现各主要职能（低采购成本、规模效益、低运输成本、产品多样化和资金运转快）之间的均衡。

3. 有效性供应链和反应性供应链

根据供应链的功能模式（物理功能和市场中介功能），可以把供应链划分为有效性供应链（Efficient Supply Chain）和反应性供应链（Responsive Supply Chain）。有效性供应链主要体现供应链的物理功能，即以最低的成本将原材料转化成零部件、半成品、产品，以及在供应链中的运输等；反应性供应链主要体现供应链的市场中介的功能，即把产品分配到满足用户需求的市场，对未预知的需求做出快速反应等。

五、供应链流程分析

下面列举两种供应链流程分析的方法，分别是环节法和推/拉法。

环节法是指将供应链流程分解为一系列的环节，每一个环节用来连接供应链中两个相继出现的阶段。

推/拉法是指根据其运营是响应一个顾客的订购还是预期多个顾客的订购，将供应链流程分为两个大类：拉动流程和推动流程。拉动流程是由一个顾客的订购启动的，而推动流程则是由对多个顾客订购预期引发并运行的。

（一）供应链流程的环节法分析

假定供应链由 5 个阶段组成，如图 1-2 所示，所有的供应链流程都可以分解成以下

4个环节，如图1-3所示。

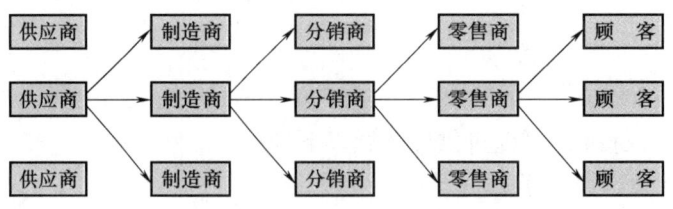

图1-2 供应链环节

每个环节出现在供应链中两个相继阶段交界处。供应链有5个阶段，因此便有4个供应链流程环节。并不是每一个供应链都拥有界限清晰的所有4个环节。例如，在一个食品供应链中，零售商既有成品库存清单，又有向制造商或批发商递交的补充订单，它很可能拥有所有4个单独的环节。

供应链流程的环节法分析对提高决策的可操作性很有帮助，因为它清楚地界定了供应链中每个成员的角色和责任。例如，当供应链运营所需的信息系统建立起来时，由于清晰地确定了流程的所有权关系和目标定位，环节法就使得供应链流程变得清晰透彻。

1. 顾客订购环节

顾客订购环节发生在顾客与零售商之间，它包括接受和满足顾客订购所直接涉及的所有过程。例如，顾客在零售商处启动此环节，它主要包括满足顾客需求的过程。当顾客抵达时，零售商便开始与其接洽，即他们之间的联系开始于顾客订单的送达，结束于顾客订单的完成。如图1-4所示，顾客订购环节包括以下几个过程。

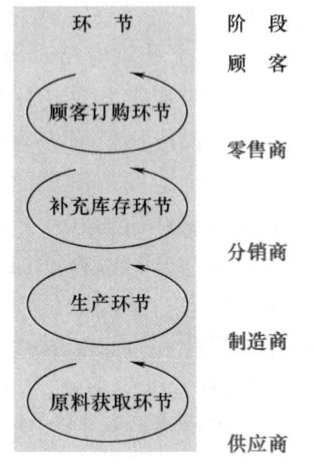

图1-3 供应链流程环节

（1）顾客抵达。顾客抵达是指顾客到达一个他（她）便于选择并做出购买决定的特定地点。任何供应链的起始点都是顾客抵达。顾客抵达出现在以下几种情况中：顾客进入商店购物，顾客打电话给电话营销中心进行订购，顾客通过网络渠道发出订单。

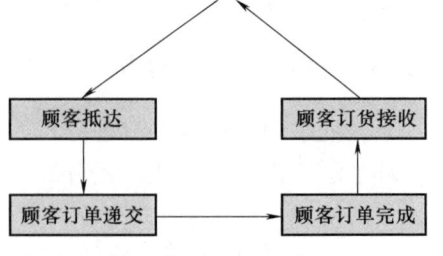

图1-4 顾客订购环节

从供应链的角度看，其主要目标是如何使顾客更方便地接触到合适的产品，从而使顾客抵达转化为顾客购买。商店促销可以包括顾客流组织和产品展示。电话销售中心促销应确保顾客不会等候太久，这也许意味着建立一个合适的电话网络系统，方便销售代表回答顾客的询问，从而使咨询转化为购买。对于网上促销，关键是建立一个拥有个性化查询功能的网络系统，可以使顾客能很快看到并选定可能令他们感兴趣的产品。

（2）顾客订单递交。顾客订单递交是指顾客将他们想要的产品告知零售商，随后零售商将产品送达顾客手中的过程。在超市，订单递交可能采取将顾客所有想要购买的物品放入手推车中的形式。在邮购公司的电话销售中心或网上购物点，订单递交是指顾客告知零售商他们所选择产品的种类和数量，零售商按照顾客的订单配送产品，并向顾客约定交货时间。顾客订单递交的目标是确保顾客订单能快速与准确地抵达。

（3）顾客订货接收。顾客订单完成过程的终点，是顾客的订购需求得到满足，货物被送至顾客处。在邮购公司，这一过程一般包括从库存商品中找出所订产品、包装、寄给顾客和更新库存清单几个环节。库存清单的更新会引发补充物流的开始。一般来讲，顾客订单完成环节始于零售商库存清单。相反，对于生产—购买的情况来说，订单完成是直接始于制造商的生产线。顾客订单完成流程的目标是以承诺的送货期限和最低成本，向顾客提供正确、全部的订购产品。

（4）顾客订单完成。在顾客订货接收过程中，顾客接收所订购的产品并成为物主，商家更新收据记录，启动现金支付。

2. 补充库存环节

补充库存环节发生在零售商与分销商之间，包括补充零售商品库存清单所涉及的所有过程。当一家超市的洗涤剂库存量或邮购中心的某个品牌的衬衫库存量很少时，补充库存环节就显得极为重要。在一些情况下，拥有最终产品库存清单的分销商启动补充库存环节；在另一些情况下，由制造商的生产线直接启动补充库存环节。补充库存环节类似于顾客订购环节，只是此时的顾客是零售商。补充库存环节的目的是以最低成本为零售商补充库存商品，及时为顾客提供所需的产品。如图1-5所示，补充库存环节包括四个过程。

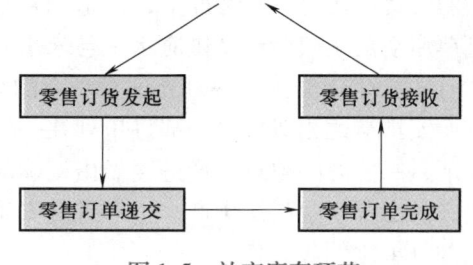

图1-5 补充库存环节

（1）零售订货发起。当零售商满足顾客需求时，他们清空库存并补充新的货品以满足未来需求。在这一更新过程中，零售商要做的一件重要事情就是设计一项补充货物的策略，以便向上一级代理商（可能是分销商或制造商）订货。设计补充库存订货机制的目的，在于通过权衡产品供给水平和成本，来实现利润最大化。零售订货发起过程的结果是补充库存订单的产生。

（2）零售订单递交。零售订单递交与顾客在零售商处订货非常相似，唯一的区别在于零售商现在变成向分销商或者制造商订货的客户。零售订单递交过程的目的在于准确地递交订单，快速地将订单传递到所有与之相关的供应链环节。

(3) 零售订单完成。零售订单的完成过程与顾客订单完成的过程非常相似，区别之一在于这一过程发生在分销商或制造商那里，另外一个很重要的区别就是两种订单的订货额相差悬殊，顾客的订单要比零售商的补充库存订单小得多。零售订单完成的目的是在降低成本的同时使所订货品尽快到达零售商处。

(4) 零售订货接收。一旦补充订货到达，零售商必须接收，同时更新库存记录，结清应付款项。这一过程包括分销商传递给零售商的信息流、资金流和商品流。零售订货接收的目的是以尽可能低的成本更新库存并迅速准确地将商品摆上货架。

3. 生产环节

典型的生产环节发生在分销商与制造商之间或者零售商与制造商之间，包括与更新分销商（或零售商）库存有关的所有过程。生产环节由顾客订单、零售商或分销商补充库存订单引发，或者由顾客需求预测与厂家成品仓库中既有产品数量之间的差额启动。

一般来讲，制造商会生产数种产品并满足不同顾客群的需求。生产环节的一端是分销商或零售商，它收集的订单十分相似，以便制造商大批量生产。生产环节是对顾客需求的反应。另一端是多种消费品的制造商，这些厂商必须通过需求预测来进行生产。如图1-6所示，生产环节包括以下几个过程：

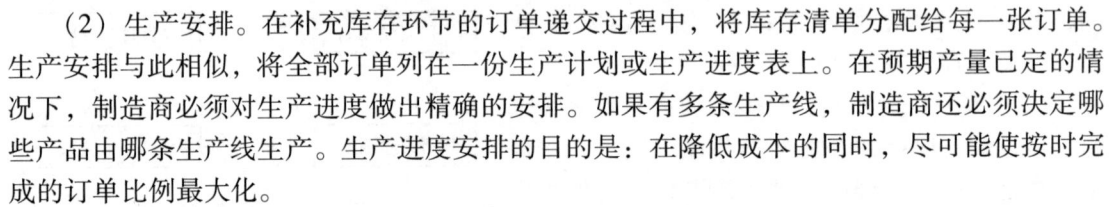

图 1-6　生产环节

(1) 订单到达。在订单到达过程中，分销商依据对未来需求预测与目前库存之间的比较，设计一项库存补充订货机制，然后将订单递交给制造商。在一些情况下，顾客或零售商可能直接向制造商订货。在另一些情况下，制造商可以生产出产品，并将其保存在成品仓库中。此时，订单启动是在权衡产品供应水平与未来需求的基础上进行的。

(2) 生产安排。在补充库存环节的订单递交过程中，将库存清单分配给每一张订单。生产安排与此相似，将全部订单列在一份生产计划或生产进度表上。在预期产量已定的情况下，制造商必须对生产进度做出精确的安排。如果有多条生产线，制造商还必须决定哪些产品由哪条生产线生产。生产进度安排的目的是：在降低成本的同时，尽可能使按时完成的订单比例最大化。

(3) 生产和运输。在这一过程的生产阶段，制造商依据生产进度表生产符合要求的产品。在这一过程的运输阶段，产品将被送达顾客、零售商或成品仓库。生产和运输过程的目的是：在符合质量要求、降低成本的同时，确保商品在承诺日前送达。

(4) 订货接收。在订货接收过程中，分销商、成品仓库、零售商或者顾客接收所订的产品，更新库存记录。与货物保存和资金转移相关的其他过程也同时发生。

4. 原料获取环节

原料获取环节发生在制造商与供应商之间，包括与确保原料获取相关的所有过程。在原料获取环节中，制造商从供应商那里订购原料用以补充原料库存。这一关系与分销商与制造商之间的关系十分相似，但有一个重要区别，即零售商向分销商订货由不确定的顾客需求引发，而制造商在生产安排方面一旦做出决定，原料需求量就可以精确地计算出来。原料订单取决于生产安排，因此，将供应商与制造商的生产计划联系起来至关重要。当然，如果供应商的原料生产必须比制造商的货物生产提前很多，那么他就只能依据预测进行生产。

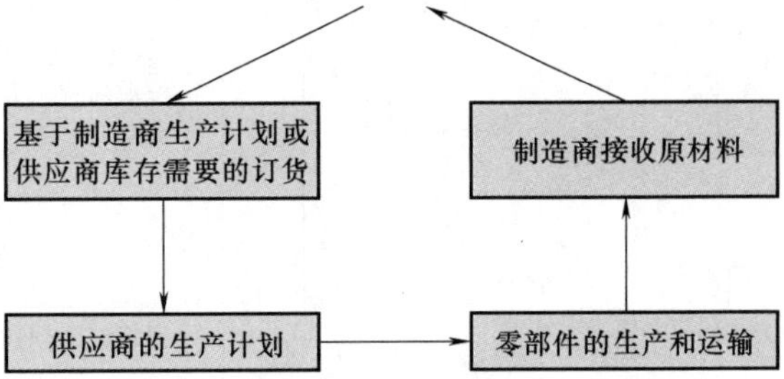

实践中可能存在一系列的供应商，每一级供应商为上一级供应商提供生产原料。于是，类似的循环会在不同阶段之间进行。图1-7给出了原料获取环节所涉及的各种过程。

图 1-7 原料获取环节

（二）供应链流程的推/拉法分析

依据相对于顾客需求的执行顺序，供应链上的所有流程可以分为两类：推动流程和拉动流程。对顾客订单的反应启动拉动流程，对顾客订购预期的反应启动推动流程。在拉动流程执行过程中，需求是已知的、确定的；而在推动流程执行过程中，需求是未知的，因此必须进行预测。由于拉动流程是对顾客需求的反应，因而也可以被视为反应性流程；相应地，推动流程可以被视为推测性流程。供应链上的推/拉边界将推动流程和拉动流程区别开来。例如，在戴尔公司，个人计算机组装线的起点就是推/拉边界。个人计算机组装前的所有流程是推动流程，而所有组装过程中和此后的所有流程均是对顾客需求的反应，因而是拉动流程。

进行与供应链设计相关的战略决策时，供应链的推/拉法分析非常有用。由于供应链流程与顾客订购有关，推/拉法分析要求进一步地从全球化角度考虑问题。例如，如果能使推动流程变为拉动流程的话，那么，推/拉观点可能会导致某些流程被传递到供应链的不同阶段去完成。

下面采用推/拉法和环节法来考察分析一条清晰的供应链，即戴尔公司依据订单进行生产的供应链。

戴尔公司不通过中间商或分销商来销售产品，它直接面向顾客，通过生产而不是成品库来满足顾客需求。因此，其生产环节便成为顾客订购循环中顾客订单完成过程的组成部分。如图1-8所示，戴尔公司的供应链包括两个有效环节：顾客订购和生产环节，获取环节。

戴尔公司的顾客订购和生产环节中的所有流程都是由顾客到达启动的，因此可以将其归为拉动流程。然而，戴

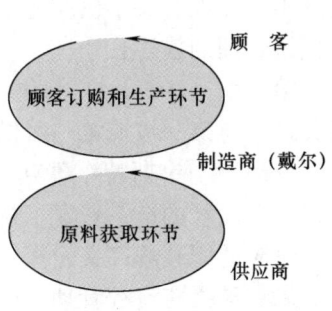

图 1-8 戴尔供应链的环节

尔公司并不依据顾客订单确定原料订购,而是依据预测的顾客需求,并据此补充库存。戴尔公司的原料获取环节中的所有流程都是对预测量的反应,因此可以将其归为推动流程。如图1-9所示,戴尔公司的供应链流程可以分为推动流程和拉动流程两类。

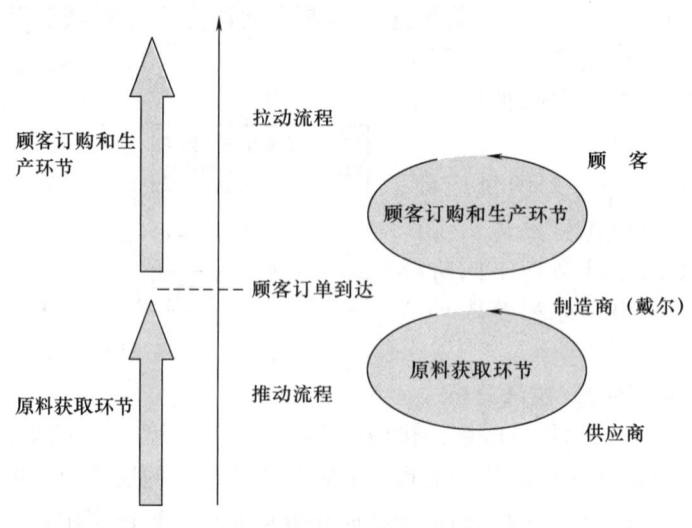

图1-9 戴尔供应链的推动/拉动流程

如前所述,戴尔推动供应链的阶段较少,而拉动流程较多。这一现象将对供应链运营产生重要影响。

第三节 供应链管理的基本概念

一、供应链管理的定义

供应链管理作为管理学的一个新概念,已经成为管理哲学中的一个新元素。但在相关文献中,并没有关于供应链管理的明确定义或有关活动的清晰描述。以下是几个经典的对供应链管理的描述:

哈兰德(Harland)将供应链管理描述成对商业活动和组织内部关系、与直接采购者的关系、与第一级或第二级供应商的关系及与客户的关系等整个供应链关系的管理。斯科特(Scott)与韦斯特布鲁克(Westbrook)将供应链管理描述成一条连接制造与供应过程中每一个元素的链,包含了从原材料到最终消费者的所有环节的管理。

供应链管理的广义定义,包含了整个价值链,即从原材料开采到使用结束的整个过程中的采购与供应流程管理。巴茨(Bartz)进一步将供应链管理扩展到物资的再生产或再利用过程。供应链管理主要集中在如何使企业利用供应商的工艺流程、技术和能力来提高自己的竞争力，在组织内实现产品设计、生产制造、物流和采购管理功能的协作。当价值链中的所有战略组织集成为一个统一的知识实体，并贯穿整个供应链网络时，企业运作的效率将会进一步提高。

由于广义的供应链管理描述的价值链非常复杂，企业无法获得供应链管理提供的全部利益，因此产生了第二种较狭义的供应链管理定义：在一个组织内集成不同功能领域的物流，加强直接战略供应商、生产制造商、分销商和最终消费者的联系。利用直接战略供应商的能力与技术，尤其是供应商在产品设计阶段的早期参与，已经成为提高生产制造商效率和竞争力的有效手段。

第三种供应链管理的定义出现在研究批发商和零售商中的运输及物流文献中，它强调地理分布与物流集成的重要性。毫无疑问，物流是商业活动中一个重要的功能，而且它已经发展成为供应链管理的一部分。产品的运输和库存是供应链管理最原始的应用场所，但不是供应链管理定义中至关重要的组成部分。

2006年，我国发布实施的国家标准《物流术语》（GB/T 18354—2006）将供应链管理定义为："对供应链涉及的全部活动进行计划、组织、协调与控制。"

总部设于美国俄亥俄州立大学的全球供应链论坛将供应链管理定义为："为消费者带来有价值的产品、服务以及信息的，从源头供应商到最终消费者的集成业务流程。"

二、供应链管理的内涵

作为流通中各种组织协调活动的平台，以将产品或服务用最低的价格迅速向顾客传递为特征的供应链管理，已经成为竞争战略的中心概念。供应链管理的思想可以从以下五个方面去理解。

1. 信息管理

知识经济时代的到来使信息取代劳动和资本，成为劳动生产率的主要影响因素。在供应链中，信息是供应链各方的沟通载体，供应链中各个阶段的企业就是通过信息这条纽带集成起来的。可靠、准确的信息是企业决策的有力支持和依据，能有效降低企业运作中的不确定性，提高供应链的反应速度。因此，供应链管理的主线是信息管理，信息管理的基础是构建信息平台，实现信息共享，如企业资源管理计划（Enterprise Resource Planning，ERP）、Windows管理规范（Windows Management Instrumentation，WMI）等系统的应用等，将供求信息及时、准确地传达到供应链上的各个企业，在此基础上进一步实现供应链的管理。当今世界，通过使用电子信息技术，供应链已结成一张覆盖全区域乃至全球的网络，使部分企业摆脱"信息孤岛"的处境，从技术上实现与供应链其他成员的集成化和一体化。

2. 客户管理

在传统的卖方市场中，企业的生产和经营活动是以产品为中心的，企业生产和销售什么产品，客户就只能接受什么商品，没有多少挑选余地。而在经济全球化的背景下，买方市场占据了主导地位，客户主导了企业的生产和经营活动，因此客户是核心，也是市场的主要驱动力。客户的需求、消费偏好、购买习惯及意见等是企业谋求竞争优势所必须争取的重要资源。

在供应链管理中，客户管理是供应链管理的起点，供应链源于客户需求，同时也终于客户需求，因此供应链管理是以满足客户需求为核心运作的。然而，客户需求千变万化，而且存在个性差异，企业对客户需求的预测往往不准确，一旦预测需求与实际需求差别较大，就很有可能造成企业库存的积压，引起经营成本的大幅增加，甚至造成巨大的经济损失。因此，真实、准确的客户管理是企业供应链管理的重中之重。

3. 库存管理

库存管理是企业管理中的一件令人头疼的事情，因为库存量过低或过高都会带来损失。一方面，为了避免缺货给销售带来的损失，企业不得不持有一定量的库存，以备不时之需。另一方面，库存占用了大量资金，既影响了企业的扩大再生产，又增加了成本，在库存出现积压时还会造成巨大的浪费。因此，一直以来，企业都在为确定适当的库存量而苦恼。传统的方法是通过需求预测来解决这个问题，然而需求预测与实际情况往往并不一致，因而直接影响了库存决策的制订。如果能够实时地掌握客户需求变化的信息，做到在客户需要时再组织生产，那就不需要持有库存了，即以信息代替了库存，实现库存的"虚拟化"。因此，供应链管理的一个重要使命就是利用先进的信息技术，收集供应链各方以及市场需求方面的信息，用实时、准确的信息取代实物库存，减小需求预测的误差，从而降低库存的持有风险。

4. 关系管理

传统的供应链成员之间的关系是纯粹的交易关系，各方遵循的都是"单向有利"的原则，所考虑的主要问题是眼前的既得利益，并不考虑其他成员的利益。这是因为每个企业都有自己相对独立的目标，这些目标与其上下游企业的目标往往存在着一些冲突。例如，制造商要求供应商能够根据自己的生产需求灵活并且充分地保证它的物料需求；供应商则希望制造商能够以相对固定的周期大批订购，即稳定的大量需求，这就在两者之间产生了目标的冲突。这种目标的冲突无疑会大大提高交易成本。同时，社会分工的日益深化使得企业之间的相互依赖关系不断加深，交易活动也日益频繁。因此，降低交易成本对于企业来说就成为一项具有决定意义的工作。而现代供应链管理理论恰恰提供了提高竞争优势、降低交易成本的有效途径，这种途径就是通过协调供应链各成员之间的关系，加强与合作伙伴的联系，在协调的合作关系的基础上进行交易，为供应链的全局优化而努力，从而有效地降低供应链整体的交易成本，使供应链各方的利益获得同步的增加。

5. 风险管理

国内外供应链管理的实践证明，能否加强对供应链运行中风险的认识和防范，关系到能否最终取得预期效果。如果认为实施了供应链管理模式就能取得预期效果，就把供应链管理看得太简单了。

供应链上企业之间的合作，会因为信息不对称、信息扭曲、市场不确定性以及其他政治、经济、法律等因素的变化而存在各种风险。为了使供应链上的企业都能从合作中获得满意结果，必须采取一定的措施规避供应链运行中的风险，如提高信息透明度和共享性、优化合同模式、建立监督控制机制等，尤其是必须在企业合作的各个阶段通过激励机制的运行，采用各种手段实施激励，以使供应链企业之间的合作更加有效。

三、供应链管理的特点

供应链管理是一种新型的管理模式，它的特点可以从与传统管理方法和与传统物流管理的比较中显现出来。

（一）与传统的管理方法相比较

供应链管理主要致力于建立成员之间的合作关系。与传统的管理方法相比，它具有如下特点：

1. 以客户为中心

在供应链管理中，顾客服务目标的设定优先于其他目标，它以顾客满意为最高目标。供应链管理从本质上说是为了满足顾客需求，它通过降低供应链成本的战略，实现对顾客的快速反应，以此提高顾客满意度，获取竞争优势。

2. 跨企业的贸易伙伴之间的密切合作、共享利益和共担风险

供应链管理超越了组织机构的界限，改变了传统的经营意识，建立起新型的客户关系。企业意识到不能仅仅依靠自己的资源参与市场竞争，提高经营效率，而要通过与供应链参与各方进行跨部门、跨职能和跨企业的合作，建立共同利益的合作伙伴关系，追求共同的利益，发展企业之间稳定的、良好的、共存共荣的互助合作关系，建立一种双赢或多赢关系。

3. 集成化管理

供应链管理应用网络技术和信息技术，重新组织和安排业务流程，实现集成化管理。离开信息及网络技术的支撑，供应链管理就会丧失应有的价值。可见，信息已经成为供应链管理的核心要素。通过应用现代信息技术，如商品条码技术、物流条码技术、电子订货系统、销售点（Point of Sales，POS）数据读取系统、预先发货清单技术、电子支付系统等，供应链成员不仅能及时有效地获得其客户的需求信息，并且能对信息做出及时响应，满足客户的需求。信息技术能缩短从订货到交货的时间间隔，提高企业的服务水平。信息技术的应用提高了事务处理的准确性和速度，减少了人员，简化了作业过程，提高了效率。

4. 供应链管理是对物流的一体化管理

物流一体化是指不同职能部门之间或不同企业之间通过物流合作，达到提高物流效率、降低物流成本的目的。供应链管理的实质是通过物流将企业内部各部门及供应链各节点企业连接起来，改变交易双方利益对立的传统观念，在整个供应链范围内建立起共同利益的协作伙伴关系。供应链管理把从供应商开始到最终消费者的物流活动作为一个整体进行统一管理，始终从整体和全局上把握物流的各项活动，使整个供应链的库存水平最低，实现供应链整体物流最优化。在供应链管理模式下，库存变成了一种平衡机制，供应链管理更强调零库存。供应链管理使供应链成员结成了战略同盟，它们之间进行信息交换与共享，使得供应链的库存总量大幅降低，减少了资金占用和库存维持成本，还避免了缺货的发生。

总之，供应链管理可以使企业更好地了解客户，向客户提供个性化的产品和服务，使资源在供应链上合理流动，缩短物流周期，降低库存，降低物流费用，提高物流效率，从而提高企业的竞争力。

（二）与物流管理相比较

物流已经发展成为供应链管理的一部分，它改变了传统物流的内涵。与物流管理相比，供应链管理具有如下特点：

1. 供应链管理的互动特性

从管理的对象来看，物流是以存货资产作为管理对象的，供应链管理则是对存货流动（包括必要的停顿）中的业务过程进行管理，它是对关系的管理，因此具有互动的特征。兰博特教授认为，必须对供应链中所有关键的业务过程实施精细管理，主要包括需求管理、订单执行管理、制造流程管理、采购管理和新产品开发及其商品化管理等。有些企业的供应链管理过程还包括从环保理念出发的商品回收渠道管理，如施乐公司。

2. 供应链管理成为物流的高级形态

事实上，供应链管理是从物流的基础上发展起来的。从企业运作的层次来看，从实物分配开始，到整合物资管理，再到整合信息管理，通过功能的逐步整合形成了物流的概念。从企业关系的层次来看，则有从制造商向批发商和分销商再到最终客户的前向整合，以及向供应商的后向整合，通过关系的整合形成了供应链管理的概念。从操作功能的整合到渠道关系的整合，使物流从战术的层次提升到战略高度，所以，供应链管理看起来像是一个新概念，实际上却是物流在逻辑上的延伸。

3. 供应链管理决策的发展

供应链管理决策和物流管理决策都是以成本、时间和绩效为基准点的，供应链管理决策在包含运输决策、选址决策和库存决策等物流管理决策的基础上，又增加了关系决策和业务流程整合决策，成为更高形态的决策模式。

物流管理决策和供应链管理决策的综合目标，都是最大限度地提高客户服务的水平，供应链管理决策形成了一个由客户服务目标拉动的空间轨迹。供应链管理的概念涵盖了物流的概念，用系统论的观点看，物流是供应链管理系统的子系统。所以，物流的决策必须服从供应链管理的整体决策。

4. 供应链管理的协商机制

物流在管理上是一个计划的机制。在传统的物流模式中，主导企业通常是制造商，它们力图通过一个计划来控制产品和信息的流动，与供应商和客户的关系本质上是利益冲突的买卖关系，常常导致存货或成本向上游企业的转移。供应链管理同样制订计划，但目的是谋求在渠道成员之间的联合和协调。例如，美国联合技术公司为了提高生产周期的运营效率，在Internet上公布生产计划，使其供应商能够更加迅速地对需求变化做出反应。

供应链管理是一个开放的系统，它的一个重要目标就是通过分享需求和当前存货水平的信息，来减少或消除所有供应链成员企业所持有的缓冲库存，这就是供应链管理中"共同管理库存"的理念。

5. 供应链管理强调组织外部一体化

物流管理更加关注组织内部的功能整合，而供应链管理认为只有组织内部的一体化是远远不够的。供应链管理是一个高度互动和复杂的系统工程，需要同步考虑不同层次上相互关联的技术经济问题，进行成本效益权衡。例如，要考虑在组织内部和组织之间把存货以什么样的形态放在什么样的地方，在什么时候执行什么样的计划；供应链系统的布局和选址，信息共享的深度；实施业务过程一体化管理后所获得的整体效益如何在供应链成员之间进行分配；特别是要求供应链成员在一开始就共同参与制订整体发展战略或新产品开发战略等。跨组织的一体化管理使组织的边界变得更加模糊。

6. 供应链管理对共同价值的依赖性

随着供应链管理系统结构复杂性的增加，它将更加依赖信息系统的支持。如果物流管理是为了提高产品的可得性，那么供应链管理则首先解决供应链伙伴之间信息的可靠性问题。所以，有时也将供应链看作是协作伙伴之间交换增值信息的一系列关系。Internet为提高信息可靠性提供了技术支持，但如何管理和分配信息则取决于供应链成员之间对业务过程一体化的共识程度。所以，与其说供应链管理依赖网络技术，还不如说供应链管理是为了在供应链伙伴之间形成一种相互信任、相互依赖、互惠互利和共同发展的价值观和依赖关系而构建的信息化网络平台。

7. 供应链管理是"外源"整合组织

供应链管理与"垂直一体化"物流不同，它是在企业自己的"核心业务"的基础上，通过协作的方式来整合外部资源以获得最佳的总体运营效益。除了核心业务以外，几乎每件事都可能是"外源的"，即从企业外部获得的。著名企业如耐克公司和太阳微系统公司，通常外购或外协所有的部件，而自己集中精力于新产品的开发和市场营销。这一类企业有时也被称为"虚拟企业"或"网络组织"。表面上看这些企业是将部分或全部的制造和服务活动，以合同形式委托其他企业代为加工制造，但实际上是按照市场的需求，根据规则对由标准、品牌、知识、核心技术和创新能力所构成的网络系统整合或重新配置社会资源。

"垂直一体化"以拥有资源为目的，而供应链管理则以协作和双赢为手段。所以，供应链管理是资源配置的高级方法。供应链管理在获得外部资源配置的同时，也将原先的内部成本外部化，通过清晰的过程进行成本核算和成本控制，更好地优化客户服务和实施客户关系管理。

8. 供应链管理是一个动态的响应系统

在供应链管理的具体实践中，应该始终关注对关键过程的管理和测评。高度动态的市场环境要求企业管理层能够经常对供应链的运营状况实施规范的监控和评价，如果没有实现预期的管理目标，就必须考虑可能的替代供应链并采取适当的应变措施。

四、供应链管理的目标

供应链管理的目标是通过调和总成本最低化、客户服务最优化、总库存最小化、总周期最短化以及物流质量最优化等目标之间的冲突，以实现供应链绩效最大化。

1. 总成本最低化

众所周知，采购成本、运输成本、库存成本、制造成本以及供应链物流的其他成本费用都是相互联系的。因此，为了实现有效的供应链管理，必须将供应链各成员企业作为一个有机整体来考虑，并使实体供应物流、制造装配物流与实体分销物流之间达到高度均衡。从这一意义出发，总成本最低化的目标并不是指运输费用或库存成本，或其他任何单项活动的成本最小，而是指整个供应链运作与管理的所有成本的总和最低。

2. 客户服务最优化

在激烈的市场竞争时代，当许多企业都能在价格、特色和质量等方面提供相类似的产品时，差异化的客户服务能带给企业以独特的竞争优势。纵观当前的每一个行业领域，从计算机、服装到汽车，消费者都有广泛而多样化的选择余地。企业提供的客户服务水平，直接影响到它的市场份额、物流总成本，并且最终影响其整体利润。供应链管理的实施目标之一，就是通过上下游企业协调一致的运作，保证达到客户满意的服务水平，吸引并留住客户，以便最终实现企业的价值最大化。

3. 总库存最小化

传统的管理思想认为，库存是维系生产与销售的必要措施，因而企业与其上下游企业之间的活动只是实现了库存的转移，整个社会库存总量并未减少。按照即时制（Just in Time, JIT）管理思想，库存是不确定性的产物，任何库存都是浪费。因此，在实现供应链管理目标的同时，要使整个供应链的库存控制在最低的程度。"零库存"反映的即是这一目标的理想状态。所以，总库存最小化目标的达成，有赖于实现对整个供应链的库存水平与库存变化的最优控制，而不只是单个成员企业库存水平的最低。

4. 总周期最短化

在当今的市场竞争中，时间已成为竞争成功最重要的要素之一。当今的市场竞争不再是单个企业之间的竞争，而是供应链与供应链之间的竞争。从某种意义上说，供应链之间的竞争实质上是时间竞争，即必须实现快速有效的反应，最大限度地缩短从客户发出订单到获取满意交货的总周期。

5. 物流质量最优化

企业产品或服务质量的好坏直接关系到企业的成败。同样，供应链的企业间的服务质量的好坏直接关系到供应链的存亡。如果在所有业务过程完成以后，发现提供给最终客户的产品或服务存在质量缺陷，就意味着所有成本的付出将不会得到任何价值补偿，供应链物流的所有业务活动都会变为非增值活动，从而导致整个供应链的价值无法实现。因此，达到与保持服务质量的水平，也是供应链管理的重要目标。而这一目标的实现，必须从原材料、零部件供应的零缺陷开始，直至供应链管理全过程、全方位质量的最优化。

相对于传统的管理思想而言，上述目标之间呈现出互斥性：客户服务水平的提高、总周期的缩短、交货品质的改善必然以库存、成本的增加为前提，因而无法同时达到物流质量最优化。而运用集成化管理思想，从系统的观点出发，改进服务、缩短时间、提高品质、减少库存与降低成本是可以兼得的。因为只要供应链的基本工作流程得到改进，就能够提高工作效率、消除重复与浪费、缩减员工数量、减少客户抱怨、提高客户忠诚度、降低库存总水平、减少总成本支出。

梦想787：波音公司在供应链管理模式上的新尝试

在飞机制造行业，传统的做法是主机厂负责设计、供应商按图加工、主机厂组装整机。例如对空客380来说，空客设计了零部件的图样，制订了技术规范，确定了各模块之间的接口细节，供应商按图加工，空客采购零部件，并组装成整机。在这种模式下，供应链关系以竖向为主，由主机厂负责管理、协调各供应商之间的关系，供应商之间的平行联系很薄弱。在梦想787上，波音公司则采取了不同的模式，它委托一级供应商设计、生产子系统，而自己则承担系统集成者的角色。例如，机翼就委托给日本的重工三巨头——富士、三菱和川崎，由它们负责细化设计、组装和整合，然后运到波音公司做最后组装。在这种模式下，波音公司与供应商之间的竖向沟通、交流很频繁，供应商之间的横向合作也很紧密。例如就机翼而言，日本三巨头各做一块，波音公司制订了模块之间的粗略搭接规范，而细节则由供应商们协商。这要求供应商不但要有先进的技术能力，而且要有良好的管理能力。

这种供应链管理的新模式，一方面源自供应商能力的提高。例如，日本企业在与波音公司合作几十年后，已经系统地掌握了机翼设计、加工的核心技术。另一方面也跟波音公司的轻资产战略有关。例如，根据《西雅图时报》的估计，整个项目投资大致要320亿美元，包括150多亿美元的开发成本。供应商承担一次性的研发投入，降低了波音公司的投资风险。但是，"成也萧何，败也萧何"，波音公司的梦想787延误8次，也跟高度外包不无关系。例如梦想787的关键供应商中，有100多个在海外，遍布欧洲、亚洲和大洋洲。这些供应商有独到的技术和生产工艺，但供应链拉得太长，供应链伙伴之间的协作、配合难度大增。想想看，波音公司和供应商的6000多个工程师投入到梦想787的研发和生产，跨及三大时区，加上语言、文化障碍，协调沟通是个很大的挑战。这也反映了全球经济下公司面临的窘境：不外包、不借助全球最优秀的供应商的力量，就很难得到最新的技术和工艺以及研发资金；要外包，就要面对全球供应链协作的大难题，对于复杂如梦想787的产品，动不动就成了超投资、拖进度和各种质量问题的噩梦。梦想787的全球供应链如图1-10所示。

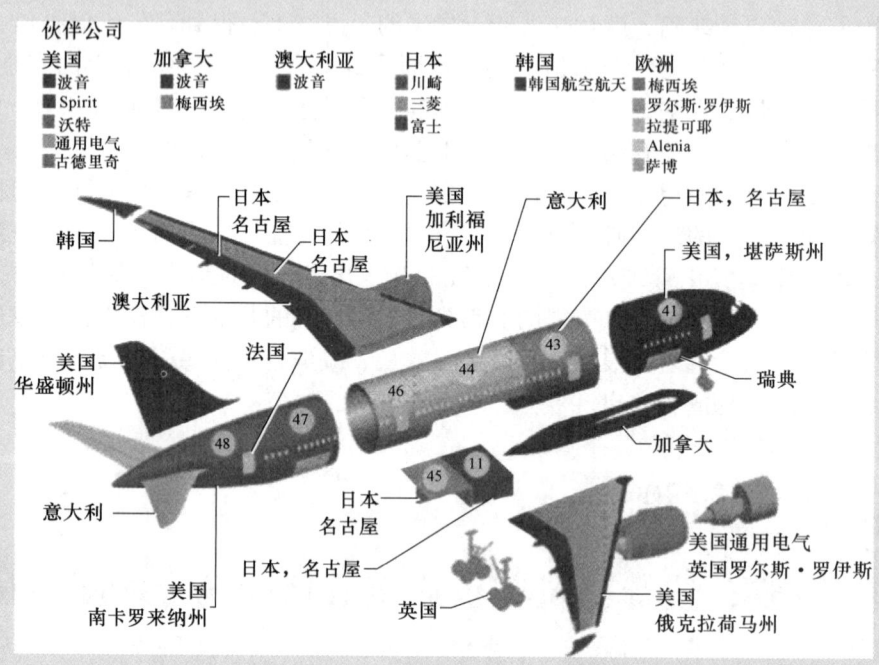

图1-10　梦想787的全球供应链

高度外包使波音公司在整个梦想787的设计、生产份额下降，波音公司仅承担整个工作量的35%，而日本的供应商则承担了35%、欧美的供应商承担26%，其余4%由别的供应商承担。这种做法与汽车行业的供应链分级、分层管理很相似，结果是主机厂对供应商的依赖程度大幅提高，一些核心竞争能力也逐渐从主机厂转移到供应商。例如在汽车制造行业，离开了供应商，美国的三大汽车巨头再也没有能力独立研发、制造出一辆汽车来。在新的供应链模式下，波音公司也在面临同样的挑战。

外包也不意味着放弃对供应链的控制。《哈佛商业评论》上有篇文章，提倡主机厂有选择地管理关键下级供应商。就本田（美国）来说，如果下级供应商在技术、成本或质量上至关重要，本田（美国）会自己直接与供应商签约，并主导供应商关系。例如皮革商是三级供应商，但因为皮革昂贵，对汽车的

第一章 供应链概述

成本影响重大，所以本田（美国）与皮革商直接签约，拟定价格等主要商业合作条款。而对于重要性较低的次级供应商，则需要得到本田（美国）的批准，由一级供应商签约、管理。只有那些次要的下级供应商，本田（美国）才会完全交给一级供应商选择、签约和管理。在这种模式下，本田（美国）就能有选择地管理重要供应商，最大限度地管控整个供应链，而不至于受制于一级供应商。

《哈佛商业评论》中的这篇文章中还举了一个例子，说一个主机厂把下级供应商完全交付给一级供应商管理，结果受制于一级供应商。主机厂想要替换该一级供应商，要求其竞争对手报价，竞争对手也不可能从头建立全新的供应链，还得采用主要的下级供应商，就向这下级供应商询价。问题就出在下级供应商上：因为他们是现在的一级供应商选择的，对一级供应商有很高的忠诚度，所以就把这条消息透露给一级供应商。一级供应商马上采取限量供应措施，导致主机厂一直无法建立足够的库存来转厂。

这种高度外包、高度依赖一级供应商的供应链模式，要求主机厂有一流的供应商管理和整合能力。这是目前国内的主机厂所欠缺的。国内主机厂竖向集成度高，其实也是管理和整合能力欠缺的表现。按照经济学原理，管理能力不足，外部协调成本就高，公司就倾向于竖向集成，而不是市场调节。当然，这也跟国内的供应商水平较低不无关系。在家电行业，由于一级供应商不够成熟，海尔集团在外包生产上也遭遇很多困难。这种问题在航空业也存在。在过去二三十年间，随着波音公司、空客公司在中国的采购额的节节攀升，国内供应商也深度融入全球航空供应链，其管理水平也得到进一步提高。例如就波音公司的梦想787而言，中航工业成都飞机工业（集团）有限责任公司、沈阳飞机工业集团和中航工业哈尔滨飞机工业集团责任有限公司都参与了，虽说不是波音公司的一级供应商，还是体现了本土企业的水平。

资料来源：刘宝红. 梦想787：波音在供应链管理模式上的新尝试. 中国机电工业，2013（1）.

结合案例回答下列问题：
1. 供应链管理对企业的重要性在案例中是如何体现的？
2. 供应链管理的主要内容有哪些？

习 题

1. 什么是供应链？
2. 供应链的特征有哪些？
3. 供应链有哪些类型？
4. 如何使用环节法分析供应链的流程？
5. 如何使用推/拉法分析供应链的流程？
6. 简要描述供应链管理的概念。
7. 供应链管理的内涵是什么？
8. 供应链管理的特点有哪些？
9. 供应链管理的目标有哪些？

本章参考文献

[1] 迈克尔·波特. 竞争战略 [M]. 陈小悦，译. 北京：华夏出版社，1997.
[2] 马士华，林勇，陈永祥. 供应链管理 [M]. 北京：机械工业出版社，2000.
[3] 宋华，胡左浩. 现代物流与供应链管理 [M]. 北京：经济管理出版社，2000.
[4] 张成海. 供应链管理技术与方法 [M]. 北京：清华大学出版社，2001.
[5] 现代物流管理课题组. 供应链管理 [M]. 广州：广东经济出版社，2002.
[6] 侯书森，孔淑红. 企业供应链管理 [M]. 北京：中国广播电视出版社，2002.
[7] 宋华. 物流供应链管理机制与发展 [M]. 北京：经济管理出版社，2002.
[8] 张小兵，徐叶香. 论企业的供应链管理 [J]. 商业研究，2002（4）.
[9] 赵林度. 供应链与物流管理——理论与实务 [M]. 北京：机械工业出版社，2003.

第二章

供应链管理的相关理论

▲ 作用

本章主要介绍价值链理论的基本内容、含义及特征,并阐述价值链分析的意义和分析内容;在此基础上,描述核心竞争力的发展过程和构成、特性等相关概念,分析核心竞争力的建立步骤;接着介绍业务外包的意义和主要形式;最后说明集成化供应链管理的基本概念和实施步骤。

▲ 关键

- 价值链的基本概念
- 核心竞争力的相关概念及形成
- 业务外包的意义及形式
- 集成化供应链管理

第一节 价 值 链

一、价值链的概念

美国学者迈克尔·波特(Michael E. Porter)第一个提出了企业价值链思想,他认为价值链描述了顾客价值是如何通过一系列可以创造出最终产品或服务的活动而形成的过程,并将价值链描述成:"一个企业用来进行设计、生产、营销、交货及维护其产品的各种活动的集合"。

(一)价值链的基本内容

在《竞争优势》一书中,波特对价值链理论进行了详细的阐述:每一个企业的价值链都是由以独特方式连接在一起的9种基本活动构成的,并且价值链列示了总价值,包括价值活动和利润,其中利润是总价值与从事各种价值活动的总成本之差,如图2-1所示。

价值活动可分为两大类：基本活动和辅助活动。基本活动是涉及产品的物质创造及其销售、转移给买方和售后服务的各种活动。任何企业中，基本活动都可以划分为图 2-1 所示的 5 种基本类别。辅助活动是辅助基本活动并通过提供外购投入、技术、人力资源管理以及各种公司范围的职能以相互支持。在辅助活动中，采购、技术开发和人力资源管理与各种具体的基本活动相联系并支持整个价值链。企业的基础设施虽并不与每种基本活动直接相关，但也支持整个价值链。

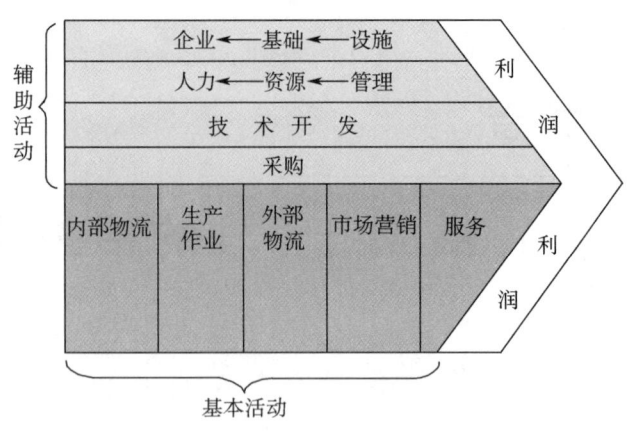

图 2-1　基本价值链

1. 基本活动

（1）内部物流。内部物流是指与收货、存储和分配相关联的各种活动，如原材料搬运、仓储、库存控制、车辆调度和向供应商退货。

（2）生产作业。生产作业是指与把投入转化为最终产品相关的各种活动，如机械加工、包装、组装、设备维护、检测、印刷和各种设施管理。

（3）外部物流。外部物流是指与集中、存储和交货给买方有关的各种活动，如产成品库存管理、交运、送货车辆调度、订单处理和生产进度安排。

（4）市场营销。市场营销是指与提供买方购买产品的方式和引导他们进行购买有关的各种活动，如广告、促销、销售队伍、报价、渠道选择、渠道关系和定价。

（5）服务。服务是指与提供服务以增加或保持产品价值有关的各种活动，如安装调试、维修、培训和零部件供应。

2. 辅助活动

（1）采购。采购在这里是一个广义的概念，区别于传统意义的狭义的购买。狭义的购买通常是指购买与企业各种价值活动相关的有形的投入品。在广义的采购概念中，不仅购买物的范围扩大了，包括对于企业整个价值链有关的所有投入的购买，如部门经理雇用临时人员的投入、销售人员与销售活动相关的食宿投入、企业总裁在战略咨询上的投入等，其活动内容也更广泛，包括采购流程、供应商资格审定和信息系统等。采购存在于价值链的所有活动中，包括基本活动和辅助活动。

（2）技术开发。技术开发也存在于企业价值链的各个价值活动之中。这里的技术不仅仅适用于与最终产品直接相关的技术，也包括订货登记系统中所应用的电子通信技术、会计部门的办公自动化及工艺设备、生产流程的设计和服务程序等。"开发"则不单是传统意义上的研发，它还指为改善产品、工艺和服务的各种努力。

（3）人力资源管理。人力资源管理包括人员的招聘、雇用、培训、开发和考核、计酬等各种活动。人力资源管理不仅对单个基本活动和辅助活动起到辅助作用，而且支持着整个价值链。

（4）企业基础设施。企业基础设施由大量活动组成，包括总体管理、计划、财务、会计、法律、政府事务和质量管理。基础设施与其他辅助活动不同，它是通过整个价值链而不是通过单个活动起辅助作用。

（二）价值链的含义和特征

1. 价值链的含义

价值链有以下三个含义：

（1）企业各项活动之间都有密切联系，如原料供应的计划性、及时性和协调一致性与企业的生产制造有密切联系。

（2）每项活动都能够给企业带来有形或无形的价值，如服务这条价值链，如果密切注意顾客所需或做好售后服务，就可以提高企业信誉，从而带来无形价值。

（3）价值链不仅包括企业内部各种链接活动，更重要的是，它还包括企业外部各种链接的活动，如与供应商之间的关系或与顾客之间的联系等。

参照波特价值链学说，价值链管理将企业的业务过程描绘成一个价值链，将企业的生产、营销、财务、人力资源等各方面有机地整合起来，做好计划、协调、监督和控制等各个环节的工作，使它们形成相互关联的整体，真正按照"链"的特征实施企业的业务流程，使企业的供、产、销系统形成一条有机衔接的链条。

价值链管理强调打破传统的职能部门界限，它使企业组织结构由职能型向流程型转化，以价值增值流程（最终使顾客满意）的再设计为中心，建立合理的业务流程，以达到提高企业动态适应性的目的。

2. 价值链的特征

（1）价值链是增值链。在价值链上，除资金流、物流、信息流外，最根本的是要有增值流。客户实质上是在购买商品或服务所带来的价值。各种物料从采购到制造再到分销，也是一个不断增加其市场价值或附加值的增值过程。因此价值链的本质是增值链。价值链上每一环节增值与否、增值的大小，都会成为影响企业竞争力的关键。所以，要提高企业竞争力，就要求消除一切无效劳动，在价值链上每一环节都做到价值增值。传统的供应链只实现了本企业的增值，而价值链将上下游企业整合成一个产业链，组成了一个动态的、虚拟的网络，真正做到了降低企业的采购成本和物流成本，在整个网络的每一个过程实现最合理的增值。

（2）价值链是电子链（E-Chain）。最终客户信息、需求信息、库存状况、订单确认等集成的信息流影响供应链中每一实体，实时的信息交换还可以大量地减少因手工单据处理而导致的成本费用、时间延迟和管理失误，员工将从不增值的手工处理中脱离出来，专注于在更低成本下创造更高的效益。因此，信息技术不仅仅是价值链构建的工具，更是价值链的基础和重要构件。不能深入和充分地应用信息技术，就无法真正地实现价值链。

（3）价值链是协作链。价值链上任何一个节点的生产和库存决策都会影响链上其他企业的决策。一个企业的生产计划与库存优化控制不但要考虑其内部的业务流程和资源，更要从价值链的整体出发，进行全面的优化与控制。因此，价值链联盟要求所有成员能够消除企业界限，实现协同工作。在传统供应链中，双赢原则在众多企业中仅停留在口号上，企业和渠道伙伴之间以及与供应商伙伴之间真正实行的是赢—输观念，双方都想从对方索取更多的利益。价值链要求企业重新审视渠道机制和客户关系，从交易型向伙伴型转变，经营目标从双赢走向多赢。

（4）价值链是虚拟链。价值链的实质是虚拟公司的扩展供应链。价值链在市场、生产环节与流通环节之间，建立一个业务相关的动态企业联盟（或虚拟公司）。这不仅使每一个企业保持了自己的个体优势，也扩大了其资源利用的范围，使每个企业可以享用联盟中的其他资源。例如，配送环节是连接生产制造与流通领域的桥梁，起到了重要的纽带作用，以它为核心可使供需连接更为紧密，可实现及时生产、及时配送、及时交付，快速实现资本循环和价值链增值。

（三）价值链与供应链的关系

由前面对价值链和供应链的描述可以看出，尽管价值链也涵盖了供应链包含的企业实体，但价值链是针对企业经营状况开展的价值分析，主要是相对于一个企业而言的，其目的是弄清楚企业的价值生成机制，剖析企业的价值链条的构成并尽可能加以优化，从而促进企业竞争优势的形成。企业不同，其价值生成机制也不同，在这些企业的价值链条构成中各有其价值生成的重要节点，有的是在生产上，有的是在研发上，有的则是在营销或管理上。如果企业某一节点上的价值创造能力在同行业中处于遥遥领先的地位，则可以说这个企业在这方面具有核心竞争力。

供应链往往是相对于多个企业而言的，除非是大型的企业集团，否则很难构建其自身的供应链，即便如此，有时也难免向集团外部延伸。因此，供应链可以说是企业之间的链条连接。最初，供应链的管理一般是指对跨企业的物流管理，但是，随着现代电子商务的发展，供应链的管理已经不仅仅局限在物流管理层面上，许多企业在完成其自身流程的变革后同时又实现了同其他企业的连接，这使得供应链管理的内涵又增加了商流管理的内容。供应链管理的发展是计算机网络技术发展推动的，同时也是企业实施战略联盟和虚拟经营的结果。企业实施供应链管理的目的，一方面是为了降低成本，另一方面是为了提高反应速度，其本质目的是构筑企业的核心能力。

价值链理论的应用有助于人们了解企业的价值生成机制，其既是一个分析竞争优势的工具，同时也是建立和增强竞争优势的系统方法。正如前面提到的那样，价值链并不是孤立地存在于一个企业内部，而是可以进行外向延伸或连接。如果几个企业之间形成了供应链连接并实现了同步流程管理，那么我们可以认为这些企业的价值链已经实现了一体化连接，只不过这时的价值链已经不再是价值链条，而是变成了价值网络。因此，可以说企业能够辨清自身的价值链是实施供应链管理的前提。

二、价值链分析的意义及内容

价值链分析就是通过分析和利用企业内部与外部之间的相关活动来达成整个企业的策略目的，能够为企业在价值链上获取更多的价值，是企业获取竞争优势的重要手段。由于价值链是由一系列创造价值的活动组成的，每项活动都必须能给企业创造有形的或无形的价值，所以通过价值链分析，要将其中无价值的活动和环节去掉，同时还要把影响企业竞争的每一个环节，从项目调研、产品设计、材料供应、生产制造、产品销售、运输到售后服务逐一进行绩效分析，使管理人员对价值链的每一个活动都有充分的了解，确立企业的核心活动，从而更好地获得企业的竞争优势。在成本控制过程中，通过对企业的价值链分析，可以确定价值链由哪些具体的价值活动构成，并找出各价值活动所占总成本的比例和增长趋势；识别成本的主要成分和那些占有较小比例而增长速度较快，最终可能改变成本结构的价值活动；列出各价值活动的成本驱动因素及相互关系，再通过具体的实施方案来实现对成本的控制。

价值链是企业在供、产、销过程中所进行的一系列有密切联系的且能够创造出有形和无形价值的链式活动。因此价值链分析包括下列四个环节：①在供应过程中，企业与供应商在其供应链中创造价值的过程。②在产品生产制造过程中，各环节、各单位创造价值的过程。③在产品销售过程中，在企业与顾客的链式关系中创造价值的过程。④在市场的调查、研究、开发以及产品的促销与分销等活动中创造价值的过程。

企业参与的各个商业过程都是由一系列的活动构成的，从分析内容上来说，价值链分析主要包括以下两个方面：

（1）识别价值活动。识别价值活动要求企业在技术上和战略上识别有显著差别的多种活动，这些活动即是前面所介绍的两类活动：基本活动和辅助活动，细分为企业的九种活动。

（2）确定活动类型。在每类基本活动和辅助活动中，都有三种不同类型：①直接活动，涉及直接为买方创造价值的各种活动，如零部件加工、安装、产品设计、销售、人员招聘等。②间接活动，指那些能使直接活动持续进行成为可能的各种活动，如设备维修与管理、工具制造、原材料供应与储存、新产品开发等。③质量保证活动，即确认其他活动质量的各种活动，如监督、视察、检测、核对、调整和返工等。

这些活动有着完全不同的经济效果，对竞争优势的确立起着不同的作用，应该加以区分，权衡取舍，以此来确定企业核心活动和非核心活动。

三、价值链理论对企业经营模式的启示

1. 当把企业作为一个整体来看时，很难认清其竞争优势

竞争优势来源于企业在设计、生产、营销、渠道等诸多方面的许多相互分离的活动。这些活动中的每一种都对企业的相对成本地位（成本战略）有所贡献，并且是企业差异化战略的基础。寻找企业的核心竞争力时，如果只是从企业大面上看，很难得出有益的认识。必须通过对企业价值链的每一个环节进行分析，才能了解企业在大环境和产业中的地位及优势。只有这样，在制订企业重大的战略决策时才能有明确的方向。

2. 价值链的各个环节的集成程度对企业的竞争优势起着关键作用

协调一致的价值链，将支持企业在相关行业的竞争中获取竞争优势。企业可以利用内部扩展的方式来加强价值链的每一个环节，也可通过与其他企业形成联盟来做到这一点。联盟是与其他企业形成的长期联合，而不是彻底的兼并。联盟包括与结盟伙伴相互协调或共同分享价值链，这有利于提高企业价值链的有效性。因而，企业在选择其结盟伙伴时应从价值链的各个环节予以分析，以找出最有利于自身发展的联盟。价值链的这种特点启发企业的管理者强化供应链管理这一企业管理新模式。

3. 企业的价值链体现在一个更广泛的价值系统中

供应商的价值链创造并支持了企业价值链的外部输入，形成企业的上游价值，供应商不仅仅是向企业提供它的一种或多种产品，还会影响到企业价值链的许多方面。同时，企业的产品通过一些价值链（渠道价值）的渠道到达买方手中，渠道的附加活动既影响买方，也影响企业自身的活动。而构建供应链以及实施供应链管理其实正是对企业与其供应商、渠道及用户的价值链的各个环节进行重新定位，并使其相互融合的过程。如今供应链的构建及管理是全球企业尤其是跨国性企业的发展趋势。只有通过对企业的价值链进行分析，才能准确地把握客户的需求和自身的位置，才能合理地构建供应链，实施高效的供应链管理。

第二节　核心竞争力

核心竞争能力是企业赢得竞争的基础和关键，是企业的立足之本，尤其对于供应链管理来说，核心竞争力更是必不可少的，因此，加强企业核心竞争力的培养是企业实施供应链管理最为重要的支撑条件。

一、企业核心竞争力理论的起源与发展

企业核心竞争力理论首先源于现代企业理论。现代企业理论认为，企业作为一种行政

协调机制，或是一种契约组织，强调的都是交易过程中的各种"规则"，它忽视了企业作为社会经济组织所具有的独特的"生产"特性。在这种理论的指导下，有些西方经济学家在对企业决策机制、供应机制、生产机制、销售机制等问题的研究时都不再考虑生产成本，而仅仅关注交易成本，进而背离了现实，无法有效地解释企业实践中的一些重要现象。

企业核心竞争力理论的迅速兴起与战略理论的发展也密切相关。在管理科学的发展历程中，18世纪中后期到19世纪末期奉行经验管理，20世纪初至40年代信奉科学管理，20世纪40年代到60年代风行行为科学，20世纪70年代崇尚战略管理。到20世纪80年代初，迈克尔·波特的竞争战略理论成为战略管理理论的主流。这一理论的核心是波特提出的"五种竞争力（进入威胁、替代威胁、买方议价能力、供方议价能力、现有竞争对手的竞争）"，"三种基本战略（成本领先、标新立异和目标集成）"以及价值链分析等。波特的竞争战略理论通过对产业演进的说明和各种基本产业环境的分析，得出不同的战略决策，这一理论在全球范围内产生了深远的影响。但是波特的理论没能突破把企业视为"黑箱"的局限，它实际上只是以产业作为研究对象，并没有很好地站在企业的角度分析企业竞争战略的制订和实施，不能有效地指导企业的实践。

20世纪80年代后期，风行一时的业务流程再造曾一度使人们淡漠了对战略理论的关注，有些人甚至开始怀疑战略计划的作用。到了20世纪90年代，加里·哈默尔和C. K. 普拉哈拉德的战略理论标志着管理战略的复兴。他们认为，战略是学习和发现的过程，是一个多面体。他们提议企业少说"战略"或"计划"，多谈"战略化"，关注自身的"核心竞争力"，他们给核心竞争力下的定义是"一门博采众长的学问，尤其是如何协调各种生产技巧，如何汇合各条技术分流"。他们号召企业把企业视为核心能力的组合，而不是经营单位的组合。加里·哈默尔和C. K. 普拉哈拉德提出的核心竞争力为20世纪90年代战略理论的发展做出了重大的贡献。

进入20世纪90年代以来，对企业竞争力的研究开始逐渐转移到企业核心竞争力领域。因为从长远考虑，企业竞争优势在于比竞争对手以更低的成本、更快的速度去发展自身的能力，在于能够产生更高的、具有强大竞争力的核心能力。由于任何企业所拥有的资源都是有限的，它不可能在所有的业务领域都获得竞争优势，因而必须将有限的资源集中在核心的业务上。

鉴于以上原因，有些人把影响企业竞争的核心要素归结为它所拥有的特殊能力，并从企业内在成长的角度分析企业，由此提出了企业核心竞争力理论。

二、核心竞争力的相关概念

核心竞争力，可以定义为企业借以在市场竞争中取得并扩大优势的决定性的力量，也称核心能力。例如，联邦航空公司因为拥有追踪及控制全世界包裹运送的能力，从而使它在本行业及相关行业的竞争中立于不败之地。一家具有核心竞争力的公司，即使制造的产品看起来不怎么样，但它却能利用核心竞争力使公司整体蓬勃发展。

（一）核心竞争力的构成

构成核心竞争力的要素包括企业员工拥有的技能、企业的技术体系、企业的管理体系和在企业中占主导地位的价值观念。企业的核心竞争力是上述四种要素构成的一个有机整体，它反映了企业的基本素质与发展潜力。如果说企业在市场上的竞争，短期内主要体现为产品价格与性能的竞争，那么从长期看，这种竞争实际上是核心能力的竞争。在构成企业核心能力的要素中，企业员工拥有的知识技能及融合在企业技术体系中的知识积累与物质条件，是企业进行技术创新的基本资源。而创新活动的各个环节都需要相应的管理体系进行有效的计划、组织、激励与控制。在企业中，占主导地位的价值观念是构成企业核心能力的一种无形因素。它强烈地影响企业领导和职工的行为方式与偏好，并通过经营决策过程和行为习惯体现在企业的技术实践和管理实践中。在技术创新活动中，价值观念往往融合于构成核心能力的其他三种要素之中，对创新决策与实施产生影响。

（二）核心竞争力的特性

（1）能很好地实现顾客所看重的价值。例如，增强核心竞争力能显著地降低成本、提高产品质量、提高服务效率、增加顾客的效用，从而给企业带来竞争优势。索尼公司的核心竞争力是"迷你化"，它带给顾客的核心利益是便于携带。

（2）能力特性在竞争中的独特性。每一个成功的企业的核心竞争力都具有自己的特点，不容易被潜在的竞争对手模仿，而任何一个企业也都不能靠简单地模仿其他企业来建立和发展自己的核心竞争力。企业一旦形成了自己的核心竞争力，就可能在某一领域中建立竞争优势，不断地推出创新成果，从而极大地促进自身的发展。

（3）核心竞争力具有延展性。核心竞争力能够同时应用于多个不同的任务，使企业能在较大范围内满足顾客的需要。例如，佳能公司利用其光学镜片成像技术和微处理技术方面的核心竞争力，成功地进入到了复印机、激光打印机、照相机、扫描仪以及传真机等20多个产品领域；本田公司的核心专长是设计和制造发动机，这一专长支撑了小汽车、摩托车、割草机和方程式赛车的制造。

（4）核心竞争力的二重性。一方面，核心竞争力作为供应链管理的资源基础和支持系统，当它适应竞争环境和企业发展战略的要求时，能有效地促进创新和企业发展；另一方面，作为竞争优势基础的企业核心能力必须适应企业外部环境（技术、市场和社会条件）的变化。如果企业核心竞争力不能适应外部环境的变化，原来对企业创新与发展起积极作用的核心竞争能力就可能会成为阻碍企业创新与发展的消极因素。核心竞争力的这种消极作用来源于核心能力的刚性。核心竞争力是企业在发展过程中基于长期的经验积累所形成的一种制度化的体系，具有相对的稳定性。当外部环境发生变化时，稳定性很容易表现为某种抗拒变化的惰性，这种惰性就是核心能力的刚性。供应链管理活动会对原有的系统带来某些变革，因此，必须对此予以关注。由于企业核心竞争力正是企业在其发展历史上所做的一系列创新决策和长期创新实践的衍生物，因此，不断进行技术上和组织上的创新，是消除核心竞争力刚性的最有效的办法。

（三）有关核心竞争力的进一步说明

为了更好地理解核心竞争力，这里首先通过几个相关概念的比较来对其做出进一步说明：

（1）竞争力不等于核心竞争力。企业要在市场竞争中领先，当然在市场、财务、技术开发等各功能领域都要有一定的竞争力，但这并不等于核心竞争力。核心竞争力必须具有独特性，是其他竞争对手很难复制的。

（2）核心业务不等于核心竞争力。回归核心业务并不等同于就有了核心竞争力。企业集中资源从事某一领域的专业化经营，在此过程中逐步形成自己在管理、技术、产品、销售和服务等多方面与同行的差异。在发展这些差异时，企业能逐步形成自己独特的可提高消费者特殊效用的技术、方式和方法，这些有可能会成为今后企业核心竞争力的构成要素。

（3）没有核心技术，并不意味着没有核心竞争力。例如，戴尔公司没有个人计算机的核心技术，但这并不妨碍它成为行业翘楚，因为戴尔公司的核心竞争力在于高效的供应链管理。

（4）企业核心竞争力是长期经验积累和整体素质的体现。企业可持续的竞争优势是将企业长期运行中具有战略价值的资源和能力进行综合、升华而形成的一种制度化的体系。这样一个整合过程正是企业素质的提升过程，当企业的竞争对手试图模仿企业竞争优势却无法成功或者失去模仿的信心时，企业的竞争优势才是一种可持续性的竞争优势。

（5）核心竞争力是有生命周期的。企业核心竞争力的生命周期可划分为如下几个阶段：无竞争力阶段、一般竞争力阶段、初级核心竞争力阶段、成熟核心竞争力阶段、核心竞争力弱化阶段、核心竞争力新生阶段。不同企业的核心竞争力所处的生命周期的阶段也不同。职工个人和企业原有的知识都会在不断变化的环境中落伍，必须根据变化的环境不断地更新、重组知识技能要素与结构，只有这样才能维持和增强企业的核心竞争力。

（6）企业核心竞争力是分不同层面的。一个企业往往只处于一条供应链中的某个环节上，在生产领域，产品所包含的知识表现形式不同，有的企业生产标准，有的企业生产技术，有的企业生产产品，甚至有的企业生产概念。竞争力的外部表现可以是可口可乐的饮料配方，可以是耐克的生产技术，可以是戴尔的销售渠道，也可以是海尔的管理模式。在不同的层面上都会产生许多具有核心竞争力的企业，一个企业只要能有自己独特的核心产品，就有可能在业界中取得主导地位。

三、核心竞争力的形成

培养企业核心竞争力，是在全局统筹的基础上，力行"善战者，胜于易胜之地"，以达到纲举目张的运作过程，应着重从以下三个方面入手。

1. 锁定目标

要想培育独特的核心竞争力，企业必须明确自身努力的方向和目标，只有目标和方向明确了，企业的资源配置和使用才能做到有的放矢，从而加速核心竞争优势的培养壮大。企业核心竞争力是一种独特的竞争优势。每一个企业都有不同的条件、情况，因此它所设置的目标方向也是不同的。一般来讲，选择核心竞争力的目标定位，主要应考虑以下一些因素：①自身资源状况和以往的知识储备。②行业现状及特点。③竞争对手的实力状态及对比情况。④关联领域的影响。⑤潜在竞争者及替代者的演变前景。由于核心竞争力的形成所耗费的代价较大，且具有一定的刚性，会在较长的时期内影响企业的经营运作，企业在选择核心竞争力培养方向时都比较慎重，常常将目标锁定在最能影响行业发展前景的领域上，以使企业能够掌握更大的竞争主动权。

2. 集中资源

集中资源就是将资源集中于企业选定的一项或某几项目标业务领域，以便最大限度地发挥资源效用，增强特定的竞争优势，形成核心竞争力。当今时代市场竞争日益激烈，创新成本与风险越来越大，任何一个企业都很难在所有业务活动中都成为世界上最杰出的企业。事实上，相对于复杂多变的外部环境而言，任何企业的资源都是有限的，只有将资源集中起来，形成合力，才有可能在目标领域取得突破，建立核心竞争力。即使是当今世界著名的许多大企业，它们也大都将资源重点集中于某些关键性业务工作上，以求在特定领域达到领先对手的目的。例如，美国的微软公司，日本的本田公司、索尼公司等著名企业，就分别将资源集中起来致力于软件的开发、复杂的芯片设计、小型发动机设计和微型电机系统开发工作，从而在各自的行业里取得了明显的竞争优势。对于我国的大部分企业来说，由于自身实力与发达国家企业有差距，且可利用资源也有限，更应该将有限的财力资源集中于适合自身条件的关键领域，建立独特的竞争优势。

3. 动态学习

坚持动态持续地学习、提高知识技能的积累和储备，是培养和增强核心竞争力的关键。企业员工及组织所拥有的知识技能是重要的无形资产，是核心竞争力中的主要因素。这种知识与技能包含两个层次：①员工个人的知识技能水平与结构。②企业员工的整体素质与知识技能结构。

知识技能既包括现代科学技术知识与管理知识，也包括操作技能与实践经验。企业要建立与发展知识技能优势，必须在人力资源开发与管理中将知识技能的学习、扩散、积累与更新放在重要位置上。体现竞争能力的知识技能要具有领先水平，往往需要本企业的员工通过创新实践去发现与创造。因此，在实践中创造性地"干中学"，是全面提高职工素质、建立本企业的知识技能优势的一种不可替代的学习方式。在科技飞速发展、知识更新周期大大缩短、企业外部环境不断变化的情况下，职工个人和企业原有的知识都会在不断变化中落伍，必须进行持续动态的学习，不断地更新、重组知识技能要素与结构，才能维持和增强企业的核心竞争力。动态持续的学习进程不仅有利于增强组织"学习如何学习"的能力，而且可以获得更大的学习曲线效益。

四、价值分析在构建核心竞争力中的作用

企业参与的价值活动中，并不是每个环节都创造价值，实际上只有某些特定的价值活动才能真正创造价值。这些真正创造价值的经营活动，就是价值链上的"战略环节"。企业要保持的竞争优势，实际上就是企业在价值链某些特定的战略环节上的优势。

运用价值链的分析方法来确定核心竞争力，就是要求企业密切关注组织的资源状态，要求企业特别关注和培养在价值链的关键环节上获得重要的核心竞争力的能力，以形成和巩固企业在行业内的竞争优势。以往，企业战略重心主要放在基本活动上，但随着供求关系的转变，辅助活动的重要性越来越突出，越来越多的企业注重在自己的辅助活动上对2~3个职能领域建立核心竞争优势。例如，耐克公司只从事营销研究与开发活动，其他活动都依靠外购；IBM公司在世界计算机市场上的竞争优势，很大程度上取决于覆盖全球的强大的组织体系，这种组织体系涉及组织结构、销售网络和维修服务网络。

通过自身价值链的分析，企业可以更好地锁定目标，集中内外资源构建自己的核心竞争力，并通过不断的动态学习过程，将核心竞争力的刚性转化为柔性，保持企业的核心竞争力。

第三节　业　务　外　包

在21世纪的竞争环境下，产品的寿命越来越短，更新换代速度加快，制造企业面临极大的挑战。一般而言，一种产品要具有强有力的竞争力，就必须具有快速的开发研制能力、成本的控制能力、品质的保障能力、营销网络的完善能力以及强大的品牌创新能力等诸多因素来保障。这些诸多的保证因素的背后都需要强大的资金、技术来支撑。而任何一个企业的资源相对于所面对的市场而言都是极其有限的，因而对任何一种产品，总有些功能会由于内部资源的限制而显得较为薄弱。而且如果从产品的设计、制造到分销都由企业一手包办，在时间上就不能满足消费者的需求。因此有越来越多的大型制造企业将其部分或全部的制造功能分离出去，交由在相应领域的杰出企业来完成，而自己只保留最核心的业务（如市场、关键系统设计和系统集成以及销售）。换句话来讲，这些企业通过业务外包，放弃了一部分活动，而使它们真正区别于竞争对手的是对客户需求的准确把握以及有

效地组织供应链，从而将需求快速转化为产品并推向市场的能力。

业务外包是供应链管理思想的精髓之一。供应链管理强调的是把主要精力放在企业的关键业务（企业核心竞争力）上，充分发挥其优势，同时与全球范围内的合适企业建立战略合作关系，企业中非核心业务由合作企业完成，这就是所谓的业务外包。通过业务外包，企业在集中资源于仔细挑选的自身核心业务的同时，通过利用其他企业资源弥补自身不足，集中内外部资源于它们真正区别于竞争对手的技能和知识上，从而使自己整体运作提高到行业顶尖水平。

一、业务外包的意义

企业实施业务外包，是将自身的优势功能集中化，而将劣势功能虚拟化，即将劣势功能转移出去，借外部企业资源的优势来弥补和改善自己的弱势。在这种虚拟化模式下，企业可以针对自身的条件，对其任何一个企业部门的业务实施虚拟化，如技术开发部门、生产部门、营销部门等。这种使企业界线模糊化的做法最大限度地发挥了企业有限资源的作用，而且加速了企业对外部环境的反应能力，强化了组织的柔性和敏捷性，对增强企业竞争优势、提升企业的竞争力有着显著的促进作用。

从战略上看，外包能给企业提供极大的灵活性，尤其是在购买高速发展的新技术、新式样的产品或复杂系统的无数组件方面更是如此。当多个优秀的供应商共同生产一个系统的个别组件时，就可以获得比单个企业生产更短的周期。而且每个供应商都拥有很多的人才，又具有专业领域方面的复杂的技术知识，能更高质量地支持更为专业的设备。战略性的外包把企业对零部件和技术的发展所承担的风险转移到大量的供应商身上。企业无需承担全部的零部件的研发与开发设计失败的风险，也无需为一个零部件系统投资或不断地升级。

业务外包推崇的理念是，如果在供应链上的某一环节上本公司不是世界上最好的公司，如果这又不是本公司的核心竞争优势，如果这种活动不至于与客户分开，那么可以把它外包给世界上最好的专业公司去做。也就是说，首先确定企业的核心竞争力，并把企业内部的智能和资源集中在那些有核心竞争优势的活动上，然后将剩余的其他企业活动外包给最好的专业公司去做。供应链环境下的资源配置决策是一个增值的决策过程，如果企业能以更低的成本获得比自制更高价值的资源，那么企业可以选择业务外包。以下是促使企业选择业务外包的原因。

1. 成本与财务管理优势

外包之所以能节约成本可能因为：①规模经济。外包公司可以以较低成本提供同等质量服务。②行业差异，人员成本通常会更低。例如，在一个IT公司聘用一个坐席代表，因为要比照整个行业状况，成本通常会比专业外包公司要高（后者通常属于较低成本的行业）。③企业的一次性投资及固定资产的存量可以降低。④在财务管理上，通常支付固定合同的现金较设立内部成本中心进行预算管理更容易进行成本控制。

2. 分担风险

企业可以通过业务外包分散由政府、经济、市场、财务等因素产生的风险。企业本身的资源、能力是有限的，通过业务外包，与外部的合作伙伴分担风险，企业可以变得更有柔性，更能适应变化的外部环境。

3. 加速重构优势的形式

企业重构需要花费很多的时间，并且获得效益也要很长的时间，而业务外包是企业重构的重要策略，可以帮助企业很快解决业务方面的重构问题。

4. 使用企业不拥有的资源

如果企业没有有效地拥有业务所需的资源（包括所需现金、技术、设备），而且不能盈利时，企业也会将业务外包。这是企业临时外包的原因之一，但是企业必须同时进行成本/利润分析，确认在长期情况下这种外包是否有利，由此决定是否应该采取外包策略。

二、业务外包的主要方式

1. 由外包内容本身形成的几种外包方式

（1）研发外包。即使是实现"外包"的企业，也应该设有自己的研发部门和保持相当的研发力量。因为企业要保持其技术优势，就必须具备持续创新能力。但并非研发环节就不存在"外包"。研发外包是利用外部资源弥补自己开发能力的不足。企业可以根据需要，有选择地和相关研究院所、大专院校建立合作关系，将技术项目"外包"给它们攻关，或购买先进的但尚未产业化的技术。

例如，当世界上大多数国家达成协议停止生产氟利昂后，化工巨头杜邦公司为了能够尽快找到生产氟利昂替代品的最佳方式，将这项开发任务外包给20多个组织。由于这些专门研究机构在相关领域具有超群的能力，在很短的时间内就完成了项目开发工作，为杜邦公司产品的提前上市赢得了宝贵的时间。1993年，杜邦公司比国际规定的最后日期提前3年停止氟利昂的生产，同时在5个产品领域开始销售氟利昂的替代产品，由于赢得了市场先机，这些产品一上市，就迅速地占领了市场。

（2）生产外包。在日渐成熟的市场和日益激烈的竞争中，企业增加收入的难度日甚一日，想方设法降低成本已经成为获取利润的关键。在形形色色的降低成本的新方法中，生产外包是最重要的一种。这种外包一般是企业将生产环节安排到劳动力成本较低的国家，以降低生产环节的成本。

目前，越来越多拥有名牌产品或商标的企业不再拥有自己的生产厂房和设备，不再在生产过程中扮演过多的角色。它们将自己的资源专注在新产品的开发、设计和销售上，而将生产及生产过程的相关研究"外包"给其他的合同生产企业。著名的计算机网络设备公司思科（Cisco）本身就没有任何生产能力，其产品均由东南亚的制造商完成。著名的运动鞋制造商耐克公司也不设工厂，它的 7 800 名员工专门负责设计、监制和销售，所有产品的生产由分散在世界各地的 40 多家合同制造商来完成，然后贴上名牌商标"NIKE"就行了。

（3）物流外包。物流外包不仅仅降低了企业的整体运作成本，更重要的是使买卖过程摆脱了物流过程的束缚，使供应链能够为客户提供前所未有的服务。

现在许多公司开始将自己的货物或产品的存储和配送外包给专业性的货物配送公司来完成。例如惠普公司，其在美国的 11 家工厂，原来各自处理自己的进货和产品的存储和分配工作，供应路线混乱，协调复杂，经常造成运输车辆空驶，效率低下。1993 年，惠普公司将上述业务外包给专业从事货物配送的赖德综合物流服务公司（Ryder Integrated Logistics），精简了自己的仓库和卡车运输业务。后者把工厂的物流工作统一起来，使原材料运送到工厂所需的费用比过去减少了 10% 以上。由于降低成本的显著效果，外包仓储配送近年来在制造企业中也成为一种时尚，整个物流服务行业也因需求渐旺而得到发展。

（4）脑力资源外包。外包的一个新领域是"Consulting"，即雇用外界的人力（主要是脑力资源）来解决本企业解决不了或解决不好的问题。接受外包的个人或组织一般要为用户提供咨询、诊断、分析、决策，进行管理、组织重组、技术改造，实现改进工作以达到提高经济效益的目的。脑力资源外包内容主要有互联网咨询、信息管理、ERP 系统实施应用以及管理咨询等。

（5）应用服务外包。以前，各公司都是自己设计网络、购置硬件和软件。由于这项业务专业性强，技术要求高，所以实施起来难度较大，且很难达到先进、合理的要求，同时成本也比较高。随着 Internet 的逐步普及，大量的基于 Web 的解决方案不断涌现，这些都使得远程的基于主机的应用方案成为可能。因此，许多企业已经普遍将信息系统业务在规定的服务水平基础上外包给应用服务提供商（Application Service Provider，ASP），由其管理并提供用户所需要的信息服务。

（6）临时服务外包。除了以上外包形式外，企业还会雇用临时工来完成一些临时工作。企业可以用尽量少的雇用人数来有效地完成规定的日常工作量，当在有辅助性服务需求的时候，可以雇用临时工去处理。鉴于临时工对失业的恐惧及对报酬的重视，使他们能够认真负责地对待工作，从而提高工作效率。临时性服务的优势在于企业需要有特殊技能的职工而又不需要长期拥有。

2. 因外包范围及与本企业竞争关系不同而形成的几种外包形式

（1）子公司外包。为了夺回竞争优势，大量的企业将控制导向、纵向一体化的企业组织分解为独立的业务部门或公司，形成母公司的子公司。由于这些子公司脱离了母公司，从而变得更加有柔性、效率和创新性，同时由于脱离了"纵向一体化"的模式，克服了官僚作风，能更好地应对市场的发展变化。例如，1980 年 IBM 公司在与苹果公司的竞争过程中，为了打败竞争对手，将旗下的 7 个部门分离出去，成立了 7 个独立的子公司。这些子公司由于具有更大的独立性、柔性和创新性,因此在高速发展的高新技术产业中,更能显示出它的优势,使 IBM 公司获得前所未有的优势,最终打败了竞争对手,占领了行业中的领先地位。

(2) 与竞争者合作。与竞争者合作使得两个竞争者把各自的资源投入到共同的任务(诸如共同的开发研究)中,这可以使企业分散开发新产品的风险,同时,也使企业可以获得比单个企业更高的创造性和柔性。尤其在高科技领域,要获得竞争优势,企业往往要与其他企业建立合作关系。Altera 公司与其竞争对手英特尔的合作就是一个最好的例证。Altera 公司是一个 CMOS 逻辑设备的领头企业,当时它有了一个新的产品设想,但是却没有其中硅片的生产能力,而作为其竞争者的英特尔公司能生产这种硅片,因此,它们达成一个协议:英特尔公司为 Altera 生产这种硅片,而 Altera 公司授权英特尔公司生产和出售这种新产品。这样两家公司通过合作获得了单独运作所不可能获得的竞争优势:Altera 公司获得了英特尔公司的生产能力,而英特尔公司获得了 Altera 公司这种新产品的相关利益。

(3) 除核心竞争力之外的完全业务外包。业务外包的另一种方式是转包合同。在通信行业,新产品寿命周期基本上不超过一年。MCI 公司就是靠转包合同而不是靠自己开发新产品在市场竞争中立于不败之地的。MCI 公司的转包合同每年都在变换,它有专门的小组负责寻找能为其服务增值的企业,从而使 MCI 公司能够提供最先进的服务。它的通信软件包都是由其他企业完成的。而它所要做的核心业务是将所有通信软件包集成在一起为客户提供最优质的服务。

三、业务外包的实现

在实施业务外包活动中,确定核心竞争力是至关重要的,因为在没有认清什么是核心竞争优势之前,从外包中获得利润几乎是不可能的。业务外包推崇的理念是,如果在供应链中的某一环节上本企业不是最好的,也不是本企业的核心竞争优势,那么可以把它外包给最好的专业企业。在此基础上实施业务外包,通常需要四个阶段。

(一) 外包条件准备阶段

1. 外部条件

(1) 产业要有相当程度的标准化。只有在这种条件下,"外包"企业提供的产品才能为本企业所用。

(2) 信息技术的广泛应用。只有本企业与外包服务提供商之间信息能够充分沟通、共享,才能节省交易费用,提高效率。

2. 内部条件

(1) 企业要进行流程重组。传统企业的作业流程大多是在一贯作业的模式下制订的,已不能适应产品更新换代、市场信息瞬息万变的竞争环境。企业进行流程重组的目的是提高效率，以适应外包的需要。

（2）企业要进行组织结构的重建。外包要求充分发挥各个业务单位的积极性和能动性，使每个业务单位在自己的专长领域内不断突破。这就要求建立一种相对分散的、充分授权的组织架构。

（3）企业要更新经营理念。企业的经营理念必须与当今开放、民主、协同发展的潮流相适应。这也要求本企业领导层具有战略的眼光和追求变革的决心。

（二）企业内部分析和评估阶段

在这一阶段，企业的高层管理者要确定外包的需求并制订实施的策略。主要需要考虑以下问题：

（1）明确企业的经营目标和外包之间的联系。

（2）明确需要外包的业务领域。在确定了需要外包的业务后，还需要收集大量的材料和数据，以确定通过哪些业务的外包可以获得最快或者最佳的投资回报。

（3）与员工进行开诚布公的沟通。外包势必涉及一些员工的利益，良好的沟通可以了解到如何满足员工的一些适当要求，而员工的士气和支持将对外包能否顺利实施起到重要的作用。

（三）评估自身外包需求并选择服务提供商阶段

企业的领导层应听取来自内部或外部专家的意见，这支专家队伍至少要涵盖法律、人力资源、财务和经营业务等领域的专业人员，以评估自身的外包需求。需要注意的是，外包商是否真正理解了企业的需求，以及它是否有足够的能力解决企业的问题。除此之外，外包商的财务状况也是需要考虑的重要问题之一。在与外包服务商签订合约时，合同中不仅要规定外包的价格和评测性能的尺度，还要规定服务的级别以及违规的处罚条款。

（四）外包的实施和管理阶段

企业在这一阶段要随时保持对外包业务性能的监测和评估，并及时与厂商交换意见。在外包实施的初期，还要注意帮助企业内部的员工适应这一新的运作方式。

在上述四个阶段中，特别要关注的事项是：

（1）注意业务外包产生的成本。因为选择外包主要是为了节约成本，所以外包的时候要注意成本是不是足够低。

（2）注意外包服务提供商的反应速度是不是能够满足本企业核心业务的要求。

（3）注意外包方的服务质量，特别是最终产品是否能达到顾客所需要的服务质量。

上述成本、速度和质量，对不同的企业要求不同。例如，在物流外包中，统计数据表明，日本有80%的企业采取外包，它们看重的是质量和速度；而美国、欧洲有30%~50%的企业采取外包，它们比较看重的是成本。

四、业务外包需要注意的问题

成功的业务外包策略可以帮助企业降低成本、提高业务能力、改善质量、提高利润率和生产率,然而这种方法并不能彻底解决企业的问题。相反这些业务职能可能在企业外部变得更加难以控制。

外包带来了极大的机会,但是它同时也带来了一些问题,如控制权分散和丧失、商业秘密泄露、要受长期合同的牵制、存在转换成本、内部员工的抵触、供应容易受到限制、行业技能的依赖性、缺乏外包评价经济量化的标准、存在意外费用或额外负担、面临新型的风险、可能出现的安全性问题等。最主要的战略性问题还是在于产品,供应商不能或不愿按其要求供应产品,并且无法阻止它们的供应商与其竞争者的合作,或者阻止这些供应商自行进入市场,更糟糕的是,企业会丧失所需的再进入生产的技能和原来外包之前的状态。而且,业务外包采购一种关键的组件将增加企业在新型设计上对供应商的依赖性,从而无法灵活地顺应卖方或者市场的变化做出新的设计。下面还列出了在外包过程中常出现的其他问题,希望能够引起企业的重视。

(1) 企业通常需要将不产生核心能力的业务放在外包之列,而把主要精力和资源集中在核心能力的培育、保持和发展上。然而并非所有的非核心业务都能外包,对于满足以下条件的业务,企业最好选择自营:①相关业务的成本低,且质量和效率的综合评价高于外包与采购。②相关业务增加的管理机构至少不会影响企业的整体效率。③相关业务的水平不低于最好的供应商。咨询公司 Cooper & Lybrand 也提出了外包候选业务的四条考虑标准:①经常性的活动,尽管它是核心或高技术业务。②能够从企业整个体系与管理链分离而单独定义清楚的业务。③能被有效衡量保证"伸手可及"的管理的活动。④能找到几家以上外包提供商提供服务的相应业务。

(2) 业务外包一般可以减少企业对业务的监控,但它同时可能增加企业责任外移的可能性。因此企业必须不断监控外包企业的行为并与之建立稳定长期的联系。

(3) 员工问题。随着更多业务的外包,员工们会担心失去工作。如果他们知道自己的工作将被外包,并且只是时间问题的话,就可能发生职业道德和业绩下降的情况,因为他们会失去对企业的信心,失去努力工作的动力,导致更低的业绩水平和生产率。另一个关于员工的问题是企业可能希望获得较低的劳动力成本。越来越多的企业将部分业务转移到不发达国家,获得廉价劳动力以降低成本。企业必须确认自己在这些地方并没有与当地水平差距太大,并且必须确认企业的招聘工作在当地公众中的反应是否消极。公众的反应对于企业的业务、成本、销售有很大影响。

(4) 信息技术要跟上时代的发展步伐,信息滞后仍是影响企业业务外包的重要因素。所以,企业必须建立好自己的信息系统,并加快推进信息工作现代化,特别是充分利用互联网,使自己的商业经营融入全球信息网络中去。这样,才能为业务外包创造条件。

（5）外包可能带来企业在交叉职能上的技能的丧失。不同职能中的技术人员之间的相互作用常常能够碰撞产生新的思想火花或是灵感。业务外包会使这种交叉职能的头脑风暴丧失殆尽。企业应该有意识地让员工不断紧密地与外界供应商及专家保持联系，那么，这些员工的知识基础比起自己生产时要高出许多。

（6）业务外包可能使企业丧失对供应商的控制。当供应商要同时应付几家买主企业，而供应商的重要客户不是本企业时，就会出现某种不协调。此时良好的沟通和合作就显得十分重要，既要与供应商的上层管理人员在政策上进行议价并取得谅解，又要与供应商的下层人员保持紧密、亲善友好的私人关系。

除此之外，业务外包还会带来一些其他问题，如人才的流失，外包业务、项目的内容、外延定义不清等。专业人士或骨干力量可能因为不能直接从事运营与人员管理（改为业务协调），而另谋高就，造成人才的流失。外包业务、项目的内容、外延定义不清，会带来运营混乱与责任不清，甚至会引起企业内部更大的矛盾，因此准确定义外包项目的范围及所包括的服务内容，不仅仅只是范围及内容的罗列，同时更应该详细勾画出外包服务流程中双方的交汇点与分离处。许多业务外包的失败不仅是因为忽略了以上问题的存在，而且还可能是因为没有选择好合作伙伴，遇到不可预知情况，过分强调短期效益等。建立一个长期、双赢的外包企业与外包提供商之间的互动关系将会成为营造良好企业外部环境中越来越重要的课题，企业的价值链管理流程中必须包括与外包提供商的关系管理。

因此，企业应该从战略上，而不是仅仅以短期的或权宜的方式来决定是否外包、外包哪些业务，应该客观评估外包的风险和利益，确认在必要时能够控制致命的风险，如关键性技能的潜在丧失；同时必须进行成本利润分析，确认这种外包在长期情况下是否有利，由此决定应该采取的外包策略。

第四节 集成化供应链管理

一、集成化供应链管理的概念及意义

传统的管理以职能部门为基础，往往由于职能矛盾、利益目标冲突和信息分散等原因，各职能部门无法完全发挥其潜在的效能，因而很难实现整体目标的最优。供应链管理是一种基于流程的集成化管理模式，它以流程为基础，物流、信息流、资金流贯穿于供应链的全过程。供应链管理应通过业务流程重构，实现供应链组织的集成与优化；通过核心企业及其他成员企业先进管理思想的交流融合、移植和扩散，实现管理思想的集成与优化；通过即时制管理、企业资源计划、物流资源计划、快速反应、有效客户反应、客户关系管理、电子商务、全面质量管理等管理技术和方法的综合应用，实现供应链管理技术和方法的集成与优化；通过现代信息技术手段与 Internet 和 Intranet 的运用和信息共享，实现

第二章　供应链管理的相关理论

供应链管理手段的集成与优化。

集成化供应链管理，是指供应链上的节点企业摒弃传统的管理思想和观念，通过信息技术把所有供应链成员的采购、生产、销售、财务等业务进行整合，并看作一个整体的功能过程而开发的供应链管理功能。

供应链集成化管理的意义在于通过合作伙伴之间的有效合作与支持，提高整个供应链中物流、信息流和资金流的通畅性和快速响应性，提高价值流的增值性，使所有与企业经营活动相关的人、技术、组织、信息以及其他资源有效地集成，形成整体竞争优势。在市场竞争中，各成员企业要把主要精力用在凝聚自身的核心竞争能力上，从而达到强强联合的效果。从这方面看，供应链管理是一种基于核心能力集成的竞争手段。在竞争中，各成员企业都可以从整体的竞争优势中获得风险分担、利益共享的好处。

二、集成化供应链管理的发展阶段

（一）集成化供应链管理的发展阶段与信息技术的关系

高效的集成化供应链是建立在信息技术有力的支撑基础之上的，不同阶段信息技术上的供应链表现出不同的集成模式和效率。信息技术在企业内部最早得到广泛应用是早期的管理信息系统（Management Information System，MIS），这个时期的集成化供应链管理处于一种比较初级的形式。真正意义上的集成化管理思想是随着电子数据交换（Electronic Data Interchange，EDI）技术的应用才实现的。20世纪90年代开始普及的Internet/Intranet显示了更为广阔的电子商务应用前景，将把集成化供应链管理推向一个更高的层面。

（二）集成化供应链管理发展的五个阶段

企业从传统的管理模式向集成化供应链管理模式转化，一般要经过五个阶段，包括从最低层次的基础建设到最高层次的集成化供应链动态联盟。各个阶段的不同之处主要体现在组织结构、管理核心、计划与控制系统、应用的信息技术等方面，其实施步骤如图2-2所示。

1. 基础建设阶段

这一阶段是在原有企业供应链的基础上进行分析、总结企业现状，分析企业内部影响供应链管理的阻力和有利之处，同时分析外部市场环境，对市场的特征和不确定性做出分析和评价，最后相应地完善企业的供应链。

在传统型的供应链中，企业职能部门分散、独立地控制供应链中的不同业务。这时的供应链管理主要具有以下特征：

（1）企业注重的核心是产品质量。由于过于注重生产、包装、交货等方面的质量，可能导致成本过高，所以企业的目标在于以尽可能低的成本生产高质量的产品，以解决成本与效益的矛盾。

（2）关于销售、制造、计划、物料、采购等方面的控制系统与业务过程相互独立、不相互匹配，因部门合作和集成业务失败导致多级库存等问题。

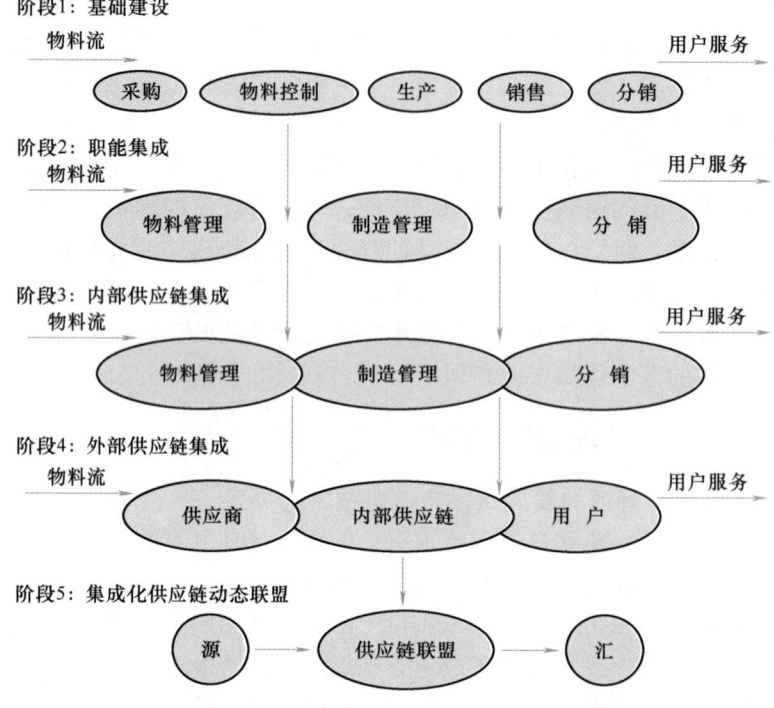

图 2-2 集成化供应链管理实施步骤模型图

（3）组织部门界限分明，单独操作，往往导致相互之间的冲突。采购部门可能只控制物料来源和原材料库存；制造和生产部门通过各种工艺过程实现原材料到成品的转换；销售和分销部门可能处理外部的供应链和库存，而部门之间的关联业务往往就会因各自为政而发生冲突。

处于这一阶段的企业主要采用短期计划，出现困难时需要一个一个地解决。虽然企业强调办公自动化，但这样一种环境往往导致整个供应链的效率低下，同时也增加了企业对供应和需求变化影响的敏感度。

2. 职能集成阶段

职能集成阶段，企业围绕核心职能对物流实施集成化管理，对组织实行业务流程重构，实现职能部门的优化集成，通常可以建立交叉职能小组，参与计划和执行项目，以加强职能部门之间的合作，克服这一阶段可能存在的不能很好地满足用户订单的问题。

职能集成强调满足用户的需求。事实上，用户需求在今天已经成为驱动企业生产的主要动力，而成本则在其次，但这样往往导致第二阶段的生产、运输、库存等成本的增加。此时供应链管理主要有以下特征：

（1）将分销和运输等职能集成到物流管理中来，将制造和采购职能集成到生产职能中来。

(2) 强调降低成本而不注重操作水平的提高。
(3) 积极为用户提供各种服务，满足用户需求。
(4) 职能部门结构严谨，均有缓冲库存。
(5) 具有较完善的内部协定，如采购折扣、库存投资水平和批量等。
(6) 主要以订单完成情况及其准确性作为评价指标。

在集成化供应链管理的第二阶段一般采用物料需求计划（Material Requirement Planning，MRP）系统进行计划和控制。对于分销网，需求得不到准确的预测和控制，分销的基础设施也与制造没有有效地连接。由于用户的需求得不到确切的理解，从而导致计划不准确和业务的失误。所以，在第二阶段，要采用有效的预测技术和工具对用户的需求做出较为准确的预测、计划和控制。

但是，以上采用的各项技术之间、各项业务流程之间、技术与业务流程之间都缺乏集成，库存和浪费等问题仍可能困扰企业。

3. 内部供应链集成阶段

这一阶段要实现企业直接控制的领域的集成，要实现企业内部供应链与外部供应链中供应商和用户管理部分的集成，形成内部集成化供应链。

为了支持企业内部集成化供应链管理，主要采用供应链计划（Supply Chain Planning，SCP）和 ERP 系统来实施集成化计划和控制。这两种信息技术都是基于客户/服务（Client/Server）体系在企业内部集成中的应用。有效的 SCP 集成了企业所有的主要计划和决策业务，包括需求预测、库存计划、资源配置、设备管理、优化路径、基于能力约束的生产计划和作业计划、物料和能力计划、采购计划等。ERP 系统集成了企业业务流程中主要的执行职能，包括订单管理、财务管理、库存管理、生产制造管理、采购等职能。SCP 和 ERP 通过基于事件的集成技术连接在一起。

本阶段企业管理的核心是内部集成化供应链管理的效率问题，主要考虑在优化资源、能力的基础上，以最低的成本和最快的速度生产最好的产品，快速地满足用户的需求，以提高企业反应能力和效率。

这一阶段可以采用配送需求计划（Distribution Requirement Planning，DRP）系统、MRPⅡ系统管理物料，运用 JIT 等技术支持物料计划的执行。JIT 的应用可以使企业缩短市场反应时间、降低库存水平和减少浪费。

在这个阶段，企业可以考虑同步化的需求管理，将用户的需求与制造计划和供应商的物流同步化，减少不增值的业务。同时企业可以通过广泛的信息网络（而不是大量的库存）来获得巨大的利润。

此阶段的供应链管理具有以下特征：
(1) 强调战术问题而非战略问题。
(2) 制订中期计划，实施集成化的计划和控制体系。

（3）强调效率而非有效性，即保证要做的事情尽可能好、尽可能快地完成。

（4）从采购到分销的完整系统具有可见性。

（5）信息技术（Information Technology，IT）的应用。广泛运用 EDI 和 Internet 等信息技术支持与供应商及用户的联系，获得快速的反应能力。

（6）与用户建立良好的关系，而不是"管理"用户。

4. 外部供应链集成阶段

实现集成化供应链管理的关键在于第四阶段，将企业内部供应链与外部的供应商和用户集成起来，形成一个集成化供应网络。而与主要供应商和用户建立良好的合作伙伴关系，即所谓的供应链合作关系（Supply Chain Partnership，SCP），是集成化供应链管理的重中之重。

此阶段企业要特别注重战略伙伴关系管理。管理的焦点是要以面向供应商和用户来取代面向产品，增加与主要供应商和用户的联系，增进相互之间的了解（产品、工艺、组织、企业文化等），实现信息共享等。企业通过为用户提供与竞争者不同的产品/服务或增值的信息而获利。供应商管理库存（Vendor Management Inventory，VMI）和协同规划、预测和连续补货（Collaborative Planning Forecasting and Replenishment，CPFR）的应用就是企业转向改善、建立良好的合作伙伴关系的典型表现。通过建立良好的合作伙伴关系，企业可以很好地与用户、供应商和服务提供商实现集成和合作，共同在预测、产品设计、生产、运输计划和竞争策略等方面设计和控制整个供应链的运作。

处于这个阶段的企业，生产系统必须具备更高的柔性，以提高对用户需求的反应能力和速度。企业必须能根据不同用户的需求，既能按订单生产（Make-To-Order），按订单组装、包装（Assemble or Package-To-Order）生产，又能按备货方式生产（Make-To-Stock）。这样一种根据用户的不同需求对资源进行不同的优化配置的策略称为动态用户约束点策略。延迟（Postponement）技术可以很好地实现以上策略。延迟技术强调企业产品生产加工到一定阶段后，等待收到用户订单以后根据用户的不同要求完成产品的最后加工、组装，这样企业供应链的生产就具有了很高的柔性。

为了达到与外部供应链的集成，企业必须采用适当的信息技术为企业内部的信息系统提供与外部连接的接口，达到信息共享和信息交互，达到相互操作的一致性。这些都需要应用 Internet 信息技术。

本阶段企业采用销售点驱动的同步化、集成化的计划和控制系统。它集成了用户订购数据、合作开发计划、基于约束的动态供应计划和生产计划等功能，以保证整个供应链中的成员同步地进行供应链管理。

5. 集成化供应链动态联盟阶段

在完成以上四个阶段的集成以后，一个网链化的企业结构已经形成，我们称之为供应链共同体，它的战略核心及发展目标是占据市场的领导地位。为了达到这一目标，随着市场竞争的加剧,供应链共同体必将成为一个动态的网链结构,以适应市场变化对柔性、速度、革新、知识等方面的需要,不能适应供应链需求的企业将从供应链联盟中被淘汰。供应链从而成为一个能快速重构的动态组织结构,即集成化供应链动态联盟。企业通过Internet网络商务软件等技术集成在一起以满足用户的需求,一旦用户的需求消失,它也将随之解体。而当另一需求出现时,这样的一个组织结构又由新的企业动态地重新组成。在这样一种环境中,企业生存、发展的关键是如何成为一个能及时、快速满足用户需求的供应商。

集成化供应链动态联盟是基于一定的市场需求、根据共同的目标而组成的,通过实时信息的共享来实现集成,主要应用的信息技术是Internet/Intranet的集成,同步化的、扩展的供应链计划和控制系统是主要的工具,基于Internet的电子商务成为主要的商务手段。这是供应链管理发展的必然趋势。

三、实施集成化供应链管理需要注意的几个问题

企业要实施集成化供应链管理,必须面对和解决许多有关供应链的问题,主要包括:

① 供应链管理的高成本(占净销售值的5%~20%)。
② 库存水平过高(库存水平经常保持在3~5个月)。
③ 部门之间的冲突。
④ 产品寿命周期变短。
⑤ 外部竞争加剧。
⑥ 经济发展的不确定性增加。
⑦ 价格和汇率的影响。
⑧ 用户需求多样化。

要解决这些问题,真正实现集成化供应链管理,企业要做以下改变:

① 从供应链的整体出发,考虑企业内部的结构优化问题。
② 转变思维模式,从"纵向一维空间"思维向"纵横一体"的多维空间思维方式转变。
③ 放弃"小而全,大而全"的封闭的经营思想,努力寻求与相关企业建立战略合作。
④ 建立分布的、透明的信息集成系统,保持信息沟通渠道的畅通和透明度。
⑤ 所有的人和部门都应对共同任务有共同的认识和了解,克服部门障碍,协调工作和并行化经营。
⑥ 风险分担与利益共享。

案例讨论

森马的供应链管理

森马集团创立于 1996 年 12 月 18 日,是一家以虚拟经营模式为特色,以系列休闲服饰为主导产业的无区域集团。集团有营销企划、生产设计、人力资源、财务管理、行政管理、营销管理六大中心,四个全资公司、十个分公司,拥有休闲装"semir"和童装"balabala"两个知名服装品牌。

森马集团积极开拓"虚拟生产、品牌经营、连锁专卖"的发展之路,以"形象第一、服务第一、代理第一"为经营思想,切实奉行"企业与员工共成长"的原则和"小河有水大河满"的经营哲学,为员工营造良好的发展空间,力争做到共享利益、共创繁荣,实现企业与员工双赢的目标。强强合作是森马持续发展的强劲动力。

自 2002 年以来,森马集团先后与法国著名设计公司、奥美广告公司以及用友公司展开积极合作,使集团的核心竞争力和整体实力均得到迅速提升。

(一)发展探秘

在虚拟经营模式下,森马集团为了在激烈的市场竞争中取得最大优势,其与合作方达成共识,合作双方保留自身最关键的功能,而将其他功能通过各种形式借助外界力量进行整合弥补,以最大限度地发挥协同优势,构造强有力的战略竞争同盟。

1. 运用代工生产"借鸡生蛋"、"借网捕鱼"

传统服装加工型企业要想保持持续的竞争优势和占据市场支配地位,首先面临的是设备、技术等方面的巨大投入,这不仅增加了经营管理成本,也削减了产品设计、营销和推广能力,难以将生产优势转化为市场优势。森马集团采用的虚拟经营模式突破了这个发展瓶颈,通过代工生产(Original Equipment Manufacturer,OEM),把自己不擅长、实力不足、没有优势的其他低值部分分化出去,与他人联盟达到借助外部力量、整合外部资源、弥补自身劣势的目的。森马集团采用"借鸡生蛋"的虚拟生产策略和"借网捕鱼"的虚拟销售策略,仅虚拟生产一项,就节约了 2 亿多元的生产基地投资和设备的购置费用。因此,森马集团可以在短时间内把资金、精力投入到附加值高、效益明显的产品设计和品牌经营上。森马集团先后与珠江三角洲和长江三角洲等地的 70 多家具有较高生产能力的大型服装加工厂建立长期合作关系,实行定牌生产,取得了良好的经济效益。在产品生产上,选择有较大规模、技术实力强的生产企业作为 OEM 伙伴,并通过 ISO 9000 认证标准考核和现场派质量控制人员督导从而保证产品质量。在销售方面,森马集团实行特许连锁经营方式,通过契约将特许权转让给加盟商,力求"小河有水大河满"。各加盟商统一形象、统一价格、统一管理、统一服务、统一品质、统一货源配置、统一广告,从而保证了森马品牌的高质量运营。森马集团经过八年多的品牌运作,已由创业初期的 20 家连锁网点,增加至 1620 余家,并被农业部评为"全国创名牌重点企业",跻身中国民企"500 强"和全国服装行业"双百强"行列,成为中国成长百强企业。

2. 品牌、规模、市场三管齐下

培育起一个在全国叫得响的品牌,运作好一个覆盖全国的特许连锁经营体系,是对一个企业实力的考验。以森马集团为代表的温州乃至全国知名休闲服企业正是运用虚拟生产、虚拟经营来打造这种实力。

第二章　供应链管理的相关理论

在实现"两头在外"（即生产和销售实行外包、特许经营）的情况下，企业全身心地进行产品研发和品牌运作管理。在虚拟经营运作和品牌培植过程中，企业大致经历了以下三个发展阶段：

第一阶段，量的增长，也就是以品牌促规模。一方面在不直接投资的情况下，迅速复制式发展，实行低风险、低成本扩张，从而立足市场；另一方面，加盟店也可以在基本保持独立经营的同时，借助企业的品牌、服务和信息等方面的优势，降低自身的经营风险。

第二阶段，质的提升。一是提高核心产品质量，具体而言就是性能、技术、标准、计量等指标，要严格选料、精心制作、强硬把关（验收），着力监控；二是提高附加产品质量，即产品的附加值，也就是优质服务，着重做好售前、售中和售后服务质量方面的工作；三是提高加盟商的经营管理水平，从而促使专卖网点单店销售的迅速提升。

第三阶段，以形象为先导的品牌经营。这是森马集团等虚拟经营企业的重头戏。实践经验证明，知名品牌是虚拟经营的发展基础。为适应品牌发展需要，森马集团从 VI 形象、店堂形象、广告形象、公众形象等，高起点、大规模地进行资金投入，提高公众的认知度和社会美誉度。

（二）虚拟经营兴起的管理变革

传统的管理观念认为，企业之间是一种对抗的关系，企业之间的利益此消彼长。许多企业在引进国外先进的经营模式时忽视了引进其配套的先进作业流程和完善的管理流程，同时也没有切合实际地分析国内市场的成熟度和企业实情，从而导致企业模式与实际情况脱节。

面对市场竞争日益加剧和温州休闲服企业发展的内在要求，森马集团兴起了一场管理变革和管理创新，主要体现在以下几个方面：一是经营思想观念的创新；二是计划手段的创新；三是管理技术和营销服务的创新；四是市场运作体系的创新。森马集团将着重调整产业链结构，将虚拟生产本土化，进行服装产业链的本地垂直整合，构建成"大物流、大管理"的新型化发展格局。

结合案例回答下列问题：
1. 森马集团的核心竞争力主要体现在哪些方面？
2. 结合业务外包的相关理论，思考森马集团为什么能够取得成功？

习　题

1. 价值链的九种价值活动分为哪两类？分别包含哪些内容？
2. 价值链分析的主要内容是什么？
3. 简要介绍核心竞争力的形成过程。
4. 试论述价值链分析在构建核心竞争力中的作用。
5. 企业在进行业务外包时可能会出现哪些问题？

本章参考文献

[1] 赵林度. 供应链与物流管理——理论与实务［M］. 北京：机械工业出版社，2003.
[2] 宋华. 物流供应链管理机制与发展［M］. 北京：经济管理出版社，2002.

[3] 张成海. 供应链管理技术与方法 [M]. 北京：清华大学出版社，2001.
[4] 马士华，林勇，陈永祥. 供应链管理 [M]. 北京：机械工业出版社，2000.
[5] 张小兵，徐叶香. 论企业的供应链管理 [J]. 商业研究，2002（4）.
[6] 黄吉乔，张冬. 论新经济时代的业务外包 [J]. 物流技术，2002（1）.
[7] 刘景江，唐豪. 论企业核心业务的外包——以网络时代的软件产业为例 [J]. 经济问题，2003.
[8] 沈培，王楠. 供应链管理环境下的业务外包——提高企业核心竞争能力的有效途径 [J]. 环渤海经济瞭望，2002（6）.

第三章

供应链战略

▲ 作 用

本章首先介绍了供应链战略的产生和基本内容，以及建立供应链战略优势的方法；接着阐述了供应链战略与企业竞争战略匹配的意义以及获取途径；最后分析了供应链战略匹配的范围以及拓展。

▲ 关 键

- 供应链战略的基本内容
- 供应链战略与企业竞争战略的匹配获取
- 供应链战略匹配范围的拓展

第一节 供应链战略概述

成功的供应链管理需要制订与信息、物料和资金流动相关的各种决策，根据其频度和影响的时间跨度，这些决策可以分为以下三个阶段。

1. 供应链战略（或设计）阶段

在这个阶段，企业决定如何构造供应链，决定供应链的配置，以及供应链的每个环节（组织）执行什么样的流程。这些决策通常也称为供应链战略决策。企业的战略决策包括生产和仓储设施的位置和能力，在各个地点制造或存放的产品，根据不同交货行程采用的运输模式，以及将要使用的信息系统的类型。企业必须保证供应链配置支持其在这一阶段的战略目标。

2. 供应链计划阶段

在供应链配置确定之后，企业需要有相应的供应链计划，也需要制订一整套控制短期运作的运营政策，这一阶段的决策必须满足既定战略供应链配置的约束。计划从预测下一年度（或时间跨度为三个月到一年）的市场需求开始，包括决定哪个地点供应哪些市场、计划库存是多少、是否外协制造、补货和库存政策、备货点设定（以防缺货）以及促销时间和规模等有关政策。

3. 供应链运作阶段

这一阶段的决策时间是周或天，企业根据既定的供应链计划做出具体实现客户订单的有关决策，其目的是以尽可能好的方式实施供应链计划。在这一阶段，企业分派订单给库存或生产部门，设定订单完成日期，生成仓库提货清单，指定订单交付模式，设定交货时间表和发出补货订单。由于供应链运作是短期决策，通常具有更小的需求不确定性。因此，运作决策的目的就是要利用这种不定因素的减少，在供应链配置和计划政策的约束下取得最优性能。

供应链的设计、计划和运作对整个供应链能否盈利和取得成功有着重大影响。本章将着重对供应链的第一个阶段即供应链战略阶段进行介绍。

一、供应链战略的产生

企业战略规划的开发和实施相对来说是一个较新的管理活动。在大量生产、大量配送的年代，企业关心的是规模经济和范围经济，这些目标可通过垂直集成、长生命周期且标准化的产品生产，以及稳定的制造过程来实现。在这种情况下，降低成本是企业管理的关注点。企业经营的出发点是在现有的设备、设施和流程上投资，以便将规模生产的产品推向市场。顾客不得不适应这种大量生产的方式，若需要定制化产品来满足自己的特殊需要，不得不付出高价来购买。尽管所有的企业都需要非常清楚地识别自己的产品、服务和顾客目标，并制订出为达成目标所需要的策略，但这些业务计划往往只关心企业的实物与财务资产的计算，以便优化产品和流程。

20世纪60年代中后期，尤其是20世纪70年代，美国企业既面临石油危机、经济膨胀等不确定性，又面临日本和欧洲企业的挑战，独占市场的情况已不复存在，因此不得不在优化运作以外寻找新的取胜之道，其结果是企业对总体规划过程的关注度越来越高。总体规划过程不仅关注包括企业目标和资源分配在内的战略要素，而且也关注引导企业走出利润缩减、短生命周期产品、世界经济同步化、日益增加的劳动力和材料成本以及寻求竞争优势的迷宫。这样，企业的制造和物流快速响应环境变化的能力已成为企业生存的基础要素。管理学界开始重点研究如何适应当时的市场环境，以谋求对企业的管理实践提供理论指导。来自于军事的词汇——"战略"开始被引入管理界。

传统的战略规划围绕预测、财务分析、市场和产品定位展开，其目的是寻求获得市场领先地位的最好机会，然后在业务单位和项目上分配资金和生产资源，从而确保任务的完成。这种方法常使企业过分关注战术和运作上的计划，而不考虑如何将企业引向未来。具体而言，传统的战略规划具有以下几个方面的缺点：首先，它依赖的是大规模生产和追求规模与范围经济时代的工业范式；其次，计划的时间跨度很短，往往是几年，而不是十年甚至几十年；再次，企业往往根据现有的产品和业务单位来制订它们的计划，而不是根据整个企业或供应链制订计划；最后，计划制订者非常倾向于以现有的产品或服务与竞争对手展开竞争，而不是以面向未来的眼光，发展新能力，并与供应链成员密切合作，从而形成新的企业生态系统。

20世纪80年代，大量生产和大量配送系统面临更加严重的挑战，使得美国企业更加注重战略规划。几乎在一夜之间，企业的规划人员发现，仅仅关注向市场渗透，更加有效地分配资源、减少过程和额外成本，已不能使企业在急剧缩小的市场中处于领先地位。例如，施乐（Xerox）、RCA、IBM公司和西尔斯（Sears）这样的全球巨人，开始失去市场的绝对优势，而佳能（Canon）、索尼（Sony）和沃尔玛（Wal-Mart）这样的敏捷反应性公司，从它们手中夺取了大量的市场份额。究其原因，主要是因为它们的竞争对手采用先进的信息技术，以及诸如即时制（Just in Time，JIT）、全面质量管理（Total Quality Management，TQM）和精细制造等管理思想和方法，通过缩减生产规模、重塑联盟伙伴的竞争力、按订单生产和大量缩短产品的上市时间，取得了竞争优势。在这一阶段，战略管理理论向前发展了一步，战略规划是一个正在发展中的概念。1980年，迈克尔·波特提出，企业的计划应当将在企业内部和外部市场中发现的竞争因素包括在内。他的《竞争战略》、《竞争优势》以及《国家竞争优势》等重要著作，对这一阶段的管理实践起到了非常积极的推动作用。

20世纪90年代，竞争环境更加残酷，企业不得不寻找新的竞争战略，寻找更加灵活的生产过程，要求在不增加成本的情况下，生产出高质量和多样性的产品，并能利用现在的生产能力来生产变革性产品。为了满足顾客对高质量、低价格定制产品和服务以及快速配送的要求，企业需要追求高度的灵活性。

在这个时期内，企业再造学说盛极一时，许多企业将再造技术作为取得竞争优势的法宝，放弃了制订战略计划。过去，企业投入大量的时间和金钱来制订业务计划以求获得企业的市场定位和业已获得的竞争优势；许多企业废弃或缩减他们的企业规划功能。许多管理者花极少的时间来考虑他们的竞争优势，设计他们必需的战略计划，以将他们的企业带向21世纪。这一阶段，对战略计划提出质疑的代表人物应该是亨利·明茨伯格（Henry Mintzberg），他在《战略计划的兴衰》一书中认为，战略计划只不过是例行公事，它总是缺乏创造力，没有真正的意义。企业放弃制订业务计划的原因是，他们将计划与战略规划混合起来。事实上，传统的业务计划多数是战术上或运作上的计划，而不是真正的关于战略方向的计划。因此，传统的所谓"战略计划"并不能真正产生明确的、深思熟虑的战略，并指导企业在未来完成自己的计划。在当今快速变化的环境中，关注企业运作管理技术的战略，如重构、再造、连续改进和全面质量管理等，可以使企业追赶市场领先者，却不能再造企业的竞争能力和产品，企业必须重塑技术和渠道联盟，以重新思考未来如何在行业中取得竞争优势。加里·哈默尔（Gary Hamel）和普拉哈拉德（C. K. Prahalad）在

1994年合著的《为未来而竞争》，则标志着战略计划的复兴，此书对企业痴迷于规模缩减的行为提出了批评，并且对核心竞争力重新下了定义。

竞争日益激烈的市场环境和战略计划的复兴，为供应链管理战略思想的形成起到了非常积极的推动作用。尽管企业关注自己的核心运作策略对企业的生存非常关键，但它却严重地限制了计划制订者的眼光。在大规模生产的时代，竞争力指的是向特定的市场提供比竞争对手更好的、价格更低的标准化产品。市场中的胜利者通过面向顾客、持续减少过程和额外成本，并在新的开发基础上和过程方面投资等，来巩固自己的竞争优势。由于产品和市场的变化不大，所以起步早的一些公司就可以在许多方面取得优势。然而这种内部的以企业自身为中心的竞争的问题是，一些市场的竞争对手可以以一种非常规的方法对那些仍然热衷于运作策略的企业的市场优势构成威胁。其结果是一些拥有一流产品和忠实顾客的显赫公司，如 IBM 公司等，发现它们在一些变革性公司的竞争面前已失去了往日的行业领先和竞争地位。这些竞争者中有些通过复制成功的产品、流程或组织结构，挤入曾经稳定的业务环境中；有些则重塑它们的竞争力，违反传统的市场边界，与那些成熟的企业争夺市场；还有一些则采用先进的技术和管理方式，不仅偷取业务，而且提出废除他们竞争对手的知识产权。这样的变革性企业已经发现了重塑合作团体、破坏垂直和水平一体化的传统概念的方法。

当前竞争的重点已经开始从运作层向战略层转移，企业要想学会竞争的制胜之道，必须从两个方面考虑：第一个方面是继续关注传统的运作计划，以便为企业提供日常目标和绩效衡量的依据。第二个方面是必须关注企业的战略规划，以便为企业提供未来发展的方向，决定未来的顾客是谁、最有利润的市场在哪里、企业需要什么样的竞争力、什么是企业的机会环境、什么样的渠道网络对发展未来的业务生态系统是必需的等。供应链战略正是在这样的背景下产生的。另外，随着供应链管理的发展，供应链管理开始从单一的运作技术向战略方面发展，这是供应链管理自身发展的必然。

另外，供应链管理对提高企业竞争力的重要作用和它在实际运作中表现出的绩效不成比例。产生这些问题的原因并不是供应链管理理论本身有什么大问题，而是企业没有把它看作是企业战略的一个组成部分。企业需要从全局的角度进行规划的战略性思考，才能彻底解决上述问题，因为所有这些影响供应链管理绩效的因素都不是哪一个部门能够解决的，也不是一蹴而就的。因此，从战略的角度考虑供应链管理的地位具有十分重要的意义，否则许多相关问题都无法得到有效解决。

二、供应链战略的关注点

加里·哈默尔和普拉哈拉德认为，竞争的焦点应放在加强和重塑企业的核心竞争力上，这一概念极大地拓宽了传统的战略计划的视野。但他们对战略规划的概念的理解有一个共同的特点，那就是其主要关注点是企业，尽管为企业制订战略规划起到了非常重要的指导作用，然而一旦跨越企业界限，就显得比较薄弱。供应链战略要求计划制订者不仅关注企业本身，而且要关注整个供应链。供应链战略关注的重点不是企业向顾客提供的产品或服务本身给企业增加的竞争优势，而是产品或服务在企业内部和整个供应链中运动的流程所创造的市场价值给企业增加的竞争优势。这一概念非常重要。事实上，不论企业层次上的产品和服务有多好，组织结构多有效，资源和生产过程多优越，它们独自获得的竞争能力是有限的，不可能将这些联盟伙伴的优势结合起来，形成一种供应链战略所取得的竞争能力。20世纪90年代，那些抢先占有竞争优势且市场份额不断增长的企业得到了极大的发展，其最主要的原因就是它们实施了供应链战略，将它们的关注重点从内向能力转向将自己的能力与供应链成员中的生产资源和创新知识整合起来。

当今顶尖公司的业务战略规划包括三个既相互区分又相互联系的部分，如图3-1所示。

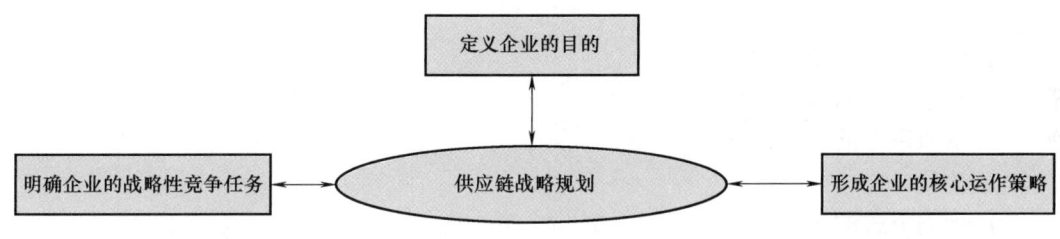

图3-1　供应链战略规划的内容

业务战略规划过程的第一个方面是定义企业的目的。目的应该是广义的、长期的目标和态度，它能够指导作为组织实体的企业的努力方向，也可以指导企业每一个成员的个体行动。根据彼得·德鲁克（Peter F. Drucker）的理论，企业的目的形成了与企业业务本质有关问题的答案，它的目标、客户基础以及企业应当到达的目的地。定义企业的目的是一个相互作用的过程，企业的管理者通过这个过程提出有关企业健康运转的基本问题，并改变企业的运作策略，以迎接突然出现的挑战。

成功实施战略规划的第二个方面是明确企业的战略性竞争任务。战略性竞争任务的关注点面向未来，而不是现有的能力和市场。尽管企业的战略任务往往从企业现有的市场、运作结构、产品、流程以及顾客目标开始，但它的确是在新的竞争空间发现市场机会、指导企业激活变革性竞争力的有力手段，而这些竞争力存在于企业内部或者在供应链中。战略任务是寻找企业所面临的问题，如谁是明天的行业领导者，将有什么样的技术会对市场产生重大影响，什么样的产品或服务组合可以赢得市场，哪一家公司将形成企业的关键伙伴或联盟，企业的技能和变革性精神如何才能被重塑，从而形成未来的新市场。

有效实施战略规划的最后一个方面是形成企业的核心运作策略。企业的核心运作策略关系到企业在现有的行业结构中，如何对现有的产品、市场和业务进行定位与衡量。其中最为重要的是决定采用什么样的产品策略、什么样的定价和促销方案、什么样的分销渠道,以及选择什么样的供应链伙伴会给企业提供最好的市场份额和高利润。核心运作策略的关键活动应包括:对企业在某一时间内可能增长的资产、投资回收和全部净收入目标等内容的预测,决定支持业务预测中详述的财务和市场目标所必需的现有资产和竞争力,将预测和资产计划分配到企业的业务单位中。

三、供应链战略的基本内容

制订战略是供应链管理的首要决策阶段。供应链的决策阶段包括:供应链战略决策阶段、供应链规划决策阶段和供应链运营决策阶段。只有制订了供应链战略才能够实施供应链管理,它对企业的运营成败发挥着极为重要的作用。一套完整的供应链战略应该包括库存策略、运输策略、设施策略和信息策略。具体地讲,战略思考还包括以下问题:

1. 库存
(1) 循环库存的部署策略。
(2) 安全库存的部署策略。
(3) 季节库存的部署策略。

2. 运输
(1) 运输方式的选择。
(2) 路径和网络的选择。
(3) 自营与外包。
(4) 反应能力和盈利水平的权衡。

3. 设施
(1) 工厂、配送中心如何布局。
(2) 设施能力(灵活性和盈利性)大小。
(3) 如何选择生产方式,是按订单生产还是按库存生产。
(4) 如何选择仓储方式。
(5) 反应能力和盈利水平的权衡。

4. 信息
(1) 推动型或拉动型。
(2) 如何进行供应链协调与信息共享。
(3) 需求预测与整合计划的准确性如何提高。
(4) 技术工具如何选择。
(5) 反应能力和盈利水平的权衡。

5. 灵活性
在产品种类增多、产品生命周期缩短、顾客要求增加、供应链所有权分裂、全球化的情况下，如何保持供应链战略的灵活性？

供应链战略指明了生产、分销和服务所要做好的工作，除了以上内容外，供应链战略还包括传统的供应商战略、生产战略和物流战略等。不仅如此，供应链战略还强调企业内部所有职能战略之间的密切联系。如果企业既要满足顾客需求，又要盈利，那么每一种职能都至关重要。它们紧密地交织在一起，相互配合，相互支持。

供应链战略也是企业战略的有机组成部分，它与产品开发战略和市场营销战略并列为三大职能战略，支撑竞争战略。产品开发战略详细说明了企业即将开发的新产品的证券投资组合，指出了开发是内部的主动追求型还是外部的力量驱动型。市场营销战略详细地说明了如何分割市场，产品如何定位、定价和推出。供应链战略确定原材料的获取与运输，产品的制造或服务的提供，以及产品配送和售后服务的方式与特点。从价值链的角度看，供应链战略详细说明了生产经营、配送和服务职能特别应该做好的事情。此外，每家企业还为财务、会计、信息技术和人力资源等设计自己的战略。

四、如何建立供应链战略优势

建立供应链战略优势，需要企业改变以往仅将注意力集中在成本和市场方面小的改进的情况，拓宽企业目标，明确企业目的，放眼于未来，思考如何通过提升企业与供应链伙伴的竞争能力以抢先占领市场，谋求更好的竞争优势。此外，建立供应链战略优势还要求企业改变对每年例行计划、竞争对手的标杆瞄准等细节问题的过度关注，而更多地关注核心竞争能力、新功能、渠道联盟等问题。最后，建立供应链战略优势需要整个企业和供应链伙伴的积极参与。总的来说，建立供应链竞争优势需要从以下四个方面入手：

1. 执行有效的战略

在当今的全球市场中，只有那些能够开发充满活力和创造市场的竞争战略的企业，才能在市场上获得领先地位。尽管核心运作策略仍是短期或中期绩效衡量的有效手段，但供应链管理战略却是创造未来优秀企业的有力武器。

2. 建立有效的业务渠道

以时间为基础的竞争和"纵向一体化"的解体，标志着市场开始属于那些在构建供应链和通过供应链竞争方面比对手更强的企业，而不是那些仅以自己产品和市场为基础的企业，特别是那些能与其他企业（包括竞争对手）密切合作的企业。例如，未来某一天，微软可能会发现英特尔是它的供应商、客户、竞争对手或合作伙伴。我们的目的并不是自私地发展周围的供应链伙伴，而是建立不可战胜的联盟，提供共同的竞争能力的源泉，以便成功地进入行业或创造全新的行业。

3. 进行赢得市场的变革

随着产品生命周期的缩短、个性化产品和服务需求的提高，企业不得不改变以往的仅能满足以纯产品/成本为市场的基础的做法。尽管企业继续生产出高质量、低成本的产品仍然非常关键,但是企业必须持续将它们的注意力集中在大胆的跨企业变革上,以便为客户提供别人无法提供的解决方案。

4. 设计具有竞争力的企业

根据加里·哈默尔和普拉哈拉德的理论,有几种方法可以帮助企业成为具有竞争力的企业。第一,企业可以寻求在已成熟的行业改变游戏规则,如沃尔玛突破零售业中的规则。第二,企业可以寻求重新勾画传统行业的边界,如迪士尼收购 ABC 公司以重塑娱乐业的面貌。第三,真正的创新公司可以寻求发现全新的行业和市场,如微软在计算机软件方面如果仅仅痴迷于缩减劳动力成本、资产和流程的周期,是不能获得市场领先地位的,而关注创造全新市场和重塑旧市场的战略才是它成功的法宝。

第二节 供应链战略与企业竞争战略的匹配

一、企业竞争战略的有关理论

在企业谋略中最关键的是企业战略,战略是指"为创造胜利条件实行全盘性行动的计划和策略",是从企业"可持续发展"出发的综合性观点。全面地分析影响一般性竞争战略选择的关键因素,结合企业自身的实力,才能制订出适应市场需求的竞争战略。

一个企业与竞争企业相比可能有许多优势与弱点,而决定企业进入市场的基本竞争优势为低成本或别具一格。因此美国市场营销学家迈克尔·波特认为基本的竞争性定位战略为:总成本领先(Overall Cost Leadership)战略、差异化(Differentiation)战略以及集中(Focus)战略。

1. 总成本领先战略

总成本领先战略是指通过有效途径,使企业的全部成本低于竞争对手的成本,以获得同行业平均水平以上的利润。在 20 世纪 70 年代,随着经验曲线概念的普及,这种战略已经逐步成为企业共同采用的战略。实现总成本领先战略需要有一整套具体政策,即要有高效率的设备,积极降低经验成本,紧缩成本和控制间接费用以及降低研究开发、服务、销售、广告等方面的成本。要达到这些目的,企业必须在成本控制上进行大量的管理工作,即不能忽视质量、服务及其他一些领域的工作,尤其要重视与竞争对手有关的低成本的任务。

当具备以下条件时,采用总成本领先战略会更有效力:

(1) 市场需求具有较大的价格弹性。

(2) 同行业的企业大多生产标准化产品,从而使价格竞争决定企业的市场地位。

(3) 实现产品差异化的途径很少。

(4) 多数顾客以相同的方式使用产品。

（5）当顾客购物从一个销售商改变为另一个销售商时，不会发生转换成本，因而特别倾向于购买价格最优惠的产品。

2. 差异化战略

差异化战略是指为使企业的产品与竞争对手的产品具有明显的区别、形成与众不同的特点而采取的战略。这种战略的重点是创造被全行业和顾客都视为独特的产品和服务以及企业形象。实现差异化的途径多种多样，包括产品设计、品牌形象、技术特性、销售网络和用户服务等。例如，美国卡特彼勒履带拖拉机公司，不仅以有效的销售网络和随时能够提供良好的备件而享誉市场，而且以质量精良的耐用产品闻名遐迩。差异化战略的适用条件如下：

（1）有多种使产品或服务差异化的途径，而且这些差异化是被某些用户视为有价值的。

（2）消费者对产品的需求是不同的。

（3）奉行差异化战略的竞争对手不多。

3. 集中战略

集中战略是指企业把经营的重点目标放在某一特定的购买者集团，或某种特殊用途的产品，或某一特定地区上，以此来建立企业的竞争优势及其市场地位。由于资源有限，一个企业很难在其产品市场展开全面的竞争，因而需要瞄准一定的重点，以期产生巨大有效的市场力量。此外，一个企业所具备的不败的竞争优势，也只能在产品市场的一定范围内发挥作用。例如，天津汽车工业公司在面对进口轿车与合资企业生产轿车的竞争时，将经营重心放在微型汽车上，该厂生产的"夏利"微型轿车，专门适用于城市狭小街道行驶且价格又不贵，颇受出租汽车司机的青睐。集中战略所依据的前提是，厂商能比正在更广泛地开展竞争活动的竞争对手更有效或效率更高地为其狭隘的战略目标服务。结果，厂商或是由于更好地满足其特定目标的需要而使产品呈现差异，或是在为该目标的服务中降低了成本，或是两者兼而有之。

4. 三种竞争战略的比较及选择

从以上对三种战略的描述可以看出，尽管集中战略往往采取总成本领先和差异化这两种变化形式，但三者之间仍存在区别。总成本领先战略和差异化战略一般是在广泛的产业部门范围内谋求竞争优势，而集中战略则着眼于在狭窄的范围内取得优势。

企业在确定竞争战略时首先要根据企业内外环境条件，在产品差异化战略、总成本领先战略中选择，从而确定具体目标、采取相应措施以取得成功。当然，也有企业同时采取两种竞争战略，如经营卷烟业的菲利浦·莫尔斯公司，依靠高度自动化的生产设备，取得了世界上生产成本最低的好成绩，同时它又在商标、销售促进方面进行了巨额投资，在产品差异化方面取得成功。但因为这两种战略有着不同的管理方式和开发重点，有着不同的企业经营结构，反映了不同的市场观念，所以企业一般不同时采用这两种战略。在同一市场的演进中，常会出现这两种竞争战略循环变换的现象。一般来讲，为了竞争及生存的需要，企业往往用产品差异化战略打头阵，使整个市场的需求动向发生变化，随后其他企业纷纷效仿跟进，使差异化产品逐渐丧失了差异化的优势，最后变为标准产品。此时企业只有采用总成本领先战略，努力降低成本，使产品产量达到规模经济，通过提高市场占有率来获得利润。这时市场已发展成熟，企业之间竞争趋于激烈。企业要维持竞争优势，就必须通过新产品开发等途径寻求产品差异化，以开始新一轮的战略循环。

要成功地实行以上三种竞争战略，需要不同的资源和技巧，需要不同的组织安排和控制程序，需要不同的研究开发系统。因此，企业必须考虑自己的优势和劣势，根据经营能力选择可行的战略。

企业竞争战略由企业的产品和服务可以满足的顾客需求的类型所决定，建立在顾客对产品的成本、产品送达与反馈时间、产品种类和产品质量偏好的基础上。因此，企业竞争战略的设计必须以顾客偏好为基础。竞争战略的目的是提供能满足顾客需求的产品和服务。从图3-2企业价值链中可以看出，企业价值链始于新产品开发，市场营销通过公布将要满足的顾客偏好的产品和服务来启动需求，还将顾客的投入用于新产品开发。生产是制造各种新产品，将投入转变为产出。分销则是配送或者将产品送达顾客，或者把顾客带来选购产品。服务是对顾客在购物期间或购物之后各种要求的反馈。为了执行企业的竞争战略，所有上述职能都会发挥作用，每一种职能都必须制订自身的战略。

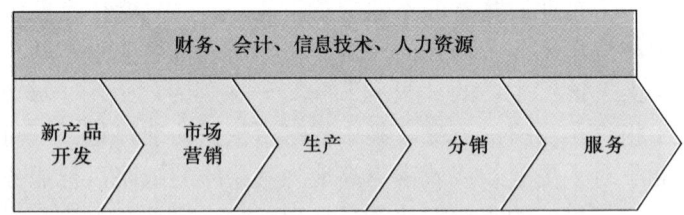

图3-2 企业价值链

企业的所有职能都会对企业价值链的成功与否产生影响。这些职能必须相互配合，任何单独的职能都不能确保整个价值链的成功，但任何单独的职能的失败都将导致企业价值链的失败。企业的成功与否同下面两点紧密相关：

（1）各职能战略要和竞争战略协调、匹配，所有职能战略要相互支持并帮助企业实现其竞争战略的目标。

（2）各职能部门必须恰当地组织其业务流程和资源，成功地执行它们的职能战略。

二、获取战略匹配的意义

供应链管理的目标很简单：以最低廉的成本满足客户的需要，使供应能力和市场需求相匹配。而有效的供应链管理，对企业绩效有直接的作用。供应链管理的对象是产销量、库存和费用。产销量的增加、库存的降低、费用的削减会直接改善利润、投资回报、现金流量等企业总体绩效指标。

一家成功的企业的供应链战略与竞争战略是相互匹配的。供应链的目标是明确如何用供应链来满足商业要求（如快速反应于环境变化、低成本生产、高质量产品等），它与竞争战略关系密切。战略匹配是指竞争战略与供应链战略拥有相同的目标。也就是说，竞争战略的设计用来满足顾客的优先目标与供应链战略旨在建立的供应链能力目标之间相互协调一致。

企业失败的原因，或是由于战略不匹配，或是由于流程和资源的组合不能达到构建战略匹配的要求。企业管理者的首要任务是协调核心职能战略与总体竞争战略之间的关系，以获取战略匹配。如果不能在战略层上保持一致，各职能战略目标间很可能发生冲突，并导致不同的战略以不同的顾客群为优先目标。由于流程和资源的组合是用来支持职能战略目标的，不同职能战略目标之间的冲突将引发战略实施过程中的纠纷。例如，市场营销部门将企业的职能定位在快速提供多种产品上，而分销部门的目标却可能是以最低的成本提供服务。在这种情况下，企业通过把订货分组送达给顾客，取得了较好的经济效益，当年分销的决策延缓了订单的执行速度。

因此，获取战略匹配已经成为企业在战略制订时必须遵循的原则。

三、如何获取战略匹配

要获取供应链战略与竞争战略之间的匹配，企业首先应当理解顾客，即企业必须理解每一个目标顾客群的顾客需求，这能帮助企业确定预期成本和服务要求；其次，企业应当对供应链有一定的理解，明确其供应链设计的用途；最后，企业要获取战略匹配，如果一条供应链运营良好，但与预期顾客需求之间不相互匹配，那么，企业或者重构供应链以支持其竞争战略，或者改变其竞争战略以适应供应链。

（一）第一步：理解顾客

下面通过将日本的7-11连锁店和山姆会员店（沃尔玛的一部分）进行比较来说明。顾客去7-11连锁店购买洗涤剂为的是方便，而不一定要寻找最低的价格。由于这种连锁店分布广泛，主要在居民区附近，拥有丰富的商品，可以使消费者方便地得到所需要的物品。相反，对于到山姆会员店购物的消费者来说，他们比较看重的是这里的低价位。顾客在这里购买的是大包装的产品，虽然少了个性化的包装，看起来都是低调的大包装的产品，但顾客在这里能够得到足够低的价格。因此，顾客可以选择到不同的地方去购买相同的商品，这主要取决于顾客需求的特点。在7-11连锁店购物的顾客，大多寻求的是购物便捷、花费时间少；而在山姆会员店购物的顾客，更看重其低廉的价格，他们愿意花费一些时间来购买更便宜的商品。

要理解顾客，企业必须明确目标顾客群的需要。顾客的需求存在很大差异，不过也正是由于这些差异，企业在发展方向上才有了完全不同的战略目标。顾客的需求差异主要体现在以下几个方面：

（1）每次订购产品的数量。例如，修复生产线所需的紧急材料订单总是较小，而建设新生产线所需的材料订单总是较大。

（2）顾客能接受的响应时间。紧急订单所能容忍的响应时间较短，而新建订单所能容忍的响应时间往往较长。

（3）需求的产品品种。如果从单一供应商那里可以得到所有维修所需的配件，紧急订单的顾客往往愿意付出较高的额外费用，而新建订单的顾客却不会这样做。

（4）要求的服务水平。紧急订单的顾客期望产品具有很高的可用性，如果有些部件不是立即可用的，他（她）就会到别处采购，而新建订单的顾客却不一定。

（5）产品的价格。新建订单的顾客往往对价格较为敏感，而紧急订单的顾客则不那么敏感。

（6）期望的产品革新率。高档百货商店的顾客期望更多的新产品和新颖的服装设计；而像沃尔玛（Wal-Mart）这种日用超级商场的顾客对革新产品则不太敏感。

同一顾客段的顾客倾向于具有相同的需求特性，而不同顾客段的顾客的需求特性差别较大，但我们只需要一个关键的衡量指标来捕捉所有这些属性的变化，然后用这个指标来帮助定义最适合企业的供应链。实际上，它们都能被转变成隐性需求不确定性（Implied Demand Uncertainty）这一衡量指标。

这里涉及两个概念：需求不确定性和隐性需求不确定性。需求不确定性是指顾客对某种产品的需求是不确定的；隐性需求不确定性是指供应链不确定性的直接后果，它是指供应链予以满足的需求部分和顾客需求的特点是不确定的。例如，只为紧急订单供货的企业面临的隐性需求不确定性要高于以较长的供货期提供同样产品的企业面临的隐性需求不确定性。

隐性需求不确定性要受到顾客需求特性的影响。例如，按照所需钢材的品种和数量判断，钢材的需求也具有一定程度的不确定性。钢材供货中心可以以少于一周的时间供应多种产品；小型钢铁企业的品种较少，供货期较长；钢铁联合企业的供货期更长，以数月为供货周期。在这三种情况下，尽管所供应的物品没有什么差别，但它们面临的隐性需求不确定性却相差悬殊。钢材供货中心的供货期最短，供应的品种也最多，其面临的隐性需求不确定性最高。与之相对的是钢铁联合企业，其供货周期最长，隐性需求不确定性最低，它们有很长的时间为客户的订单准备生产。供应链要提高服务水平，也就是要求其满足顾客需求的百分比越来越高，这就迫使供应链要为罕见的需求高峰做好准备。因此，在产品的需求不变的情况下，服务水平的提高会导致隐性需求不确定性的增加。

产品需求不确定性和顾客的需求特性对隐性需求不确定性都有影响。顾客的需求特性对隐性需求不确定性的影响如表3-1所示。隐性需求不确定性同其他一些产品需求特性也是紧密相关的，如表3-2所示。

表 3-1　顾客需求特性对隐性需求不确定性的影响

顾客需求变化	引起隐性需求不确定性变化	顾客需求变化	引起隐性需求不确定性变化
需求量变化范围增大	增加；因为需求变化增大	获得产品的渠道增多	增加；因为总的消费需求被更多的渠道分摊
提前期缩短	增加；因为响应时间减少	产品更新加快	增加；因为新产品的需求更不确定
所需产品品种增多	增加；因为每一种产品的需求更难分解	服务水平提高	增加；因为企业被迫处理例外需求波动

表 3-2　隐性需求不确定性与产品属性的关系

产品属性	隐性需求不确定性低	隐性需求不确定性高	产品属性	隐性需求不确定性低	隐性需求不确定性高
产品边际利润	低	高	平均脱销率	1%~2%	10%~40%
平均预测误差	10%	40%~100%	平均期末被迫降价	0	10%~25%

费舍尔指出：①需求不确定的产品通常是不成熟的产品，竞争对手少，因此可以获得很高的边际利润。②当需求更加确定的时候，对需求的预测误差也就会更低。③隐性需求不确定性增加，产品的供给和需求就更难达到平衡，由此会造成产品的脱销或积压，也就是平均脱销率会很高。④隐性需求不确定性高的产品，由于积压将不得不降价销售。

由于每一单独的顾客需求对隐性需求不确定性都有明显的影响，因此可以用它作为区分不同需求类型的标尺；也可以考虑以隐性需求不确定性为变量的不同需求类型的分布（隐性需求不确定性图谱），如图 3-3 所示，其中给出了不同的隐性需求不确定性所对应的代表性的产品。

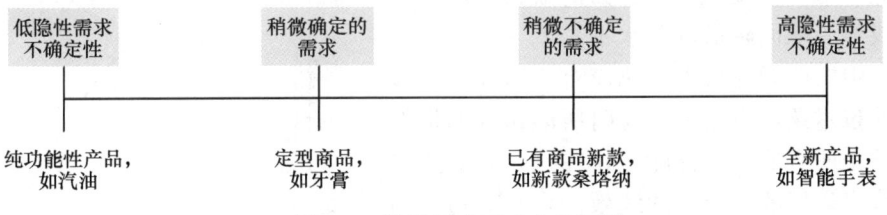

图 3-3　隐性需求不确定性图谱

首先以图 3-3 中低隐性需求不确定性的产品——汽油为例进行分析。汽油的边际利润较低，需求预测准确，产品脱销率低，很少存在价格变化。这些特点与费舍尔所描绘的低隐性需求不确定的产品特征十分吻合。在图 3-3 的另一端，一款新型智能手表可能会具有以下特点：边际利润高，需求预测十分不准确，产品降价销售的情况经常存在，产品脱销率也会很高，这与表 3-2 也十分吻合。

显然，以上描述是关于隐性需求不确定性变动范围的一般概括。很多需求类型会包括上面所讨论的各种特点的组合，成为两个端点之间的任意一种形式。然而，这个变动范围能让我们对需求确定或不确定的产品的特性有很好的理解。

实现供应链战略和竞争战略匹配的第一步是理解顾客，通过找出所服务的顾客段的需求类型在隐性需求不确定性图谱上的位置，来理解顾客的需求。

（二）第二步：理解供应链

在了解顾客需求之后，下一步要解决企业如何才能满足顾客需求的问题。

同顾客需求一样，供应链也有许多不同的特性。前面在考察顾客需求特性时用一个指标横流的办法将其放在图谱上进行分析，这里可以采用同样的方法，将供应链放在同一个图谱上研究。首先，同样需要找出一个衡量指标，用以描述所有供应链特点，这个指标就是供应链响应能力和盈利水平之间的权衡。

供应链响应能力体现为以下五种能力：

（1）响应需求数量的大范围变化。
（2）只需很短的提前期。
（3）提供多样性（大量品种）产品。
（4）具有高度的产品创新能力。
（5）能提供很高的服务水平。

这些能力类似于引起隐性需求不确定性的需求特性。这些能力越高，供应链就越灵敏。然而，要提高五种能力，需要投入成本。例如，要响应需求数量的大范围变化，就必须提高生产能力，也就增加了成本。这引出了供应链的盈利水平的概念，它是指产品的销售收入减去产品的生产及送达顾客的成本之差。成本增加，盈利水平降低。每一种提高反应能力的战略，都会付出额外的成本，从而降低盈利水平。

图 3-4 中的曲线为成本—响应有效边界。它显示在现有的技术条件下给定响应时所能达到的最低成本。并不是所有的企业都能运作在这一有效边界之上，它代表最好的供应链的绩效。在有效边界内的企业可以改进其供应链的响应并降低成本，而处于有效边界上的企业只能在响应和成本之间折中。当然，有效边界上的企业总是不停地改进其流程和技术，使其有效边界向外移动。对所有的供应链，由于存在着响应能力与盈利水平之间的权衡关系，所以供应链战略选择也就是定位其响应能力的水平。

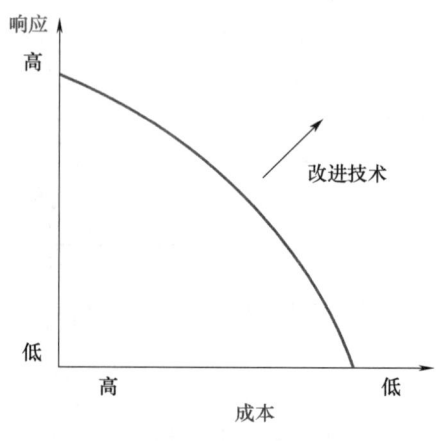

图 3-4 成本—响应有效边界

对应于不同市场定位，供应链分布在专注于响应能力和专注于以最低成本生产、供给产品的两个极端之间。图 3-5 是供应链响应能力的示意图。

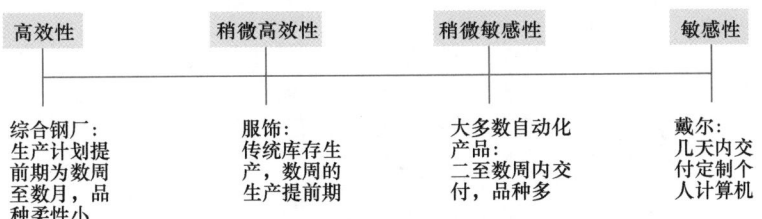

图 3-5　供应链响应能力的示意图

供应链所拥有的生产能力越大，其反应能力也就越强。日本的 7-11 公司在其连锁店增添了早上供应早餐食品、中午供应午餐食品、晚上供应晚餐食品的活动，这样一来，其供应的产品以天为单位进行变动。7-11 公司对订单的反应十分迅速，商店经理必须提前 12 小时发出补给通知。这使得 7-11 供应链的反应能力大大提高。相比之下，一条盈利水平较高的供应链，可以通过降低反应能力来压低成本。例如，山姆会员店出售的商品品种相对较少，而且都是大包装的产品，其供应链可以较容易地获取更低的成本，其经营的重点显然在盈利水平上。

如上所述，实现供应链战略和竞争战略匹配的第二步是理解供应链并将其描绘在供应链响应能力图谱上。

（三）第三步：实现战略匹配

前面已经考虑了顾客特性和供应链特性，接下来要考虑的是如何使供应链很好地适应竞争战略所瞄准的顾客需求。

如果将前面讨论的图谱作为一幅图上的两条轴线，如图 3-6 所示，沿着水平轴移动，隐性需求不确定性增加，沿着纵轴移动，反应能力增加。因此，这幅图也可以称作不确定性/反应能力图，图中的每一个点都代表供应链响应能力和隐性需求不确定性的一种组合。隐性需求不确定性代表顾客需求特点，也就是企业的竞争战略，供应链的反应能力代表供应链的战略定位。于是产生了这样的问题：图中这些点的组合中，哪些点表示两种战略互相匹配呢？如图 3-6 所示，图中的阴影区域代表了两种战略互相匹配的组合区域。

这个区域是如何形成的呢？首先考虑图 3-3 中的智能手表，这是一种全新的产品，结合费舍尔理论及表 3-2，可以验证其的确具有高度的隐性需求不确定性。如果商家采用高效的供应链策略，则明显不符合其竞争需求；反过来，如果采用高响应的供应链策略，就能较好地符合其竞争需求。再考虑日用品供应，如面包。面包是一种消费性产品，它拥有较为稳定的需求，其隐性需求不确定性大大低于智能手表。如果面包制造商选择了高反应能力的供应链，根据顾客需求采用小烤炉烘制、用联邦快递送货，势必造成惊人的高价。

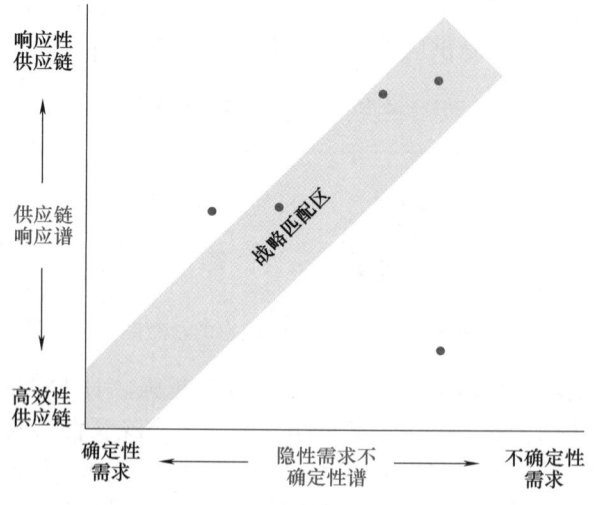

图 3-6　供应链战略与竞争战略的匹配区

因此，如果设计一条高盈利水平的供应链，把经营重点放在降低成本上，更符合大多数顾客的需求。日用品需求的隐性需求不确定性较小，价格是消费的主要驱动，商家必须采用高效的供应链策略以降低成本。因此，要实现战略匹配，就要为不确定性越高的隐性需求匹配响应能力越高的供应链，由此形成战略匹配区（如图3-6所示）。企业为取得高的业绩，应尽力将竞争战略和供应链战略调整到战略匹配区。

为了实现战略匹配，企业价值链中所有职能战略都必须支持企业的竞争战略；供应链的低层策略，如制造策略、库存策略、提前期策略、采购策略和运输策略，都必须与供应链的响应能力相协调，如图3-7所示。

因此，位于供应链响应图谱上不同位置的企业应该采用相应的职能策略。高响应能力的供应链，其所有职能策略都要专注于提高响应能力。而高盈利水平的供应链，所有职能策略都要专注于提高盈利水平。表3-3列出了高盈利水平（即高效率供应链）和高响应能力供应链主要的低层策略区别。

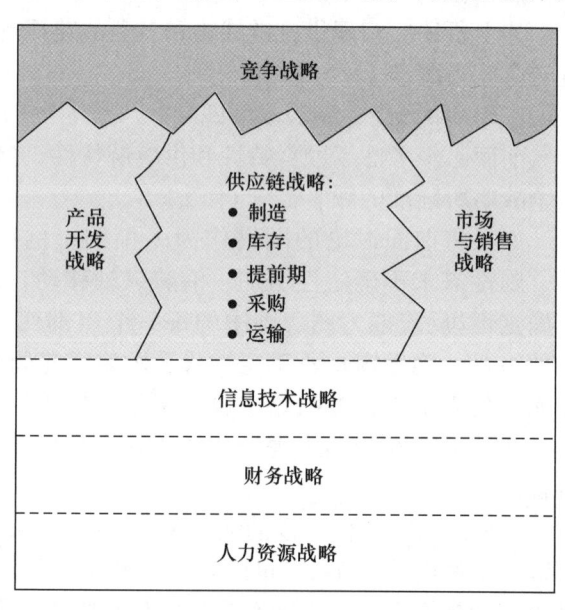

图 3-7　竞争战略与职能战略的匹配

表 3-3　高效率供应链和高响应能力供应链的对比

对比项目＼类型	高效率供应链	高响应能力供应链
首要目标	低成本下满足需求	快速响应需求
产品设计战略	最小成本，最大绩效	模块化设计以缩小产品差异
价格策略	价格是主要消费驱动，边际利润低	价格非主要消费驱动，边际利润高
制造策略	通过高效利用实现低成本	保持能力柔性以满足意外需求
库存策略	最小化库存以降低成本	保持缓冲库存以满足意外需求
提前期策略	在不增加成本的条件下缩短提前期	即使增加成本也要尽量缩短提前期
供应商策略	基于成本和质量选择供应商	基于速度、柔性和质量选择供应商
运输策略	极大依赖于低成本运输方式	极大依赖于快速运输方式

实现供应链战略和竞争战略的匹配，说起来容易做起来难，但有两点要着重考虑：

（1）抛开竞争战略，就不存在正确的供应链。

（2）对于给定的竞争战略，存在正确的供应链战略。

在许多企业中，竞争战略和职能战略是由不同的部门制订的。部门之间如果没有适当的沟通，这些战略就很可能失败，这也是企业经营失败的主要原因。

四、影响战略匹配的其他问题

以上只考虑了单一产品或单一服务，瞄准单一顾客群的情形，实际情况要复杂得多。多产品、多顾客群、产品生命周期等对供应链战略和竞争战略都会有很大的影响。

（一）多种产品和众多顾客群

大多数企业生产和销售多种产品，为众多具有不同特点的顾客群提供服务。高级百货商店可以出售隐性需求不确定性很高的个人用品，如滑雪衫，也可以出售需求不确定性较低的产品，如 T 恤衫。上述两种产品在隐性需求不确定性图谱上的位置不同。例如，格雷杰公司将维护、修复、经营用品销售给两家大公司（如福特和波音）以及小的制造商和转包商。这两种情况中的顾客要求也相差悬殊。大企业更热衷于大批量购物的价格，小企业则倾向于进入格雷杰公司的供应链，因为格雷杰具有良好的反应能力。这两种顾客群在隐性需求不确定性图谱中的位置也不相同。另一个案例是李维斯（Levi's），它出售个性化和标准化的两种牛仔服装。与个性化的牛仔服的需求相比，标准化的牛仔服装具有较低的隐性需求不确定性。

在上述案例中，企业出售多种产品，并向不同需求的顾客群提供服务，结果，不同的产品和不同的顾客群具有不同的隐性需求不确定性。当我们为上述情况设计供应链战略时，在产品和顾客群多种多样的情况下，每个企业面临的关键问题是，如何创建一条在盈利水平与反应能力之间取得平衡的供应链。

有多种路径可供企业选择,其一是为每种产品或顾客群单独建立相应的供应链。如果每个顾客群都大到足以支持一条设计出来的供应链的话,那么,这种战略是可行的。然而,这样的供应链却会失去通常存在于企业不同产品之间的规模经济优势。因此,一项完美的战略是将供应链设计成为能适合每种产品的需求的形式。

设计供应链,需要共享供应链上产品之间的一些联系,而对于产品的另外一些相关的部分可以采取单独运作的方式。共享这些联系,目的就是要在对每个顾客群提供适当的反应能力的前提下,实现盈利最大化。例如,工厂的产品的生产可以采用同一条生产线,而运输方式可以不同,对于需要高反应能力的产品可以采用快递的运输形式,而对于其他产品则可以采取相对耗时但却廉价的运输方式,如海洋运输。在另一些情况下要求有较强反应能力的产品,可以根据顾客订单采用弹性生产线进行生产;而对于反应能力要求较低的产品,可以采用弹性不大但盈利较高的生产线进行生产。李维斯公司为个性化牛仔服装建立了弹性非常大的生产流程,为标准化牛仔服装建立了盈利性生产流程。还有一些方式,如可以把一些产品存放在靠近顾客的区域性仓库里,把另一些产品存放在远离顾客的中心仓库里。格雷杰公司在靠近顾客的分散仓库中存放上架快的产品,在中心仓库存放流动低、隐性需求不确定性较高的产品。供应链的设计恰当,有助于企业在总成本最低的前提下针对不同的产品提供相应的反应能力。

(二) 产品生命周期

产品在生命周期的不同阶段,其需求特点和顾客群的要求也会发生变化。企业要维持战略匹配,就必须在针对产品所处的不同生命阶段,调整其供应链战略。

下面考察一下需求特点在产品生命周期中的变化。当产品开始进入市场时,存在以下特点:

(1) 需求非常不确定。
(2) 边际收益非常高。对于获得销售额而言,时间非常重要。
(3) 对于占领市场而言,产品的供给水平非常重要。
(4) 成本常常是第二位考虑的因素。

例如,在药品市场上,新药品的初始需求非常不确定,边际效益特别高,产品的供给能力是占领市场份额的关键。产品生命周期中的新产品开始阶段,隐性需求不确定性较高,供应链的目标是增强产品的反应能力,提高产品的供给水平。

在制药企业的案例中,供应链的最初目标是确保药品的供给,以支持任何一种需求水平。在这个阶段,制药企业需要一条反应能力较强的供应链。当产品变成商品并进入生命周期中的后续阶段时,需求特点发生了变化。在这个阶段,会出现以下情况:

(1) 需求变得更加确定。
(2) 随着竞争对手增多,竞争压力加大,边际效益降低。

(3) 价格成为左右顾客选择的一个重要因素。

在药品市场的案例中，当药品经过专利生产阶段，开始开发配方药品时，这些变化就会出现。在这种情况下，供应链的目标是，在维持可接受服务水平的同时，使成本最小化。此时，盈利水平高低对供应链至关重要。

在药品市场的例子中，只有那些拥有盈利型供应链的企业才能在配方药品市场上展开竞争。因为如果没有盈利型供应链，企业便会在价格上失去竞争优势，从而退出市场。

以上讨论说明，随着产品趋向成熟，相应的供应链战略会由反应能力较强的响应性供应链转变为盈利水平较高的高效性供应链，如图3-8所示。

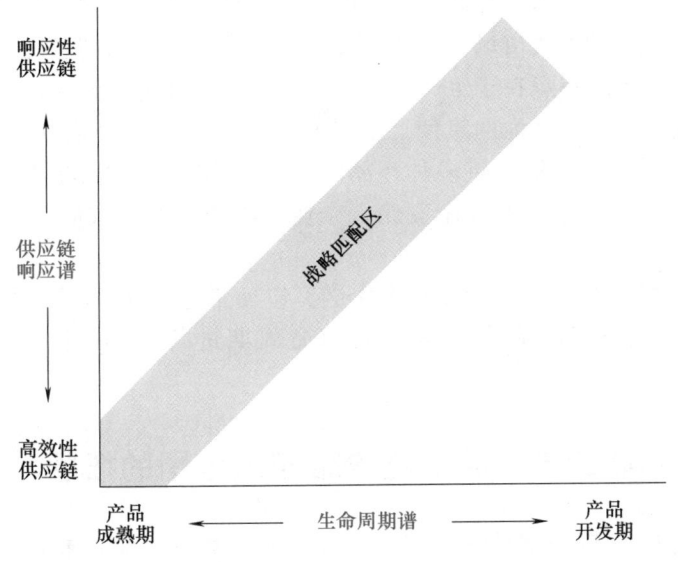

图3-8 供应链战略与产品生命周期的关系

为了阐述上面所讨论的观点，下面考察一下英特尔公司的情况。英特尔公司每次开发新的处理器的时候，对这种新产品的需求都存在较大的不确定性。对新的处理器的需求量取决于新的高级终端型个人计算机（Personal Computer，PC）的销售量。通常，相对于市场对这些PC的接受程度及市场的需求规模而言，新处理器的需求具有高度的不确定性。在这个阶段，英特尔的供应链必须具有较强的反应能力，只有这样，它才能够对巨大的需求做出反应。

随着英特尔处理器逐渐被市场接受，需求开始趋向稳定。在这个转折点上，隐性需求不确定性通常较低，价格成为销售量的首要决定性因素。这时，用一条盈利型的供应链取代处理器的生产线，对英特尔公司来说至关重要。

所有PC制造商都遵循上述周期。当引入一个新机型时，边际效益较高，需求却非常不稳定。在这种情况下,反应能力强的供应链最适合 PC 制造商。随着这种产品走向成熟,需求稳定下来,边际效益下滑。这个阶段,制造商能拥有一条盈利水平较高的供应链就显得非常重要。苹果牌计算机就是一个例子,该公司在产品创新阶段特别是 1999 年开发 G4 产品时遇到了困难。产品的需求量远远超出了处理器的供给量,结果导致销售额的巨大损失。这个案例中的供应链并没有在产品开发阶段显示出足够的反应能力。

(三) 竞争性随着时间变动

最后需要考虑的是,相互匹配的供应链战略与竞争战略何时才能引起竞争者行为的变化。正如产品生命周期一样,竞争者们可以改变市场格局,从而要求调整企业竞争的战略。在 20 世纪最后的 10 年里,各种工业大批量、个性化生产的增长就是一个例子。由于竞争者们将众多产品品种投放市场,顾客对其个性化的需求得到满足已变得习以为常。因此,在今天看来,竞争的焦点在于生产出品种丰富、价格合理的产品。在这一点上,互联网扮演着十分重要的角色,因为网络使产品品种大量增多变得轻而易举。企业在互联网上的竞争迫使供应链发掘出能提供多种产品的能力。由于竞争格局发生变化,企业不得不调整竞争战略。由于竞争战略发生变化,企业又必须改变其供应链战略,以维持战略匹配。

要做到战略匹配,企业必须设计其供应链,以便最好地满足不同顾客群的需要。要维持战略匹配,供应链战略必须随着产品生命周期进行调整,因为竞争格局发生了变化。

第三节 供应链战略匹配范围的拓展

一条供应链从上游开始,包括供应商、制造商、分销商、零售商等多个部分,因而可以将其看作由多个供应链阶段组成。战略匹配范围指的是拥有共同战略目标的职能部门或供应链上的一些阶段所构成的范围。这个范围可以是供应链某一阶段的职能部门,也可以扩展到整条供应链。当整条供应链有了共同的战略目标时,就可以形成整体的利润最大化。下面的介绍将说明战略匹配范围的拓展是如何改善供应链绩效的。

下面的分析利用二维空间图形来描述战略匹配范围的拓展。从横向来看,战略匹配范围在供应链的各个阶段,从上游的供应商一直向下游的顾客上拓展;从纵向来看,战略匹配范围在四个重要的互相协调的职能战略——竞争战略、产品开发战略、市场营销战略和供应链战略上拓展。下面将匹配范围的拓展过程分为四个阶段分别进行介绍。

一、企业经营部门内的战略匹配

这是寻求局部成本最小的战略,这个战略匹配的范围最小。供应链各阶段的经营部门都分别制订自己的战略,追求单个经营部门的成本最低。例如,分销商在独立于企业其他部门以及供应链其他企业而单独制订自己的仓储战略,这很可能造成运输成本的增加,可能无法实现供应链的利润最大化,甚至无法实现该分销商的成本最小化。正是由于这种经营部门单独的战略政策,常常造成部门间、企业间的目标不一致而发生冲突。图3-9的阴影部分代表了分销商例子中的战略匹配范围。

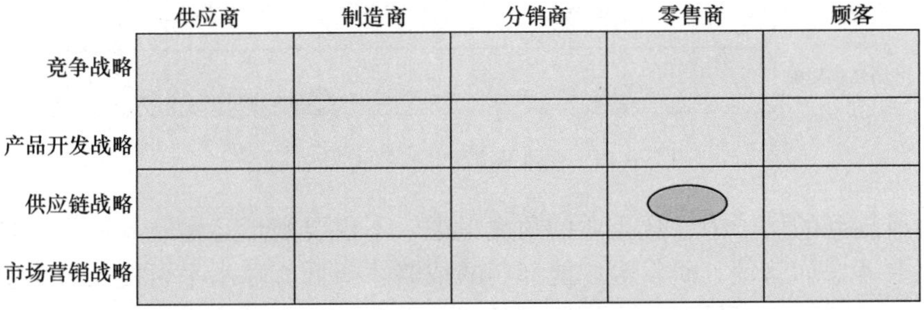

图 3-9　企业经营部门内的战略匹配

这种战略匹配范围显然无法实现供应链整体最优的目标,但从局部看这种战略的制订实现了部门的目标,是成功的。这也是在我国许多快速成长的企业中经常存在的问题,典型表现是不同产品线分别建立自己的销售网络、销售队伍和物流系统,即使客户资源大部分是共享的。

二、企业职能部门内的战略匹配

随着时间的推移,单一经营部门内的战略制订的弱点会逐渐显现出来,于是战略匹配的范围开始向外扩展,即开始基于职能部门制订战略(职能部门是由多个经营部门所组成,如供应链职能部门可以包括生产、仓库、运输等经营部门)。这种战略匹配是基于职能范围内的,战略匹配范围扩展到供应链某个阶段的所有职能部门,寻求职能部门成本最小化。例如,供应链职能部门经理不仅要考虑运输成本,而且要考虑仓储及其他成本。例如,货物采用汽车运输时每件产品的运输成本为4元,但仓储和库存成本要增加8元;而采用快递时每件产品运费6元,但无需额外的仓储成本,职能部门经理经综合考虑后会选择快递。图3-10中的阴影部分代表了企业职能部门的战略匹配范围。

三、企业职能部门间的战略匹配

同样,企业职能部门内的战略匹配寻求的只是职能部门的成本最小化,其战略制订是基于职能部门的,因此会造成企业内各职能部门间的战略冲突,无法实现企业的整体最优,更无法实现供应链绩效最优。企业一旦认识到这个问题,就开始将部门战略拓展到企业范围,战略目标变成了企业利润的最大化。为实现这一战略目标,企业所有的职能部门必须相互协调,在此基础上建立职能战略共同支持企业的竞争战略。

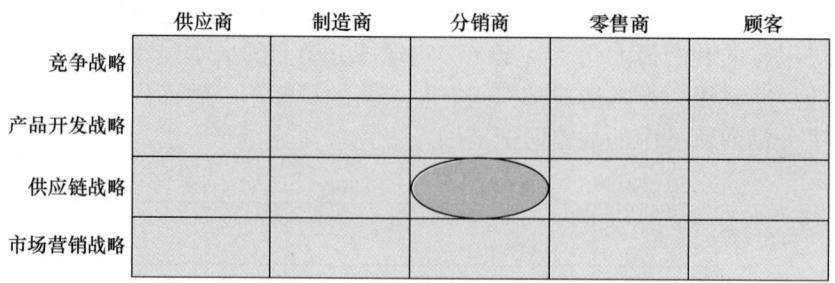

图 3-10　企业职能部门内的战略匹配

在前面所提到的例子中,从企业的角度考虑,不仅要衡量运输、仓库等供应链职能部门绩效,还要考虑如营销、研发等职能部门的战略。降低库存水平可能会改善其所在职能部门的业绩,但增加库存量会提高订单满足率、提高客户服务水平、改善销售业绩,由此提高企业的信誉,还可能为企业带来更多的顾客,最终增加销售额。在这种情况下,企业会权衡增加库存带来的收益与成本的增加,最终做出决策。图 3-11 中的阴影部分表示出了企业内部职能部门间的战略匹配范围。

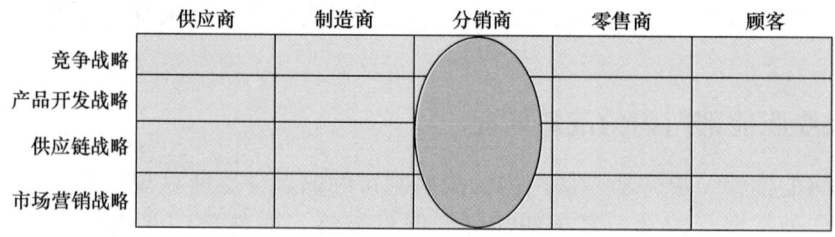

图 3-11　企业职能部门间的战略匹配

四、企业间、职能部门间的战略匹配

在供应链中顾客支付的费用是整个供应链现金的来源,其减去供应链的总成本将得到供应链的利润。企业间、职能部门间的战略匹配追求的就是供应链利润的最大化。而前面讲到的企业内部职能部门间的战略匹配没有考虑到企业间的战略协调,供应链上的各个企业只根据自己的情况制订战略,以实现企业的利润最大化,其结果是不一定能实现供应链利润的最大化。只有供应链上的企业以整条供应链为出发点,进行战略协调,在整条供应链上实现战略匹配,才能最好地满足顾客需求,实现供应链利润最大化。

另一方面,随着竞争的加剧,速度成为供应链成功运营的关键因素。高质量、低价格的产品不再是顾客的唯一选择,他们看重的还有服务水平,具体主要表现在服务速度上。在供应链上企业间的界面是影响速度的主要因素,供应链上的不同阶段间的接口会产生很大的时间延误。因此管理供应链间的接口成为提高供应链服务速度的关键。这也说明了战略匹配范围为什么从企业内扩展到企业间。当战略匹配范围扩展到整条供应链时,评价制度也要从最初的企业经营部门内扩展到整条供应链上,在供应链的基础上对各个企业的绩效进行评价。如图 3-12 所示,战略匹配范围拓展到了整条供应链上。

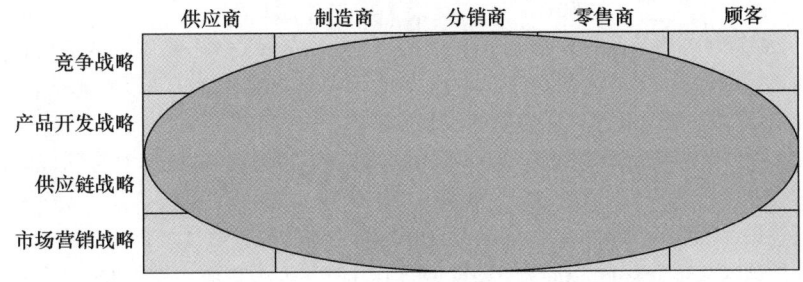

图 3-12　企业间、职能部门间的战略匹配

当战略匹配范围拓展到供应链上时,企业的战略要根据整条供应链来制订,企业内部的各部门的战略也要以此来制订。例如,在制订库存策略时,如果各个企业都以自己为中心制订战略,都希望能减少自己的库存,降低成本。然而买方市场的存在,企业为了保证自己的服务水平都备有一定的库存,这样,下游企业通过对供货商制订苛刻的供货要求来满足自己较高的服务水平。这样一来,供货商只有备有相当的库存才能满足下游的供货要求。其实这并没有降低供应链的库存,而是将库存推给上游,因而没能降低供应链的成本。因此,只有从供应链的角度出发,才能真正降低供应链的成本,使供应链上的各个企业更富有竞争力。

五、战略匹配的弹性要求

随着市场竞争的加剧,战略匹配的范围势必要扩展到整条供应链上。然而目前产品的生命周期都在持续缩短,企业需要满足不断变化的单个顾客的需求,因此现实社会中的战略匹配也随着客户需求的变化呈现出动态特征。在这种情况下,企业只有根据自己的产品、顾客的需求和其他企业结成战略合作伙伴,才能应对市场的快速变化。于是,新的环境对企业进一步提出了战略匹配的弹性要求。

弹性指的是在外部环境发生变化时,企业通过调整战略或其他措施,仍旧保持战略匹配的能力。由于供应链的各阶段企业、供应链的顾客需求、供应链上的企业的合作伙伴都会随着环境变化,如果企业保持战略的刚性,无法迅速对环境的变化进行调整的话,一方面战略的制订可能已经出现问题,另一方面战略之间可能已不再匹配,结果势必造成企业由于战略的失败而被竞争对手打败。因此,在动态的竞争环境中,技术的变化、竞争对手的变化、市场需求的变化等将进一步加速,战略的弹性也越来越重要。

案例讨论

ZARA 的供应链管理

ZARA 是一个西班牙的服装品牌，它既是服装品牌，也是专营 ZARA 品牌服装的连锁零售品牌，以快速反应著称于流行服饰界。ZARA 隶属于 Inditex 集团，为全球排名第三、西班牙排名第一的服装商，在世界各地 56 个国家内，设立超过两千多家的服装连锁店。

ZARA 有独特的全程供应链管理模式。ZARA 为顾客提供"买得起的快速时装"战略的成功得益于公司出色的服装行业全程供应链管理，以及支撑供应链快速反应的 IT 系统应用。ZARA 公司采取"快速、少量、多款"的品牌管理模式，在保证保持与时尚同步的同时，通过组合开发新款式，快速地推出新产品，而且每种款式在每个专卖店推出的数量都只有几件，人为造成"缺货"，以实现快速设计、快速生产、快速出售、快速更新。其专卖店商品每周能实现更新两次。

信息技术使 ZARA 的供应链速度更快。ZARA 在信息共享和利用方面表现卓越，使得 ZARA 的供应链能快速收集市场信息、快速决策、控制库存并快速生产、快速配送。

ZARA 的信息系统将产品设计、生产、配送和销售迅速融为一体，其卓越性主要表现在以下几个方面：

在新产品设计过程中，关于时尚潮流趋势的各种信息每天源源不断地从各个 ZARA 专卖店进入总部办公室的数据库。设计师们一边核对当天的发货数量和每天的销售数量，一边利用新信息来产生新的想法以及改进现有的服装款式，再与生产、运营团队一起决定。考虑一个具体的款式用什么布料、如何剪裁以及如何定价时，设计师必须首先访问数据库中的实时信息。

在信息收集过程中，ZARA 的信息系统更强调服装信息的标准化，这使得 ZARA 能快速、准确地准备设计，对裁剪给出清晰生产指令。

在 ZARA 的供应链上，ZARA 借助自主开发的信息系统对产品信息和库存信息进行管理，控制原材料的库存，并为产品设计提供决策信息。卓越的产品信息和库存管理系统，使得 ZARA 的团队能够管理数以千计的布料、各种规格的装饰品、设计清单和库存商品。ZARA 的团队也能通过这个系统提供的信息，以现有的库存来设计一款服装，而不必去订购原料再等待它的到来。

结合案例回答下列问题：
1. 什么样的反应水平最适合 ZARA 的供应链？
2. ZARA 是否做到了战略匹配？为什么？

习 题

1. 简述供应链管理战略的关注点。
2. 论述如何获取供应链战略与竞争战略的匹配。
3. 供应链战略与竞争战略的匹配拓展范围可以分为哪几类？
4. 试述供应链战略匹配范围的拓展是如何改善供应链业绩的。

本章参考文献

［1］陈兵兵. SCM 供应链管理：策略、技术与实务［M］. 北京：电子工业出版社，2004.
［2］森尼尔·乔普瑞，彼得·梅因德尔. 供应链管理：战略、规划与运营［M］. 李丽萍，等译. 北京：社会科学文献出版社，2003.
［3］罗纳德 H 巴罗. 企业物流管理：供应链的规划、组织和控制［M］. 王晓东，胡瑞娟，等译. 北京：机械工业出版社，2002.
［4］王焰. 一体化的供应链战略、设计与管理［M］. 北京：中国物资出版社，2002.
［5］马士华，林勇. 供应链管理［M］. 4 版. 北京：机械工业出版社，2014.

第四章

供应链合作伙伴

▲ 作 用

供应链管理的关键在于各节点企业之间有效的连接与合作,以及相互在设计、生产、竞争策略等方面的协调。所以,建立良好的供应链合作伙伴关系是供应链战略管理的重点,也是集成化供应链管理的核心。

本章重点论述了供应链合作伙伴的定义,建立这种伙伴关系的理论基础,合作伙伴的选择方法,以及建立这种伙伴关系需要注意的问题,使读者对供应链合作伙伴关系有较为深入的认识。

▲ 关 键

- 供应链合作伙伴关系及其意义
- 供应链企业间的委托代理关系
- 供应链合作伙伴的选择

第一节 供应链合作伙伴关系

一、供应链合作伙伴的定义

全球竞争中,先进制造技术的发展要求企业将自身业务与合作伙伴业务集成在一起,缩短相互之间的距离,站在整个供应链全局的立场上考虑增值,所以许多成功的企业都开始与合作伙伴建立联盟的战略合作伙伴关系。

所谓供应链合作伙伴关系,也就是供应链中各节点企业之间的关系,对制造业来说,主要是供应商与制造商的关系。马罗尼·本顿(Maroney Benton)对供应链合作伙伴关系(Supply Chain Partnership,SCP)的定义是:在供应链内部两个或两个以上独立的成员之间形成的一种协调关系,以保证实现某个特定的目标或效益。供应链管理的精髓就在于企

第四章　供应链合作伙伴

业间的合作，没有合作就谈不上供应链管理。像通用汽车、雀巢等强大的制造商，沃尔玛、家乐福等占统治地位的零售商，以及大型批发商，都在寻求整个物流与服务流管理的新的合作方式，其战略视野正从单一的组织转向由许多组织建立起合作伙伴关系。供应链合作伙伴关系形成于供应链中有特定的目标和利益的企业之间，形成的目的通常在于降低整个供应链总成本、降低库存水平、增强信息共享水平、改善相互之间的交流、产生更大的竞争优势，以实现供应链节点企业的财务状况、质量、产量、交货、用户满意度和业绩的改善和提高。

供应链合作伙伴关系就意味着新产品/技术的共同开发、数据和信息的交换、研究和开发的共同投资。在供应链合作伙伴关系环境下，供应链合作伙伴也不再是只考虑价格，而是更注重选择能在优质服务、技术革新、产品设计等方面提供合作的伙伴。

供应链合作伙伴关系的潜在效益，往往在其建立后三年左右甚至更长的时间才能转化成实际利润或效益。企业应以战略的眼光看待供应链合作带来的整体竞争优势。

二、建立供应链合作伙伴关系的驱动力

市场要求瞬息万变，周围竞争者虎视眈眈，很多企业都在寻求如何能在这样的环境中使自己立于不败之地。顺应市场潮流、取长补短、取外部资源为其所用，保持最具独特优势的核心竞争力是竞争的诀窍所在。伙伴关系的形成是很多因素起作用的结果，如产品生命周期的缩短，顾客需求的日益提高等，但起主要作用的是以下三个最基本的驱动力：核心竞争力、不断变化的顾客期望和外包战略。其中，核心竞争力是企业自身的优势保持和发展的内在驱动力，顾客期望的不断变化是伙伴关系得以产生的外部压力，伙伴关系可以说是外包含义的延伸和深化。

（一）核心竞争力

核心竞争力是企业的技术、产品、管理、文化的综合优势在市场上的反映，建立在企业核心资源的基础之上。核心竞争力是一个组织在自己所从事的生产和服务中具有的一系列互补的技能和知识的结合，它表现为具有一项或多项业务达到竞争领域一流水平的能力，或者为顾客提供某种特殊的利益。例如，耐克公司擅长于产品设计、研发与品牌经营。核心竞争力不是一种仅存在单个技术或一个小的生产单位的简单的技能，它是一组技能的组合。

企业的核心竞争力主要表现为以下四点：

（1）价值优越性。核心竞争力是企业独特的竞争能力，能够使企业在创造价值和降低成本方面比竞争对手更优秀，同时，必须为顾客提供"可感知的"价值。

（2）难替代性。由于核心竞争力具有难以模仿的特点，因而依靠这种能力生产出来的产品在市场上也不会轻易被其他产品所替代。

(3) 差异性。要确定一种技能是否可称为核心竞争力，它还必须在同行业中与众不同。这并不意味着它只是本企业所独有，但至少应比其他竞争者优越。核心竞争力在企业长期的生产经营活动过程中积累形成，其他企业难以模仿。

(4) 可延伸性。企业的核心竞争力不仅能为当前提供某种特殊的产品或服务，而且还可以帮助企业下一步开发新的产品或进入新的领域。

从长远来考察，企业竞争力来源于比竞争对手更低的成本，更快的速度去发展自身的能力，来源于能够产生更高的、具有强大竞争力的核心能力。由于任何企业所拥有的资源都是有限的，不可能在所有的业务领域都能获得竞争优势，因而必须将有限的资源集中在几种核心业务上。与其他企业的合作伙伴关系是保持核心竞争力的有效手段。企业将非核心业务交由合作伙伴来完成，就能在培养核心竞争力上集中精力。

供应链最大的特点是共享资源，以保持企业各自的核心竞争力，从而增强整条供应链的竞争力。每个企业都有自己的核心竞争力，在此领域企业具有其他企业所没有的优势。供应链各节点企业通过保持合作伙伴关系，可以在非优势领域取得优势地位，在核心领域更加专注，以取得更有利的竞争优势地位。所以供应链伙伴关系既是保持和增强自身核心竞争力的需要，也是企业在其他领域利用其他企业核心竞争力获取优势地位的手段。

(二) 不断变化的顾客期望

顾客需求是企业生产的驱动源，企业生产的产品只有到达顾客手中，才能真正实现产品的价值。对顾客需求的关注是供应链所有成员的首要任务，随着消费者消费的理性化和消费品市场的发展，顾客的需求期望也在不断变化，主要体现为以下几点：

1. 个性化的产品设计

产品的个性化设计是由顾客直接确定最终产品的确切特征，根据顾客的要求修正产品设计。随着市场的发展，差别化、个性化的产品越来越受消费者青睐，企业根据客户的需求量身定做已成为企业争取市场的一种手段。让顾客直接参与产品设计彻底改变了企业生产的本质。产品顾客化的程度，已成为许多企业战略性的决策。个性化的产品对企业生产的柔性提出了更高的要求。

2. 广阔的产品选择范围

顾客越来越精明，他们开始希望能直接或间接地影响生产者以便让其提供的产品能够更加切合自己的需求。厂家不断推出新品种，从而引起了一轮又一轮的产品开发竞争，结果导致产品的品种数成倍增长。为了吸引顾客，许多厂家不得不绞尽脑汁不断增加花色品种。网络技术的发展为顾客的选择提供了方便，质量、价格、服务水平的透明向企业施加了不断完善产品的压力。同时，由于计算机和网络技术的发展，任何产品上的优势都易于模仿和改进，因此产品差异化的优势势必不能得到长久保持，为了保持市场竞争的优势，企业的产品生产压力越来越大。

3. 优异的质量和可靠性

质量和可靠性是最基本的产品要求，质量的提高涉及产品原料的选用、设计的合理、加工的精密以及产品的外观等，需要从产品设计到制造的各个环节对质量进行严格审核，才能保证最终产品的质量。

4. 快速满足顾客要求

尽管并非所有的市场都要求即时反应，但在其他条件相同的情况下，更迅捷的反应能让顾客印象深刻，将该产品和其他产品区别开来。从顾客需求到产品到达顾客的过程中，有许多时间被浪费掉了。消除这种浪费会带来三方面的好处：提高顾客满意度、降低投资风险以及使竞争者的压力增大。因此，提供力所能及的较短响应时间是明智的策略。在这种目标中，速度是重要的因素。有了更快的速度，技术革新就能更快地与实际应用相结合，从而保持技术领先。

5. 高水平的顾客服务

顾客通常购买的不仅仅是单个商品，而是连同服务的"混合商品"。在大多数情况下，顾客都会要求售后服务和持久维护。为顾客服好务是赢得顾客和让其成为终身用户的重要手段。

（三）外包战略

外包就是把不属于自己核心竞争力的业务交给其他企业去完成，而自己专注于核心业务的做法。这种新的经营理念的兴起促进企业对现有模式进行重组，把企业所有资源集中在能使企业取得绝对优势、能为客户提供无可匹敌价值的核心能力上。同时，包出去的非核心业务又有可能形成新的商机。

外包在成本、质量、柔性、专业以及核心竞争力等方面都具有优势。

（1）成本。生产每一种产品都需要在设备和专业技术上进行大规模投资，而专业供应商却拥有这种资源而且会一直通过产品研发来提高生产水平和产品竞争力。因为专业供应商不止拥有一个购买者，所以它能比任何购买者自己的生产具有更大的经济性。

（2）质量。企业生产的零部件越多，提高每一种零部件的质量的速度就越慢，特别是对那些需要不同的技术的零部件而言。企业时间有限、资源有限，不可能同时提高每一个零部件的质量，相反，专业零部件供应商有更多的资源，而且在其专业领域能提供最好的产品。

（3）柔性。企业改变产品组合的时候，就必须重置、增加或转移生产资源，因而要投入更多的时间和精力。而在外包的情况下，只要向供应商发出新的订单就可以解决问题。

（4）专业。通常来说，专业零部件供应商对产品和流程能更好地理解。特殊专业要用多年的时间来研究、发展，专业供应商能够集中资源并能更好地专注新技术。企业能通过外包来共享专业的优势。

（5）核心竞争力。前面提过，外包可以使企业把非核心业务交给其他企业，而将精力集中于核心竞争力。

综上所述，外包能够给企业提供较大的灵活性，尤其是在购买高速发展的新技术、新式样的产品或复杂系统的组成部分时更是如此。多个一流的供应商同时生产一个系统的各个组成部分会降低企业的设计周期的时间，而且每个供应商既具有更多的专业人才，又具有专业领域方面的复杂的技术知识，能更高质量地支持专业的设备。同样的道理，战略性的外包把企业对零部件和技术的发展所承担的风险转移到大量的供应商身上。企业无须承担全部零部件的研究与开发计划彻底失败的风险，也无须为每一个零部件系统投资或不断升级它们的生产能力。

供应链合作伙伴关系就是某种特定形式的外包战略。节点上下游之间存在某种形式的外包，比如说，分销商为零售商管理库存、为制造商寻求销售渠道，就是库存、销售的两种外包形式。

三、建立供应链合作伙伴关系的意义

供应链合作伙伴关系的建立，使合作各方都能受益，具体表现为良好的供应链合作伙伴关系可以降低供应链成本、降低库存水平、增强信息共享、保持战略伙伴相互之间操作的一致性、改善相互之间的交流状况，最终创造更大的竞争优势。

（一）减少供应链上的不确定因素，降低库存

如果供应链上各企业之间缺乏合作，其需求的不确定性将向供应链上游方向逐级放大，使得预测准确性降低，生产计划精确度减小，原材料供应量大大超出实际需求量。这种供需的不平衡，随着生产的进行就转化成为不必要的原材料库存、在制品和成品库存，也有可能因为超越生产能力的限制而导致不能准确供货。

生产制造型企业的库存大致分为三类：第一类是在制品库存，包括车间在制品、半成品和毛坯；第二类是外购物料库存，包括原材料、标准件和零配件；第三类是成品库存，它是企业生产的最终产品库存。形成第一类库存的主要原因是企业内部的生产与控制系统的不足造成的，形成第二类和第三类库存的主要原因则是由于供应链上各企业之间的合作存在缺陷而造成的。

而对于企业内部的生产控制系统来说，由于MRP、JIT等先进的管理方法的应用，其本身的精确度已相当高。因此，往往是企业间的不确定性因素远多于生产控制系统本身的不确定因素，并且影响生产控制系统的调节和校正。因此，企业间的合作显得非常重要。通过合作，企业间能使许多不确定的因素变得明确起来。以下两个因素对库存很重要：

1. 需求信息

战略伙伴关系意味着一个企业有着多个稳定的合作伙伴，下游企业可以在发出订单之

第四章 供应链合作伙伴

前为上游企业提供其具体的需求计划。有了较为明确的需求信息，上游企业所面对的需求就由原来的订单和预测进化成为订单、具有战略伙伴关系的企业的需求计划以及对没有战略伙伴关系的企业的需求预测，企业就能够减少为了吸收需求波动而设立的第三类库存，制订更精确的生产计划。

2. 供给信息

战略伙伴关系的建立实际上表明企业间的互相信任关系，从产品设计上的合作开始到产品的质量免检都是这种合作关系的特征。下游企业可以获取上游供应企业综合的、稳定的生产计划和作业状态，了解上游企业的信息。这样，无论企业能否按要求供货，需求企业都能预先得到相关信息以采取相应的对策。第二类库存将因供应方生产信息透明度的提高而降低。

（二）快速响应市场

制造商通过与供应商建立合作伙伴关系，可以充分利用供应商的专长，将大量自己不擅长的零配件等的设计和生产任务通过外包而分给擅长于此的企业来完成，自己则集中力量于自身的核心竞争优势。这样既不必实施投资巨额且风险巨大的垂直集成，又能充分发挥各方的优势，并能迅速开展新产品的设计和制造，从而使新产品响应市场的时间明显缩短。

当今消费市场需求瞬息万变，不仅仅是制造商，供应商、分销商、零售商都必须对这些变化做出及时快速反应，才有可能立足市场，获取竞争优势。企业与企业之间的竞争已转向供应链和供应链之间的竞争，而供应链的竞争力来自于供应链各节点企业的紧密合作。这种合作拆除了企业的"围墙"，将各个企业独立的信息化孤岛连接在一起，实现供应链无缝连接，使整条供应链像单个企业一样运作，而又不失去每个企业的核心优势。这是传统意义上的供应链所无法相比的。传统意义上的供应链正是因为链上各节点企业间的信息不畅通，企业之间合作与沟通非常少，信息波动扭曲放大，或者企业为了自身利益而不惜牺牲整个物流的速度，使得整个供应链企业对变化的需求反应迟缓。例如某种商品突然流行起来，并在商店脱销，补货订单到达零售上的配送中心后，配送中心并未采取更多的行动，而是在此商品量降到最低库存水平，才向制造商发出订单。接下来，制造商在其配送中心的库存降到订货点时订货，然后生产计划部门才开始计划新的生产。整个供应链上的企业都将自身库存保持最小作为目标，而不是通过合作，适时地将货物送到顾客手中，因此销售良机必然错过。

（三）加强企业的核心竞争力

当今国际上越来越多的产业成为或正在成为全球性产业，而且这一重要的结构性变化似乎越来越普遍，这反映了经济全球化的趋势。经济全球化使许多发达国家企业出于成本和利润的考虑，不再追求完整地占领一个产业，而是根据自身的核心竞争力抢占某个产业中的高技术和高附加值的生产经营环节，把其余环节留给其他企业。

从前面供应链的网链结构模型可以看出,供应链是围绕核心企业所形成的核心企业与供应商、与供应商的供应商的一切前向关系,与用户、与用户的用户的一切后向关系。供应链的概念已完全不同于传统的供求关系的定义,它把供求双方以及链中各节点企业看成一个整体,从全局的角度考虑企业及产品的竞争力。这样的整体必然是实力相当的强强联合,具有各自核心竞争力的企业之间的联合。企业的核心竞争力关键在于企业竞争力的独特性,这种独特性不易被竞争对手模仿,并具有较大的领先性、超前性,从而给企业带来持续的竞争优势。正因为企业日益注重自身的核心竞争力,强调企业自身的特点,那么企业的非核心竞争力业务必然要靠其他在此业务上具有核心竞争力的企业来承担。各自具有优势的企业在共同的目标下联合起来,以协作共享信息、降低整个成本并共担风险和分享利益。显然,离开企业的核心竞争力谈供应链管理,就如不建地基而想建大厦一样,而强调企业的核心竞争力,如果没有以战略合作关系为基础的供应链管理这一新的管理模式与之呼应,也发挥不了其核心优势,不能获得有利的竞争地位。

沃尔玛堪称既充分发挥自己的核心竞争力,又与销售商紧密合作的企业中的典范。沃尔玛的分销运作是高度自动化的,它拥有一个世界上最大的用来控制公司分销的私人卫星交流系统,每一个连锁店里又都安装了条码扫描系统,每个连锁店的终端适时地将商品需求发送到分销库房,然后库房立即送货。沃尔玛的计算机直接同销售商连接,并与其紧密合作,这使得销售送货的速度大大提高,其货架补充速度达一周两次,而社会上的平均水平为两周一次。沃尔玛这样做既大大降低了商品库存成本,又快速地满足了顾客需求。它每年25%的高速增长和32%的股本收益率并非来自偶然,而是来自核心竞争力的发挥和与其销售商紧密的合作。

(四)用户满意度增加

用户满意度的增加主要有以下三方面的原因:

(1)产品设计。合作伙伴关系不仅仅存在于供应商与制造商之间,也存在于制造商与分销商之间。分销商更贴近用户,更易于掌握用户的喜好,从而能在新产品的需求定义方面提出更为恰当的建议,使得产品的设计能做到以用户需求来拉动,而不是以更高成本传统地将产品推向用户。供应商的合作也能使制造商在产品的设计之初就充分考虑用户的需求,生产出更符合用户习惯的产品。

(2)产品制造过程。供应质量的提高使得制造商可以在正确的时间、恰当的地点获得正确数量的高质量的零配件,从而使得最终产品质量也大为提高,同时大幅度缩短生产期。

(3)售后服务。产品的质量总是有一定缺陷的,同时,用户的喜好也是千差万别的,因而产品的设计也不可能完全符合所有用户的要求。所以,用户的不满意状况总是存在的。问题解决的关键在于当用户不满意时,分销商、制造商和供应商能齐心协力来解决出现的问题，而不是互相推卸责任。

当合作伙伴关系建立以后，对供应商而言，制造商也许会向供应商进行投资，以帮助其更新生产和配送设备，加大对技术改造的投入，提高物流质量。制造商往往会向供应商提出持续降低其供应价格的要求。虽然这种要求无疑对供应商带来了相当大的压力，但是制造商的投资以及逐渐增大的市场份额和稳定的市场需求使得供应商能够改进技术，实现规模效益。另外，一旦合同有了保证，供应商将会把更多的注意力放到企业的长远发展战略上去。

第二节 建立供应链合作伙伴关系的理论基础

20世纪90年代以来，随着全球制造、敏捷制造、虚拟制造等先进制造模式的出现，产生了以动态联盟为特征的新的企业组织形式，使原有的企业生产组织和资源配置方式发生了质的变化。最能反映这一变化的是供应链管理思想。集成化供应链是以资源外用为特征的集成企业网络（扩展企业模型），它改变了原来的"纵向一体化"模式，向"横向一体化"模式转变。市场的竞争不再是单一企业的竞争，而是联盟之间的竞争，即供应链之间的竞争。因此，原来那种单枪匹马的企业竞争策略已不适应世界经济的发展，企业需要学会如何与其他企业进行合作的策略与技巧；同时，在企业与其他企业进行竞争而加入某一供应链联盟的过程中，又需要竞争的优势与策略，这就是供应链结盟过程中的"合作—竞争"模式。

一、供应链企业间的委托—代理关系

通过构建包括从原材料采购开始，到制成中间产品再到制成最终产品，最后到销售给最终消费者的所有参与者，即包括供应商、制造商、销售商、最终消费者、物流服务提供商乃至供应商的供应商、销售商的销售商等在内的网链结构，供应链管理从系统观点、合作观点出发，最大限度地减少内耗和浪费，通过整体最优来实现全体节点企业的共赢。供应链管理由于不涉及产权交易，能够快速响应复杂多变的市场需求，具有柔性高、风险低、优势互补等优点，降低了整体交易费用，而日益受到企业界的重视。

虽然供应链管理使得各节点企业形成了一个利益共同体，但由于各节点企业都是具有独立法人地位的利益个体，不可避免地会产生一定程度的委托代理问题。节点企业之间合作博弈机制的实现，只是减少了委托代理问题发生的可能性，但不可能完全消除委托代理问题。况且，供应链中信任关系的建立与巩固是一个渐进的过程，因此，进行供应链关系管理，实质是应用委托—代理理论，加强供应链企业间的合作关系管理。

二、供应链企业间委托—代理关系的特征

（一）供应链企业间是一种"合作竞争"的关系

供应链的本质强调处于供应链上企业间的合作，强调企业集中资源发展其核心业务和核心竞争力，而对非核心业务通过外包等与其他企业协作的形式完成。供应链的思想与传统企业模式的根本不同之处在于，它改变了对供应链上其他企业的看法，供应链企业不再把它们看作是竞争对手而是当作合作伙伴，为实现最终顾客满意的目标而进行协同生产，生产活动按整个供应链实行优化而不是像过去那样仅仅考虑本企业的利益。供应链企业间虽然强调合作，但利益冲突也存在，企业之间为分配合作带来的利益会展开竞争。因此，供应链企业的基础和目标是合作，但是它们由于利益主体的不同也存在竞争。研究供应链企业间的委托—代理关系，就是通过代理理论的分析，通过企业间的制度安排和设计实现利益分享和风险分担。

（二）供应链企业间的委托代理问题是多阶段动态模型

从上面的分析我们看到，供应链企业间的合作强调建立一种持久稳定的关系，这与传统的委托代理模型有所不同。在商品交易市场上，买者和卖者构成一对委托—代理关系。一般而言，卖者对商品的信息掌握得比买者多，买者是委托人，卖者是代理人。买卖交易关系是一次性的、暂时的，买卖双方会采用各种手段来实现自己的效用最大化，如卖方可能以次充好或抬高价格。而在供应链企业间，企业需要长期进行交易，道德风险的问题相对而言没有那么严重。企业或许可以从短期的欺骗中获得好处，但是从长期来看，这种做法是不可取的，因为企业会发现短期的欺骗虽然得到了好处，但是合作关系也会随之终止，而维持长期的合作关系所带来的收益的贴现值会远远大于短期利益。但是同时，正因为供应链企业间的委托代理问题是多阶段的、长期的，制度设计和激励才显得更为重要。

（三）供应链企业间的委托代理是多任务委托代理

传统企业间的购买策略是展开以价格为基础的竞争，企业在众多供应商之间通过价格竞争来获得最低价格的产品。然而随着竞争全球化、产品需求顾客化、技术创新加快，市场对产品质量、服务、交货期的要求越来越高，企业不可能单凭价格获得竞争优势。同样，供应链企业间的供应商不仅仅是提供价格低廉的产品，而且还要在技术创新、质量改进、缩短产品提前期以及提供服务等方面做出响应。供应商在采取行动时可能会产生冲突，如降低成本与质量改进、提高服务。因此，在有限的经济资源和时间资源约束下，供应商需要在多目标间做出权衡。而采购商的评价和报酬标准则是供应商决策的依据。例如，如果采购商把价格作为最重要的决策因素，那么供应商将会对技术创新和改进质量等方面缺乏积极性，因此采购商对供应商的绩效评价和报酬激励应该具有综合性。

（四）供应链企业间的委托代理是逆向选择和道德风险两类问题并存

在供应链管理中，核心企业作为供应链的组织、协调、控制者，与其他节点企业在信息上是非对称的。其他节点企业的履约能力如何、是否努力配合以及努力程度如何，核心企业很难做到完全掌握。例如，在以制造企业为核心企业的供应链中，制造企业处于委托人的地位，供应商、经销商、物流服务提供商等处于代理人的地位。由于后者拥有制造企业所难以掌握的私人信息，在制造企业构建供应链的过程中，就可能会出现合作伙伴的逆选择（Adverse Selection）；在供应链构建之后，可能会遭遇合作伙伴的道德风险（Moral Hazard）。

1. 供应链委托代理问题Ⅰ：合作伙伴的逆选择

在选择供应链合作伙伴的过程中，核心企业一般都能清楚地掌握各合作伙伴候选人的报价，包括供应商中间产品的供应价格、经销商的服务价格、物流服务商的服务价格等，但对各合作伙伴候选人的质量，包括供应商中间产品的质量及供货及时性、送货等相应服务的质量，经销商的销售能力及售后服务质量，物流服务提供商运输、仓储、配送等方面的服务质量等缺乏足够的了解，因此，经常出现"劣品驱逐良品"的情况，将质量水平较高的候选人排除在供应链之外，而将质量水平较低的候选人纳入供应链之中。

合作伙伴的逆选择，对供应链管理造成极大的危害：首先，它导致当前供应链竞争力的下降。例如，1992年英特尔将日本某公司确定为快速记忆芯片供应商，但由于该公司在生产线的安装和运转方面出了一些问题，不能按时生产出合格的芯片，导致在该产品市场启动时，英特尔的市场占有率一年下降了将近20%。其次，重新更换合作伙伴将导致交易费用的提高，包括与原有合作伙伴解除协议可能造成的违约损失、重新寻找合作伙伴并达成合作协议需要花费的费用以及合作伙伴更换过程中的机会损失等。

2. 供应链委托代理问题Ⅱ：合作伙伴的道德风险

根据信息非对称的内容划分，供应链中的道德风险主要包括以下两类：

（1）隐藏行动的道德风险。引发这种道德风险的前提是：代理人行动的努力程度和一系列不受委托人和代理人控制的外生变量，如自然环境、经济环境、社会环境、技术环境、市场环境等共同决定代理行动的结果。如果在供应链协议签订以后，委托人只能观测到结果，而不能直接观测到代理人的行动和外生变量，代理人就可能实施对委托人不利的行动。委托人一旦追究责任，代理人往往将结果的不理想归咎于外生变量，如图4-1所示。如供应商将供货的延误归咎于国家经济政策的变化造成原材料供应紧张，而不是自身生产组织不力；经销商将销售业绩的不理想归咎于市场环境的变化，而不是自己促销不到位；物流服务提供商将中间产品配送的延误归咎于气候条件的影响，而不是配送计划与实施的不合理等。

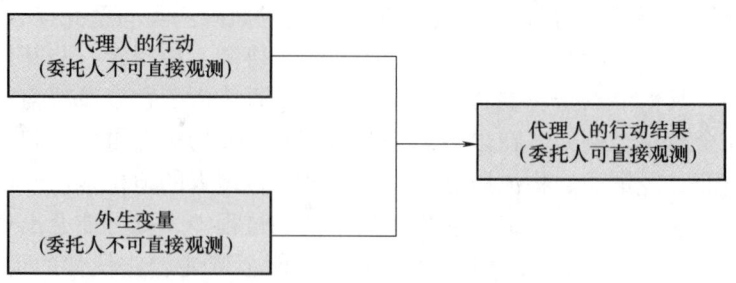

图 4-1 隐藏行动的道德风险成因

（2）隐藏知识的道德风险。引发这种道德风险的前提是：外生变量首先决定代理人的行动选择，代理人不同的行动选择决定不同的行动结果。如果在供应链协议签订之后，委托人不但能够观测到代理人的行动结果，而且能够观测到代理人的行动，但却不能观测到外生变量的实际发生情况，代理人就可能截留有关外生变量的知识，选择有利于己乃至有损于委托人的行动，如图4-2所示。例如，制造企业制订了针对最终顾客的促销赠品政策，即顾客购买超过一定数量的商品即可获得相应的赠品，并向经销商配发了足够数量的赠品，以扩大产品的市场占有率。由于制造企业不清楚每一位最终顾客的实际购买量，经销商就可能利用一些顾客因为不知情而不按要求向他们发放赠品，从而影响促销效果。制造企业派驻在经销商处的代表看到的是赠品都已发放的事实，却不清楚有一部分赠品已被挪作他用。

图 4-2 隐藏知识的道德风险成因

三、供应链委托—代理问题的对策

（一）信号传递机制与供应链合作伙伴的选择

针对供应链管理中的逆选择问题，核心企业需要在供应链构建过程中充分发挥信号传递机制的作用，实现对供应链合作伙伴的有效选择。

1. 信号传递机制的提出

迈克尔·斯宾塞（A. Michael Spence，1974）以劳动力市场为例，提出信号传递（Signaling）机制这一解决逆选择问题的办法。斯宾塞认为，不同能力的雇员受教育程度是不同的，原因在于：一般而言，教育通过提供对工作有用的信息、技能及各种基础性知识能够直接或间接地改进人的工作能力；退一步来讲，即使教育不能改进人的工作能力，但由于工作能力较高的人更容易达到较高的教育水平，因而，受教育程度与工作能力仍存在很强的正相关性。虽然雇主在录用雇员之前并不直接知道雇员的能力，但却可以通过雇员的受教育程度判断其能力的大小。在这里，受教育程度具有强信号的性质，承担了有效信息传递的职能；而其他一些信号，如雇员应聘时的着装，由于与雇员的工作能力关系不大，属于弱信号，无法担当起有效信息传递的职能。

2. 供应链合作伙伴选择的信号传递机制

信号传递机制对于优选供应链合作伙伴很有帮助。对于高质量的潜在合作伙伴而言，有必要借助各种信号向制造企业传递自己的质量优势；对于制造企业而言，要善于对接收到的各种信号进行判断和分析，首先区分出哪些信号属于强信号，哪些信号属于弱信号，借助各种强信号判断各潜在合作伙伴的属性，以便择优选择出供应链合作伙伴。在选择供应链合作伙伴时，以下一些有关潜在合作伙伴的变量可以充当质量水平的强信号。

（1）质量承诺。质量承诺是指潜在合作伙伴以今后将承担维修费用或赔偿费用为代价，传递产品与服务的高质量特性。例如供应商承诺，如果所加工的零部件不能达到样品的要求，制造企业可以拒绝收货，由此造成的零部件缺货损失由供应商按照所加工零部件货款的一定比例承担；经销商承诺，如果在一定时间内在特定区域内不能完成一定的销售数量，制造企业可以取消对其所给予的促销支持；物流服务提供商承诺，配送不及时将按照货款的一定比例向制造企业按照滞后天数交纳罚款等。这种信号传递机制必须借助较为健全的法律法规以确保其兑现。

（2）企业声誉。企业声誉有助于鉴别潜在合作伙伴的质量水平。企业声誉的机会成本包括沉淀成本和未来成本。其中，沉淀成本是指企业为建立自己良好的声誉所花费的成本，包括先期品牌推广成本、确保产品及服务质量水平的额外费用支出等。未来成本是指一旦企业被发现所传递的信息与事实不符而将蒙受的损失，包括政府有关部门的管制、市场机会的丧失而导致的损失等。由于破坏声誉的机会成本巨大，一般企业都倾向于维护自己的声誉。通常而言，声誉较好的企业意味着较高的质量水平，尤其是当良好的企业声誉与明确的质量承诺结合使用时更是如此。

（3）第三方认可。政府有关部门、各种中介组织等的认可可以较为有效地传达企业的质量信息。如果某个潜在合作伙伴被政府有关部门或行业协会评为先进企业或信得过企业，其产品被评为名优产品，或者通过了相关认证机构，如国际标准化组织 ISO 9000 质量管理体系、ISO 14000 环境管理体系的认证，则无疑向制造企业发出了质量水平较高的强信号。

（4）被优秀供应链接纳。如果潜在合作伙伴已经被某一世界知名企业接纳为其供应链成员企业，则意味着它在质量方面有较强的可信度。

（二）供应链协议与合作伙伴的激励及信息共享

为了有效防范合作伙伴的道德风险问题，核心企业需要在完善供应链协议上下功夫。可以从以下两方面进行重点突破：第一，对各供应链合作伙伴进行有效激励，以利益弱化这些代理人发生道德风险的动机；第二，建立并强化供应链的信息共享机制，通过弱化信息的非对称基础减少道德风险发生的概率。

1. 有效激励：弱化道德风险发生的动机

在供应链协议设计的过程中，核心企业必须贯彻激励兼容原则，即核心企业希望各合作伙伴所采取的行动只能通过使各合作伙伴利益最大化的行动来实现，使各合作伙伴有足够的激励按照核心企业的意愿去行动。

（1）针对隐藏行动的道德风险的激励机制。首先，根据合作伙伴的行动结果确定其收益。由于合作伙伴的行动结果受其行动努力程度的影响，核心企业在拟订供应链协议的时候，首先应努力确保各合作伙伴的收益与其行动结果的对应关系，即行动结果越有利，收益就越高。假设 G_i、V_i 分别表示第 i 个合作伙伴的行动结果及其收益，则有：

$$\frac{\partial V_i}{\partial G_i} > 0 \tag{4-1}$$

其次，考虑到外生变量对行动结果的影响确定合作伙伴的收益。由于行动结果还取决于外生变量的影响，因此应对外生变量所引起的风险在核心企业与合作伙伴之间进行分摊。由于外生变量对于委托人与代理人双方都是不可控因素，因此，在拟订供应链协议时，核心企业应事先预估出自己与合作伙伴各自的风险系数。风险系数的确定，可以依据核心企业以往的经验，也可以以本行业的平均风险水平为参照系。在考虑外生变量可能导致的风险的情况下，即使合作伙伴的行动结果较好，但如果它承受的风险较低，收益也不能确定得太高；即使合作伙伴的行动结果一般，但只要这一结果是在风险较大的情况下获得的，则该合作伙伴的收益也不能确定得太低。假设 R_i 表示第 i 个合作伙伴的风险系数，则有：

$$\frac{\partial V_i}{\partial R_i} > 0 \tag{4-2}$$

（2）针对隐藏知识的道德风险的激励机制。首先，以合作伙伴的行动努力程度作为其收益确定的主要变量。由于合作伙伴的行动努力程度能够被容易地观察到，则核心企业首先应根据合作伙伴的努力程度确定它们的收益。各合作伙伴努力程度越高，所获得的收益越多。

假设 A_i 表示第 i 个合作伙伴的行动努力程度，则有：

$$\frac{\partial V_i}{\partial A_i} > 0 \tag{4-3}$$

其次，以合作伙伴的行动结果作为其收益确定的辅助变量。由于合作伙伴的行动结果同样可以观测到，核心企业就可以对合作伙伴的行动努力程度与行动结果进行比较，如果发现行动努力程度与行动结果出现明显的非对称性，则要追究其中的原因。在前面所提到的例子中，如果经销商所有的促销赠品都已发放完毕，但促销期间产品销售数量并不见增加，则制造企业就应认真查明其中的原因了。为了杜绝这种道德风险的发生，核心企业有必要进一步将合作伙伴的行动结果作为考察的辅助变量，使合作伙伴的行动结果与其收益呈现出较强的正相关性，见式（4-1）。这样，促使合作伙伴确实根据外生变量的实际发生情况，选择核心企业所希望的行动。

2. 信息共享：弱化道德风险发生的信息非对称基础

在供应链管理环境下，可以通过建立和完善供应链节点企业之间的信息共享机制，以减少供应链节点企业之间的信息非对称现象，动摇道德风险发生的基础。

对于制造企业而言，通过建立 ERP 系统，在注重对企业内部包括物料、设备、人力、资金、信息在内的所有制造资源进行总体计划和优化管理的同时，通过 EDI 或互联网，实现与供应商、经销商、物流服务提供商乃至最终顾客的信息共享。ERP 系统通过定义事务处理相关的会计核算科目与核算方式，使得在事务处理发生的同时自动生成会计核算分录，保证资金流与物流的同步记录和数据的一致性，可以根据财务资金现状追溯资金的来龙去脉，并进一步追溯所发生的相关业务活动，改变资金信息滞后于物料信息的状况，便于实现对合作伙伴的实时控制。尤其是随着供应链管理的深化，ERP 系统将日臻完善，信息非对称的现象将日益减少。

第三节　供应链合作伙伴的选择

一、选择供应链合作伙伴的必要性和原则

供应链合作伙伴的选择是企业间进行合作的第一步，也是关键的一步。选择良好的合作伙伴，是建立供应链合作关系的重要条件。合作伙伴的评价选择是供应链合作关系运行的基础。所选企业是否能和整个供应链的步调保持一致、增强整个供应链的竞争力，是供应链上每个企业所关注的问题。当今，合作伙伴的业绩对企业的影响越来越大，单个企业的业绩要依靠所有合作伙伴的精诚合作才能提高。所以，合作伙伴的选择是企业和供应链提高业绩首要的和基本的问题。

下面以制造商对供应商的选择为例来论述合作伙伴的选择。韦伯（Weber）自1996年以来在与供应商选择相关的74篇文献中讲述了供应商选择过程中所采用的标准以及分析方法。供应商选择决策的复杂性在于决策制订过程必须考虑各种各样的标准，韦伯讨论了23条标准，涉及质量、配送、价格和态度等。而迪克森（Dickson）更认为从大量的关于采购的文献中，可以列出至少50条供应商选择必须考虑的独立标准。

抽象地讲，供应商选择的标准有如下两条：

（1）合作伙伴必须拥有各自的核心竞争力。唯有合作企业拥有各自的核心竞争力，并把各自的核心竞争力相整合，才能提高整条供应链的运作效率，从而为企业带来可观的贡

献。仅是单个企业具备核心竞争力或者合作企业具备的核心竞争力无法整合，不能从整体宏观上提高整条供应链的运作效率。

（2）拥有相同的价值观和战略思想。企业价值观的差异表现在是否存在官僚作风；是否强调投资的快速回收；是否采取长期的观点等。战略思想的差异表现在市场策略是否一致，注重质量还是注重价格等。可见，若价值观及战略思想差距过大，合作必定以失败告终。

一般的企业之间的关系是买卖关系，注重的主要方面是价格、质量和交货期。而企业要建立长期的伙伴关系，不但要考虑上述这三个基本要素，还要考虑选择供应商的长期标准，主要是评估供应商是否能提供长期而稳定的供应，其主产能力能否配合公司的成长而相对扩展，是否具有健全的企业体制，与公司相近的经营理念，其产品未来的发展方向能否符合公司的需求以及是否具有长期合作的意愿等。实际中选择的原则可以归纳为如下几条：

（1）工艺与技术的连贯性。供应链合作伙伴关系的展开必须在技术上保持一致的标准，包括产品设计和制造工艺上的连贯性。工艺上的差异或供应商现在、未来制造能力的局限都会限制供应商在成为战略合作伙伴后的先进生产技术的引进，从而影响整个供应链的运作。当存在差异时，双方应该在平等互利的基础上进行协商，改进技术工艺的适应性。

（2）企业的业绩和经营状况。一个企业在过去年度里的经营状况往往成为选择长期合作伙伴的重要考虑因素。在与某企业的交易过程中，该企业的产品价格、质量、交货状况决定其在供应商市场的信誉和声望。过去业绩好的企业一般较容易被考虑，也很容易进入合作角色，但过去业绩差的企业也可能拥有很强的潜力，也有可能值得考虑。

企业经营状况在供应链条件下的合作伙伴关系选择中显得更重要。供应商内部组织机构是否合理影响着采购的效率及其质量，如果供应商组织机构设置混乱，采购的效率与质量就会下降，甚至会由于供应商部门之间的互相推诿而影响供应活动及时、高效地完成。另外，供应商的高层主管是否将采购单位视为主要客户也很重要，如果采购单位不被视为主要客户，那么在面临一些突发问题时，便无法取得优先处理的机会。

供应商的财务状况直接影响其交货和履约的绩效，如果供应商的财务出现问题，资金周转不灵，甚至倒闭破产，将会造成供应不足，甚至出现停工的严重危机。财务状况稳定的供应商在未来风险的保障上能给企业带来更多的信息和安全感。

（3）有效的交流和信息共享。选择高效的供应商依靠所有参与者的积极参与以及有效的交流和信息共享。已有业务来往的供应商在信息交流方面比没有业务来往的企业有更多的优势。在选择供应商的过程中，只有加强交流，才能提供更多的战略信息，使得评价过程和结果更具可信性和参考价值。

此外，必须注意的是合作伙伴不要求多，而在于精。若选择合作伙伴的目的性和针对性不强，过于泛滥的合作可能导致过多的资源、机会与成本的浪费。

二、供应链合作伙伴选择的方法和步骤

（一）供应链合作伙伴选择的方法

选择合作伙伴，是对企业输入物资的适当品质、适当期限、适当数量与适当价格的总体进行选择的起点与归宿。选择合作伙伴的方法较多，一般要根据供应单位的多少、对供应单位的了解程度以及对物资需要的时间是否紧迫等条件来确定。目前较常用的方法如下：

1. 直观判断法

直观判断法是根据征询和调查所得的资料并结合人的分析判断，对合作伙伴进行分析、评价的一种方法。这种方法主要是倾听和采纳有经验的采购人员的意见，或者直接由采购人员凭经验做出判断，常用于选择企业非主要原材料的合作伙伴。

2. 招标法

当订购数量大、合作伙伴竞争激烈时，企业可采用招标法来选择适当的合作伙伴。

3. 协商选择法

协商选择的方法是由企业先选出供应条件较为有利的几个合作对象，同他们分别进行协商，再确定适当的合作伙伴。与招标法相比，协商方法由于供需双方能充分协商，在质量、交货期和售后服务等方面有更多保证。当采购时间紧迫、投标单位少、竞争程度小、订购物资规格和技术条件复杂时，协商选择方法比招标法更为合适。

4. 采购成本比较法

对质量和交货期都能满足要求的合作伙伴，则需要通过计算采购成本来进行比较。采购成本一般包括售价、采购费用、运输费用等各项支出。采购成本比较法通过计算分析与各个潜在合作伙伴合作的采购成本，选择采购成本较低的作为合作伙伴。

5. 层次分析法

层次分析法的基本原理是根据具有递阶结构的目标、子目标（准则）、约束条件、部门等来评价各方案，采用两两比较的方法确定判断矩阵，然后把判断矩阵的最大特征相对应的特征向量的分量作为相应的系数，最后综合给出各方案的权重（优先程度）。它作为一种定性和定量相结合的工具，目前已在许多领域得到了广泛的应用。

6. 神经网络算法

神经网络算法通过对给定样本模式的学习和总结，获取评价专家的知识、经验、主观判断及对目标重要性的倾向，可再现评价专家的知识、经验和直觉思维，从而实现了定性和定量分析的结合，可较好地保证评价结果的客观性。

（二）供应链合作伙伴选择的步骤

建立合作伙伴关系的步骤一般如下：

（1）从企业战略的角度来检验是否需要建立供应商合作关系，以及建立哪个层次的供

应商合作关系。

(2) 确定挑选合作伙伴的准则，评估潜在的候选企业。

(3) 正式建立合作伙伴关系。

(4) 维持和提升合作伙伴关系，包括增强彼此间的合作关系或解除合作伙伴关系。

上述四个阶段也可以简单地归纳成以下四个阶段：合作伙伴的粗筛选，合作伙伴的细筛选，合作伙伴的确认，合作伙伴的跟踪评价。

随着企业界对动态联盟实践的日益深入，越来越多的企业都在专用的企业网上公开自己的实力与优势，核心企业将发现众多优秀的企业可供选择。当面临为数众多的潜在合作伙伴时，对每一个或真或假、或夸大或隐藏其实力的企业都进行评估显然是不经济的。核心企业首先可以通过一种快速过滤的方法，将候选合作伙伴的数目降到一个合适水平。如何快速有效地筛选这些企业是这一阶段的主要问题。其次，核心企业可以采取定量化的综合评判方法，进一步缩小供应商的数目。再次，企业通过某种方式确立一个最优的合作伙伴个数，建立正式的伙伴关系。最后则是评判和维持阶段。

三、供应链合作伙伴的评价与选择

供应链合作伙伴的评价与选择是供应链合作伙伴关系运行的基础和前提条件。供应链合作伙伴的综合评价选择可以归纳为以下几个步骤：

第一步：需求和必要性分析

有需求才有必要。建立基于信任、合作、开放性交流的供应链长期合作关系，必须首先分析市场竞争环境，目的在于找到针对目标产品市场开发何种供应链合作伙伴关系最恰当。其次，必须了解和把握现在的产品需求、产品的类型和特征，以便确认用户的需求以及是否有建立供应链合作伙伴关系的必要。如果供应链合作伙伴关系已经建立，则根据需求的变化确认供应链合作伙伴关系变化的必要性，从而确认供应链合作伙伴选择的必要性。同时必须结合分析现有合作伙伴的现状以及分析总结企业存在的问题。

第二步：确定合作伙伴的选择目标

企业必须确定实质性、可操作的选择目标。其中降低成本是主要目标之一，供应链合作伙伴的评价、选择不仅仅就是一个简单的评价、选择的过程，它本身也是企业自身和企业与企业之间的一次业务流程重构的过程，实施得好，它本身就可以带来一系列的利益。

第三步：建立合作伙伴评价标准

供应链合作伙伴综合评价的指标体系是企业对合作方进行综合评价的依据和标准，是反映企业本身和环境所构成的复杂系统不同属性的指标，按隶属关系、层次结构有序组成的集合。企业应根据系统全面性、简明科学性、稳定可比性、灵活可操作性的原则，建立集成化供应链管理环境下合作伙伴的综合评价指标体系。一般评价指标内容有：技术水平、产品质量、可靠性（信誉）、技术开发、用户满意度、交货协议和快速响应能力等。

第四步：建立评价小组

企业必须建立一个小组以控制和实施对合作伙伴的评价。组员以来自采购、质量、生产、工程等与供应链合作关系密切的部门为主，组员必须有团队合作精神，具有一定的专业技能。评价小组必须同时得到制造商企业和供应商企业最高领导层的支持。

第五步：合作伙伴参与

一旦企业决定实施合作伙伴评价，评价小组必须与初步选定的企业取得联系，以确认他们是否愿意与企业建立供应链合作关系，是否有获得更高业绩水平的愿望。企业应尽可能早地让合作伙伴参与到评价的设计过程中来。然而因为企业的力量和资源是有限的，企业只能与少数的、关键的企业保持紧密的合作，所以参与的合作方应尽量少。

第六步：评价供应链合作伙伴

评价供应链合作伙伴的主要工作是调查、收集有关信息，然后利用一定的工具和技术方法进行评价。

第七步：实施供应链合作关系

找到符合条件的企业，签订有关合作协议之后，也便建立起了供应链合作伙伴关系。

四、建立供应链合作伙伴关系需要注意的几个问题

作为一个由多个相互独立的合作伙伴构成的供应链，其中的合作关系管理是关系到供应链运作成功与否的关键因素之一。为此，建立供应链合作关系必须注意以下几点：

1. 相互信任

作为一种行为，信任通常意味着合作，而低水平的信任则意味着只顾为自身利益进行的明合作、暗斗争。供应链合作伙伴之间信任关系的建立可以避免供应链管理中的冲突，降低合作伙伴之间的交易成本。在供应链节点各个企业的组织结构、文化背景等方面都存在着较大差异的情况下，信任关系的建立，可以大大降低伙伴之间的协调工作量，从而有利于形成稳定的供应链合作关系，使供应链管理总成本最小。

为了实现相互信任，供应链各合作伙伴之间要经常沟通、相互了解，求同存异。

2. 信息共享

在合作过程中，如果伙伴之间始终能保持信息共享，那么相互之间的信任程度也会提高，合作效果会更加明显。为此，供应链各合作伙伴之间必须借助Internet/EDI技术，构建供应链管理信息系统，使各伙伴之间能共享信息。制造商必须让供应商了解制造企业的生产程序和生产能力，使供应商能够清楚地知道企业需要产品或原材料的交货期、质量和数量；制造商还应向供应商提供自己的经营计划、经营策略及相应的措施，使供应商明确其希望，以使自己能随时达到制造商的要求。

另外，各伙伴之间必须相互沟通所获取的最新的市场信息，了解顾客的需求变化，以调整各自的生产和经营计划，达到双赢或多赢的效果。

3. 权责明确

正如企业内部的分工要明确一样，各合作伙伴也要明确各自的责任，并对其余各方负责。供应链伙伴之间不能为了自身利益而不负责任，牺牲他人利益。企业在合作过程中不要希望竭尽全力地将利益收归自己的囊中，同时将责任、风险、成本等转嫁给合作企业，这种做法对供应链合作是极其有害的。

4. 解决合作伙伴之间问题的方法和态度

在瞬息万变的市场环境中，一条长长的供应链的高速运转不可能是"一帆风顺"的，"链"中的各企业由于工作目标不尽相同，其工作方法也会因组织管理方式、模式以及组织文化等方面存在的差异而有所不同，同时，在日程安排、成本的分摊及利益的分配等方面也可能存在分歧。这些问题如果得不到及时、圆满的解决，整条供应链的运作效率就将大打折扣。因此，企业最高层领导对于供应链管理要给予足够的重视和支持，成立专门的小组，保持灵活、务实、忍耐、宽容的态度，及时协调、解决可能发生的各种问题，以促进供应链整体目标的实现。

案例讨论

苹果公司供应链名单分析

苹果公司公开了该公司个人计算机、智能手机及外设等产品的最终组装商及组装工厂所在地，见表4-1（由日经BP社整理）。从苹果公司公布的资料可以看出，除了中国以外，苹果公司在美国、爱尔兰及巴西也有组装工厂。

1. 整体分布分析

苹果公司公布的名单中共有144家企业，其中有103家上市公司。这些参与者无论盈利能力强弱、产值市值大小，都是全世界IT制造业的佼佼者。其总体上呈现以下特点：

（1）盈利能力最强的供应链参与者集中在美国。理由是美国公司不仅毛利率远高于其他地区（平均42.9%，净资产收益率23%），而且样本数量最大（36个），足以说明美国公司的平均质量居供应链名单前列。

（2）我国大陆公司样本很少。很多所谓的"参与者"仅仅是二级甚至三级供应链参与者。其盈利能力仅次于美国，主要是因为统计对象中的瑞声科技（2018HK）具有特殊的产业环节地位及极高的盈利能力，拉高了整体水平。

（3）欧洲仅有一家——奥地利微电子。它是全球著名的类比芯片制造商，经营历史逾30年，正切入到智能手机及平板电脑等领域，其光感测芯片技术居行业领先地位。

第四章 供应链合作伙伴

表 4-1 苹果公司组装厂名单（部分）

商品	最终组装商	工厂所在地	商品	最终组装商	工厂所在地
个人计算机	苹果	爱尔兰科克市	智能手机	富士康	巴西圣保罗州
	富士康	广东省深圳市			河南省郑州市
	广达电脑	上海市			广东省深圳市
		美国加利福尼亚州弗里蒙特市			山西省太原市
鼠标等外设	正康	广东省东莞市		和硕联合科技	上海市
	富士康	上海市			
	英华达	上海市	平板电脑	富士康	巴西圣保罗州
	爱尔兰 PCH 国际	深圳市			四川省成都市
	和硕联合科技	江苏省苏州市			广东省深圳市
	致伸科技	广东省东莞市		和硕联合科技	上海市
音乐播放器	富士康	广东省深圳市			
	英华达	上海市			
	广达电脑	江苏省常州市			
…	…	…		…	…

（4）中国台湾以及韩国和日本的企业都集中于资本密集型产业，盈利能力最差。日本经历了家电时代的积累，大量的核心技术都积累在其零部件及关键技术，但由于成本及规模的劣势不断被替代，企业盈利能力掉头向下，供应链中 20 家日企的平均盈利能力垫底（净资产收益率为 -5.8%，名单内 2011 年亏损的企业数量为 10 个，约 50% 处于亏损）；韩国凭借一体化优势及国家扶持（三星及 LG 是通过数次大规模的投资后才掌握显示技术及核心芯片工艺），在众多关键领域打败了日本，但仍受到了中国台湾企业的挑战；中国台湾参与者数量最多（算上没上市的公司超过 40 家），本土还拥有代工巨头鸿海的整合以及土地和劳动力资源等方面的优势，使得中国台湾企业得以从日、韩手中夺取份额，但其在供应链中的位置从触控屏开始延伸至代工，属于后段制造环节，资产偏重，几乎没有占领技术要地，因此竞争剧烈，整体盈利能力并不高（净资产收益率为 10.3%）。

2. 产业环节分析

（1）最盈利的版块——类比芯片。类比芯片又称模拟芯片，目前市场的主要需求为各种感应芯片（Sensor）。到 2016 年，总体类比半导体预期市场规模将超越 600 亿美元。在苹果公司的供应链中，该板块的净资产收益率达 40.8%，集中了 NXP（恩智浦半导体）、Linear Technology（凌特科技）、Fairchild（飞兆半导体）。这些企业都是行业中的佼佼者，具有较强的竞争优势。

（2）关键性大型配件盈利能力最差。根据过去对智能手机 BOMCOST 的研究，在 IT 产品供应链中，成本占比最高的几个部件为面板、触控面板及存储器，它们对于手机厂商来说都是成本中心，然而他们本身的盈利能力都处于整个供应链的末位（存储器净资产收益率为6.3%，触控面板净资产收益率为-5.93%，面板净资产收益率为-27.34%）。简而言之，它们都属于重资产行业，大规模的投入使其不得不面对巨大的折旧支出。

（3）特殊器件板块，拥有核心工艺，就能获得较高盈利。通过技术含量的大致判断，来给各板块做一个分类体系，芯片类的版块技术含量最高，盈利能力也最高（净资产收益率比较：芯片设计14.1%，基频芯片19.4%，核心处理器19.5%，图形处理器26.7%，其他元器件40.8%）。

3. 哪个板块苹果公司最为器重

我们所能接触的国内的上市公司中，其实苹果公司并没有太过于在意，只是恰好这家或那家厂商符合并满足了苹果产品的需求，并通过了他苛刻的验证。从数据结果来看，美国的模拟半导体公司是苹果公司最重要的合作伙伴，许多细节的创新都必须通过这些参与者的创新来实现。另外，除了像高通、台积电、三星这些涉及苹果产品的"心脏"的参与者，其他的公司都是随时"可被替代的"，而且一般会采取双供应商的战略，一方面制衡，一方面转移技术优势方的溢价能力。

（资料来源：虎嗅网，http：//m.huxiu.com/article/4499/1.html.）

结合案例回答下列问题：

1. 试分析苹果公司与供应链上其他企业之间的供应链伙伴关系是如何取得成功的。
2. 应用本章中所学的知识，讨论企业应如何选择合适的供应链合作伙伴。

习　题

1. 简述供应链合作伙伴关系的定义。
2. 建立供应链合作伙伴关系的驱动因素有哪些？
3. 简述供应链关系管理的理论基础。
4. 供应链企业间的委托—代理关系有哪些特征？
5. 选择供应链合作伙伴的原则是什么？
6. 选择供应链合作伙伴的方法有哪些？
7. 简述供应链合作伙伴选择的一般步骤。
8. 如何对供应链合作伙伴进行评价？
9. 建立供应链合作伙伴关系需要注意哪些问题？

本章参考文献

[1] 约翰·盖特纳. 战略供应链联盟：供应链管理中的最佳实践［M］. 宋华，等译. 北京：经济管理出版社，2003.

[2] 王耀球，施先亮. 供应链管理［M］. 北京：机械工业出版社，2005.

[3] 戴夫·纳尔逊，等. 供应链管理最佳实践［M］. 刘祥亚，等译. 北京：机械工业出版社，2003.

［4］罗纳德 H 巴罗. 企业物流管理：供应链的规划、组织和控制［M］. 王晓东，胡瑞娟，等译. 北京：机械工业出版社，2002.

［5］彭志忠. 现代物流与供应链管理［M］. 济南：山东大学出版社，2002.

［6］王焰. 一体化的供应链：战略、设计与管理［M］. 北京：中国物资出版社，2002.

［7］赵小惠. 集成化供应链管理［M］. 西安：西安交通大学出版社，2002.

［8］熊和平. 供应链管理实务［M］. 广州：广东经济出版社，2002.

［9］马士华，林勇. 供应链管理［M］. 北京：高等教育出版社，2003.

［10］杨治宇，马士华. 供应链企业间的委托代理问题研究［J］. 计算机集成制造系统，2001，7（1）.

［11］许淑君，马士华. 从委托—代理理论看我国供应链企业间的合作关系［J］. 计算机集成制造系统，2000，6（6）.

［12］孙永军，等. 基于委托—代理机制的供应链合作关系模型［J］. 高技术通讯，2002（10）.

［13］刘刚. 供应链管理中的委托代理问题［J］. 甘肃社会科学，2004（5）.

第五章

供应链设计与优化

▲ 作 用

供应链包括满足顾客需求所直接或间接涉及的所有环节,供应链的构建应当对这些环节以整体最优化为原则进行综合考虑,所以,供应链的构建是在战略层面上的。

本部分主要介绍了供应链设计策略、供应链网络结构、供应链设施网络决策以及供应链设施网络优化等内容。通过本章的学习,读者可对供应链设计、策略和网络优化有一定的认识。

▲ 关 键

- 供应链设计
- 供应链设计的策略
- 供应链网络结构
- 供应链设施网络决策
- 供应链设施网络优化

第一节 供应链设计概述

一、供应链设计的内容与原则

(一)供应链设计的内容

战略层面的供应链设计的主要内容包括:选择供应链成员及合作伙伴、设计网络结构以及设计供应链基本规则等。

1. 选择供应链成员及合作伙伴

供应链是由各个供应链成员组成的。供应链成员包括了为满足客户需求,从原产地到消费地,与供应商或客户直接或间接地相互作用的所有组织。因为一级级叠加起来的成员总数可能会很大,所以这样的供应链是非常复杂的。因此,关于供应链成员及合作伙伴的选择是供应链管理的研究重点,这在本书中有专门的论述,详见第四章。

2. 设计网络结构

供应链网络结构主要由供应链成员、网络结构变量和供应链间工序连接方式三方面组成。为了使非常复杂的网络更易于设计和合理分配资源,有必要从整体出发进行供应链网络结构的设计。

3. 设计基本规则

供应链上节点企业之间的合作是以信任为基础的。信任关系的建立和维系除了各个节点企业的真诚行为之外,必须有一个共同的平台,即供应链运行的基本规则,其主要内容包括:协调机制、信息开放与交互方式、生产物流的计划与控制体系、库存的总体布局、资金结算方式以及争议解决机制等。

(二) 供应链设计的原则

在供应链的设计过程中,为了贯彻供应链管理的思想,有一些基本的设计原则是应该遵循的。

1. 自上而下和自下而上相结合的设计原则

在系统模型的设计方法中,存在着两种常用的设计方法:自上而下和自下而上的方法。自上而下的设计方法是从全局的宏观规划走向局部实现步骤的设计方法;自下而上的设计方法是从局部的功能实现走向全局的功能集成的设计方法。自上而下是系统分解设计的过程,而自下而上则是一种功能集成的过程。在设计供应链系统时,通常是先由高层管理者从企业发展战略规划的角度考虑,根据市场环境的需求和企业发展的现实状况,制定宏观的设计目标,然后由下级实施部门从各个操作环节和流程出发进行供应链流程的设计;在设计过程中,下级设计部门经常就一些问题与高层管理人员进行沟通交流,双方从上、下两个层次对设计目标和设计细节做适当的调整,达成可以继续设计的共识。因此供应链设计通常采用的是自上而下和自下而上相结合的综合设计方法。

2. 简洁性原则

简洁性原则是供应链设计遵循的一个重要原则。为了保证供应链具有弹性灵活、快速响应市场、增值性最强的能力,供应链的每一个节点,如作业、资源或节点企业,都应该具有敏捷、简单、活力以及快速实现业务流程组合的特点。所以,在设计或改造供应链时,要尽可能地减少供应链上的无效作业,可以自动化处理的作业尽可能由自动化设备来处理,供应商的选择要少而精,合作伙伴的选择要具有战略性,采购管理要保证减少采购成本,推动准时生产、推行精益思想的生产系统设计风格,由此实现从精益生产模式的建立到精细供应链设计这一目标。

3. 集优化原则

集优化原则也称互补性原则。核心企业在选择供应链上节点企业的过程中,应该遵循强强联合的选择原则，充分实现最大限度地利用外部资源的目的，使每个节点企业集中精力致力于其核心业务的发展，就如同企业内部一个独立的作业单元。这些独立的单元化企业具有自我组织、简单优化、面向目标、动态联合、动态运行和活力充沛的特点，它们能够快速联合其他节点企业，有效地反应客户的需求，从而实现供应链业务的快速运行。

4. 协作性原则

供应链业绩的好坏直接取决于供应链合作伙伴的关系是否和谐，取决于供应链动态连接合作伙伴的柔性程度，因此，利用协作性原则建立战略合作伙伴关系的企业模型是实现供应链最佳效能的保证之一。只有充分地发挥系统各成员和子系统的能动性、创造性以及系统与环境的总体协调性，才能保证整体系统发挥最佳的功能，避免各个节点企业产生利益本位主义，动摇组成系统的各个节点企业之间的和谐关系。

5. 动态性原则

配合集优化原则，对于供应链中随处可见的不确定性活动以及变化市场的需求信息，供应链需要有一定的柔性适应变化的环境。因为不确定性容易导致供应链需求信息的扭曲，对供应链运作产生影响。因此，必须减少信息在传递过程中出现的延迟和失真，增加信息透明性，减少业务运行过程中不必要的中间环节，提高信息预测的精度和时效性，降低各种不确定因素的影响，最准确地联合各类强手企业，结成强强联合体状的供应链，应对供应链需求市场的动态变化。

6. 创新原则

创新是供应链设计需要把握的关键原则。没有创新的设计思维，就不可能有创新的供应链管理模式。特别是在现代企业管理理论和管理技术飞跃发展的环境下，供应链的设计更要讲究创新性，只有这样才能产生一个不同于过去时代的新模式下的供应链系统。要创造和设计适应新经济环境下的供应链体系结构，就要敢于打破各种陈旧的思维模式，从新时代的角度和视野审视原有的供应链管理体系，大胆地对供应链进行创新设计。一般来说，进行创新设计需要注意这样几点：①进行符合企业总体目标和发展战略要求的供应链创新设计；②进行符合市场发展需求的、融合了企业运营能力和各种资源优势的供应链创新设计；③进行能够充分发挥企业各类人员的创造性、各类资源的实用性以及各合作伙伴资源优势的供应链创新设计；④本着建立科学的供应链体系、项目评价体系以及组织管理系统的原则，以便于进行技术经济分析和可行性论证的角度，进行供应链的创新设计。

7. 战略性原则

从核心企业战略发展的角度设计供应链，有助于建立稳定的供应链体系模型；从供应链战略管理的角度考虑设计供应链，有助于供应链规划发展的长远性和预见性。总之，供应链系统结构的发展是和企业的发展战略规划保持一致的，并在企业战略规划的指导下进行。所以，在设计供应链时，首先必须从战略性原则入手来考虑。

二、供应链设计的步骤

基于产品和服务的供应链设计可以概括性地归纳为以下 10 个步骤。

1. 分析核心企业的现状

对核心企业现状的分析主要侧重于对它的供应、需求管理现状进行分析和总结。如果核心企业已经有了自己的供应链管理体系,则对供应链管理现状进行分析,以便及时发现在供应链的运作过程中出现的问题,或者哪些方面已出现或可能出现不适应时代发展的端倪,同时挖掘现有供应链的优势。本阶段的目的不在于评价供应链设计策略中哪些更重要和更合适,而是着重于研究供应链设计的方向或者说设计定位点,同时将可能影响供应链设计的各种要素分类罗列出来。

2. 分析核心企业所处的市场竞争环境

通过对核心企业现状的分析,可以了解企业内部的情况;通过对市场竞争环境的分析,可以知道哪些产品的供应链需要开发,现在市场需求的产品是什么,其特征和类型有什么特别的属性,对已有产品和需求产品的服务要求是什么;通过对市场各类主体,如用户、零售商、生产商和竞争对手的专项调查,可以了解产品和服务的细分市场情况,竞争对手的实力和市场份额,供应原料的市场行情和供应商的各类状况,零售商的市场拓展能力和服务水准,行业管理和发展的前景以及诸如宏观政策、市场大环境可能产生的作用和影响等。

这一步的工作成果将是有关产品的重要性排列、供应商的优先级排列、生产商的竞争实力排列、用户市场的发展趋势分析以及市场不确定性的分析评价的基础。

3. 明确供应链设计的目标

基于产品和服务的供应链设计的主要目标在于获得高品质的产品、快速有效的用户服务、低成本的库存投资、低单位成本的费用投入等几个目标之间的平衡,最大限度地避免这几个目标之间的冲突。同时,还需要实现以下基本目标:进入新市场,拓展老市场,开发新产品,调整老产品,开发分销渠道,改善售后服务水平,提高用户满意程度,建立战略合作伙伴联盟,降低成本,降低库存,提高工作效率等。在这些设计目标中,有些目标之间在很大程度上存在冲突,有些目标是主要目标,有些目标是首要目标,这些目标的实现级次和重要程度根据不同企业的现状而有所区别。

4. 分析组成供应链的各类资源要素

本步骤要对供应链上的各类资源,如供应商、用户、原材料、产品、市场、合作伙伴与竞争对手的作用、使用情况以及发展趋势等进行分析。在这个过程中要把握可能对供应链设计产生影响的主要因素,同时对每一类因素产生的风险进行分析研究,给出规避风险的各种方案,并将这些方案按照所产生作用的重要程度进行排序。

5. 提出供应链的设计框架

本步骤要分析供应链的组成,确定供应链上主要的业务流程和管理流程,描绘出供应链物流、信息流、资金流、作业流和价值流的基本流向,提出组成供应链的基本框架。在这个框架中,供应链中各组成成员,如生产制造商、供应商、运输商、分销商、零售商及用户的选择及其定位分析是必须解决的问题。另外,组成成员的选择标准和评价标准指标应该基本上得到完善。

6. 评价供应链设计方案的可行性

供应链设计框架建立之后,需要对供应链设计的技术可行性、功能可行性、运营可行性、管理可行性进行分析和评价。这不仅是供应链某种设计策略或者说是改进技术的清单罗列,而且还是进一步开发供应链结构、实现供应链管理的关键的、首要的一步。在供应链设计的各种可行性分析的基础上,结合核心企业的实际情况以及对产品和服务发展战略的要求,为开发供应链提出技术、方法和工具的选择支持。同时,这一步还是一个方案决策的过程,如果分析认为方案可行,就可以继续进行下面的设计工作;如果方案不可行,就需要重新进行设计。

7. 调整新的供应链

供应链的设计方案确定以后,还要进行具体的调整。因此,这里需要解决以下关键问题:供应链的详细组成成员,如供应商、设备、作业流程、分销中心的选择与定位、生产运输计划与控制等;原材料的供应情况,如供应商、运输流量、价格、质量和提前期等;生产设计的能力,如需求预测流程和能力、生产产品的种类和能力、生产作业的能力、运输配送的能力、生产计划、生产作业计划和跟踪控制以及库存管理等问题;销售和分销能力设计,如销售/分销网络、运输、价格、销售规则、销售/分销管理和产品服务的能力等;信息化管理系统软/硬平台的设计;物流通道和管理系统的设计等。在供应链设计中,需要广泛地应用许多工具和信息技术,如归纳法、流程图、仿真模拟以及管理信息系统等。

8. 检验已产生的供应链

供应链设计完成以后,需要对设计好的供应链进行检测。可以通过模拟一定的供应链运行环境,借助一些方法、技术对供应链进行测试、检验或试运行。如果模拟测试结果不理想,就返回第五步重新进行设计;如果没有什么问题,就可以实施供应链管理了。

9. 比较新旧供应链

如果核心企业存在旧的供应链,通过比较新旧供应链的优势和劣势,结合它们运行的现实环境的要求,可能需要暂时保留旧的供应链上某些不科学或不完善的作业流程和管理流程,随着整个市场环境的逐步完善,再用新供应链上的规范流程来代替。同样,尽管新的供应链流程采用科学规范的管理,但在有些情况下,它们取代过时的、陈旧的流程仍需要一个循序渐进的过程。所以,比较核心企业的新旧供应链,有利于新供应链的有效运行。

10. 完成供应链的运行

供应链的出现必然带来供应链的管理问题。不同特征的供应链，其管理特征、内涵、方法及模式也有所不同。

三、供应链设计的评价指标

评价供应链设计是否合理的指标有以下几个方面：

1. 柔性

供应链的组织形式是为了能够更好地适应激烈竞争的市场，提高对用户的服务水平，及时满足用户的要求，如交货期、交货数量、商品质量等以及用户对产品的某些特殊要求。为了提高供应链的柔性即灵活性，还需要 Internet、Intranet 以及 EDI 等信息技术的支持，以提高市场信息在链中的反馈速度和链中各企业的响应速度。柔性的高低就成为评价供应链组织结构合理性的一个指标。因此，围绕不同核心企业所构建的供应链组织结构模式也应不同，即要求供应链的组织模式的构建必须首先能适应市场要求。

2. 稳定

供应链是一种相对稳定的组织结构形式，影响供应链稳定的因素中，一个是供应链中的企业，它必须是具有优势的企业即要有竞争力，如果供应链中的企业不能在竞争中长期存在，必然影响到整个供应链的存在；另一个就是供应链的组织结构，如供应链的长度，如果供应链的环节过多，信息在传导过程中就会存在信息扭曲，造成整个供应链的波动，稳定性就差。

3. 协调

供应链是不同企业个体之间的集成网链，由于每个企业都是独立的利益个体，所以它比企业内部各部门之间的协调更加复杂，更加困难。供应链的协调包括利益协调和管理协调。利益协调必须在供应链组织结构构建时将链中各企业之间的利益分配加以明确。管理协调则要求适应供应链组织结构要求的计划和控制管理以及信息技术的支持，协调物流、信息流的有效流动，降低整个供应链的运行成本，提高供应链对市场的响应速度。

4. 简洁

供应链是物流链、信息链，也是一条增值链，它的构建并不是任意而为的。供应链中每一个环节都必须是价值增值的过程，非价值增值过程不仅会增加供应链管理的难度，还会增加产品/服务的成本，而且降低供应链的柔性，影响供应链中企业的竞争实力。因此在设计供应链的组织结构时，必须慎重选择链中企业，严格分析每一环节是否存在真正的价值增值活动。

5. 集成

供应链不同于传统的单个企业之间的相互关系，它是以将链中的企业加以集成的形式，使得链中企业的资源能够共享，获得优势互补的整体效益。供应链集成包括信息集成、物资集成和管理集成等。集成度的高低或者说整体优势发挥的大小，关键在于信息集成和管理集成，即需要形成信息中心和管理中心。

四、供应链设计的策略

供应链的设计不当会导致浪费和失败。例如，有的企业用于提高供给链绩效的技术和知识比以往任何时候都多，如使用先进的设备可以让企业记录下顾客的意见，电子数据交换技术使供应链的各个步骤都能听到顾客的意见并对此做出反应，还有更灵活的生产技术、自动化的仓储和快捷的后勤服务等，但是，许多供应链的绩效比以往任何时候都差。

为什么新思想和新技术没有改进绩效？其中一个重要原因就是企业的管理者缺乏一种框架来选择适合他们特定情况的思想和技术。在不同的框架下，供应链设计的策略和方法是不太一样的。下面将分别介绍两种供应链设计的策略：基于客户需求的供应链设计策略和基于成本核算的供应链设计策略。

（一）基于客户需求的供应链设计策略

设计供应链首先要明确用户对企业产品的需求是什么。客户需求的产品生命周期、需求预测、产品多样性、提前期和服务的市场标准等都是影响供应链设计的重要问题。

1. 辨别产品是功能性的还是革新性的

不同的产品类型对供应链设计有不同的需求。如果根据产品的客户需求模式分类，则可以分为两类：功能性产品和革新性产品。每种类型需要的供应链具有不同的特征。

功能性产品能满足基本需要，不会有太大的变化，因而需求稳定且可以预测，并且生命周期长。但是，稳定性会引起竞争，进而导致利润率较低。功能性产品的需求可以预见，从而使供求可以达到近乎完美的平衡，这使市场调节变得很容易。生产这种产品的企业可以集中几乎全部的精力去使物质成本最小化。在大部分功能性产品的价格弹性给定的情况下，最小化物质成本是一个极其重要的目标。在这一过程中，整条供应链中的供应商、制造商和零售商要协调他们的活动以便能以最低的成本满足预测的需求。

革新性产品能使一家公司获得更高的利润，但是，其新颖性使需求不可预测。此外，它们的生命周期短（通常只有几个月），这是由于仿制品的大量出现会使革新性产品的竞争优势丧失，而企业被迫进行一连串的更新颖的创新。生命周期缩短和产品的多样化使需求更加具有不可预见性。

革新性产品具有高边际利润和不稳定需求，因而，它要求的供应链完全不同于低边际利润、有稳定需求的功能性产品。为了理解这种区别，应该承认供应链具有两种不同类型的功能：物质功能和市场调节功能。供应链的物质功能是很显然的，它包括把原材料转变成零部件、元件直至成品以及它们在供应链各部分之间的运输。而市场调节功能则不那么明显，但它却同样重要，其目的是使投入市场的各种产品到达愿意购买该产品的消费者手中。

革新性产品的市场具有不确定性，这增加了供求不平衡的风险。高利润率和投入市场的前期销售的重要性增加了产品短缺的成本。而产品的短生命周期则增加了产品过时的风险以及过度供应的成本。因此，对革新性产品而言，市场调节成本是主要的。

在这种情况下，最重要的是要仔细研究新产品在整个周期内的销售量或其他市场信号并快速地做出反应。在这个过程中，供应链内部的信息流和从市场传递到供应链的信息流都极其重要。存货和生产能力的关键决定不是要使成本最小化，而是确定存货和生产能力在供应链中的位置以应对不确定的需求。选择供应商要考虑的不是低成本，而是供货的速度和灵活性。

当知道产品和供应链的特性后，就可以设计与产品需求一致的供应链。表5-1系统地表述了理想的供应链战略。

表5-1　供应链设计与产品类型策略矩阵

产品性质 供应链性质	功能性产品	革新性产品
有效性供应链	匹配	不匹配
反应性供应链	不匹配	匹配

很少有企业处于矩阵的左下角，这很容易理解。生产功能性产品的大部分企业知道它需要一条效率型的供应链。如果产品一直是功能性的，那么，企业通常会愿意保持效率型供应链。

2. 功能性产品的有效性供给

提供功能性产品的企业的一个极其重要的目标是降低总成本。降低总成本是一个老话题，许多企业多年来一直在致力于总成本的降低。然而现在，有一些新的转变。一些企业近些年来一直积极寻求降低成本的方法，现在已经达到了组织内部边际报酬递减的程度。它们现在相信，组织之间更好的合作（与供应商和分销商）为降低成本提供了最好的机会。幸运的是，这一观点日益被接受。与此同时，网络技术的发展也使它们能更加密切地合作。

这种合作模式虽然具有吸引力，但也有缺陷。企业发现再也没有更多的方法去获取利润时，会决定和供应链其他部分的企业既竞争又合作。但是这一策略是无效的，因为竞争与合作要求双方采取的行为完全相反。例如，在信息共享方面，如果双方之间是竞争的关系，供应商不可能将其成本信息公开以便与伙伴共享，但是，如果双方相互合作，就必须共享成本信息，使每项任务由成本最低的一方来完成以减少供应链的成本。

3. 革新性产品的反应性供给

革新性产品的需求具有不确定性，这是它的本质特征。企业一般有四种处理需求不确定性的工具。为了与反应性供给过程相配合，管理者有必要掌握每一种工具，然后综合利用它们以适应各自企业的特定情况。

对许多企业来说,第一步仅仅是承认革新性产品中这种不确定性是固有的。对于那些由于竞争较少、顾客温顺、零售商较弱小而发展成了寡头的企业发现,要承认这一点并不容易。它们喜欢高水准地预测需求,要求员工进行深入持久的考虑以对需求做出精确的预测。然而,这并不能通过命令来消除不确定性。事实上,如果某种产品的需求是可预测的,那么,它可能没有充分的革新性,因而没有高利润率。风险和回报是联系在一起的,最高的利润率通常伴随着需求方面的最高风险。

一旦企业承认了需求的不确定性。那么,它有三种处理不确定性的协调策略可供选择。首先,它可以努力减少不确定性。例如,找到可以作为重要指示器的新的数据来源,或者让不同的产品尽可能多地使用共同的元件,以使元件的需求变得可预测。其次,它也可以避免不确定性。可以采取的措施包括:缩短市场导入期,增加供应链的灵活性,以便能够生产出顾客所订购的产品数量;或者,当需求具体且能精确预测时,每次至少都能生产出与需求接近的数量。最后,一旦不确定性已经尽可能地减少和避免,企业还可以利用存货或过度生产能力的缓冲措施来应对不确定性。

(二)基于成本核算的供应链设计策略

选择供应商、设计供应链,是供应链控制的基础。下面提出成本优化算法来进行供应链的设计。为了便于分析供应链成本,对有关供应链成本核算做如下假定:

假设1:合作企业以 $i=1,2,3,\cdots,n$ 表示(供应链层次以 $a=1,2,3,\cdots,A$ 表示,一个层次上合作企业的序号以 $b=1,2,3,\cdots,B$ 来表示,则一个节点企业 i 可以表示为 AB),如图5-1所示。

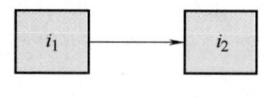

图5-1 合作企业

假设2:物料单位成本随着累积单位产量的增加和经验曲线的作用而降低。成品、零部件、产品设计和质量工程的改善都可能导致单位物料成本的降低。

假设3:假定从一个节点企业到另一个节点企业的生产转化时间在下一个节点企业的年初。

假设4:当一个节点企业在年初开始生产时,上一节点企业的工时和原材料成本根据一定的技术指标转化为此节点企业的初值。

假设5:全球供应链控制中,围绕核心企业核算成本,汇率、通货膨胀率等转换为核心企业所在国家的标准。

供应链成本主要包括物料成本、劳动成本、运输成本、设备成本和其他变动成本等。其成本函数分别构造如下:

1. 物料成本函数(Materials Cost Function)

从假设2可知,物料成本随累积产量的增加而降低,供应链的总物料成本函数为

$$M_{it} = m_i(im_{it}) \int_0^{n_t} n^{fi} dn$$

式中　M_{it}——i 节点企业在第 t 年生产 n_t 产品的总物料成本（时间转化为当地时间）；

　　　m_i——i 节点企业的第一个部件的物料成本（时间坐标轴的开始点）；

　　　im_{it}——i 节点企业 t 年的物料成本的通货膨胀率；

　　　n_t——第 t 年内的累计产量；

$$fi = \lg(F_i)/\lg(2);$$

　　　F_i——物料成本经验曲线指数，$0 \leqslant F_i \leqslant 1$；

　　　n——累计单位产量，$n = 1, 2, 3, \cdots, n_t$。

2. 劳动力成本函数（Labor Cost Function）

供应链的节点企业可能分布在本国的不同地方，也可能分布在世界各地，各地的劳动力价值、成本无法统一衡量，这里直接以工时为基础计算供应链的劳动力成本。供应链的劳动力成本函数为

$$L_{it} = l_i(il_{it}) \int_0^{n_t} n^{g_i} dn$$

式中　L_{it}——i 节点企业在第 t 年（时间转化为当地时间）生产 n_t 产品的总劳动成本；

　　　l_i——i 节点企业的单位时间劳动成本；

　　　il_{it}——i 节点企业 t 年的单位小时的通货膨胀率；

　　　n_t——第 t 年内的累计产量；

$$g_i = \lg(G_i)/\lg(2);$$

　　　G_i——劳动力学习经验曲线指数，$0 \leqslant G_i \leqslant 1$；

　　　n——累计单位产量，$n = 1, 2, 3, \cdots, n_t$。

3. 运输成本函数（Transportation Cost Function）

运输成本是影响供应链总成本的重要因素之一，交货频率和经济运输批量都决定着运输成本的大小。供应链的总运输成本函数为

$$T_{it} = \sum_{m=1}^{M} s_{im} is_{it} d_{mt}$$

式中　T_{it}——i 节点企业在第 t 年生产 n_t 产品的总运输成本；

　　　s_{im}——i 节点企业到 m 节点企业的单位成本；

　　　is_{it}——i 节点企业 t 年运输的通货膨胀率；

　　　d_{mt}——m 节点企业在第 t 年的累计需求；

　　　M——节点企业的总数量。

4. 设备和其他变动成本函数（Utilities and other Variable Cost Function）

供应链的设备和其他变动成本函数为

$$U_{it} = [u_i(iu_{it}) + v_i(iv_{it})]n_t$$

式中 U_{it}——i 节点企业在第 t 年生产 n_t 单位产品的总的设备和变动成本;

u_i——i 节点企业一个单位的设备成本;

v_i——i 节点企业一个单位的其他变动成本;

iu_{it}——i 节点企业一个单位的设备成本的通货膨胀率;

iv_{it}——i 节点企业的一个单位的其他变动成本的通货膨胀率。

5. 供应链的总成本函数（Total Cost Function）

以上成本都是针对一定时间轴上可能的 i 节点企业的组合，在时间 T 内相关的节点 i 组成一个节点企业组合序列，用 k 表示，所有可能的节点企业组合序列用 K 表示，对于每一个节点企业组合序列 k，供应链的总成本 $TC(k)$ 表示为

$$TC(k) = \sum_{t=1}^{T}\left[\sum_{i \in K}(M_{it} + L_{it} + T_{it} + U_{it})e_{it}(pv_{it})\right]$$

式中 M_{it}，L_{it}，T_{it}，U_{it} 意义同上;

e_{it}——汇率（i 节点企业对核心企业的汇率）;

pv_{it}——i 节点企业在 t 年的现值折扣率;

k——一个节点企业组合序列。

而一个节点组合序列的平均单位成本为

$$CAU(k) = \frac{TC(k)}{N_T}$$

其中，N_T 代表节点企业的总数量。

6. 供应链设计的优化成本算法

从节点企业组合序列中可以选出多个节点企业组合。例如，分布在 4 个层次（$A=4$）的各 2 个（$B=2$）工厂，在 5 年（$T=5$）的时间轴上，总共有 $k=(2\times4)^5$ 个节点企业组合序列。可以通过对供应链总成本的优化核算来找出最优的合作企业组合，设计低成本的供应链。供应链的设计要评估所有可能的组合序列，以达到最优化的设计。

具体的方法是将多时段问题转化为网络设计，网络设计层次定义为 $t=1,2,3,\cdots,T$，在第 t 层次，可能的组合序列是 $i=(AB)^t$，在每一个层次 t，每个节点企业的总累积成本表示为

$$C_{it} = \left\{m_i(im_{it})\frac{n_t^{1+f_i}}{1+f_i} + l_i(il_{it})y_i\frac{n_t^{1+g_i}}{1+g_i} + \sum_{m=1}^{M}s_{im}(is_{it})d_{mt} + [u_i(iu_{it}) + v_i(iv_{it})]n_t\right\}e_{it}PV_{it} + c_{it-1}$$

其中，$i=1,2,3,\cdots,(AB)^t$，$t=1,2,3,\cdots,T$。

此公式表示了从第 1 年到第 t 年（包括第 t 年）节点 i 的总累积成本。

可以编制程序来进行计算。在输入初始数据以后，计算第 1 年第 i 个节点的成本，当累加成本的节点数不超过 $(AB)^T$，程序要判断是否达到时间段的末年，如果 $t < T$，j 节点第 $t+1$ 年的第一个单位的物料成本和劳动工时取决于从第 i 节点到第 j 节点的所有可能的生产转换；如果 $t = T$，那只有最后一个节点的成本要计算。当所有的节点第 t 年的累积成本计算完以后，程序需重新设置 i 和计算第 $t+1$ 年的累积成本。当 $t = T$ 时，最后对节点组合的累积成本进行排序，优化的供应链节点组合序列就是排序后的选择。

第二节　供应链网络结构

一、供应链网络结构的组成

从原材料供应商到最终消费者，所有的企业都处在供应链中。供应链管理的难度取决于产品的复杂程度、有效供应商的数目以及原材料的利用程度等几个因素。

供应链的节点不同，供应链与其节点的关联程度也不同。因此，管理时需要选择适宜特定供应链连接的协作层次。在整个供应链中，并不是所有连接的协调和整合程度都很高，最适宜的联系是那些最能适应具体环境变化的联系。因此，供应链重点部分的确定必须要仔细地对企业生产能力和企业的重要性进行权衡。

对供应链网络结构的组成有一个明确的了解是至关重要的，它由供应链成员、网络结构变量和供应链工序连接的方式三个基本方面组成。

（一）供应链成员

在确定供应链网络结构时，识别谁是供应链成员是非常必要的。但对成员进行全盘考虑很可能会导致整个网络的复杂化，甚至可能引起混乱。因此，必须分类并确定哪些成员对核心企业以及供应链的成功起着决定作用，以便对它们给予关注和合理分配资源。

供应链成员是由与核心企业相连的组织构成的，这些组织直接或间接地与它们的供应商或顾客相连，从起始端到消费端。然而，为了使非常复杂的网络更易于管理，有必要将基本成员与支持成员分开。供应链基本成员是指在专门为顾客或市场提供专项输出的业务流程中，所有能进行价值增值活动的自治企业或战略企业单元。相反，供应链支持成员是指那些简单地提供资源、知识以及设施的供应链成员。

尽管供应链成员与参与供应链成员之间的区别并不明显，但这些微小的差异却可以简化管理并确定供应链的核心成员。在某种程度上，供应链成员的这种分类方法与迈克尔·波特的价值链框架中的基本活动和支持活动的区分类似。

供应链基本成员和支持成员的定义有助于理解供应链中起始点和消费点的定义。供应链的起始点和消费点出现在没有基本成员的位置，所有作为起始点的供应商仅是支持成员，消费点不会进一步产生附加值，并且还要消耗产品和服务。

(二)网络结构变量

在描述、分析和管理供应链时,有三种最重要的网络结构,它们分别是水平结构、垂直结构和供应链范围内核心企业的水平位置,由此构成了供应链网络的结构维数,如图5-2所示。

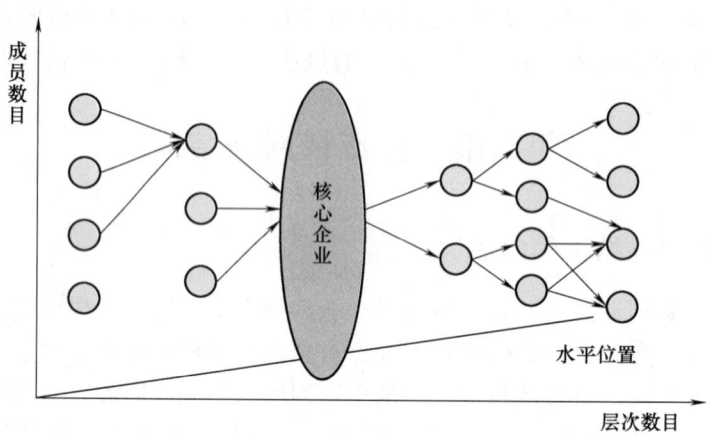

图 5-2 供应链网络结构维数

第一维,水平结构是指供应链范围内的层次数目。供应链可能很长,拥有很多层,或很短,层次很少。第二维,垂直结构是指每一层中供应商或顾客的数目。一个企业可能有很窄的垂直结构,其每一层供应商或顾客很多。第三维,指的是供应链范围内核心企业的水平位置。核心企业最终被定位在供应源附近、终端顾客附近或供应链终端节点间的某个位置。

核心企业除了能创造特殊价值,长期控制比竞争对手更擅长的关键性业务工作外,还要协调好整个供应链中从供应商、制造商、分销商直到最终客户之间的关系,控制好整个价值链的运行。为了能够管理好整个供应链,核心企业必然要成为整个供应链的信息集成中心、管理控制中心和物流中心。核心企业要将供应链作为一个不可分割的整体,打破存在于采购、生产和销售之间的障碍,做到供应链的统一和协调。所以,供应链的组织结构应当围绕核心企业来构建。

一般来讲,成为核心企业的企业,要么为其他企业提供产品/服务,要么接受它们的产品/服务,要么在供应商与客户之间起连接作用。以核心企业为中心建立的组织结构有以下几种:

1. 核心企业作为客户企业的组织结构

作为客户企业的核心企业,它本身拥有强大的销售网络和产品设计等优势,销售、客户服务这些功能就由核心企业自己的销售网络来完成。因此,供应链组织结构的构建

第五章 供应链设计与优化

主要集中在供应商这一部分。供应链管理的中心转到供应商的选择,以及信息网络的设计、生产计划、生产作业计划、跟踪控制、库存管理和供应商与采购管理等方面。

2. 核心企业作为产品/服务供应者的结构

作为产品/服务供应者的核心企业,它本身享有供应和生产的特权,或者享有在制造、供应方面不可替代的优势,如能源、原材料生产企业。但其在分销、客户服务等方面则不具备竞争优势。因此,在这一模型中,供应链管理主要集中在经销商和客户的选择、信息网络的设计、需求预测的计划与管理、分销渠道管理和客户管理与服务等方面。

3. 核心企业同时作为产品和服务的供应者和客户

同时作为产品和服务的供应者和客户的核心企业,主要具有产品设计、管理等优势,但是,在原材料的供应、产品的销售及各市场客户的服务方面,缺乏足够的力量。因此,它必须通过寻求合适的供应商、制造商、分销商和客户构建成整个供应链。在这一模型中,供应链管理主要是协调好采购、生产和销售的关系,如信息网络的设计、计划控制、支持管理、物流管理和信息流管理等功能。

4. 核心企业作为连接组织

作为连接组织的核心企业往往具有良好的商誉和较大的规模,并且掌握着本行业大量的信息资源。它主要通过在众多中小经销企业和大的供应商之间建立联系,代表中小经销企业的利益,取得同大的供应商平等的地位,从而建立起彼此合作的战略伙伴关系。在这一模型中,供应链管理主要集中在中小经销企业与大的供应商之间的协调、信息交换和中小经销企业的控制等方面。

核心企业在供应链体系中的作用可以用如下例子来说明。例如,日本的 MISUMI 公司适时地根据企业外部环境的变化,从一家销售代理商转变为消费者购买代理商。MISUMI 是被世界认可的知名品牌,具有良好的信誉。MISUMI 公司帮助将近 3 万家企业从 280 余家商品生产企业购买商品和服务,形成了以 MISUMI 公司为核心的供应链。MISUMI 公司作为一家流通企业,对客户的需求十分清楚、敏感。公司所做的就是按客户的需求来要求生产企业保证优良品质、快速交货以及价格合理。MISUMI 公司的优势就在于它能从为消费者方便、及时地购买到物美价廉的商品出发,根据消费者客观的需求来委托关系企业,客观上帮助了生产企业,附带的好处是大大减少供应链上企业的销售费用。MISUMI 公司正是利用其品牌信誉成为供需双方信赖的伙伴。因此,该公司巧妙地打破常规,在为众多客户带来相对丰厚利益的同时,带动了其他生产企业的发展,也为自身带来了巨大的利益。

CompUSA 是美国最大的个人计算机零售商,面对竞争激烈、技术和市场变化都十分迅速的个人计算机市场,其成功之处在于敏锐地洞察市场和技术的变化趋势,根据消费者的需求,与生产厂商密切合作,为消费者提供他们所需要的个人计算机。随着企业业绩和知名度的迅速提高,还通过代工生产(Original Equipment/Entrusted Manufactnre, OEM)

109

方式推出了自有品牌的个人计算机,巧借他人之力,提高了自身的竞争力,而那些 OEM 厂商也因此获得了源源不断的订单。

此外,已为广大消费者所熟知的耐克、阿迪达斯等公司也可视为典型的核心企业。这些企业本身并无生产线,其产品全部来自分布在世界各地的关系企业,尤其是中国等发展中国家的企业。通过在这些国家生产产品,既可以降低生产成本,又可以使公司专注于产品设计、品牌推广和市场开拓,通过不断提高和强化自身形象来维系和推进供应链的生存和发展。通过这种方式,耐克、阿迪达斯等公司不但自身获得了巨大利益,也为那些缺乏产品设计和市场开拓能力的企业提供了用武之地。

(三)供应链工序连接的方式

在众多研究中,可以发现不同的结构变量能够合并。有这样一个案例,供应商那边是一个窄而长的网络结构,而顾客那边是一个宽而短的网络结构,但它们却联系在一起。增加或减少供应商/顾客的数目将会影响供应链的结构。例如,当一些企业从多源头供应商向单一源头供应商转变时,供应链可能变得越来越窄,开放物流、制造、销售以及产品开发活动是另一个很可能改变供应链结构的决策实例。因此,它们可能增加供应链的长度和宽度,并同样会影响供应链网络中核心企业的水平位置。

由于每个企业都将自己作为核心企业,并对其成员和网络结构有着不同的看法,所以,表面上供应链与每个企业的目标不一致。然而,因为每个企业都是供应链的一员,理解它们的地位关系和前景对每个企业的管理来说尤其重要。只有每个企业都清楚供应链的前景,才有可能成功地实现跨企业边界的业务流程的重组和优化管理。

二、供应链网络结构的类型

供应链网络结构有许多种,概括而言,包括链状结构、网状结构、核心企业网状结构三种结构。

(一)链状结构的供应链模型

了解和掌握供应链的结构模型是有效指导供应链设计的必要工作,这里着重从节点企业与节点企业之间关系的角度来考查供应链的结构。

有一种供应链的结构是链条结构,供应链的各成员企业构成链条结构的各个节点,物流、资金流、信息流构成供应链的连线,如图 5-3 所示。供应链管理通过前馈的信息流(需方向供方流动,如订货合同、加工单、采购单等)和反馈的物流及信息流(供方向需方的物料流及伴随的供给信息流,如提货单、入库单等)将供应商、制造商、分销商、零售商及最终用户连成一个整体的模式,即对整个供应链系统进行计划、协调、操作、控制和优化的各种活动的过程。

显然,静态的链状结构的供应链模型可以进一步简化成如图 5-4 所示的串行链状供应链。

第五章　供应链设计与优化

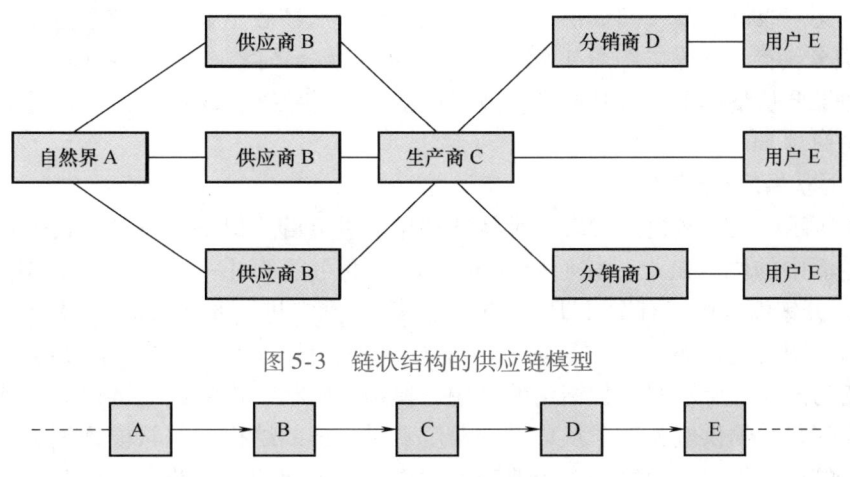

图 5-3　链状结构的供应链模型

图 5-4　串行链状供应链模型

串行链状供应链是链状供应链结构模型的进一步抽象，它把供应链上的一个个商家都抽象成一个个的点，称为节点，并用字母或数字表示它们，这些节点以一定的方式和次序连接成串，构成一条图形学上的供应链。在串行链状供应链模型中，若 C 为制造商——核心企业，则 B 为供应商，D 为分销商；若假定 B 为制造商——核心企业，则 A 为供应商，C 为分销商。在这个模型中，产品的最初来源——自然界、最终去向——用户以及产品的物质循环过程都被隐含抽象掉了。从供应链研究的一般化角度来讲，把自然界和用户融在供应链模型中通常没有太大的作用。串行链状供应链模型着重对供应链的中间过程进行研究。

1. 供应链的方向

物流、信息流、资金流、作业流和价值流是供应链上的五类资源流，它们流动的方向可以表示出供应链增值运动的方向。一般来说，物流的方向都是从供应商流向生产制造商，再流向分销商，最后到达消费者手中。虽然在特殊情况下，如销售退货、损坏赔偿等物流在供应链上的流向与一般情况下的方向相反，但由于像产品退货这类情况属于非正常情况，非正常情况下的物品，如退货产品，不被看作是本书里严格定义下的物品，所以本书中所指的供应链的物流将不包括这类非正常情况下物品的流动方向。依照正常情况下物流的方向来定义供应链的方向，以此确定供应商、生产制造商和分销商之间的顺序关系是这里讨论的焦点。在图 5-4 所示串行的链状结构的供应链模型中，箭头的方向表示供应链物流的方向，即供应链的方向。

2. 供应链的级

在串行的链状结构的供应链模型中，如果我们定义 C 为供应链的核心企业——生产制造商，从其上游企业来看，那么就可以相应地认为 B 为一级供应商，A 为二级供应商，依次可递推定义三级供应商、四级供应商……同样地，从核心企业的下游企业来看，可以认为 D 为一级分销商，E 为二级分销商，依次定义三级分销商、四级分销商……一般来说，一个企业如果要从整体上了解其所在行业供应链的运行状态，应尽可能深入地考虑多级供应商或分销商。

（二）网状供应链模型

图 5-4 所示的供应链模型代表一种特殊抽象的供应链，似乎并不具有代表性。因为在现实社会生活中的供应链上，核心企业 C 的供应商可能不止一家，而是有 B_1，B_2，…，B_n 等 n 家，分销商也可能有 D_1，D_2，…，D_m 等 m 家。进一步考虑，如果 C 是一个含有多个企业的集团公司，那么 C 也可能有 C_1，C_2，…，C_k 等 k 家。这样图 5-4 所示供应链模型就转变为图 5-5 所示的网状结构的供应链模型。网状结构的供应链模型更能说明现实社会中企业间复杂的供应关系。从广义的角度看供应链的结构，网状模型理论上可以涵盖世界上所有的企业组织，而每一个企业都可看作是它上面的一个节点，同时可以认为这些节点之间存在着供需联系。当然，这些联系有强有弱，并且在不断地变化着。从狭义的角度来看，通常一个企业仅与有限的企业发生联系，但这丝毫不影响我们对供应链模型的理论设定。网状结构的供应链模型对企业供应关系的描述很直观，适合宏观把握企业间的供应关系。

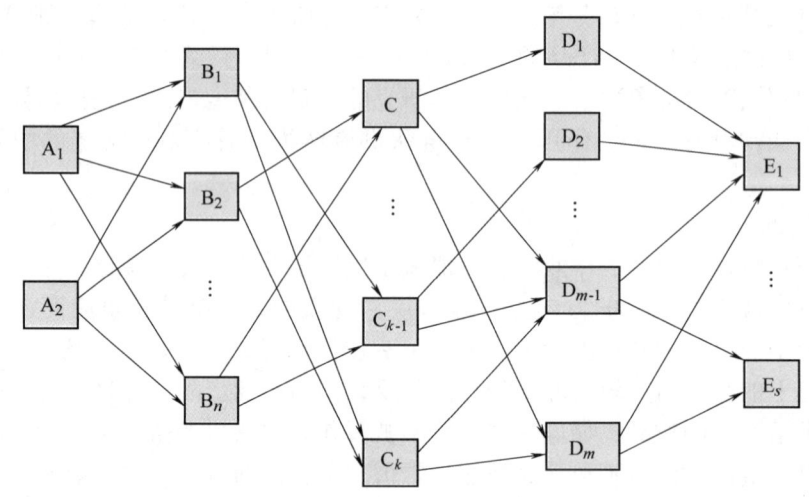

图 5-5　网状结构的供应链模型

1. 入点和出点

在网状结构的供应链模型中，物流的流动具有方向性，它从上游的一个节点企业流向下游另一个节点企业。这些物流补充流入某些节点，分流流出某些节点。这些物流进入的节点称为入点，而物流流出的节点称为出点。在图 5-3 所示的供应链中，入点相当于矿山、油田、橡胶园、山泉等原始材料提供商，出点相当于用户。图 5-4 所示的供应链中 A 类节点为入点，E 类节点为出点。对于那些既为入点又为出点的节点企业情况，为了便于网状供应链表达的简化，将代表这个企业的节点一分为二，变成两个节点：一个为入点，一个为出点，并用实线将其框起来。如图 5-6 所示，A_1 为入点，A_2 为出点。同样地，如果有的企业对于另一个企业既为供应商又为分销商，也可以将这个企业一分为二，变成两个节点：一个节点表示供应商，一个节点表示分销商，并用实线框起来。如图 5-7 所示，B_1 是 C 的供应商，B_2 是 C 的分销商。根据企业实际情况，有时甚至可以一分为三或更多，供应链上的实线框内就有三个或三个以上的对应节点。

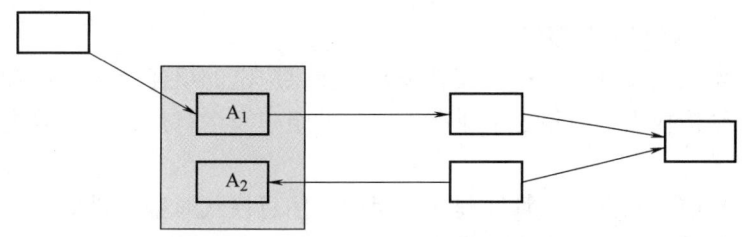

图 5-6 含出点和入点的企业

2. 供应链子网

有些集团公司虽然内部结构非常复杂，但与其他企业发生业务往来的只是其中的一些部门或分公司；同时在集团内部有些部门或分公司之间却存在着产品供应关系。显然，这时候用一个节点来表示集团内部这些复杂的关系是不行的，这就需要将表示这个集团的节点分解成很多相互

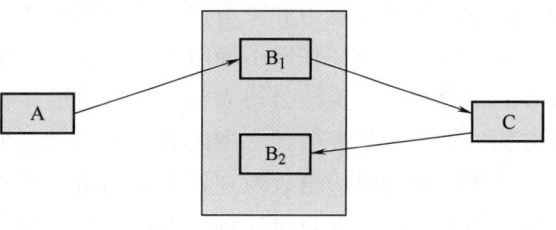

图 5-7 含供应商和分销商的企业

联系的子节点，这些子节点之间存在关联关系，由此构成了一个网，称为子网，如图 5-8 所示。在引入供应链子网的概念之后，如果要研究图中 C 与 D 的联系，只需考虑 C_4 与 D 的联系就可以了，不需要考虑 C_3 与 D 的联系。

3. 虚拟企业

通过对供应链子网模型概念的扩展，可以把供应链子网上为了实现各自利益和目标、通力合作的这样一些企业形象地看成是一个大的企业，这就是虚拟企业。虚拟企业是市场经济中存在的企业动态联合体，他们为了共同的利益和目标，在一定的时间内结成相互协作的利益共同体。虚拟企业组建和存在的目的就是为了获取相互协作而产生的效益，一旦这个目的已达到或利益关系不再存在，虚拟企业即不存在，新的动态企业联盟将伴随另一个利益目标产生。

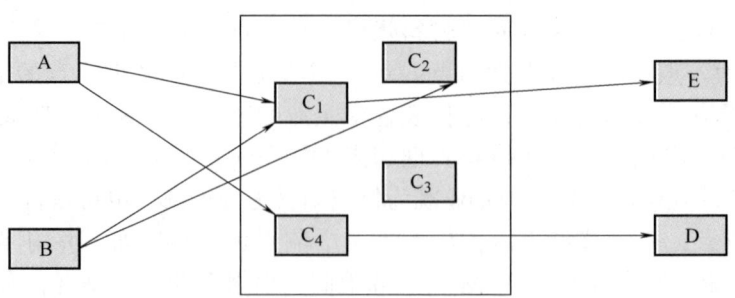

图 5-8 供应链子网模型

(三) 核心企业网状供应链模型

在核心企业网状供应链中，有一核心企业，在供应链的组建及运行过程中具有很高的结构权重，这种结构权重是指核心企业在供应链的组建及运行过程中起着主导作用的一种标志。

核心企业的价值认同方式，管理理念及组织、信息模式对整个供应链的相应方面有着绝对性的影响，从某种程度上说这一供应链是围绕核心企业的运作而建立起来的。

具有这种地位与能力的核心企业往往是那些控制了产品的核心技术，或拥有知名品牌，或有极强研发能力和渠道控制能力的企业。

这种核心企业往往并不局限于生产企业。生产企业方面的例子在美国有以通用公司为核心的供应链、以宝洁公司为核心的供应链，在我国有以海尔为核心的供应链。非生产企业方面的例子有耐克公司、中国的李宁运动系列等。

这种特殊的供应链表现在供应链的组织结构图上时，有一个明显的特点是供应链的核心级一般只有一个节点。这种供应链的抽象网状图如图5-9所示。

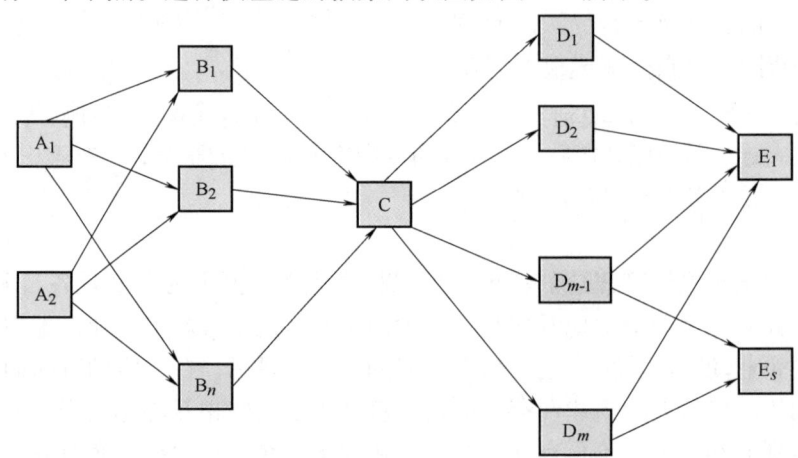

图 5-9 核心企业网状供应链结构模型

第五章　供应链设计与优化

第三节　供应链设施网络决策

一、网络设计决策在供应链中的作用

供应链网络设计决策的核心就是供应链设施决策。供应链设施决策包括生产、存储或运输相关设施的区位及每样设备的容量和功能等，它包括：

（1）设施功能。每一设施有何作用？在每一设施中将进行哪些作业流程？
（2）设施区位。设施应如何布局？
（3）容量配置。每一设施应配置多大容量？
（4）市场和供给配置。每一设施应服务于哪些市场？每一设施由哪些供给源供货？

在制订决策时应明确，所有网络设计决策都是相互影响的。有关每一项设施功能的决策均事关重大，因为它们决定了供应链在满足客户需求中的灵活性大小。例如，丰田公司在全世界每一个主要市场都设有工厂，在 1997 年以前，每一个工厂只能满足当地市场的需求，这在后来的亚洲经济危机中给公司带来了很大损失，因为亚洲地区的工厂大量闲置而又不能为其他供不应求的市场供货。丰田公司每一个工厂现在都实行灵活性生产，供货范围不再局限于当地市场，从而大大改善了其全球市场状况。

设施区位决策对供应链的运营有着长期影响，废弃或迁移设施的代价是十分昂贵的。因此，企业必须对网络设计做各方面的长远考虑。好的区位决策能帮助企业在较低成本下保证供应链的运营。以丰田公司为例，1998 年它在美国肯塔基州的列克星敦（Lexington）设立装配厂并沿用至今。该装配厂在日元升值的时候利润非常大，而当日本本土生产的汽车由于价格太高而无法同在美国生产的汽车进行竞争时，该装配厂能相对降低成本，对美国市场做出灵活反应。相反，设施决策的失误将给供应链的运营带来很大困难。例如，亚马逊公司发现，当它在美国只有一个库房时，很难在全美国范围内做到在降低成本的同时做出灵活反应，最终，公司不得不在美国其他地方增设了库房。

容量配置决策在供应链运营中同样至关重要，尽管容量配置比区位容易改变，但一般来说在几年内不会变化。在一个区位配置过高的容量，会导致设施利用效率低下，成本过高。相反，在一个区位配置过低的容量，又会导致对需求的反应能力低下（需求得不到满足时）或成本过高（需求由远处的工厂来满足时）。

设施的供应源及市场配置对供应链运营有重大作用，因为它影响整条供应链为满足客户需求所引发的生产、库存及运输的成本。该决策应当经合理论证、反复研究，这样其配置就会随市场状况或工厂容量的变化而变化。

网络设计决策对供应链运营有很大影响，因为它决定了供应链的构架，并成为利用库存、运输和信息资源来降低供应链成本、提高其反应能力的限制因素。在市场需求扩大、

现有构架变得过于昂贵或反应能力低下时，企业不得不强调其网络设计决策。例如，戴尔公司，当其在得克萨斯、爱尔兰和马来西亚的工厂不能取得最大效益时，公司立即在巴西建立一个设施以满足南美市场的需求。

当两个企业合并时，网络设计决策同样显得重要。因为合并前后其市场格局发生了变化，合并或迁移一些设施，常常会降低供应链成本或提高其反应能力。

二、网络设计决策的影响因素

（一）战略性因素

一个企业的竞争战略对供应链的网络设计决策有重要影响。强调生产成本的企业，趋向于在成本最低的区位布局生产设施，即使这样做会使生产工厂远离其市场。例如，20世纪80年代前期，许多服装生产厂为了降低成本而将生产迁到了美国以外的其他国家，那里的劳动力比较低廉。

强调反应能力的企业，趋向于在市场附近布局生产设施。如果这种布局能使他们对市场需求变化迅速做出反应，他们甚至不惜以高成本为代价。意大利的服装生产厂家已经开发了弹性生产设施，使它们能够迅速提供种类繁多的服装。

全球化的供应链网络，通过在不同国家布局不同功能的设施，能更好地支持其战略目标的实现。比如耐克公司在亚洲的很多地方都有生产厂，在中国和印度尼西亚的厂家则注意成本节约，着眼于大批量的廉价产品的生产；在韩国和中国台湾的厂家则注重反应能力，着眼于价格较高的新产品的生产。这些区别使耐克公司能够满足变化的市场需求并获得高额利润。

（二）技术因素

产品技术特征对网络设计有显著影响。如果生产技术能带来显著的规模经济效益，布局少数大容量的设施是最有效的。计算机的芯片生产就是这样，它需要很大的固定投资，因此，大多数公司都建立数量极少但规模很大的芯片生产厂。

相反，如果设施建设的固定成本较低，就应该建立为数众多的地方性生产设施，因为这样做有助于降低运输成本。例如，可口可乐包装瓶的生产固定成本较低，为了减少运费，可口可乐在世界各地都建有可口可乐包装瓶的生产工厂，每一个生产工厂都能够满足周围地区的市场需求。

生产技术的灵活性影响到网络进行联合生产的集中程度。如果生产技术很稳定，而且不同区域对产品的要求不同，就必然要求在每一个区域建立地方性基地为该区域的市场服务。相反，如果生产技术富有灵活性，在较少的几个大基地进行集中生产就显得简单易行。

（三）宏观经济因素

宏观经济因素包括税收、关税、汇率和其他一些经济因素，这些因素是独立于单个企业的外部因素。随着贸易的增长和市场的全球化，宏观经济因素对供应链网络的成败产生着重大影响，这迫使企业在进行网络设计决策时必须考虑这些因素。

1. 关税和税收减让

关税对供应链网络布局决策有很大影响。如果一个国家关税高，企业要么就放弃这个国家的市场，要么就在该国建设生产工厂以规避关税。高额关税导致供应链网络在更多的地方进行生产，配置在每个地方的工厂生产能力都较小。随着世界贸易组织的成立和地区性协议的订立，关税已经开始下降，现在企业可以通过建立在一国以外的厂家向该国提供产品而无须支付高额的关税。因此，企业开始集中布局其生产和配送基地。对全球企业来说，关税降低导致了生产基地的减少和每一个基地生产能力的扩大。

税收减让是指国家和地方为了鼓励企业在某一特定区域布局投资，向企业提供的关税和税收的削减政策。这些地区可能远离城市中心，或者环境差，导致企业的某些成本有所增加，政府为了对企业进行补偿而提供税收优惠政策。对许多工厂来说，这种税收减让往往是布局决策的最终决定因素。

2. 汇率和需求风险

汇率波动对服务世界市场的供应链的利润有着显著的影响。当一家企业在美国销售其在日本生产的产品时，就面临着日元升值的风险。在这种情形下，生产的成本是用日元衡量，而收益却是用美元衡量。因此日元升值将造成生产成本的增加，从而减少企业的利润。20世纪80年代，日元升值时许多日本厂商都面临这一问题，那时它们的生产力大部分布局在日本并服务于广阔的海外市场，为此，大多数日本厂商需要在世界各地建立生产基地，来应对日元升值。

人们可以运用金融工具化解汇率风险，因为金融工具可以减少或规避汇率波动带来的损失。然而，设计良好的供应链网络提供了利用汇率波动增加利润的机会。一个有效的方法是在网络中多规划一部分生产能力，以使生产能力具有灵活性，从而能满足不同市场的需求。这种灵活性使企业可以在供应链中改变产品的流向，并在当前汇率下成本较低的基地生产更多的商品。

企业还必须考虑到由于经济波动而导致的需求波动。例如，亚洲经济在1996—1998年间增速放慢，在亚洲拥有生产基地的企业，如果在供应链网络中毫无灵活性，那么这些企业在亚洲地区的大量生产基地就会闲置。而生产基地有较大灵活性的企业，却能利用这部分生产能力来满足其他地区的较高需求。

（四）政治因素

政治因素的考虑在供应链网络布局中起着重要作用。企业倾向于将设施布局在政局稳定的国家，这些国家的经济贸易规则较为完善，拥有独立和明确法制的国家使企业觉得，一旦它们需要就能在法庭上获得帮助。政治稳定很难量化，所以企业在设计供应链时只能进行主观的评价。

（五）基础设施因素

良好的基础设施是在特定区域进行布局的先决条件。糟糕的基础设施会增加在这一区域进行商务活动的成本。在我国，全球化的大企业愿意在上海、天津和广州附近布局设施，尽管这些地区的劳动力成本不菲、地价较高，但这里基础设施较为完善。关键的基础设施因素包括场地的供给、劳动力的供给、运输条件和地方性公用事业等。

（六）竞争性因素

设计供应链时，企业必须考虑到竞争对手的战略、规模和布局。一项基本的决策便是：企业是临近还是远离竞争对手的布局。决定这一决策的因素包括企业如何进行竞争以及原材料和劳动力等外部因素是否迫使其相互靠近等。

1. 企业间的积极外部性

积极外部性使各企业均受益。积极外部性促使企业相互靠近布局。例如，汽油店和零售店倾向于靠近布局，因为这样做增加了总需求，使双方都受益。通过在一条商业街上集中布局相互竞争的零售店，可以方便顾客，使他们只需要在一个地方，就可以买到他们所需要的所有东西，如此一来增加了这条商业街上的顾客到访的人数，也增加了所有布局在那里的商店的总需求。

另一个积极外部性的例子是，在一个待发展地区，一个竞争者的出现使得相应的基础设施得到发展。例如，在印度，铃木公司是第一家在此设立生产基地的汽车厂商，这家公司付出了很大的努力才建立起了地方性供应网络。考虑到铃木公司在印度建立的良好供应基础，其竞争对手在那里也建立了装配厂，因为它们发现在印度生产汽车比从国外进口更合算。

2. 为瓜分市场而布局

在企业间的积极外部性不存在时，企业也可以集中布局，以攫取最大可能的市场份额。这里首先用豪特灵（Hotelling）提出的一个简单模型，来解释一下隐藏在这一决策后面的机理。

当企业不能控制价格，而只是在与客户距离的远近上相互竞争时，它们就能通过相互接近的布局获取最大的市场份额。假设客户均匀地分布在（0，1）这个区间上，两家企业通过与客户距离的远近进行竞争，如图5-10所示。客户总是光顾最近的一家企业，而且与两家企业距离相等的客户则在二者之间平均分配。如果总需求为1，企业1布局在点a，企业2布局在点$1-b$，那么两家企业的需求d_1和d_2分别是

$$d_1 = \frac{1-b+a}{2}, d_2 = \frac{1+b-a}{2}$$

显然，如果两家企业能更近地布局，最终使得$a = b = 1/2$时，两家企业就能将自身的市场份额最大化。

因此竞争的结果使得两家企业在直线的中央邻近布局，尽管这样做增加了与客户之间

图 5-10　两家企业在直线上的布局

的平均距离。

如果企业在价格上进行竞争，而且承担向客户送货的成本，那么最优的布局可能是二者尽可能离得远些，即企业 1 布局在 0 而企业 2 布局在 1。相互远离的布局模式减少了价格竞争，有助于企业瓜分市场并实现利润最大化。

（七）对顾客需求的反应时间

设计供应链网络时，企业必须考虑到客户要求的反应时间。企业的目标客户若能容忍较长的反应时间，那么企业就能集中力量扩大每一设施的生产能力。相反，如果企业的客户群认为较短的反应时间很重要，那么它就必须布局在离客户较近的地方。这类企业就应当设有许多生产基地，每个基地的生产能力较小，由此来缩短对客户需求的反应时间，如图 5-11 所示。

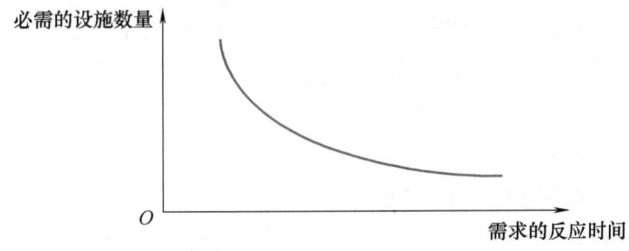

图 5-11　顾客需求的反应时间与设施数量之间的关系

（八）物流和设施成本

当供应链中的设施数量、设施布局和生产能力配置改变时，就会产生物流成本和设施成本。进行供应链网络设计时，企业必须考虑库存成本、运输成本和其他成本。

1. 库存成本

当供应链中设施数目增加时，库存及由此引起的库存成本就会增加，如图 5-12 所示。为减少库存成本，企业经常会尽量合并设施以减少设施数量。

2. 运输成本

进货运输成本是指向设施运进原材料时所发生的成本。送货运输成本是指

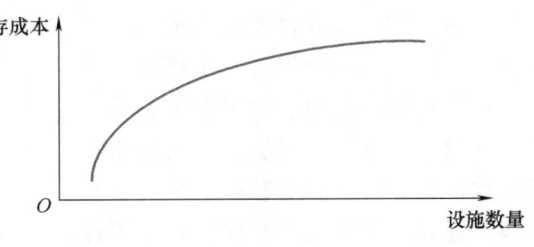

图 5-12　设施数量和库存成本之间的关系

从设施运出货物时发生的成本。单位送货成本一般比单位进货成本高，因为进货量一般较大。例如，在进货方面，亚马逊公司的仓库收到整车装运的书，但送货时却只向顾客寄出一个小包裹，一般只有几本书。增加仓库数量就能够更加接近顾客，从而减少进货距离。因此，增加设施数量就能减少运输费用，但如果设施数量增加到一定数目，使得批量进货规模很小时，设施数量的增加也会使运输费用增多，如图5-13所示。

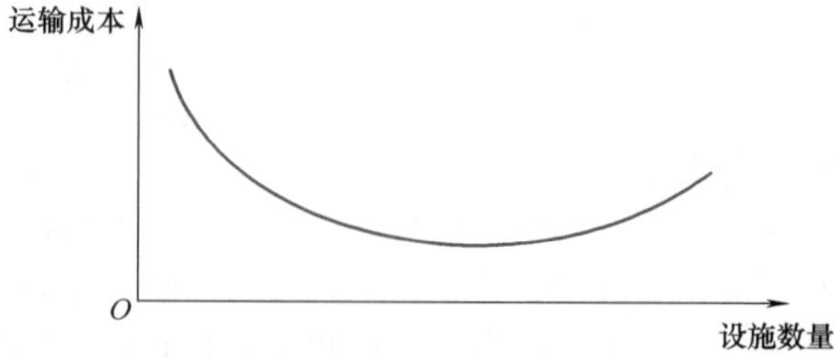

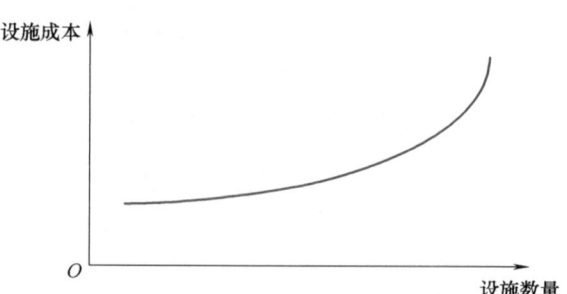

图 5-13　设施数量和运输成本之间的关系

如果随着加工过程的深化，原材料加工成产品后的重量和体积显著减小，那么能在靠近原材料供应点处布局生产点将比靠近消费者布局好。例如，利用铁矿石炼钢，产品重量只是投入的铁矿石的很小的一部分，因此在原料供应地附近布局炼钢厂更好，因为这样减少了大量铁矿石的运输成本。

3. 设施（建设和运营）成本

企业在设施内消耗的成本分为两类：固定成本和可变成本。建设成本和租赁成本被当作固定成本，因为短期内它们并不随着通过设施的货流量的改变而改变。与生产或仓库运营相关的成本随加工或存储数量的变化而变化，因此被看作可变成本。设施成本一般随着设施数量的减少而减少，如图5-14所示，因此基地的合并能使企业在固定成本和可变成本两方面获取规模经济效益。

物流总成本是供应链中库存、运输和设施成本之和。随着设施数目的增加，物流总成本先减后增，如图5-15所示。最少的设施数目能使物流总成本最小化，但作为一家想进一步缩短顾客需求反应时间的公司，它可能不得不增加设施数量，以至超过最小物流成本对设施数量的要求。只有管理人员确信反应速度提高所带来的收益比额外的设施增加带来的成本要大时，企业才会增加

图 5-14　设施数量和设施成本之间的关系

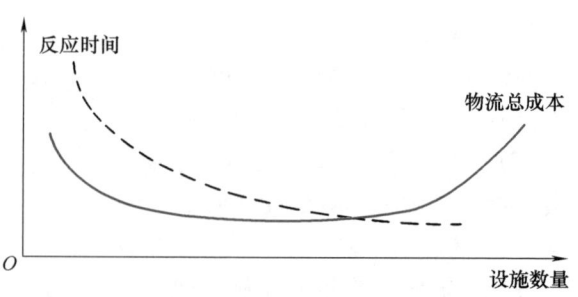

图 5-15　物流总成本和反应时间变动与设施数量的关系

设施数量。

三、网络设计决策框架

网络设计决策分为四个步骤，如图5-16所示。

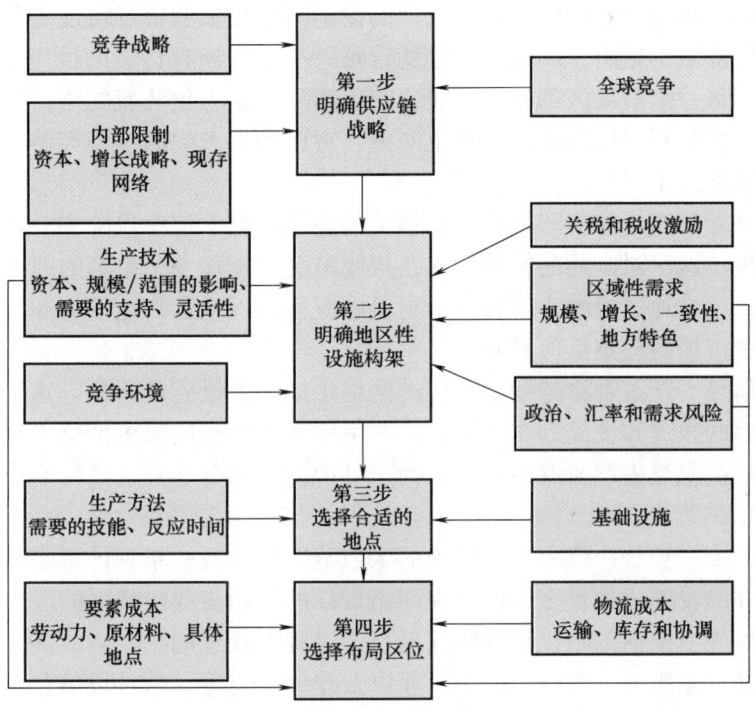

图 5-16　网络设计决策的框架

1. 明确供应链战略

网络设计的第一步是明确企业的供应链战略。供应链战略详细说明供应链应该具备哪些功能，以支持企业竞争战略的实现。

第一阶段是从明确界定企业竞争战略开始的。竞争战略是指供应链要满足的一系列顾客需求。接下来管理者必须预测全球性竞争的变化趋势，无论每一个市场区的竞争对手是地区性的还是全球性的厂商。管理者还必须明白可运用资本的限制，以及企业是否可以通过现有设施的利用、建设新设施或者设施的联合使用来实现发展。

管理者必须在企业竞争战略、竞争分析、规模经济以及所有限制条件的基础上制订供应链战略。

2. 明确地区性设施构架

网络设计的第二步是选择设施布局的区域，明确设施的作用及其最大容量。

第二步的分析从每个国家/区域的需求预测开始。这种预测必须包含对需求规模的估计，并确定各个国家/区域之间的顾客的需求是一致的还是存在差异的。一致的需求对集中布局设施有利，而不同国家/区域的不同需求则适合较小的地区性设施布局。

接着，决策者要弄清楚在既定生产技术下，规模经济或范围经济能否起到很大作用，如果规模经济和范围经济效益明显，用较少的设施满足较多的市场可能更好一些。如果规模经济和范围经济微不足道，那么就比较适合每一个市场拥有自己的供应源。例如，可口可乐公司在它的每一个市场区都有它的包装瓶生产厂，因为包装瓶的生产并没有多大的规模经济。相反，像摩托罗拉之类的芯片生产商，考虑到生产中的规模经济，就只拥有少量的为全球市场服务的生产厂。

然后，管理者要明确与不同地区市场相关的需求风险、汇率风险和政治风险，还必须认识到地区关税、地区对产品的特殊要求、税收减免以及每一个市场的进出口限制。

要弄清楚每一个地区内的竞争者并给出设施应当临近或远离竞争者布局的理由，还必须弄明白每一个市场的理想反应时间。

依据上述信息，管理者将勾勒出供应链网络中地区性设施的构架。这种地区性构架将决定网络中设施的数量和设施的布局区位，并决定某项设施应当为网络中某个特定市场生产全部产品，还是应当生产所有市场需求的产品中的一部分。

3. 选择合适的地点

网络设计的第三步是在将要布局设施的区域范围内选择一系列的地点。备选地点的数量要比将要建立的设施的数量多，以便在网络设计的第四步找出精确的区位。

地点的选择应当依据基础设施的状况进行，以确保预想的生产方式能正常进行。其中的硬件设施包括运输服务、通信、公用事业以及仓储设施等，软件设施包括可供雇佣的熟练劳动力、劳动力转换以及当地社区对工商业的接受程度等。

4. 选择布局区位

网络设计的第四步的目标是选择精确的设施布局区位，并为每一设施配置容量。我们应从第三步选出的一系列理想的地点中进行筛选，找出布局区位。网络设计是为了实现供应链总利润的最大化，因此要考虑每个市场的预期边际效益和需求以及不同的物流和设施成本。

第四节 供应链设施网络优化

管理者进行设施布局和容量配置的目标应当是使整个供应链网络的利润最大化。在制订这一决策前，我们应当获取以下信息：

（1）供应源和市场的位置。

（2）潜在的设施地点的区位。

(3) 市场需求预测。
(4) 每一个地点的设施成本、劳动力成本和原材料成本。
(5) 每两个设施布局地点之间的运输成本。
(6) 每一个地点的库存成本及其与设施数量的关系。

假设已经拥有这些信息,我们就可以运用网络优化模型进行网络设计了。

供应链网络设计通常有几个环节,包括供应商、生产厂、仓库和市场。还可能存在像联合中心和转运点之类的中介设施。一个典型的供应网络通常如图 5-17 所示。

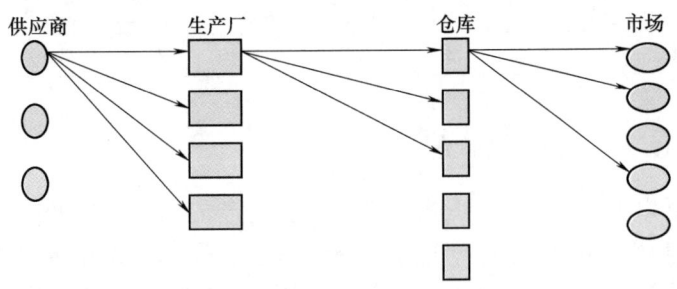

图 5-17　供应链网络中的阶段

除了进行设施布局以外,管理者还需考虑市场在仓库之间的划分以及仓库在工厂之间的分配。配置决策将随着不同成本变化和市场发展而进行有规则的调整。进行网络设计时,区位决策和配置决策是联合进行的。

每一设施中都将发生与设施、运输和库存相关的固定成本和可变成本。固定成本是指与产量和货运量无关的成本耗费。可变成本则是指在给定设施中那些与产量和货运量成比例变化的成本耗费。可变成本、运费和库存成本通常具有规模经济,随着工厂产量的上升,边际成本将会下降。但在我们考虑的模型中,所有可变成本随产量或运量呈线性变化,即不考虑规模经济。

我们以两家生产光缆通信设施的厂商为例说明网络优化模型。吉百利(TelecomOne)公司和哈奥普蒂克(Highoptic)公司都是新一代通信设备制造商。吉百利公司着眼于美国东部的市场,它在巴尔的摩(B)、孟菲斯(M)和堪萨斯州的威奇托(W)都有自己的生产厂,服务的市场包括亚特兰大、波士顿和芝加哥。哈奥普蒂克公司瞄准美国西部的市场,包括丹佛、内布拉斯加州的奥马哈和俄勒冈州的波特兰。哈奥普蒂克的几个工厂分别位于怀俄明州的肖肖尼(C)和盐湖城(S)。

工厂的生产能力、市场需求、每 1 000 单位产量的生产成本和运输成本以及每个工厂每月的固定成本见表 5-2。

123

表5-2 吉百利公司和哈奥普蒂克公司的生产能力、市场需求和成本

供应城市		至不同需求城市每1 000单位的生产和运输成本/千美元						生产能力 K_i /千单位	月固定成本 F_i /千美元
		亚特兰大	波士顿	芝加哥	丹佛	奥马哈	波特兰		
吉百利	巴尔的摩（B）	1 675	400	685	1 630	1 160	2 800	18	7 650
	孟菲斯（M）	380	1 355	543	1 045	665	2 321	22	4 100
哈奥普蒂克	威奇托（W）	922	1 646	700	508	311	1 797	31	2 200
	肖肖尼（C）	1 460	1 940	970	100	495	1 200	24	3 500
	盐湖城（S）	1 925	2 400	1 425	500	950	800	27	5 000
月需求量/千单位 D_j		10	8	14	6	7	11		

一、需求量在工厂之间的分配

从表5-2中可以看到，吉百利公司每月的总生产能力为71 000单位，总需求量为32 000单位。而哈奥普蒂克每月的产量为51 000单位，总需求量为24 000单位。两个公司都必须考虑在工厂之间进行需求分配。随着成本和需求的变化，这种分配决策每年都要进行调整。

需求分配问题可以用网络优化模型解决。这一模型需要输入以下数据：

n——工厂区位的数目；

m——市场或需求地的数量；

D_j——市场 j 的年需求量；

K_i——工厂 i 的年生产能力；

C_{ij}——i 工厂生产一单位产品并送到 j 市场的成本（包括生产成本、库存成本和运输成本）。

向不同工厂分配不同市场和需求的目标是使设施成本、运输成本和库存成本之和最小。对决策变量做如下定义：

x_{ij}——每年从工厂 i 到市场 j 的运量。

这一问题构成了下面这一线性模型：

$$\min \sum_{i=1}^{n} \sum_{j=1}^{m} C_{ij} x_{ij}$$

限制条件为：

$$\sum_{i=1}^{n} x_{ij} = D_j \quad j = 1, \cdots, m \tag{5-1}$$

$$\sum_{j=1}^{m} x_{ij} \leq K_i \quad i = 1, \cdots, n \tag{5-2}$$

式（5-1）的限制保证了每一市场的需求得以满足，而式（5-2）的限制则确保了每一工厂不能超过其生产能力进行生产。

对这两家公司来说，可以运用 Excel 的 Solver 工具进行市场分配。表 5-3 给出了最佳需求分配方案。

表 5-3　吉百利公司和哈奥普蒂克公司的最优需求分配

供应商	市场	亚特兰大	波士顿	芝加哥	丹佛	奥马哈	波特兰
吉百利公司	巴尔的摩（B）	0	8	2			
	孟菲斯（M）	10	0	12			
	威奇托（W）	0	0	0			
哈奥普蒂克公司	盐湖城（S）				0	0	11
	肖肖尼（C）				6	7	0

我们注意到，虽然威奇托是最佳工厂区位，且吉百利位于威奇托的工厂可以运营，但该工厂却已停止生产。表 5-3 给出的需求分配表明，吉百利公司每月消耗的可变成本是 14 886 000 美元，月固定成本为 13 950 000 美元，月总成本为 28 836 000 美元；哈奥普蒂克公司的月可变成本为 12 865 000 美元，月固定成本为 8 500 000 美元，月总成本为 21 365 000 美元。

二、工厂布局：生产能力既定的工厂布局模型

吉百利公司和哈奥普蒂克公司的经理们已经决定将这两家公司合并成一个名为吉百利奥普蒂克的新公司。他们认为，如果两个供应网络恰当地合并，将获益匪浅。新公司将拥有 5 个生产厂，服务于 6 个市场。管理者正在讨论是否每个工厂都是必需的。他们已经指派了一个供应链小组来研究供应网络，以明确哪些工厂应当关闭。

供应链小组决定使用布局的网络优化模型来解决这一问题。这一模型需要输入以下数据：

n——潜在的工厂布局区位数量；

m——市场或需求点的总数量；

D_j——市场 j 的年需求量；

K_i——工厂的潜在年生产能力；

f_i——工厂 i 运营中按年分摊的固定成本；

C_{ij}——工厂 i 生产一单位产品并将之送到 j 市场的成本（包括生产成本）。

该小组的目标是决定工厂的区位，然后将市场需求分配到每一个正在运营的工厂中去，以减少设施成本、运输成本和库存成本。决策变量的定义如下：

y_i——1（如果工厂 i 运营，否则为 0）；

x_{ij}——每年从工厂 i 运送至市场 j 的货物数量。

然后,这一问题构成以下整数模型:

$$\min\left(\sum_{i=1}^{n} f_i y_i + \sum_{i=1}^{n}\sum_{j=1}^{m} C_{ij} x_{ij}\right)$$

限制条件为:

$$\sum_{i=1}^{n} x_{ij} = D_j \qquad j=1,\cdots,m \tag{5-3}$$

$$\sum_{j=1}^{m} x_{ij} \leqslant K_i y_i \qquad i=1,\cdots,n \tag{5-4}$$

$$y_i \in \{0,1\} \qquad i=1,\cdots,n \tag{5-5}$$

目标方程是使得网络建设和运营总成本(包括固定成本和可变成本)最小化。式(5-3)的限制条件确保了所有需求得到满足;式(5-4)确保了每一工厂的生产不超过其生产能力(显然,如果工厂被关闭,则生产能力为0;如果工厂运营,则生产能力为 K_i,$K_i y_i$ 恰当地表明了这一点)。式(5-5)的限制条件将工厂分为运营($y_i = 1$)或关闭($y_i = 0$)两类。这一解决方案将明确哪些工厂继续运营,并将市场需求划分到这些工厂中去。

求解结果见表5-4。

表5-4 合并后的新公司——吉百利奥普蒂克公司的最优需求配置

市场 供应商	运营或关闭	亚特兰大	波士顿	芝加哥	丹佛	奥马哈	波特兰
巴尔的摩(B)	1	0	8	2	0	0	0
肖肖尼(C)	1	0	0	0	6	7	11
盐湖城(S)	0	0	0	0	0	0	0
孟菲斯(M)	1	10	0	12	0	0	0
威奇托(W)	0	0	0	0	0	0	0

通过求解,供应链小组得出结论:吉百利奥普蒂克公司的最佳选择是关闭在盐湖城和威奇托两地的工厂,而继续运行在巴尔的摩、肖肖尼和孟菲斯的工厂。每月的网络和运营成本为 47 401 000 美元。这一成本比吉百利公司和哈奥普蒂克公司独立运营时的总成本节省了近 3 000 000 美元。

三、工厂和仓库同时布局

如果要设计从供应商到顾客的整个供应链网络,就要考虑更一般的工厂布局模型了。例如这样一个供应链网络:供应商向工厂提供原材料,工厂设有为市场服务的仓库,管理者必须同时进行工厂和仓库的布局和容量配置决策。在这一模型中,同样假设计算单位被适当调整，因而来自供应商的每 1 单位的投入，能生产出 1 单位的最终产品。这一模型要求输入以下数据：

m——市场或需求点的数量；

n——潜在的工厂区位数量；

l——供应商的数量；

t——潜在的仓库区位数量；

D_j——顾客 j 的年需求量；

K_i——布局于 i 点的工厂的生产能力；

S_h——供应商 h 的年供应能力；

W_e——布局于 e 点的仓库的年仓储能力；

f_i——布局于 i 点的工厂的年固定成本；

f_e——在 e 点布局一家仓库的年固定成本；

c_{hi}——从供应源 h 运送单位货物到工厂 i 的成本；

c_{ie}——i 点的工厂生产单位产品并运送到 e 点的仓库的成本；

c_{ej}——从 e 点的仓库为 j 点的顾客运送单位货物的成本。

这一模型的目标是确定工厂和仓库的区位以及不同地点之间的运输数量，以减少总的固定成本和可变成本。定义如下决策变量：

y_i——1（如果工厂布局在 i 点，否则为 0）；

y_e——1（如果仓库布局在 e 点，否则为 0）；

x_{ej}——每年从 e 点的仓库运送到市场 j 的货物的数量；

x_{ie}——每年从 i 点的工厂运送到 e 点的仓库的货物数量；

x_{hi}——每年从 h 点的供应商运送到 i 点的工厂的原材料数量。

针对这一问题可构建以下整数模型：

$$\min(\sum_{i=1}^{n} f_i y_i + \sum_{e=1}^{t} f_e y_e + \sum_{h=1}^{l}\sum_{i=1}^{n} c_{hi} x_{hi} + \sum_{i=1}^{n}\sum_{e=1}^{t} c_{ie} x_{ie} + \sum_{e=1}^{t}\sum_{j=1}^{m} c_{ej} x_{ej})$$

限制条件是：

$$\sum_{i=1}^{n} x_{hi} \leq S_h \quad h = 1,\cdots,l \tag{5-6}$$

$$\sum_{h=1}^{l} x_{hi} - \sum_{e=1}^{t} x_{ie} \geq 0 \quad i = 1,\cdots,n \tag{5-7}$$

$$\sum_{e=1}^{t} x_{ie} \leq K_i y_i \quad i = 1,\cdots,n \tag{5-8}$$

$$\sum_{i=1}^{n} x_{ie} - \sum_{j=1}^{m} x_{ej} \geq 0 \quad e = 1,\cdots,t \tag{5-9}$$

$$\sum_{j=1}^{m} x_{ej} \leq W_e y_e \quad e = 1, \cdots, t \tag{5-10}$$

$$\sum_{e=1}^{t} x_{ej} = D_j \quad j = 1, \cdots, m \tag{5-11}$$

$$y_i, y_e \in \{0, 1\} \tag{5-12}$$

目标模型是使总的固定成本和可变成本最小。式（5-6）的条件限制表明，从供应商运到工厂的原材料不能超过供应商的生产能力。式（5-7）的限制条件表明，工厂运出货物的数量不能大于原材料的输入量。式（5-8）的限制条件表明，工厂的产量不能超过其生产能力。式（5-9）的限制条件表明，仓库的发货量不能超过来自工厂的货物总量。式（5-10）的限制条件表明，经过仓库的货物总量不能超过其仓库容量。式（5-11）的限制条件表明，所有的客户需求都将得到满足。式（5-12）的限制条件表明，工厂或仓库要么关闭要么运营。

将讨论的模型修改一下就可以使工厂和市场之间进行直接运送。这里讨论的所有模型通过修改也都能囊括生产、运输和库存中的规模经济，但这些要求使模型求解更加复杂。

案例讨论

海尔集团的供应链优化

海尔集团从1984年开始创业，通过30年的艰苦奋斗，把一个濒临破产的集体小厂发展成为国内外著名的跨国公司。在这30年里，很多企业都遇到这样或那样的困难而退出了市场，然而海尔之所以发展得越来越好，这与它的供应链管理模式有着密不可分的关系。

从1998年开始，海尔就提出要注重供应链的管理，以优化供应链为中心，在全集团范围内对原业务流程进行了重新设计和再造，与国际化大公司全面接轨，强化了企业的市场应变能力，大大提升了海尔的市场快速反应能力和竞争能力，保证了企业的可持续发展。海尔在供应链优化过程中，针对自身情况做到具体问题具体分析，并随着周边环境的改变，随时进行供应链管理模式的调整。

1. 供应链管理的关键是核心业务和竞争力

供应链管理最重要的理念就是企业的核心业务和竞争力。因为企业的资源有限，要想发展，必须将资源集中在某一个专长的领域即核心业务上。海尔的核心竞争力主要是在以海尔文化为基础和前提所形成的市场开拓和技术创新能力，以及在获取客户和用户资源上的超常能力。

海尔集团之所以能够以自己为中心构建起高效的供应链，就在于其核心竞争力的不可替代性，并且通过这种竞争力把上下游的企业串在一起，形成一个为顾客创造价值的有机链条。而供应链中的各个伙伴之所以愿意与海尔集团结成盟友，也正是看中它不可替代的竞争力。

2. 强化创新能力

要在供应链管理中取胜，就要强化创新能力，满足市场的需求。要使自己的产品有市场，最重要的

第五章 供应链设计与优化

就是要围绕顾客需要，生产他们需要的产品。海尔的科研人员很欣赏这样一句话："想出商品来"。想出商品，就是想出新市场，也就是要创造新市场。企业通过创造市场引导消费来领先市场。

在这一方面，海尔集团拥有足够的发言权。在它的核心业务冰箱领域内，海尔做到了"想出商品来"。亚洲第一代四星级电冰箱、中国第一代豪华型大冷冻电冰箱、中国第一代全封闭的抽屉式冷冻电冰箱、中国第一台组合电冰箱都是海尔集团制造生产的，紧接着是中国第一台宽气候带电冰箱、中国第一代保湿无霜电冰箱、中国第一台全无氟电冰箱，每一个新产品都创造了一个新市场、新消费群。正是这种源源不断的新产品之流，保证了海尔集团经济效益的稳步增长。

3. 以供应链为基础的业务流程再造

海尔以客户需求为切入点，对原来的业务流程进行重新思考和重新设计，它强调以首尾相接、完整连贯的业务流程来代替过去的被各职能部门割裂的破碎性流程，从而使企业产品在质量、成本和各种绩效目标方面都能取得显著的改善。

海尔集团的业务流程再造是以供应链的核心管理思想为基础，以市场客户需求为纽带，以海尔企业文化和战略经营单位（Strategical Business Unit，SBU）管理模式为基础，以订单信息流为中心来带动物流和资金流的运行，实施以服务零距离、资金零占用、质量零缺陷为目标的流程再造。

4. 注重供应链管理中的信息技术

供应链管理中的信息流程是企业员工、客户和供货商的沟通过程。

为了满足供应链不断优化的需求，要求从与生产产品有关的第一层供应商开始，各个节点企业都要具有处理物流和信息流的自组织和自适应能力。海尔集团的供应链纽带离不开IT技术的支撑。在1998年，海尔集团第一次通过订单处理集中化的方式进行业务重组，由按库存生产转向了按订单生产，开始了真正意义上的海尔现代物流模式。

由于物流技术和计算机管理的支持，海尔物流通过3个JIT（即JIT采购、JIT配送、JIT分拨物流）来实现同步流程，这样的运行速度为海尔赢得了源源不断的订单。目前，海尔集团平均每天接到200多个销售订单，每个月平均接到6000多个，定制的产品有7000多个规格品种，需要采购的物料品种达15万种。但是海尔物流将所有的采购周期减到了3天；生产过程降到一周之内；所有的配送则是产品一下线，中心城市在8小时内、辐射区域在24小时内、全国在4天之内即能送达。所以总的来说，海尔完成客户订单的全过程仅为10天时间，资金周转率达到一年15次，呆滞物资降低了73.8%，同时海尔的运输和储存空间的利用率也得到了有效地提高。

在经济和信息飞速发展的今天，竞争将不仅仅是单个企业之间的竞争，而是供应链与供应链之间的竞争。正是由于上述的四点，使得海尔的供应链总成本降低，对市场的响应速度加快，最终赢得了市场。海尔在抓住用户需求的同时，加强对可以满足用户需求的全球供应链的管理，及时实行供应链的优化，这便是海尔能多年都一直走在前端的原因之一。

（资料来源：海尔集团：供应链管理的四大方面．总裁网，2012-12-14）

结合案例回答下列问题：

1. 海尔集团的供应链优化主要体现在哪几个方面？
2. 供应链优化对企业发展有何重要意义？

习 题

1. 供应链构建的原则是什么?
2. 供应链设计包括哪几个方面的内容?举例说明。
3. 供应链设计的策略有几项?它们各自针对何种情况?
4. 简述供应链网络设计的一般步骤。
5. 描述供应链网络的基本结构。
6. 供应链网络设计的影响因素有哪些?

本章参考文献

[1] 马士华,林勇,陈荣祥. 供应链管理 [M]. 北京:机械工业出版社,2000.

[2] 马士华,林勇. 供应链管理 [M]. 北京:高等教育出版社,2003.

[3] 赵林度. 供应链与物流管理理论与实务 [M]. 北京:机械工业出版社,2003.

[4] 森尼尔·乔普瑞,彼得·梅因德尔. 供应链管理——战略、规划与运营 [M]. 李丽萍,等译. 北京:社会科学文献出版社,2003.

[5] 刁柏青. 物流与供应链系统规划与设计 [M]. 北京:清华大学出版社,2003.

[6] 王焰. 一体化的供应链战略、设计与管理 [M]. 北京:中国物资出版社,2002.

[7] 王耀球,施先亮. 供应链管理 [M]. 北京:机械工业出版社,2005.

[8] 大卫·辛奇-利维,等. 供应链设计与管理——概念、战略与案例研究 [M]. 季建华,等译. 上海:上海远东出版社,2000.

第六章 供应链采购管理

▲ 作 用

在介绍传统的采购模式及其主要特点的基础上，本章详细阐述了供应链管理环境下的采购管理思想、模式及采购策略，以及供应链下的供应商管理方法，使读者了解在供应链管理条件下的现代采购管理理念，熟悉供应链下的采购模式及其发展趋势，掌握供应链下的即时制采购策略及其实施要点，并通过案例学习掌握供应链中的供应商考核和评价的方法。

▲ 关 键

- 供应链管理中采购的特点
- 供应链管理中的即时制采购
- 供应链管理中供应商的选择、评价及考核的方法

第一节 采购的特点

一、传统采购的主要模式

（一）询价采购

所谓询价采购，就是向选定的若干个供应商发询价函，让它们报价，然后根据各个供应商的报价来选定供应商的采购方法。

询价采购具有如下特点：

（1）询价采购不是面向整个社会所有的供应商，而是在对供应商充分调查的基础上，筛选出一些比较有实力的供应商。

（2）询价采购中，所选择的供应商数量不是很多，但是其产品质量好、价格低、企业实力强、服务好、信用度高。企业对向它们采购比较放心。

（3）因为询价采购面对的供应商数量少、范围窄，所以无论是通信联系、采购进货都比较方便、灵活，采购程序比较简单，工作量小，采购成本低、效率高。

（4）询价采购通常是分别向各个供应商发询价函，供应商并不是面对面地竞争，因此各自的产品价格和质量能比较客观、正常地反映出来。

正是因为询价采购具有上述的特点和优点，才被广泛地应用于政府采购活动之中。但它也有局限性：所选供应商数量少、范围窄，选中的供应商不一定是最优的。与其他几种采购方式相比较，询价采购适用于数量少、价值低的商品或急需商品的采购。

（二）比价采购

比价采购是指采购商对三家以上的供应商提供的报价进行比较，按照最理想的报价作为订货价格，以确保价格具有竞争性的采购方式。此种采购方式，适合市场价格较乱或价格透明度不高的单台小型设备、工具的采购及批量采购。

（三）招标采购

招标采购是通过在一定范围内公开购买信息，说明拟采购物品或项目的交易条件，邀请供应商或承包商在规定的期限内提出报价，经过比较分析后，按既定标准确定最优条件的投标人并与其签订采购合同的一种高度组织化的采购方式。招标采购是在众多的供应商中选择最佳供应商的有效方法。它体现了公平、公开和公正的原则。企业采购通过招标程序，可以最大限度地吸引和扩大招标方之间的竞争，从而使招标方有可能以更低的价格采购到所需要的物资或服务，更充分地获得市场利益。招标采购方式通常用于比较重大的建设工程项目、新企业寻找长期物资供应商、政府采购或采购批量比较大等项目的采购。

二、传统采购模式的主要特点

传统采购的重点放在如何和供应商进行商业交易的活动上，特点是比较重视交易过程中供应商的价格比较，通过供应商的多头竞争，从中选择价格最低的作为合作者。虽然质量、交货期也是采购过程中的重要考虑因素，但在传统的采购方式下，质量、交货期等都是通过事后把关的办法进行控制，如到货验收等，交易过程的重点仍然是价格谈判。传统采购模式的主要特点表现在如下几个方面：

1. 传统采购过程是典型的非信息对称博弈过程

在传统采购活动中，选择供应商是企业的首要任务。在采购过程中，采购一方为了能够从多个存在竞争关系的供应商中选择一个最佳的供应商，往往会保留私有信息，因为如果给供应商提供的信息越多，供应商的竞争筹码就越大，这样对采购一方就越不利。因此，采购一方尽量保留私有信息，而供应商也在和其他供应商的竞争中隐瞒自己的有关信息。

2. 验收检查是采购部门的一个重要的事后把关工作，质量控制的难度大

质量与交货期是采购一方要考虑的另外两个重要因素，但是在传统的采购模式下，要

有效控制质量和交货期只能通过事后把关的办法。因为采购一方很难参与供应商的生产组织过程和有关质量控制活动，相互的工作是不透明的。因此需要通过各种有关标准如国际标准和国家标准等，进行检查验收。缺乏合作的质量控制会导致采购部门对采购物品质量控制的难度加大。

3. 供需关系是临时的或短时期的合作关系，而且竞争多于合作

在传统的采购模式中，供应与需求之间的关系是临时的、短期的合作，而且竞争多于合作。由于缺乏合作与协调，采购过程中各种抱怨和扯皮的事情比较多，很多时间消耗在解决日常问题上，没有更多的时间用来做长期性预测与计划工作，供应与需求之间因缺乏合作而增加了许多运作中的不确定性。

4. 用户需求响应迟钝

由于供应与采购双方在信息的沟通方面缺乏及时的信息反馈，在市场需求发生变化的情况下，采购一方也不能改变已有的订货合同，导致需求减少时库存增加，需求增加时供不应求。重新订货需要增加谈判过程，因此供需之间对用户需求的响应没有同步进行，缺乏应付需求变化的能力。

三、采购在传统模式与供应链管理模式下的差异

在供应链管理的环境中，企业的采购方式和传统的采购方式有所不同，这些差异表现为：

（一）从为库存采购向为订单采购转变

在传统的采购模式中，采购的目的很简单，就是为了补充库存，即为库存采购。采购部门并不关心企业的生产过程，不了解生产的进度和产品需求的变化，因此采购过程缺乏主动性，采购部门制订的采购计划很难适应制造需求的变化。在供应链管理模式中，采购活动是以订单驱动方式进行的，制造订单的产生是在用户需求订单的驱动下产生的，然后，制造订单驱动采购订单，采购订单再驱动供应商。这种订单驱动模式，使供应链系统得以准时响应用户的需求，从而降低了库存成本，提高了物流的速度和库存周转率。订单驱动的采购方式有如下特点：

（1）由于供应商与制造商建立了战略合作伙伴关系，签订供应合同的手续大大简化，不再需要双方询盘和报盘的反复协商，交易成本也因此大大降低。

（2）在同步化供应链计划的协调下，制造计划、采购计划、供应计划能够并行，缩短了用户响应时间，实现了供应链的同步化运作。采购与供应的重点在于协调各种计划的执行。

（3）采购物资直接进入制造部门，减少了采购部门的工作压力和不增加价值的活动过程，实现了供应链精细化运作。

（4）信息传递方式发生了变化。在传统采购方式中，供应商对制造过程的信息不了

解，也无须关心制造商的生产活动。但在供应链管理环境中，供应商能共享制造部门的信息，提高了供应商应变能力，减少信息失真。同时，在订货过程中不断进行的信息反馈，可以修正订货计划，使订货与需求保持同步。

(5) 实现了面向过程的作业管理模式的转变。订单驱动的采购方式简化了采购工作流程，采购部门的作用主要是沟通供应与制造部门之间的联系，协调供应部门与制造部门之间的关系，为实现精细采购提供基础保障。

(二) 从采购管理向外部资源管理转变

外部资源管理是指制造商将采购活动渗透到供应商的产品设计和产品质量控制过程。

1. 实施外部资源管理的必要性

实施外部资源管理主要是基于以下两点：

(1) 传统采购管理的不足之处，就是与供应商之间缺乏合作，缺乏柔性和对需求快速响应的能力。即时制思想出现以后，对企业的物流管理提出了严峻的挑战，需要改变传统的单纯为库存而采购的管理模式，提高采购的柔性和市场响应能力，加强与供应商的信息联系和相互之间的合作，建立新的供需合作模式。一方面，在传统的采购模式中，供应商对采购部门的要求不能得到即时的响应；另一方面，产品的质量控制也只能事后把关，不能进行实时控制，这些缺陷使供应链企业无法实现同步化运作。

(2) 实施外部资源管理也是实施精细化生产和零库存生产的要求。供应链管理中的一个重要思想，是在生产控制中采用基于订单流的即时制生产模式，使供应链企业的业务流程朝着精细化生产努力，即实现生产过程的几个"零"化管理：零缺陷、零库存、零交货期、零故障、零（无）纸文书、零废料、零事故、零人力资源浪费。

供应链管理思想体现了系统性、协调性、集成性、同步性，外部资源管理是实现供应链管理上述思想的一个重要步骤。从供应链企业集成的过程来看，它是供应链企业从内部集成走向外部集成的重要一步。

2. 制造商实施外部资源管理的要点

要实现有效的外部资源管理，制造商的采购活动应从以下几个方面着手加以改进：

(1) 和供应商建立一种长期的、互惠互利的合作关系。这种合作关系保证了供需双方能够有合作的诚意和参与双方共同解决问题的积极性。

(2) 通过提供信息反馈和教育培训支持，在供应商之间促进质量改善和质量保证。传统采购管理的不足在于没有给予供应商有关产品质量保证方面的技术支持和信息反馈。在顾客决定生产的今天，产品的质量是由顾客的要求决定的。在这样的情况下，质量管理工作在需要下游企业提供相关质量要求的基础上，应把供应商的产品质量问题及时反馈给供应商，以便其及时改进。对个性化产品的供应，制造商要提供技术培训，使供应商能够按照要求提供合格的产品和服务。

(3) 参与供应商的产品设计和产品质量控制过程。同步化运营是供应链管理的一个重要思想。同步的供应链计划使供应链各企业在响应需求方面谋求一致性的行动,增加供应链的敏捷性。实现同步化运营的措施是并行工程。制造商应该通过参与供应商的产品设计和质量控制过程,共同制定有关产品质量标准等,使需求信息能很好地在供应商的业务活动中体现出来。

(4) 协调供应商的计划。一个供应商有可能同时参与多条供应链的业务活动,在资源有限的情况下必然会造成多方需求者争夺供应商资源的局面。在这种情况下,下游企业的采购部门应主动参与供应商协调计划的活动,在资源共享的前提下,保证供应链的正常供应关系,维护企业的利益。

(5) 建立一种新的、有不同层次的供应商网络,并通过逐步减少供应商的数量,致力于与供应商建立合作伙伴关系。在供应商的数量方面,一般而言,供应商越少越有利于双方的合作。但是,企业的产品对零部件或原材料的需求是多样的,因此不同的企业供应商的数目不同。企业应该根据自己的情况选择适当数量的供应商,建立供应商网络,并逐步减少供应商的数量,致力于和少数供应商建立战略伙伴关系。

3. 供应商实施外部资源管理的要点

外部资源管理并不只是采购一方(下游企业)单方面努力就能取得成效的,它需要供应商的配合与支持,为此,供应商应该从以下几个方面提供协作:

(1) 帮助拓展用户(下游企业)的多种战略。
(2) 保证高质量的售后服务。
(3) 对下游企业的要求做出快速反应。
(4) 及时通报所发现的可能影响为用户服务的内部问题。
(5) 基于用户的需求,不断改进产品和服务质量。
(6) 在满足自己能力需求的前提下提供一部分能力给下游企业。

(三) 从一般买卖关系向战略协作伙伴关系转变

供应链管理模式下采购管理的第三个特点,是供应与需求的关系从简单的买卖关系向战略协作伙伴关系转变。

在传统的采购模式中,供应商与采购商之间是一种简单的买卖关系,因此无法解决一些全局性、战略性的供应链问题,而基于战略伙伴关系的采购方式为解决这些问题创造了条件。这些问题是:

(1) 库存问题。在传统的采购模式下,供应链的各级企业都无法共享库存信息,各级节点企业都独立地采用订货点技术进行库存决策,不可避免地产生需求信息扭曲的现象,致使供应链的整体效率得不到充分提高。但在供应链管理模式下,通过双方的合作伙伴关系,供应与需求双方可以共享库存数据,有效降低库存。

(2) 风险问题。供需双方通过战略性合作关系,可以降低由于不可预测的需求变化而带来的风险,如运输过程的风险、信用的风险和产品质量的风险等。

(3) 便利问题。通过合作伙伴关系可以为双方共同解决问题提供便利的条件,通过合作伙伴关系,双方可以共同协商制订战略性的采购供应计划,不必为日常琐事消耗太多时间与精力。

(4) 降低采购成本问题。通过合作伙伴关系,供需双方都从降低交易成本中获得好处,避免了许多不必要的手续和谈判过程,信息的共享避免了信息不对称决策可能造成的损失。

(5) 组织障碍问题。战略性的伙伴关系消除了供应过程中的组织障碍,为实现即时化采购创造了条件。

四、供应链管理环境中采购的特点

从以上的分析中可以看出,随着供应链管理的出现,采购发生了很多变化,下面再从不同角度对这些变化加以分析。

1. 从采购性质来看

供应链管理环境中的采购是一种基于需求的采购:需要多少就采购多少,什么时候需要就什么时候采购。采购回来的货物直接送入需求点进行消费。而传统的采购则是基于库存的采购,采购回来的货物直接进入库存,等待消费。这也是前面所讲的从为库存采购转变成为需求采购。

供应链管理环境中的采购又是一种供应商主动型采购。由于供应链的需求者的需求信息随时都传送给供应商,所以供应商能够随时掌握用户需求信息、需求状况和变化趋势,从而及时调整生产计划,及时补充货物,主动跟踪用户需求,主动适时适量地满足用户需要。由于双方是一种友好合作的利益共同体,如果需求方的产品质量不好,销售不出去的话,供应商自己也会遭受损失,所以供应商会主动关心产品质量,自觉把好质量关,保证需求方的产品质量。因此,需求方完全可以不用操心采购的事情,只要到时候支付货款就行了。对需求方来说,这是一种无采购操作的采购方式。而传统的采购则必须靠用户自己主动承担全部采购任务。因为用户的需求信息供应商不知道,供应商的信息用户也不知道,所以用户必须自己主动去采购。这需要在调查供应商、产品和价格上花费很多时间,然后再选择供应商,和供应商洽谈,签订合同,最后还要联系进货,费时费力进行严格的货检。对需求方来讲,这是一种全采购操作的采购方式,而供应商则完全处于一种被动、无关的地位。

供应链管理环境中的采购还是一种合作型采购。双方为了产品能在市场上占有一席之地及获得更大的经济效益,从不同的角度互相配合、各尽其力,所以在采购上也是互相协调配合,提高采购工作的效率,最大限度地降低采购成本,最好地保证供应。而传统采购是一种对抗性采购。由于双方是一种对抗性竞争关系,所以贸易双方互相保密,只顾自己获取利益,甚至还互相算计对方,因此贸易谈判、货物检验等方面难度都很大。双方不是互相配合,而是相互不负责任,甚至是相互坑害,供应商常常以次充好、低价高卖,赚一笔是一笔。所以，需求方必须时时小心、处处小心，有时甚至防不胜防。这样一来，花在采购上的人员、时间、精力和费用相当可观。

2. 从采购环境来看

供应链管理环境中的采购是在一种友好合作的氛围中，而传统采购则处于一种利益互斥、对抗性竞争的环境中。这是两种采购制度的根本区别。由于采购环境不同，导致了许多观念上、操作上的不同，才形成了各自的优点和缺点。供应链采购的根本特征就是有一种友好合作的供应链的采购环境，这是它根本的特点，也是它最大的优点。

3. 从信息情况来看

供应链管理环境中采购的一个重要的特点就是供应链企业之间实现了信息连通、信息共享。供应商能随时掌握用户的需求信息，能够根据用户需求情况和需求变化情况主动调整自己的生产计划和送货计划。供应链各节点企业可以通过计算机网络进行信息沟通和业务活动。这样，足不出户就可以很方便地开展协调活动，进行相互之间的业务处理活动，如发送订货单、发送发货单和支付货款等。

当然，信息传输、信息共享，首先要求每个企业内部的业务数据要信息化、电子化，也就是要用计算机处理各种业务数据、存储业务数据。没有企业内部的信息网络，也就不可能实现企业之间的数据传递和数据共享。因此，供应链采购的基础就是要实现企业的信息化和企业间的信息共享，也就是要建立企业内部网络（Intranet）和企业外部网络（Extranet），并且和互联网连通，建立起企业管理信息系统。

4. 从库存情况看

供应链管理环境中的采购是由供应商管理用户的库存，用户没有库存，即零库存。这意味着无须关心库存。这样做的好处是：①用户零库存可以节省费用，降低成本，专心致志地搞好工作，发挥核心竞争力，提高效率，因而可以提高企业的经济效益，也可以提高供应链的整体效益。②供应商掌握库存自主权，可以根据需求变动情况，适时地调整生产计划和送货计划，既避免盲目生产造成的浪费，也可以避免库存积压、库存过高所造成的浪费以及风险。同时由于这种机制把供应商的责任（产品质量好坏）与利益（销售利润的多少）相联系，因此加强了供应商的责任心，自觉提高用户满意水平和服务水平，供需双方都获得了效益。而传统的采购由于卖方设置仓库、管理库存，很容易一方面造成库存过高积压，另一方面又可能缺货，不能保证供应，同时还造成精力分散、工作效率低，服务水平和经济效益都会受到严重影响。

5. 从送货情况来看

供应链管理环境中的采购是由供应商负责送货，而且是连续小批量多频次地送货。这种送货机制可以大大降低库存，实现零库存。因为它送货的目的是直接满足用户的需要，需要多少就送多少，什么时候需要就什么时候送，不多送也不早送，这样就没有多余的库存。这样既可以降低库存费用，又能够满足需要，不缺货。同时，由于可以根据需求的变化随时调整生产计划，不多生产，不早生产，因而节省了原材料费用和加工费用。此外，由于紧紧跟踪市场需求的变化，所以能够灵活适应市场变化，避免库存风险。而传统采购是大批量少频次地订货进货，所以库存量大、费用高而且风险大。

6. 从双方关系来看

供应链管理环境中的采购，买方企业和卖方企业是一种友好合作的战略伙伴关系，它们互相协调、互相配合、互相支持，所以有利于各个方面工作的顺利开展，提高工作效率，实现双赢。而传统采购中，买方和卖方是一种对抗性的买卖关系，一个赢，另一个必然输，所以互相防备、互相封锁、互相不信任、互相不配合甚至互相坑害，办起事情很困难，工作效率也很低。

7. 从货检情况来看

传统采购由于供需双方之间是一种对抗关系，以次充好、低价高买甚至伪劣假冒、缺斤少两的现象时有发生，所以买方进行货检的力度大，工作量大，成本高。而供应链管理环境中的采购，由于双方的利益是一致的，所以供应商能自我约束，保证质量，货物可以免检。这样就大大节约了费用，降低了成本。

从以上的对比可以看出，供应链管理环境中的采购与传统的采购相比，无论在观念上还是做法上都有很大的区别，有革命性的变化和显著的优越性。

传统采购模式与供应链采购管理的主要区别，如表6-1所示。

表6-1 传统采购模式与供应链采购模式的主要区别

项　　目	传统采购管理	供应链采购管理
供需双方关系	相互对立	合作伙伴
合作关系	可变	长期
合同期限	短	长
采购数量	大批量	小批量
运输策略	单一品种整车发送	多品种整车发送
质量问题	检验/再检验	不需入库检验
供需双方的信息沟通	采购订单	网络
信息沟通频率	离散的	连续的
对库存的认识	资产	祸害
供应商数量	多，越多越好	少，甚至只有一个
设计流程	先设计产品后询价	供应商参与产品设计
产量	大量	少量
交货时间安排	每月	每周或每天
供应商地理分布	很广的区域	尽可能靠近制造商
仓库	大，自动化	小，灵活

第二节　供应链管理中的即时制采购策略

即时制（JIT）采购是在 20 世纪 90 年代，受即时制生产管理思想的启发而出现的。即时制生产方式最初是由日本丰田汽车公司在 20 世纪 60 年代率先使用的。在 1973 年爆发的石油危机中，这种生产方式使丰田公司渡过了难关，因此受到了日本国内和其他国家生产企业的重视，并逐渐引起了欧洲和美国的日资企业及当地企业的效仿，且获得了一定的成功。近年来，JIT 模式不仅作为一种生产方式，也作为一种采购模式开始流行起来。

一、即时制采购的概念及意义

1. 即时制采购的概念

即时制生产的基本思想是"彻底杜绝浪费"，"只在需要的时间，按需要的量，生产所需要的产品"。这种生产方式的核心是追求一种无库存生产系统或是库存量达到最小的生产系统。即时制的管理思想目前已经被运用到采购、运输、储存以及预测等领域。

即时制采购是一种先进的采购模式，它的基本思想是：在恰当的时间和恰当的地点，以恰当的数量和恰当的质量提供恰当的物品。它是从即时生产发展而来的，是为了消除库存和不必要的浪费而进行持续性改进。要进行即时制生产必须有即时的供应，因此即时制采购是即时化生产管理模式的必然要求。它和传统的采购方法在质量控制、供需关系、供应商的数目、交货期的管理等方面有许多的不同，其中，供应商的选择和质量控制是其核心内容。

即时制采购对即时制生产思想的继承也在于对"零库存"的要求，它与传统采购的不同之处在于制造商与供应商签订了在需要的时候提供需要的数量的原材料的协议。这意味着可能要一天一次、一天两次甚至每小时好几次地供货。

2. 即时制采购的意义

即时制采购对于供应链管理思想的贯彻实施有重要的意义。从前面的论述中可以看到，供应链环境中的采购模式和传统的采购模式的不同之处在于采用订单驱动的方式。订单驱动使供应与需求双方都围绕订单运作，也就实现了即时化、同步化运作。要实现同步化运作，采购方式就必须是并行的，当采购部门产生一个订单时，供应商即开始着手物品的准备工作。与此同时，采购部门编制详细的采购计划，制造部门也进入生产的准备过程，当采购部门把详细的采购单提供给供应商时，供应商就能很快地将物资在较短的时间内交给用户。当用户需求发生改变时，制造订单又驱动采购订单发生改变，这样一种快速的改变过程，如果没有即时的采购方法作为支撑，供应链企业很难适应这种多变的市场需求。因此，即时制采购增加了供应链的柔性和敏捷性。

即时制采购策略体现了供应链管理的协调性、同步性和集成性，供应链管理需要即时制采购来保证供应链的整体同步化运作。

二、即时制采购与传统采购的比较

1. 对供应商数量的选择不同

传统的采购模式通常是多头采购，供应商的数目较多，企业与供应商的关系是通过价格竞争确定的短期合作关系；即时制采购追求的是较少的供应商，甚至只选择一个供应商，且与供应商的关系是长期合作关系。

2. 对交货即时性的要求不同

即时制采购的一个重要特点是要求即时交货。能否即时交货是用户评价供应商的一个重要因素。交货即时取决于供应商的生产与运输条件。作为供应商来说，要实现即时交货，一方面要不断改进企业的生产条件，提高生产的可靠性和稳定性，减少由于生产过程的不稳定导致延迟交货或误点情况的发生。作为即时制供应链管理的一部分，供应商应该采用即时化的生产管理模式，以提高生产过程的即时性。另一方面，为了做到交货即时性，运输问题不可忽视。在物流管理中，运输问题是一个很重要的问题，它决定即时交货的可能性。特别是全球的供应链系统，运输过程长，而且可能要先后采用不同的运输工具，需要中转运输等，因此就有必要进行有效的运输计划与管理，使运输过程准确无误。

3. 对供应商进行选择的标准不同

在传统的采购模式中，供应商是通过价格竞争来选择的，供应商与用户的关系是短期的合作关系，当发现供应商不合适时，可以通过市场竞标的方式重新选择供应商。但在即时制采购模式中，由于供应商和用户是长期的合作关系，供应商的合作能力将影响企业的长期经济利益，因此，对供应商的要求就比较高。在选择供应商时，需要对供应商进行综合的评价，而对供应商的评价必须依据一定的标准。这些标准应包括产品质量、交货期、价格、技术能力、应变能力、批量柔性、交货期与价格的均衡、价格与批量的均衡、地理位置等，而不像传统采购那样主要依靠价格标准。

4. 制订采购批量的策略不同

即时制采购和传统的采购模式的一个重要不同之处在于，即时生产需要减少生产批量，直至实现"一个流生产"，因此采购物资也应采用小批量的办法。从另外一个角度看，由于企业生产对原材料和外购件的需求是不确定的，而即时制采购又旨在消除原材料和外购件库存，为了保证即时、按质按量供应所需的原材料和外购件，采购必然是小批量的。

5. 对送货和包装的要求不同

由于即时制采购消除了原材料和外购件的缓冲库存，供应商交货的失误和送货的延迟必将导致企业生产线的停工待料。因此，可靠的送货是实施即时制采购的前提条件。而送货的可靠性，常取决于供应商的生产能力、运输条件和包装条件，一些不可预料的因素，如恶劣的气候条件、交通堵塞、运输工具的故障等，都可能引起送货迟延。当然，最理想的送货是直接将货送到生产线上。

6. 对信息交流的需求不同

即时制采购要求供应与需求双方信息高度共享，保证供应与需求信息的准确性和实时性。由于双方的战略合作关系，企业在生产计划、库存、质量等各方面的信息都可以即时交流，以便出现问题时能够即时处理。只有供需双方进行可靠而快速的双向信息交流，才能保证所需原材料和外购件的即时按量供应。同时，充分的信息交流可以增强供应商的应变能力。所以，实施即时制采购，就要求供应商和制造商之间进行有效的信息交流。信息交流的内容包括生产作业计划、产品设计、工程数据、质量、成本和交货期等。信息交流的手段包括电报、电传、电话、信函、卫星通信等。现代信息技术的发展，如EDI、电子邮件等，为有效的信息交流提供了有力的支持。

三、即时制采购的优点

根据资料统计，即时制采购在以下几个方面已经取得了令人满意的成果。

1. 大幅度减少原材料和外购件的库存成本

根据国外一些实施即时制采购策略企业的测算，即时制采购可以使原材料和外购件的库存降低40%~85%。原材料和外购件库存的降低，有利于减少流动资金的占用，加速资金周转，同时也有利于节省原材料和外购件库存占用的空间，从而降低库存成本。从成本的角度看，采取单源供应比多头供应好。一方面，对供应商的管理比较方便，而且可以使供应商获得内部规模效益和长期订货，从而可使购买的原材料和外购件的价格降低，有利于降低采购成本；另一方面，单源供应可以使制造商成为供应商的一个非常重要的客户，因而加强了制造商与供应商之间的相互依赖，有利于建立长期稳定的合作关系，质量上比较有保证。合格的供应商具有较好的技术、设备条件和较高的管理水平，可以保障采购的原材料和外购件的质量，保证即时按量供货。

在大多数情况下，其他标准较高的供应商，其价格可能也是较低的，即使不是这样，双方建立起互利合作关系后，企业也可以帮助供应商找出降低成本的方法，从而使价格降低。更进一步，当双方建立了良好的合作关系后，很多工作如订货、修改订货、点数统计和品质检验等可以简化以至消除，从而减少资源浪费。

2. 提高采购物资的质量

实施即时制采购后，企业的原材料和外购件的库存很少甚至为零。因此，为了保障企业生产经营的顺利进行，采购物资的质量必须从根源上抓起。也就是说，购买的原材料和外购件的质量保证，应由供应商负责，而不是由企业的物资采购部门把关。即时制采购就是要把质量责任返回给供应商，从根源上保障采购质量。为此，供应商必须参与制造商的产品设计过程，制造商也应帮助供应商提高技术能力和管理水平。

一般来说，实施即时制采购，可以使购买的原材料和外购件的质量有大幅度的提高。

而且，原材料和外购件质量的提高，又会导致质量成本的降低。据估算，推行即时制采购可使质量成本减少26%~63%。

3. 降低原材料和外购件的采购价格

由于供应商和制造商的密切合作以及内部规模效益与长期订货，再加上消除了采购过程中的一些浪费（如订货手续、装卸环节、检验手续等），就使得购买的原材料和外购件的价格得以降低。例如，生产复印机的美国施乐（Xerox）公司，通过实施即时制采购策略，其采购物资的价格下降了40%~50%。

此外，推行即时制采购策略，不仅缩短了交货时间，节约了采购过程所需资源（包括人力、资金、设备等），而且提高了企业的劳动生产率，从而增强了企业的适应能力。

四、即时制采购带来的问题及其解决办法

1. 小批量采购带来的问题及其解决办法

小批量采购必然增加运输次数和运输成本，对供应商来说，这是很为难的事情，特别是供应商在国外等远距离的情形下更是如此。解决这一问题的方法有四种：①使供应商在地理位置上靠近制造商，如日本汽车制造商扩展到哪里，其供应商就跟到哪里。②供应商在制造商附近建立临时仓库。实质上，这只是将负担转嫁给了供应商，而未从根本上解决问题。③由一个专门的承包运输商或第三方物流企业负责送货，按照事先达成的协议，搜集分布在不同地方的供应商的小批量物料，即时按量送到制造商的生产线上。④让一个供应商负责供应多种原材料和外购件。

2. 采用单源供应带来的风险

单源供应带来的风险包括：供应商有可能因意外原因中断交货，单源供应使企业不能得到竞争性的采购价格，对供应商的依赖过大等。因此，制造商必须与供应商建立长期互利合作的新型伙伴关系。在日本，尽管98%的即时制生产企业名义上采取单源供应的办法，但实际上，一些企业常采用同一原材料或外购件由两个供应商供货的方法，其中一个供应商为主，另一个供应商为辅。许多企业也不是很愿意成为单一供应商，原因很简单，一方面供应商是独立性较强的商业竞争者，不愿意把自己的成本数据披露给用户；另一方面是供应商不愿意为用户储存产品。实施即时制采购，需要减少库存，但库存成本原先是在用户一边，现在要转移给供应商。

五、实施即时制采购的关键因素及步骤

（一）影响即时制采购实施的因素

实施即时制采购，关键要注意以下三个方面的问题：

（1）选择最佳的供应商并对供应商进行有效的管理是即时制采购成功的基石。

（2）供应商与用户的紧密合作是即时制采购成功的钥匙。

（3）卓有成效的采购过程质量控制是即时制采购成功的保证。

即时制采购的成功实施需要具备一定的前提条件。实施即时制采购的最基本的条件如下：

（1）距离越近越好。供应商和用户企业的空间距离越近越好，太远了，操作不方便，发挥不了即时制采购的优越性，很难实现零库存。

（2）制造商和供应商建立互利合作的战略伙伴关系。即时制采购策略的推行，有赖于制造商和供应商之间建立起长期的、互利合作的新型关系，相互信任，相互支持，共同获益。

（3）注重基础设施的建设。良好的交通运输和通信条件是实施即时制采购策略的重要保证，企业间通用标准的基础设施建设，对即时制采购的推行也至关重要。所以，要想成功实施即时制采购策略，制造商和供应商都应注重基础设施的建设。诚然，这些条件的改善，不仅仅取决于制造商和供应商的努力，也需要各级政府加大投入。

（4）强调供应商的参与。即时制采购不只是企业物资采购部门的事，它也离不开供应商的积极参与。供应商的参与，不仅体现在准时、按质、按量供应制造商所需的原材料和外购件上，而且体现在积极参与制造商的产品开发设计上。与此同时，制造商也有义务帮助供应商改善产品质量，提高劳动生产率，降低供货成本。

（5）建立实施即时制采购策略的组织。企业领导必须从战略高度来认识即时制采购的意义，并建立相应的组织来保证该采购策略的成功实施。这一组织的构成，不仅应包括企业的物资采购部门，还应包括产品设计部门、生产部门、质量部门和财务部门等。其任务是，提出实施方案，具体组织实施，对实施效果进行评价并进行连续不断的改进。

（6）制造商向供应商提供综合的、稳定的生产计划和作业数据。综合的、稳定的生产计划和作业数据可以使供应商及早准备，精心安排生产，确保准时、按质、按量交货。否则，供应商就不得不求助于缓冲库存，从而增加其供货成本。有些供应商在制造商工厂附近建立仓库以满足制造商的即时制采购要求，实质上这不是真正的即时制采购，而只是库存负担的转移。

（7）注重教育与培训。通过教育和培训，可以使制造商和供应商充分认识到实施即时制采购的意义，并使它们掌握即时制采购的技术和标准，以便对即时制采购进行不断的改进。

（8）加强信息技术的应用。即时制采购是建立在有效信息交流的基础上的，信息技术的应用可以保证制造商和供应商之间信息交流的通畅。因此，制造商和供应商都必须加强对信息技术，特别是电子数据交换技术应用的投资，以便更加有效地推行即时制采购策略。

（二）即时制采购的实践分析

美国加利弗尼亚州立大学的研究生做了一次对汽车、电子、机械等企业的经营者即时制采购的效果问卷调查,共调查了 67 家美国公司。这些公司有大有小,其中包括著名的 3COM、惠普、苹果等公司。这些公司有的是制造商,有的是分销商,有的从事服务业,调查的对象为公司的采购与物料管理经理。调查内容及结果如表 6-2、表 6-3、表 6-4 和表 6-5 所示。

表 6-2 即时制采购成功的关键因素

调查问题	肯定回答(%)	调查问题	肯定回答(%)
和供应商的相互关系	51.5	进货质量	19.7
管理的措施	31.8	长期的合同协议	16.7
适当的计划	30.3	采购的物品类型	13.6
部门协调	25.8	特殊的政策与惯例	10.6

表 6-3 即时制采购解决的问题

调查问题	肯定回答(%)	调查问题	肯定回答(%)
空间减少	44.8	解决缺货问题	17.2
成本减少	34.5	改进资金流	17.2
改进用户服务	34.5	缩短提前期	10.3
及时交货	34.5		

表 6-4 实施即时制采购的困难因素

调查问题	肯定回答(%)	调查问题	肯定回答(%)
缺乏供应商的支持	23.6	采购物品的类型	16.4
部门之间协调性差	20.0	进货物品质量差	12.7
缺乏对供应商的激励	18.2	特殊政策与惯例	7.1

表 6-5 与供应商有关的即时制采购问题

调查问题	肯定回答(%)	调查问题	肯定回答(%)
很难找到好的供应商	35.6	供应商太多	26.4
供应商不可靠	31.1	供应商不想频繁交货	17.8
供应商太远	26.7		

他们根据自己的调查结果,得出以下结论:

(1)即时制采购成功的关键是与供应商的关系,而最困难的问题也是缺乏供应商的合作。供应链管理所倡导的战略伙伴关系为实施即时制采购提供了基础性条件,因此在供应链环境中实施即时制采购比传统管理模式下实施即时制采购更加有现实意义和可能性。

(2)难找到"好"的合作伙伴是影响即时制采购的第二个重要因素,如何选择合适的供应商、选择的是否合适就成了影响即时制采购的重要条件。在传统的采购模式下,企业之间的关系不稳定,具有风险,影响了合作目标的实现。供应链管理模式下的企业是协作性战略伙伴,因此为即时制采购奠定了基础。

(3) 缺乏对供应商的激励是即时制采购的另外一个影响因素。要成功地实施即时制采购,必须建立一套有效的供应商激励机制,使供应商和用户一起分享即时制采购的好处。

(4) 即时制采购不单是采购部门的事情,企业各部门都应为实施即时制采购创造有利的条件,为实施即时制采购共同努力。

在我国同样存在着企业与供应商关系的问题,如何选择供应商、如何管理供应商是推行即时制采购首先要解决的问题。下一节将针对这个问题进行详细的论述。

(三) 实施步骤

同其他工作一样,开展即时制采购需要遵循计划、实施、检查、总结提高的基本思路,具体包括以下步骤。

1. 创建即时制采购团队

世界一流企业的专业采购人员具有三个责任:寻找货源、商定价格、发展与供应商的协作关系并不断改进。创建一支专业化、高素质的采购队伍对实施即时制采购至关重要。为此,首先要成立两个团队,一个是专门处理供应商事务的团队,该团队负责认定和评估供应商的信誉、能力,或与供应商谈判签订即时制订货合同、向供应商发放免检签证等,同时要负责供应商的培训与教育。另外一个团队专门负责避免和消除采购中的浪费。这些团队中的人员应该对即时制采购的方法有充分的了解和认识,必要时要进行培训。如果这些人员本身对即时制采购的认识和了解都很浮浅,就不可能指望供应商的合作了。

2. 分析现状,确定供应商

首先,企业要根据采购物品的分类,选择价值量大、体积大的主要原材料及零部件为出发点,结合与供应商的关系,优先选择伙伴型或优先型供应商进行即时制采购可行性分析,确定实施供应商。分析采购物品及供应商情况时要考虑的因素有原材料或零部件的采购量、年采购额、物品的重要性(对本企业产品生产、质量等的影响)、供应商的合作态度、供应商的地理位置、物品的包装及运输方式、物品的储存条件及存放周期、供应商现有供应管理水平、供应商参与改进的主动性、该物品的供应周期、供应商生产该物品的生产周期及重要原材料采购周期、供应商现有的送货频率和该物品的库存量等。然后,企业要根据现状,进一步分析问题所在以及导致问题产生的原因。

3. 设定目标

企业应针对供应商目前的供应状态,提出改进目标。改进目标包括供货周期、供货频率和库存等,改进目标应有时间要求。

4. 制订实施计划

计划要明确主要的行动点、行动负责人、完成时间、进度检查方法和时间以及进度考核指标等。其中本企业内的主要行动包括:

（1）将原来的固定订单改为开口订单，订单的订购量分成两部分，一部分是已确定的、供应商必须按时按量交货的部分；另一部分是可能因市场变化而增减的，供应商准备原材料、安排生产计划参考的预测采购量。两部分的时间跨度取决于本企业的生产周期、供应商的生产交货周期和最小生产批量等。

（2）调整相应的运作程序及参数设置，在企业内相关人员之间进行沟通、交流，统一认识，协调行动。

（3）确定相应人员的职责及任务分工等。

（4）需要对供应商进行沟通、培训，使供应商接受即时制采购的理念，确认本企业提出的改进目标，包括缩短供应时间，增加供应频率，保持合适的原材料、在制品及成品的库存等。同时供应商也相应确认有关的配合人员的责任、行动完成时间等。

5. 改进行动实施

改进行动实施的前提是供应原材料的质量改进和保障，同时为改善供应原材料的质量要考虑采用标准、循环使用的包装、周转材料与器具，以缩短送货的装卸和出入库时间。改进实施的主要环节是将原来的独立开具固定订单改成滚动下单，并将订单与预测结合起来。实施即时制采购，企业还应注意提高行政工作效率，充分利用电话、传真及电子邮件等手段进行信息传递以充分保证信息传递的及时性、准确性和可靠性。在开展即时制采购的过程中，最重要的是要有纪律，要严格按确定的时间做该做的事情（如开具采购预测、订单和库存报告等），同时要有合作精神与团队意识。只有采购、计划、仓管、运输、收验货以及供应商等方面密切配合，才能保证即时制采购顺利实施。

6. 绩效衡量

衡量即时制采购实施绩效要定期检查进度，以绩效指标（目标的具体化指标）来控制实施过程。采购部门或即时制采购实施改进小组要定期（如每月）对照计划检查各项行动的进展情况，各项工作指标、主要目标的完成情况，并用书面形式报告出来。对于未如期完成的部分应重新提出进一步的跟进行动，调整工作方法，必要时调整工作目标。

第三节　供应链管理中供应商的选择、评价与考核

供应商管理是供应链采购管理中的重要问题，在实现即时制采购中起着重要作用。供应链管理环境下的供应商关系从传统的非竞争走向合资、合作与竞争并存是当今企业关系发展的一个趋势。

一、供应链管理中供应商的选择与评价程序

供应链管理中供应商的选择与评价程序如图6-1所示。

按照图6-1所示的流程对供应商进行选择和评价，第一步要对供应商的质量体系进行

全面、深入和认真的调研。

质量得到保证以后，第二步是进行初步评审。按照企业的发展状况，需要什么样的质量支撑，对质量体系进行初步评审。评审完以后，对合格品可进行样品评价。评价结果可能产生两种情况：若产品不合格，应中断合作；若产品合格，应进一步进行品质的确认。品质确认在实践操作中要特别注意封样制度，在封口上还可以实行签名制度。

接下来要到供应商生产场地进行技术调研，调查样品是不是供应商生产出来的，其工艺是否可靠。在此基础上，就可以询价议价了。谈价格要有技巧，首先要了解市场的平均价格，还要了解其成本组成、利润水平。价格谈好以后，就进入采购合同阶段。合同一旦签订，就要建立档案，并要保管好合同。为了减少纠纷，合同一定要详尽，具体的合作过程、细节问题在合同里写得越清楚越好，另外最好有中文和英文两种文体，因为英文是一种解释性语言，能够把问题写得很清楚。

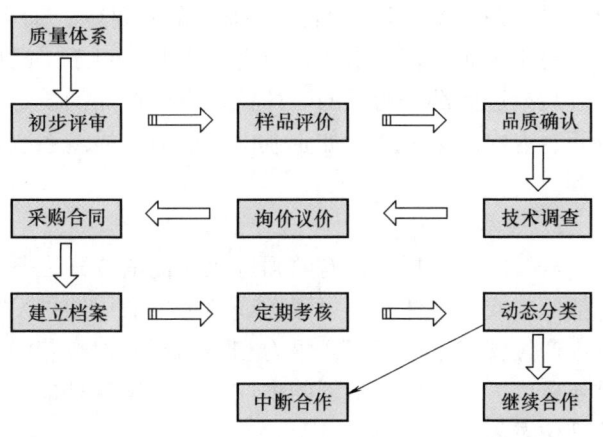

图6-1　供应商选择与评价流程图

合同签好以后，要建立档案，并进行专门的保管。ISO 9000 的 1994 年版和 2000 年版都有严格的规定，档案要保存 5~15 年。每年对供应商进行定期的考核，每次考核的结果都应归档。

考核完以后，还要对供应商进行动态分类。因为一次考核只是某个时间点的静态结果，随着时间的变化，供应商的情况也会有变化，所以要连续考核，进行动态分类。动态分类也有两个结果：继续合作或中断合作。

有了这样的流程，人事变动就不会对工作造成太大影响，这是流程化管理的一大优点。

二、选择供应商的主要指标

（一）选择供应商的短期标准

1. 商品质量合适

采购物品的质量是否符合要求是企业生产经营活动正常进行的必要条件，是采购单位进行商品采购时首要考虑的因素。质量次、价格偏低的商品，虽然采购成本低，但实际上导致了企业总成本的增加。因为质量不合格的产品在企业投入使用的过程中，往往会影响生产的连续性和产成品的质量，这些最终都将会反映到企业总成本中去。但是另一方面，质量过高并不意味着采购物品适合企业要求，如果质量过高，远远超过了生产要求的质量，对于企业而言也是一种浪费。因此，对于采购中质量的要求是符合企业生产所需，要求过高或过低都是错误的。评价供应商产品的质量，不仅要从商品检验入手，而且要从供应商企业内部去考察，如企业内部的质量检测系统是否完善、是否已经通过了ISO 9000认证等。

2. 成本低

进行成本分析，是有效甄选供应商的方式之一。不过，成本不仅仅包括采购价格，还包括原料或零部件使用过程中或整个生命周期中发生的一切支出。采购价格低对于降低企业生产经营成本、提高竞争力和增加利润都有着明显的作用，因而它是选择供应商的一个重要条件，但是价格最低的供应商不一定就是最合适的，还要考虑产品质量、交货时间和地理位置等。

3. 交货及时

供应单位能否按约定的交货期限和交货条件组织供货，直接影响企业生产和供应活动的连续性，因此交货时间也是选择供应商所要考虑的因素之一。企业在考虑交货时间时，一方面要降低原料的库存数量，另一方面又要降低断料停工的风险，因此要慎重考虑供应商的交货时间，以决定其是否能成为公司往来的对象。影响供应商交货时间的因素主要有：①供应商从取得原料、加工到包装所需的生产周期。②供应商生产计划的规划与弹性。③供应商的库存准备。④所采购原料或零部件在生产过程中所需要的供应商的数目与阶层（上下游）。⑤运输条件及能力。供应商交货的及时性一般用合同完成率或委托任务完成率来表示。

4. 整体服务水平好

供应商的整体服务水平是指供应商内部各作业环节，能够配合购买者的能力与态度，如各种技术服务项目、方便订购者的措施、为订购者节约费用的措施等。评价供应整体服务水平的主要指标有以下几点：

（1）安装服务。例如，空调的免费安装、计算机的装机调试和贴片机的安装调试等都属于供应商提供的安装服务的范畴。对于采购者来讲，安装服务是一大便利。通过安装服务，采购商可以缩短设备的投产时间或应用时间。供应商能否提供非常完善的安装服务是评价供应商的一个重要指标。

（2）培训服务。对于采购者来讲，会不会使用所采购的物品决定着该采购过程是否结束。如果采购者对如何使用所采购的物品不甚了解，供应商就有责任向采购者传授使用知识。每一个新产品的问世都应该有相应的辅助活动（如培训或讲座）推出。供应商在产品售前与售后的培训工作情况，也会大大影响采购方对供应商的选择。

（3）维修服务。供应商对所售产品一般都会做出免费保修一段时间的保证。例如，到电子市场买一台计算机，通常会问卖方提供多长时间的保修，有的提供一年免费故障保修,有的提供半年。一年免费保修是指买到产品一年内,因产品质量问题而出现的使用故障都可以得到供应商的免费维修。免费维修是对买方利益的保护,同时也对产品提出了更高的质量要求。供应商会想方设法提高产品质量,避免或减少免费维修情况的出现。

(4) 升级服务。这也是一种非常常见的售后服务形式,尤其是现代信息时代的产品就更需要升级服务的支持。信息时代的产品更新换代非常快,各种新产品层出不穷,功能越来越强大,价格越来越低廉,供应商提供免费或者有偿的升级服务对采购者是一大诱惑,也是竞争力的体现。例如,各种各样的杀毒软件一般都要提供升级服务,只要购买了公司产品就可以随时在网上得到免费升级的服务。

(5) 技术支持服务。这是供应商寻求广泛合作的一种手段。采购者有时非常想了解在其产品系统中究竟什么样的器件最合适,有时浪费大量的时间和费用也不一定能够找到合适的解决办法。这时,如果供应商向采购者提供相应的技术支持,供应商在替采购者解决难题的同时也销售了自己的产品。

5. 履行合同的承诺与能力

判断供应商有无履行合同的承诺与能力时主要考虑以下几点:

(1) 要先确认供应商对采购的项目、订单金额及数量是否感兴趣。订单数量大,供应商可能生产能力不足,而订单数量少,供应商可能缺乏兴趣。

(2) 供应商处理订单的时间。

(3) 供应商在需要采购的项目上是否具有核心能力。

(4) 供应商是否具有自行研发产品的能力。

(5) 供应商目前的闲置设备状况。

(二) 选择供应商的长期标准

选择供应商的长期标准主要在于评估供应商是否能够提供长期而稳定的供应、生产能力是否能配合制造商的成长、是否具有健全的企业体制、是否具有与制造商相近的经营理念、产品未来的发展方向能否符合制造商的需求,以及是否具有长期合作的意愿等。

1. 供应商的财务状况是否稳定

供应商的财务状况直接影响到其交货和履约。如果供应商的财务出现问题,资金周转不灵,或者倒闭破产,将会造成自身供料不足,甚至出现停工的严重危机。因此,供应商的财务状况是考查供应商长期供货能力的一个重要指标。虽然企业不容易判断一家供应商的财务状况,但是可以利用资产负债表来考核供应商一段时期营运的成果,观察其所拥有的资产和负债情况;通过损益表,研究供应商一段时期内的销售业绩与成本费用情况。如果供应商是上市公司,还可以利用公司的年度报表中的信息来计算各种财务比率,以观察其现金流动情况、应收应付账款的状况、库存周转率和获利能力等。

2. 供应商内部组织与管理是否良好

供应商的内部组织与管理是关系到日后供应商服务质量的因素。供应商内部组织机构设置是否合理影响着采购的效率及其质量,如果供应商组织机构设置混乱,采购的效率与质量就会因此下降,甚至由于供应商部门之间的互相扯皮而导致供应活动不能及时、高质量地完成。另外,供应商的高层主管是否将采购单位视为主要客户也是影响供应质量的一个因素。如果供应商的高层没有将采购单位视为主要客户,在面临一些突发状况时,采购单位便无法取得优先处理的机会。

除此之外,还可以从供应商机器设备的新旧程度及保养状况,看出管理者对生产工具、产品质量的重视程度以及内部管理的好坏。另外可以参考供应商同业之间的评价,及其在所属产业中的地位。对客户满意程度的认知、对工厂的管理、对采购原材料来源的掌握、生产流程的控制,也是评估供应商内部管理时的重要指标。

3. 供应商的人员状况是否稳定

供应商员工的平均年龄也是反映企业管理中是否存在问题的一个重要指标。若平均年龄偏高,表明供应商员工的流动率较低,相反也可能显示出供应商无法吸收新员工的加入,因而缺乏新观念、新技术的引进。另外供应商员工的工作态度及受培训的水平,会直接影响到产出的效能,这些都是可以在现场参观时观察到的。

三、与供应商建立双赢的采购模式

在供应商与制造商的关系中,存在两种典型的关系模式:第一种模式是传统的竞争关系。竞争关系模式是价格驱动的,这种关系的采购策略表现为买方同时向若干供应商购货,通过供应商之间的竞争获得价格好处,同时也保证了供应的连续性;买方通过在供应商之间分配采购数量对供应商加以控制;买方与供应商保持的是一种短期合同关系。第二种模式是合作性关系,即双赢关系。双赢关系强调在合作的供应商和生产商之间共同分享信息,通过合作和协商协调相互的行为。例如,制造商对供应商予以帮助,帮助供应商降低成本、改进质量、加快产品开发的进度;通过建立相互信任的关系提高效率,即现代供应链采购关系。在采购管理中体现供应链的思想,对供应商的管理就应集中在如何和供应商建立双赢关系以及维护和保持双赢关系上。

首先,要建立信息交流与共享机制。信息交流有助于减少投机行为,有助于促进重要生产信息的自由流动。为加强供应商与制造商的信息交流,可以从以下几个方面着手:在供应商与制造商之间经常进行有关成本、作业计划、质量控制信息的交流与沟通,保持信息的一致性和准确性;实施并行工程;制造商在产品设计阶段让供应商参与进来,这样供应商可以在原材料和零部件的性能和功能方面提供有关信息,为实施产品质量和功能开发创造条件,把用户的价值需求及时地转化为供应商的原材料和零部件的质量与功能要求;建立联合的任务小组解决共同关心的问题,供应商与制造商之间应建立一种基于团队的工作小组,双方的有关人员共同解决供应过程以及制造过程遇到的各种问题;供应商和制造商经常互访,及时发现和解决各自在合作活动过程中出现的问题和困难,建立良好的合作氛围；使用电子数据交换（EDI）和互联网技术进行快速的数据传输。

其次，形成一种供应商的激励机制。要保持长期的双赢关系，没有对供应商有效的激励机制，就不可能建立良好的供应关系。在激励机制的设计上，要体现公平、一致的原则。应给予供应商价格折扣和柔性合同，以及采用赠送股权等方式，使供应商和制造商分享成功，同时也使供应商从合作中体会到双赢机制的好处。

最后，以合理的方法和手段评价供应商业绩。实施供应商的激励机制，就必须对供应商的业绩进行评价，使供应商不断改进。没有合理的评价方法，就不可能对供应商的合作效果进行评价，将大大挫伤供应商的合作积极性和合作的稳定性。对供应商的评价要抓住主要指标或问题，如交货质量是否改善、提前期是否缩短、交货的即时率是否提高等。通过评价，制造商把结果反馈给供应商，和供应商一起共同探讨问题产生的根源，并采用相应的措施予以改进。

四、对供应商的绩效考核

对供应商的绩效考核是指对现有供应商的日常表现进行定期监控和考核。传统上，虽然制造商一直也在进行对供应商的考核工作，但是一般都只是对重要供应商的来货质量进行定期的检查，没有一整套的规范和程式。随着采购管理在企业中的地位越来越重要，供应商的管理水平也在不断上升，原有的考核方法已不再适应企业管理的需要。

（一）对供应商进行绩效考核的目的、原则、范围及准备工作

1. 对供应商进行绩效考核的目的

对供应商进行绩效考核的主要目的是确保供应商供应的质量，同时通过比较，保留并巩固优秀的供应商，淘汰绩效差的供应商。对供应商进行绩效考核的同时也可以了解供应商存在的不足之处，并将这些不足之处反馈给供应商，促进供应商改善其业绩，为日后更好地完成供应活动打下良好的基础。

2. 对供应商进行绩效考核的基本原则

（1）对供应商的绩效考核必须持续进行，定期地检查目标达成的情况。当供应商知道会被定期地评估时，自然就会致力于改善自身的绩效，从而提高供应质量。

（2）要从供应商和企业自身各自的整体运作方面来进行评估，以确立整体的目标。

（3）供应商的绩效总会受到各种外来因素的影响，因此对供应商的绩效进行评估时，要考虑到外在因素带来的影响，不能仅仅衡量绩效。

3. 对供应商进行绩效考核的范围

不同的单位针对供应商表现的考核要求不同，相应的考核指标也不一样。最简单的做法是仅衡量供应商的交货质量；成熟一些的做法除考核质量外，也会跟踪供应商的交货表现；较先进的系统则会进一步扩展到供应商的支持与服务、供应商参与制造商产品开发等表现，也就是由考核订单交单实现过程延伸到考评产品开发过程。

世界一流企业对供应商的考评通常包括如下做法：考核所有的供应商，并且以文件的形式规定好考核什么、何时考核、怎样考核、由谁考核；事先确定好考核指标并通过信息系统自动计算考核结果；考核指标明确、合理、与制造商的总目标保持一致；考核指标具体，考核准则体现跨功能精神；考核表现反馈给供应商并通报到制造商内部相关人员；组织供应商会议，跟进相应的改善行动；设定明确的改进目标。

4. 对供应商绩效考核的准备工作

制造商要实施对供应商的绩效考核，就必须制订一套考核办法或工作程序。实施过程中，制造商要对供应商的表现如质量、交货、服务等进行监测记录，为考核提供量化依据。考核前还要将考核的做法、标准及要求同被考核的供应商进行充分的沟通，并在制造商内对参与考核的部门或人员做好沟通与协调。对供应商的绩效考核工作常由采购人员牵头组织，质量、企划等人员共同参与。

（二）对供应商进行绩效考核的指标体系

为了科学、客观地反映供应商供应活动的运作情况，制造商应该建立与之相适应的对供应商进行绩效考核的指标体系。在制订考核指标体系时，应该突出重点，对关键指标进行重点分析，尽可能地采用实时分析与考核的方法，要把绩效考核范围扩大到能反映供应活动时间运营的信息上去，因为这要比做事后分析有价值得多。考核供应商绩效的因素主要有质量、交货时间、价格和服务水平等。

1. 质量指标

质量指标是对供应商考核的基本指标，包括来料批次合格率、来料抽检缺陷率、来料在线报废率和来料免检率等。来料批次合格率是最为常用的质量考核指标之一。

$$来料批次合格率 = 合格来料批次 \div 来料总批次 \times 100\%$$

$$来料抽检缺陷率 = 抽检缺陷总数 \div 抽检样品总数 \times 100\%$$

$$来料在线报废率 = 来料总报废数（含在线生产时发现的）\div 来料总数 \times 100\%$$

$$来料免检率 = 来料免检的种类数 \div 该供应商供应的产品总种类数 \times 100\%$$

此外，有的制造商还将供应商体系、质量信息、供应商是否使用及如何使用统计过程控制（Statistical Process Control，SPC）于质量控制等也纳入考核内容。比如供应商是否通过了ISO 9000认证或供应商的质量体系审核是否达到一定的水平。还有些制造商要求供应商在提供产品的同时提供相应的质量文件，如过程质量检验报告、出货质量检验报告以及产品成分性能测试报告等。

2. 供应指标

供应指标又称企业指标，是同供应商的交货表现以及供应商企划管理水平相关的考核因素，其中最主要的是准时交货率、交货周期、订单变化接受率等。

$$准时交货率 = 按时按量交货的实际批次 \div 订单确认的交货总批次 \times 100\%$$

$$订货周期 = 自订单开出之日到收货之时的时间长度（常以天为单位）$$

订单变化接受率是衡量供应商对订单变化灵活性反应的一个指标,是指在双方确认的交货周期中可接受订单增加或减少的比率。

订单变化接受率 = 可接受的订单增加或减少的数量 ÷ 订单原定的交货数量 × 100%

值得一提的是,供应商能够接受的订单增加接受率与订单减少接受率往往不同,前者取决于供应商生产能力的弹性、生产计划安排与反应快慢以及库存大小与状态(原材料、半成品或成品),后者主要取决于供应商的反应、库存(包括原材料与在制品)大小以及对因减单可能造成的损失的承受力。

3. 经济指标

对供应商进行绩效考核的经济指标总是与采购价格及成本相联系。与质量及供应指标不同的是,质量与供应考核通常每月进行一次,而经济指标考核则相对稳定,多数企业是每季度考核一次。此外,经济指标往往都是定性的,难以量化的。具体考核点有:

(1)价格水平。对价格水平的考核往往同制造商所掌握的市场行情相比较,或根据供应商的实际成本结构及利润率来判断。

(2)报价是否及时,报价单是否客观、具体、透明(分解成原材料费用、加工费用、包装费用、运输费用、税金、利润等以及相对应的交货与付款条件)。

(3)降低成本的态度及行动。此项指标要考核供应商是否真诚地配合制造商或主动地开展降低成本活动,制订改进计划,实施改进行动,是否定期与制造商协商价格。

(4)分享降价成果。此项指标要考核供应商是否将降低成本的好处也让利给制造商。

(5)付款。此项指标要考核供应商是否积极配合响应制造商提出的付款条件与办法,开出的付款发票是否准确、及时并符合有关财税要求。

有些制造商还将供应商的财务管理水平与手段、财务状况以及对整体成本的认识也纳入考核指标中。

4. 支持、配合与服务指标

考核供应商在支持、配合与服务方面的表现通常是定性、定期的考核,相关的指标有反应与沟通、合作态度、参与本公司的改进与开发项目以及售后服务等。

(1)反应表现。此项指标要考核供应商对订单、交货、质量投诉等的反应是否及时、迅速,答复是否完整,对退货、挑选等是否及时处理。

(2)沟通手段。此项指标要考核供应商是否有合适的人员与制造商沟通,沟通手段是否符合制造商的要求(电话、传真、电子邮件以及文件书写所用软件与制造商的匹配程度等)。

(3)合作态度。此项指标要考核供应商是否将制造商看成是重要客户,供应商高层领导或关键人物是否重视制造商的要求,供应商内部(如市场、生产、计划、工程、质量等部门)是否能整体上理解并满足制造商的要求。

(4)共同改进。此项指标要考核供应商是否积极参与或主动参与制造商相关的质量、供应、成本等改进项目或活动,或推行新的管理方法等,是否积极组织参与制造商召开的供应商改进会议，是否配合制造商开展的质量体系审核等。

（5）售后服务。此项指标要考核供应商是否主动征询顾客（制造商）的意见，主动访问制造商，主动地解决或预防问题。

（6）参与开发。此项指标要考核供应商是否参与制造商的各种相关开发项目，如何参与制造商的产品或业务开发过程。

（7）其他支持。此项指标要考核供应商是否积极地接纳制造商提出的有关参观、访问事宜，是否积极提供制造商要求的新产品报价与送样，是否妥善保存与制造商相关的文件等不予泄露，是否保证不与影响到制造商切身利益的相关公司或单位进行合作等。

案例讨论

苹果公司的五大采购经验

苹果公司选择和管理供应商的方式是该公司取得成功的重要因素之一。苹果公司在选择新的供应商时，重点评估质量、技术能力和规模，成本次之。由于苹果公司对于供应商的认可即可视为是对其制造能力的认可，所以想要成为苹果公司的供应商绝对不是一件容易的事情。

在苹果公司最新的供应商名录上可以看到156家公司，其中包括三星、东芝和富士康等，而这些供应商的背后还有数百家向这些供应商供货的二级和三级供应商。苹果公司几乎控制了这一复杂网络的各个部分，利用其规模和影响以最好的价格获得最佳产品并及时向客户供货。

苹果公司在选择、谈判和管理中采用的战略能够为其他公司提供一些采购经验，概括起来最主要的五大经验如下：

1. 拜访工厂

苹果公司需要确定供应商是否有能力及时满足订单要求以及是否有能力生产高质量的产品。拜访工厂还能够使苹果公司了解供应商的员工人数和他们的技能水平，评估供应商的无形资产，包括供应商的领导能力以及增长潜力。比如，当要求供应商提供样品时，苹果公司会提供非常具体的要求，并派驻自己的工程师监督生产流程以便了解样品是由供应商自己生产而不是从它处采购的。

2. 谈判和监督并用

同一种产品，苹果公司会使用不止一家供应商，以改善自己的议价能力并降低风险。当为合同开展谈判时，苹果公司的做法是成本和质量并重。他们会为有缺陷的产品建立缓冲区间并且为延迟交货谈判一个折扣。下单后，苹果公司会派本地代表拜访工厂并且在不同的阶段检查货物，以便能够介入和矫正缺陷。因为税收原因，向海外供应商退回有缺陷的产品代价非常高，所以苹果公司非常重视发货前的检查。在建立合作关系的最初阶段，监督供应商的表现这一点尤为重要。

3. 了解供应商的供应商

供应链的能见度对于尽量减少有缺陷的产品、防范知识产权盗窃的风险、控制成本来说非常必要。必须了解所采购产品中所使用的材料的出处。供应商为了节省成本，经常更换自己的供应商，了解这一

第六章　供应链采购管理

点也很重要。

4. 准备好提供帮助

当苹果公司确定了供应商名录中的优质供应商时，它会准备好同这些供应商分享提高产品的想法，以便提高供应商所售产品的利润。这样做可以向供应商表明，降低成本（比如通过使用更便宜的材料）不是持续提高利润的唯一方法。公司还可以考虑培训等其他方法以提高供应商的员工的技能水平，从而提高生产效率、增加利润。

5. 经常沟通

第三方报告和年度拜访不足以维护合作关系，而建立一个包括反馈在内的成熟的沟通机制则势在必行。这样可以避免误解的发生，同时在问题演变成危机前把问题解决掉。理想的状态是，公司应当向供应商派驻一个具备业务知识和专业技能的现场团队，以便对供应商的工厂进行定期拜访，而不仅仅是当出现问题时才去拜访。如果目前无法采取这种做法，则要增加公司的总部工作人员拜访供应商的频率。

（资料来源：尼尔·奥康纳，《商业价值》新加坡国立大学专栏，英文版首发于新加坡国立大学商学院 ThinkBusiness 网站。）

结合案例，回答下列问题：
1. 评价供应商的主要指标有哪些？
2. 结合苹果公司的实际情况，谈谈在选择供应商方面有哪些可借鉴的地方。

习　题

1. 即时制采购指的是什么？它与传统采购主要存在哪些区别？
2. 试述即时制采购带来的问题及解决办法。
3. 评价供应商的主要指标有哪些？
4. 供应商绩效考核的指标体系包括哪些内容？

本章参考文献

［1］马士华，林勇，陈荣祥. 供应链管理［M］. 北京：机械工业出版社，2000.
［2］朱道立，龚国华，罗齐. 物流和供应链管理［M］. 上海：复旦大学出版社，2001.
［3］宋华，胡左浩. 现代物流与供应链管理［M］. 北京：经济管理出版社，2000.
［4］罗伯特 M 蒙兹卡，等. 采购与供应链管理［M］. 刘秉镰，等译. 北京：中信出版社，2004.
［5］王成，刘慧，赵媛媛. 供应商管理业务精要［M］. 北京：机械工业出版社，2002.
［6］谢勤龙. 企业采购业务运作精要［M］. 北京：机械工业出版社，2002.

第七章

供应链生产管理

▲ 作用

供应链生产管理是供应链管理的重要组成部分。本章讨论了供应链生产管理的特点、基于供应链的生产组织计划模式、基于供应链的生产计划与控制系统总体模型等内容。通过本章学习，读者能够初步具备在供应链环境下进行生产管理的能力。

▲ 关键

- 供应链生产管理的特点
- 面向供应链的生产组织计划模式
- 供应链管理环境下的生产计划与控制系统总体模型

第一节 生产计划

企业生产计划是企业生产运作管理的依据，也是生产运作管理的核心内容。在现代企业生产经营活动中，企业内部分工精细，相互协作，任何一部分活动都不可能离开其他部分而单独进行。尤其是生产运作活动，它需要调配多种资源，在需要的时候，按需要的数量和质量提供产品或服务，这样就更离不开周密的计划。所以，计划是生产运作管理中的一个重要组成部分。

生产计划是根据需求预测和优化决策，对企业的产出品种、产出质量、产出速度、产出时间、劳动力和设备的配置以及库存水平等问题所预先进行的考虑和安排，将企业的生产任务同各生产要素进行反复的综合平衡，从时间和空间上对生产任务做出总体安排，并进一步对生产任务进行层层分解，落实到车间、班组，以保证计划任务的实现。无论是制造业还是服务业，均存在生产运作计划问题，但相比之下，制造企业的生产计划更为复杂。

根据计划来管理企业的生产经营活动，叫作计划管理。计划管理是一个过程，通常包括编制计划、执行计划、检查计划完成情况和制订改进措施四个阶段。计划管理包括企业生产经营活动的各个方面，如生产、供应、销售、设备、成本、财务和劳资等。它不仅仅是计划部门的工作，所有其他部门和车间都要通过这四个阶段来实行计划管理。

一、企业的计划层次及其相互关系

（一）计划的层次

企业里有各种各样的计划，这些计划是分层次的。一般根据企业的组织结构可将计划分成战略层计划、战术层计划和作业层计划，如图 7-1 所示。战略层计划涉及产品发展方向、生产发展规模、技术发展水平和设施设备的配置等。战术层计划是确定在现有资源条件下所从事的生产经营活动应达到的目标，如产量、品种、产值、成本和利润。作业层计划是对日常生产经营活动的安排。

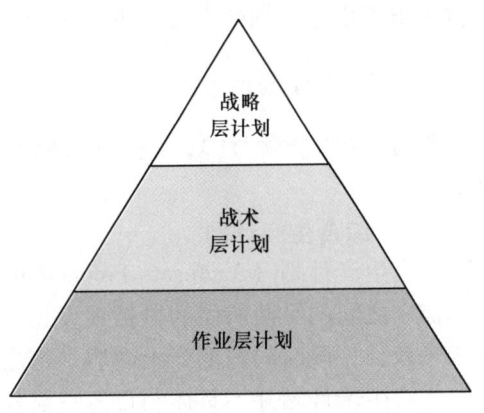

图 7-1　计划的层次

这三个层次的计划有不同的特点，如表 7-1 所示。由表 7-1 可以看出，从战略层计划到作业层计划，计划期越来越短，计划的时间单位越来越细，覆盖的空间范围越来越小，计划内容越来越详细，计划的不确定性越来越小。

表 7-1　不同层次计划的特点

特点＼层次 项目	战略层计划	战术层计划	作业层计划
计划期	长（>1年）	中（1年）	短（月、旬、周）
计划的时间单位	粗（年）	中（月、季）	细（工作日、班次、小时、分）
涉及范围	企业、公司	分厂、部门	车间、工段、班组
详细程度	高度综合	综合	详细
不确定性	大	中	小
管理层次	企业高层领导	中层、部门领导	基层、车间领导
特点	涉及资源获取	资源利用	日常活动处理

（二）不同层次计划之间的关系

企业战略层计划主要考虑企业的长远发展规划，十分重要，关系到企业的兴衰。战略层计划指导全局，它下面最主要的是经营计划（Business Plan），按年度制订。再往下是各种职能计划，如销售计划、生产计划、生产技术准备计划、品种质量计划、新产品开发计

157

划、成本计划和财务计划等，这些职能计划不是孤立的，而是相互联系的。

本章以后主要讨论的是生产计划。生产计划是实现企业经营目标的最重要的计划，既是编制生产作业计划、指挥企业生产活动的龙头，又是编制物资供应计划、劳动工资计划和技术组织措施计划的重要依据。生产计划的实现是战略层计划实现的基础。

二、生产计划的构成

制造企业的生产计划一般由三部分构成：综合生产计划、主生产计划和物料需求计划。

（一）综合生产计划

综合生产计划（Aggregate Production Planning，APP）是对企业未来较长一段时间内资源和需求之间的平衡所做的概括性设想，是根据企业所拥有的生产能力和需求预测，对企业未来较长一段时间内的产出内容、产出量、劳动力水平等问题的决策性描述。

综合生产计划并不具体制订每一品种的生产数量、生产时间、每一车间和人员的具体工作任务，而是按照以下方式对产品、时间和人员做综合安排：

（1）产品。按照产品的需求特征、加工特性、所需人员和设备的相似性等，将产品综合为几大系列，根据产品系列来制订综合生产计划。

（2）时间。综合生产计划的计划期通常是1年（有些生产周期较长的产品，如大型机床等，可能是2年、3年或5年），因此有些企业也把综合生产计划称为年度生产计划或年度生产大纲。在该计划期内，使用的计划时间单位是月、双月或季。在采用滚动式计划方式的企业，还有可能近期3个月的计划时间单位是月，其他未来9个月的计划单位是季等。

（3）人员。综合生产计划可用几种不同方式来考虑人员安排问题，如按照产品系列分别考虑生产各系列产品对人员的要求；或将人员根据产品的工艺特点和人员所需的技能水平分组等。综合生产计划中对人员的考虑还包括因产品需求变化引起的人员需求数量变动时，决定是采取加班还是扩大聘用等策略。表7-2为G公司的综合生产计划。

表7-2　G公司的综合生产计划

数据＼月份	1月	2月	3月
A系列产品产量/台	2 000	3 000	4 000
B系列产品产量/台	6 000	6 000	6 000
总工时/min	3 400	3 400	3 750

（二）主生产计划

主生产计划（Master production schedule，MPS）确定每一具体的最终产品在每一具体时间段内的生产数量。这里的最终产品，是指对于企业来说最终完成、要出厂的产成品，它可以是直接用于消费的消费产品,也可以是其他企业使用的部件或配件。主生产计划通常以周为单位,在有些情况下,也可能是旬、月或天。表 7-2 中的 A 系列产品分为 A1 型、A2 型、A3 型三个型号,根据表 7-2 的综合生产计划所制订的主生产计划见表 7-3。

表 7-3　G 公司的主生产计划

月份 产量	1 月				2 月				3 月			
周次	1	2	3	4	5	6	7	8	9	10	11	12
A1 型产量/台		320		320		480		480		640		640
A2 型产量/台	300	300	300	300	450	450	450	450	600	600	600	600
A3 型产量/台	80		80		120		120		160		160	
月产量/台	2 000				3 000				4 000			

(三) 物料需求计划(Material Requirement Planning,MRP)

在主生产计划确定之后,为了能顺利实施,就要确保计划产量所需的全部物料(原材料、零件、部件等)以及其他资源在需要的时候能供应上。物料需求计划就是生产所需的原材料、零件和部件的生产和采购计划:外购什么、生产什么、什么物料必须在什么时候订货或开始生产、数量是多少等。

物料需求计划要解决的是在按主生产计划进行生产的过程中对相关物料的需求问题,而不是对这些物料的独立的、随机的需求问题。这种相关需求的计划和管理比独立需求要复杂得多,对于一个企业来说也十分重要。这是因为只要在物料需求计划中漏掉或延误一个零件,就会导致整个产品的生产不能完成或延误。

综合生产计划、主生产计划以及 MRP 之间的关系如图 7-2 所示。

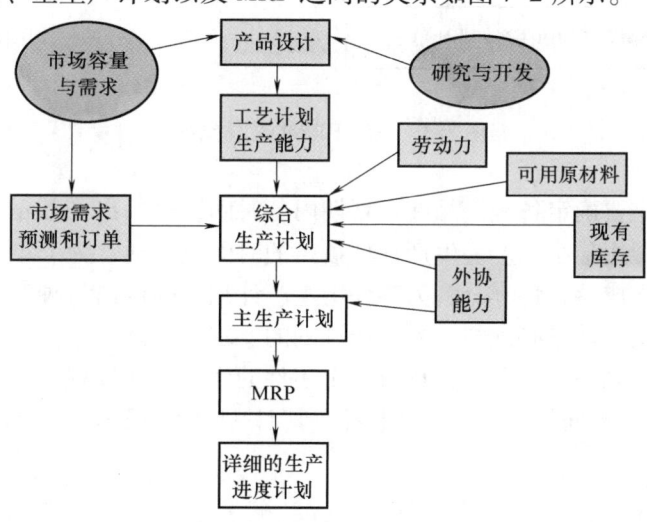

图 7-2　各计划之间的关系

三、分层式生产计划

对于一般的制造业企业来说,其组织结构可分为不同的层次,较常见的是三级模式:工厂级、车间级和班组(工作地)级。相应地,在企业的实际生产计划中,分层式生产计划(Hierarchal Production Planning,HPP)通常也分为三个层次(三级 HPP):高层(TOP Level)计划、中层(MID Level)计划和低层(BOT Level)计划,即厂级生产计划、车间级生产计划和班组级作业计划。有时也用产品级生产计划(厂级)、零件级生产计划(车间级)和工序级作业计划(班组级)表示三级 HPP。尽管还有其他分层方法,但三级 HPP 是最为常见的。因为三级 HPP 既与制造企业组织结构的层次相吻合,也与产品的结构和工艺相对应,比较符合企业管理的习惯。三级 HPP 的总体结构如图 7-3 所示。

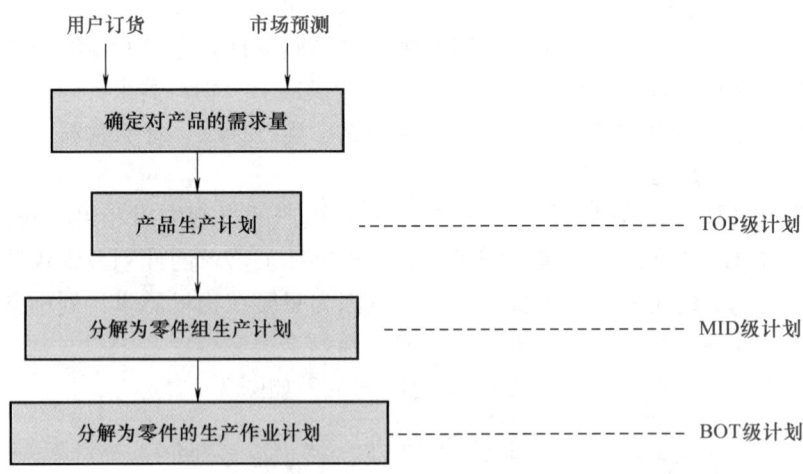

图 7-3　三级 HPP 的总体结构

产品生产计划主要确定各种产品在计划期内各时间阶段的出产数量,在满足客户需求的情况下使总生产费用最小。产品生产计划覆盖的时间范围通常为 1 年。

产品生产计划生成后,将其分解为零件组生产计划,确定出每种产品中各零件组的生产数量。零件组的生产数量必须与产品生产计划的要求一致。

对零件组生产计划进一步分解,形成单个零件的生产作业计划。

需要指出的是,不同层次的生产计划,其计划期的长短是不同的,其内容详见表 7-4。

表 7-4　计划分层及相应内容

计 划 层 次	计 划 内 容	更新周期/计划期
高层（TOP）	根据用户订货和市场预测制订长期（通常是 1 年）生产计划，常用的方法有 APP、MPS 等	月或周/年
中间层（MID）	根据 MPS 生成产品和部件装配计划、零件需求计划、常用的方法有 MRP 等	周/月
底层（BOT）	根据 MRP 生成车间内部工序级生产作业计划	日/周

第二节　供应链生产管理的特点

一、生产管理的含义

生产活动是一个价值增值的过程，是一个社会组织向社会提供有用产品的过程。要想实现价值增值，向社会提供"有用"的产品，其必要条件是生产运作过程提供的产品，无论有形的还是无形的，都必须有一定的使用价值。产品的使用价值是指它能够满足顾客某种需求的功效。人总是有多种需求的，这些需求的内容因人而异，因时而异，当某种产品在人需要的时候满足了人的某种要求，则实现了其使用价值。因此，产品使用价值的支配条件主要是产品质量和产品提供的适时性。产品质量包括产品的使用功能（Functional Quality）、操作性能（Quality of Operability）、社会性能（Quality of Sociability，指产品的安全性能、环境性能以及空间性能）和保全性能（Maintainability，包括可靠性、修复性以及日常保养性能）等内涵，这是生产价值实现的首要要素。产品提供的适时性是指在顾客需要的时候提供给顾客的产品的时间价值，如果超过了必要的时期，就会失去价值，在服务业中尤其如此。这二者就构成了生产价值实现的必不可少的两大"功效"要素。而产品的成本，以产品价格的形式最后决定了产品是否能被顾客所接受或承受。只有当回答是肯定的时候，生产价值的实现才能最终完成。

由此可见，作为产品使用价值的支配条件的质量和适时性，再加上成本，这三个方面就构成了生产运作价值的实现条件。这些条件决定了企业生产管理的目标必然或只能是："在需要的时候，以适宜的价格，向顾客提供具有适当质量的产品和服务。"

生产管理的根本问题，就是如何实现生产管理目标的问题。因此，从生产管理的目标与生产价值的实现条件就引申出生产管理中的三个基本问题：

（1）如何保证和提高质量。在这里，产品的使用功能、操作性能等特性，相应地转化为生产管理中产品的设计质量、制造质量和服务质量问题——质量管理（Quality Management）。

（2）如何保证适时适量地将产品投放市场。在这里，产品的时间价值转变为生产管理中的产品数量与交货期控制问题。在现代化大生产中，生产所涉及的人员、物料、设备和资金等资源成千上万，如何将全部资源要素在它们需要的时候组织起来，筹措到位，是一项十分复杂的系统工程，这也是生产管理所要解决的一个最主要问题——进度管理（Delivery Management）。

（3）如何才能使产品的价格既为顾客所接受，同时又为企业带来一定的利润。这涉及人、物料、设备、能源和土地等资源的合理配置和利用，涉及生产率的提高，还涉及企业资金的运用和管理，归根结底是努力降低产品的生产成本——成本管理（Cost Management）。

这三个问题简称为 QDC 管理。QDC 管理是生产管理的基本问题，但并不意味着是生产管理的全部内容。生产管理的另一大基本内容是资源要素管理：设备管理、物料管理以及人力资源管理。事实上，生产管理中的 QDC 价值条件管理与资源要素管理这两大类管理是相互关联、相互作用的，质量保证离不开物料质量、设备性能以及人的劳动技能水平和工作态度，成本降低取决于人、物料、设备的合理利用。反过来，对设备与物料本身，也有 QDC 的要求。因此，生产管理中的 QDC 管理与资源要素管理是一个有机整体，应当以系统的、集成的观点来看待和处理这些不同的分支管理之间的相互关系和相互作用。

二、供应链生产管理决策环境的特点

1. 决策信息多源化

生产计划的制订要依据一定的决策信息，即基础数据。在传统的生产计划决策模式中，计划决策的信息来自两个方面；一方面是需求信息；另一方面是资源信息。需求信息又来自两个方面；一个是用户订单；另一个是需求预测。通过对这两方面信息的综合，得到制订生产计划所需要的需求信息。资源信息则是指生产计划决策的约束条件。在供应链环境下，信息是多源化的，决策信息不仅仅来自企业内部，还来自供应商、分销商和用户。约束条件放宽了，信息的扩展使生产计划的优化空间得以扩大。

2. 群体决策

传统的生产计划决策模式是一种基于单个企业的决策，而供应链环境下的决策模式是分布式的群体决策过程。供应链系统是立体的网络，各个节点企业具有相同的地位，拥有暂时性的监视权和决策权，每个节点企业的生产计划决策都受到其他企业生产计划决策的影响，需要一种协调机制和冲突解决机制。当一个企业的生产计划发生改变时需要其他企业的计划也进行相应的调整，这样供应链才能实现同步运作。

3. 信息反馈机制多样性

企业的计划能否得到很好的贯彻执行，需要有效的控制机制作为保证。要进行有效的控制必须建立一种信息反馈机制。传统企业生产计划的信息反馈机制是一种链式反馈机制，也就是说，信息反馈是企业内部从一个部门到另一个部门的直线性的传递，由于层级组织结构的特点，反馈信息的传递一般是从底层向高层信息处理中心（决策中心）反馈，形成和组织结构平行的信息传递模式。

供应链环境下，以团队工作为特征的组织模式使供应链具有网络化结构特征，因此供应链管理模式不是层级管理，也不是矩阵管理，而是网络化管理。生产计划信息的传递不是沿着企业内部的组织结构（权力结构），而是沿着供应链不同的节点方向（网络结构）传递。为了做到供应链的同步化运作，供应链企业之间信息的交互频率也比传统企业信息传递的频率大得多，因此应采用并行化信息传递模式。

4. 计划运行的动态环境

供应链管理的目的是使企业能够适应剧烈多变的市场环境需要。复杂多变的环境，增加了企业生产计划运行的不确定性，供应链环境下的生产计划是在不稳定的运行环境下进行的。因此，要求生产计划与控制系统具有更高的柔性和敏捷性，如提前期的柔性、生产批量的柔性等。供应链管理环境下的生产计划涉及的大多是订单化生产，这种生产模式动态性更强，因此生产计划与控制要更多地考虑不确定性和动态性因素，使生产计划具有更高的柔性和敏捷性。

三、供应链管理对生产管理的要求

1. 需求信息和服务需求应该是以最小的变形传递给上游并共享

供应链管理系统应在计划时间内，平衡需求、供应和约束条件，同时看到供应链上发生的其他问题。由于实时、双方向的双重计划能力，计划员有能力执行各种模拟以满足优化计划。这些模拟提供实时响应，如安全库存水平应是多少？这是最低成本计划吗？使用的资源已经优化了吗？这个计划满足客户服务水平吗？已经利润最大化了吗？

在供应链里的每一个阶段，都会把最终用户的需求（实际）传递回去。因此，一旦实际需求变化，所有环节都知道，并实时产生适当的行动。

2. 同步化供需是服务和成本的一个重要目标

如图 7-4 所示，同步化的供应与需求，是提高服务水平和降低成本的重要途径。以下几个因素影响供需匹配：

（1）大批量。批量增大，供应水平提高，而需求是小批量的可能性很大，所以大批量的生产方式造成供需不匹配。

（2）生产上维持高效率，而不是满足客户需求。生产上高效率低成本的生产方式就是大批量生产，客户的需求可能是多样化、个性化的，高效率造成供需不同步。

（3）缺少同步，使得库存水平高和变化频繁。大批量高效率生产出客户并不需要的产品，这样会使库存水平升高。而客户需要的产品不能满足需要，导致库存水平急剧降低。

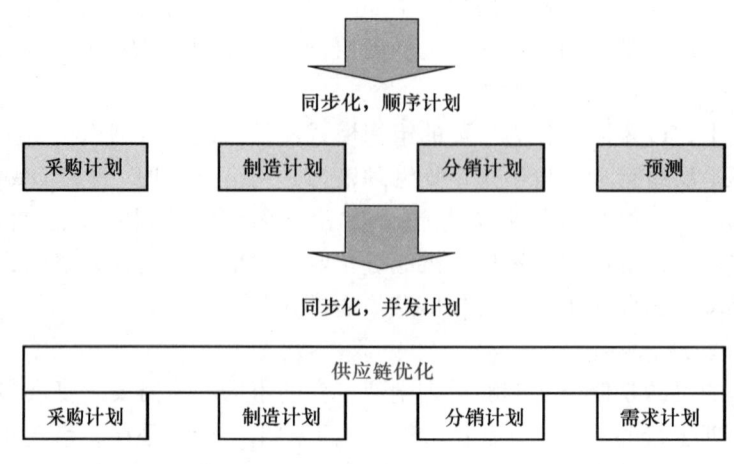

图 7-4 优化所有供应链的活动

3. 可靠的、灵活的运作是同步化的关键

可靠、灵活的运作应该主要集中于生产、物流管理、库存控制和分销领域。销售与市场所扮演的角色是开拓需求。

4. 与供应商集成

大部分生产的失败，其原因除了内部的不稳定性外就是供应的不稳定性。企业应鼓励供应商去寻求减少供应链总成本的方法，和供应商共享利益。

5. 供应链必须具有战略性管理的能力

企业必须通过直接控制关键能力来达到减弱从需求到供应的震动；要考虑库存存放的地点、运输的路径；一旦产品需求发生变化，可以考虑所有供应链的约束；当每一次改变出现时，就要同时检查能力约束、原料约束、需求约束。这就保证了供应链计划在任何时候都有效，就能实时更新供应地点或分销地，优化运输路线，避免库存超储、工厂的供应波动过大。

第三节　供应链管理下的生产计划与控制

一、供应链管理下生产计划与控制概述

（一）供应链管理下生产计划的新要求

供应链管理下的生产计划与传统生产计划有显著不同，这是因为在供应链管理下，与企业具有战略伙伴关系的企业的资源通过物流、信息流和资金流的紧密合作而成为企业制

造资源的拓展。在制订生产计划的过程中，企业主要面临以下三个方面的问题。

1. 柔性约束

柔性约束实际上是对承诺的一种完善。承诺是企业对合作伙伴的保证。只有这样，企业间才能具有基本的信任，合作伙伴也因此获得了相对稳定的需求信息。然而，由于承诺的下达在时间上比承诺本身付诸实施的时间超前，因此，尽管承诺方一般来讲都尽力使承诺与未来的实际情况接近，但误差却是难以避免的。柔性的提出为承诺方缓解了这一矛盾，使承诺方有可能修正原有的承诺。可见，承诺与柔性约束是供应合同签订的关键要素。

对生产计划而言，"柔性"具有多重含义：

（1）如果仅仅根据承诺的数量来制订计划是容易的，但是，柔性的存在使这一过程变得复杂了。柔性是双方共同制订的一个合同要素，对于需求方而言，它代表着对未来变化的预期；而对供应方而言，它是对自身所能承受的需求波动的估计。本质上，柔性约束用有限的、可预知的需求波动代替了可以预测但不可控制的需求波动。

（2）下游企业的柔性对企业的计划产量造成的影响在于：企业必须选择一个在已知的需求波动下最为合理的产量。企业的产量不可能覆盖整个需求的变化区域，否则会造成不可避免的库存费用。在库存费用与缺货费用之间求得均衡是确定产量的标准。

（3）供应链是首尾相通的，企业在确定生产计划时还必须考虑上游企业的利益。在与上游企业的供应合同之中，上游企业除了表达了对自身所能承受的需求波动的估计外，还表达了对自身生产能力的权衡。可以认为，上游企业在合同中反映的是相对于该下游企业的最优产量。之所以提出是相对于该下游企业，是因为上游企业可能同时为多家企业提供产品。因此，下游企业在制订生产计划时应该尽量使需求与合同的承诺量接近，帮助供应企业达到最优产量。

2. 生产进度

生产进度信息是企业检查生产计划执行状况的重要依据，也是滚动制订生产计划过程中用于修正原有计划和制订新计划的重要信息。在供应链管理环境下，生产进度计划属于可共享的信息。这一信息的作用在于：

（1）供应链上游企业通过了解对方的生产进度情况实现准时供应，企业的生产计划是在未来需求的预测的基础上制订的，它与生产过程的实际进度一般是不同的，生产计划信息不可能实时反映物流的运动状态。供应链企业可以借助现代网络技术，使实时的生产进度信息能为合作方所共享。上游企业可以通过网络和双方通用的软件了解下游企业真实需求信息，并准时提供物资。这种情况下，下游企业可以避免不必要的库存，而上游企业可以灵活主动地安排生产和调拨物资。

（2）原材料和零部件的供应是企业进行生产的首要条件之一，供应链上游企业修正原有计划时应该考虑到下游企业的生产状况。在供应链管理下，企业可以了解到上游企业的生产进度，然后适当调节生产计划，使供应链上的各个环节紧密地衔接在一起。其意义在于可以避免企业与企业之间出现供需脱节的现象，从而保证了供应链的整体利益。

（3）生产能力。企业要完成一份订单不能脱离上游企业的支持，因此，在编制生产计划时要尽可能借助外部资源，有必要考虑如何利用上游企业的生产能力。任何企业在现有的技术水平和组织条件下都具有一个最大的生产能力，但最大的生产能力并不等于最优生产负荷。在上下游企业间稳定的供应关系形成后，上游企业从自身利益出发，更希望所有与之相关的下游企业在同一时期的总需求与自身的生产能力相匹配。上游企业的这种对生产负荷量的期望可以通过合同、协议等形式反映出来，即上游企业给每一个相关下游企业提供一定的生产能力，并允许其在一定程度上的浮动，这样，在下游企业制订生产计划时就必须考虑到上游企业在这一能力上的约束。

（二）供应链管理环境下生产计划制订的特点

在供应链管理下，企业的生产计划制订的过程有了较大的变动，在原有的生产计划制订过程的基础上增添了新的特点。

1. 具有纵向和横向的信息集成过程

这里的纵向是指供应链自下游企业向上游企业的信息集成，而横向是指生产相同或类似产品的企业之间的信息共享。在生产计划制订过程中上游企业的生产能力信息在生产计划的能力分析中独立发挥作用，通过在主生产计划和投入出产计划中分别进行粗、细能力的平衡，上游企业承接订单的能力和意愿都反映到了下游企业的生产计划中。同时，上游企业的生产进度信息也和下游企业的生产进度信息一道作为滚动制订计划的依据，其目的在于保持上下游企业间生产活动的同步。外包决策和外包生产进度分析是集中体现供应链横向集成的环节，在外包中所涉及的企业，或者说在供应链网络上是属于同一产品级别的企业，都能够生产相同或类似的产品，同时，由于企业对该订单的客户有着直接的责任，因此也需要承接外包企业的生产进度信息来确保对客户的供应。

2. 丰富了能力平衡在计划中的作用

在通常的概念中，能力平衡只是一种分析生产任务与生产能力之间差距的手段，根据能力平衡的结果对计划进行修正。在供应链的管理下制订生产计划的过程中，能力平衡发挥了以下作用：

（1）为修正主生产计划和投入出产计划提供依据，这也是能力平衡的传统作用。

（2）能力平衡是进行外包决策和零部件（原材料）急件外购的决策依据。

（3）在主生产计划和投入产出计划中所使用的上游企业能力数据，反映了其在合作中所愿意承担的生产负荷，可以为供应链管理的高效运作提供保证。

（4）在信息技术的支持下，对本企业和上游企业的能力状态的实时更新使生产计划具有较高的可行性。

（三）供应链生产控制的新特点

供应链环境下的企业生产控制与传统的企业生产控制模式不同。前者需要更多的协调机制（企业内部和企业之间的协调），体现了供应链的战略伙伴关系原则。供应链环境下的生产协调控制包括如下几个方面的内容。

1. 生产节奏

只有各供应链企业之间以及企业内部各部门之间保持步调一致时，供应链的同步化才能实现。供应链形成的即时生产系统，要求上游企业即时为下游企业提供所需的零部件。如果供应链中的任何一个企业不能准时交货，都会导致供应链不稳定或中断，导致供应链对用户的响应能力下降。因此，严格控制供应链的生产节奏对供应链的敏捷性是十分重要的。

2. 库存和在制品

库存在应付需求不确定性时有其积极的作用，但是库存又是一种资源浪费。在供应链管理模式下，实施多级、多点和多方管理库存的策略，对提高供应链环境下的库存管理水平、降低制造成本有着重要意义。这种库存管理模式不仅仅涉及企业内部的部门。基于JIT的供应与采购，供应商管理库存（Vendor Managed Inventory，VMI），联合库存管理（Jointly Managed Inventory，JMI）等是供应链库存管理的新方法，对降低库存都有重要作用，因此，建立供应链管理环境下的库存控制体系和运作模式对提高供应链的库存管理水平有重要作用，是供应链企业生产控制的重要手段。

3. 生产进度

控制生产进度的目的在于依据生产作业计划，检查零部件的投入和产出数量、产出时间和配套性，保证产品能准时装配出厂。供应链环境下的进度控制与传统生产模式的进度控制不同，因为许多产品是协作生产的和转包的业务，与传统的企业内部的进度控制比较起来，其控制的难度更大，必须建立一种有效的跟踪机制进行生产进度信息的跟踪和反馈。生产进度控制在供应链管理中具有重要作用，因此必须研究解决供应链企业之间的信息跟踪机制和快速反应机制。

4. 提前期

基于时间的竞争是20世纪90年代一种新的竞争策略，具体到企业的运作层，主要体现为提前期的管理，这是实现质量控制可靠性、有效客户反应策略的重要内容。供应链环境下的生产控制中，提前期管理是实现快速响应用户需求的有效途径。缩小提前期，提高交货期的准时性是保证供应链获得柔性和敏捷性的关键。缺乏对供应商不确定性的有效控制是供应链提前期管理中的一大难点，因此，建立有效的供应提前期的管理模式和交货期的设置系统是供应链提前期管理中值得研究的问题。

二、面向供应链的生产组织计划模式

随着社会的发展，人类对产品的需求越来越多样化、个性化，产品的品种越来越多、生产批量越来越小、生命周期越来越短。企业面临不断缩短交货期、提高质量、降低成本和改进服务的压力。企业要想在激烈的市场竞争中立于不败之地，就必须能以低成本产品快速地响应市场的需求。

当前，许多大型制造企业按照这样一种形式来运营企业：企业下设专业化的总装分厂和零部件生产分厂，总装分厂按企业计划组织生产，并面向地区制造资源提供配套；零部件分厂生产任务由总装分厂下达，并面向市场提供配套。在目前的市场环境下，既存在产品批量生产，又存在产品定制生产，如何构建企业的敏捷生产计划组织模式，有效地利用企业和地区制造资源，对于降低产品成本，提高企业的敏捷性，实现企业利润最大化无疑有着重要意义。

从供应链的角度来看，制造企业是将原料转化为产品的过程，企业的利润来源于制造过程中产品的增值，而产品的增值主要是依靠科学的管理，包括生产计划、生产管理和生产控制。在制造业生产计划管理演进的过程中，传统的 ERP 主要是针对企业内部各种资源进行集成，对生产计划和生产调度的重视不够，而这些恰恰是 ERP 生产组织计划的核心。如何既满足企业复杂多变的生产计划需求，又能提高生产计划的准确性，是 ERP 系统中生产计划模块面临的主要问题。在实际应用中，ERP 生产计划管理模型多采用 MRP Ⅱ（制造资源计划）或 JIT（即时制）进行生产计划的组织和控制。MRP Ⅱ 是西方生产管理的核心，因为它是根据企业现有资源制订未来生产计划，因此又称推式管理，它一般按经济批量来组织生产，为了保证生产的顺利平滑进行和减少生产与需求之间的不平衡，采用保持原材料、零部件、半成品和成品的安全库存量，增加工件的工序库存。其库存必然占用一定资金，增加产品成本。JIT 是日本丰田公司创造的一种生产管理模式，因为它是根据落实的订单按照总装配——部件装配——零件加工的反工艺路线次序安排生产，所以又称为拉式管理。它的基本思想是只在需要的时候，按需要的量生产所需的产品。其核心是追求一种零库存生产系统或使库存达到最小的生产系统。JIT 不允许在生产中存在瓶颈，而采用增加生产能力和培养多面手来保证生产的均衡化和同步化，而增加生产能力容易造成生产能力的浪费，使产品成本上升。由于 MRP Ⅱ 与 JIT 各有长短，所以结合 MRP Ⅱ 与 JIT 优点的 MRP Ⅱ/JIT 生产管理模式得到了广泛的应用，以该生产管理模式为基础，提出 Internet/Intranet 平台上的面向供应链生产组织计划模式。该计划模式的实施，可以减少生产波动、降低产品成本、缩短反应时间，从而提高企业的敏捷性与竞争力。

（一）面向供应链的生产组织计划模式概述

在我国目前的市场环境下，围绕某一产品或用户的定制要求迅速建立企业动态联盟是比较困难的，但企业可以充分利用地区制造资源，围绕某一产品或用户的定制要求，以本企业为核心，根据自身资源短缺与响应度不足的状况，通过计算机网络寻找不同层次的协作企业，建立起异地制造资源互补供应链，达到围绕某一产品或用户的定制要求，迅速调动相关的各种制造资源，快速地完成该产品或项目。

以企业分厂为核心，各专业分厂与一些固定的协作配套厂家组成的制造资源互补的供应链网络，可以采用一种以用户需求驱动的面向供应链的生产组织计划模式来组织生产。该模式采用 MRPⅡ与 JIT 相结合的计划管理策略。该策略应用 MRPⅡ推式管理的生产计划思想，企业按照市场需求预测和客户订单来制订主生产计划，根据主生产计划来制订装配计划，根据装配进度制订各生产分厂的物料交货日期；各个分厂根据交货日期来实行 JIT 方式拉动生产，生产进度控制由分厂制造执行系统来完成。即在生产计划和物料需求方面采用 MRPⅡ，在生产过程控制方面采用 JIT 方式。同样，在分厂与使用企业内部，分厂根据物料需求计划编制车间生产计划，各车间根据车间物料交货日期来实行拉动生产。另外，计划执行过程中，系统可以通过 Internet/Intranet 监控各分厂及协作厂家生产计划的执行情况，对有可能推迟交货的物料及零部件提前给出异常信息，从而能快速修正生产计划，使供应链中处于该节点下游的各个节点能够迅速地做出反应，避免生产的波动。

（二）面向供应链的生产组织计划模式的实施

面向供应链的生产组织计划的模式体现了"事前计划、事中控制"的总体指导思想，体现了纵向和横向信息的集成，纵向信息是指：企业——分厂——车间——班组四级计划分解和下达中传递和共享的信息，横向信息是指供应链上、下游企业传递和共享的信息。

基于面向供应链的生产组织计划模式的生产计划系统实施可分为计划制订、计划执行、计划控制和计划考核四个主要阶段。

1. 计划制订

面向供应链的生产组织计划模式的实施过程突破了企业的限制。

（1）以销定产，建立主生产计划。主生产计划是企业销售计划和生产日程计划连接的纽带。主生产计划要将销售计划具体化，是以产品数量和日期表示的生产计划，把产品的市场需求转化为对企业生产的实际需求，实现销售计划与生产计划的同步，做到以销定产。主生产计划的对象是最终销售产品和相关需求的产品。

根据销售计划计算出主生产计划数量以后，需要根据主生产计划历史数据和销售统计数据来判断该计划是否合理，并提出初步意见，然后根据供应链上分厂资源情况进行粗能力平衡，同时对供应链配套厂家的配套系统进行相应平衡和协调，以避免盲目生产。

企业进行粗能力平衡后，进行外包决策，并制订外包工程计划，在执行过程中对外包生产进度进行分析和控制。企业在编制主生产计划时所面临的订单，在两种情况下可能转向外包：一是企业本身或其上游企业的生产能力无法承受需求波动所带来的负荷。二是所承接的订单通过外包所获的利润大于企业自己进行生产的利润。无论在何种情况下，都需要承接外包的企业的基本数据来支持企业的获利分析，以确定是否外包。

（2）编制日装配计划，将生产任务细化到日。日装配计划主要是用来保证企业每月均衡生产，零部件按日配套而设立的。日装配计划是根据装配线生产能力将主生产计划分解到各日，在编制日装配计划时需要考虑装配线的生产能力及配套件生产的衔接，还要考虑上游配套企业的承接订单的能力及生产进度,并进行生产进度分析,上、下游企业的生产进度信息一起作为滚动编制计划的依据,以保证产品装配之前有所需的零部件和配套件。

(3) 制订物料需求计划,保证零部件配套。根据产品装配计划进行企业能力需求分析,即细能力平衡。考虑到企业物料库存,生成物料需求计划即零部件配套计划,并以订单的形式向各分厂及配套厂家下达。另外,为了保证零部件按优先级供应、配套及时到位、装配供应协调,可以在各分厂仓库设立监控点,控制上游分厂、零部件供应部门和配套厂家按物料需求按时、按量向下游分厂仓库送料。这样既保证了整个供应链网络的正常生产,又保证了供应链上各分厂、配套厂家适时适量按需生产。

企业物料需求计划的作用是给各个分厂和采购部门提出具体需求的时间和数量,各分厂根据企业物料需求计划生成分厂生产计划。

(4) 计划修正。物料需求计划是在经过企业能力平衡的前提下制订的,在生成物料需求计划后,需要将供应链订单下发到各个分厂、采购部门和配套厂家征求意见,计划部门根据各分厂、采购部门和配套厂家的反馈意见对主生产计划、装配计划和物料需求计划进行调整。在各分厂、采购部门和配套厂家根据自己的能力都能保障按时按量交货后,计划就正式开始执行。

2. 计划执行

企业订单下达到供应链上各个分厂、采购部门和配套厂家后,各分厂进一步进行细能力平衡,制订分厂级生产计划。计划开始执行后,需要对生产计划的执行情况进行实时监控,分析将来可能出现的生产问题。在系统中采取以下方法来保证计划的顺利执行。

(1) 依靠计算机网络,全面了解生产信息。企业的各种生产决策都离不开准确的信息。为了实现生产信息共享,需要建立一个不仅能覆盖企业各部门、分厂,还能与各配套生产厂家、外部销售人员进行信息交流的整个供应链的计算机网络。可以采用 Intranet 技术来建立企业内部网络。采用 Intranet 的优点是它既具备传统局域网的特点,又具备互联网的开放性和灵活性,可以与互联网无缝连接,在提供企业内部应用服务的同时,又能对外部进行信息发布。建立 Internet/Intranet 网上电子看板,供应链网络上的每一企业可以通过互联网访问上游企业的电子看板上的生产指令信息,从而制订自己分厂的详细进度计划。

(2) 建立在线分析处理系统,实现生产异常预报。系统可以通过企业 Intranet 和数据复制技术达到企业内部各部门之间的数据同步,利用 Intranet 提供的 Web、电子邮件、FTP 等服务来为各配套生产厂家、远程用户提供各种生产信息,了解配套件生产情况和市场信息。在了解各方面生产信息的基础上,系统建立了基于企业 Intranet 的在线分析处理系统,可以分析企业的生产状况、物料使用情况和库存情况,及时报告生产异常,预防生产问题的出现,保证了生产的顺利进行。

(3) 制订信息录入制度,确保信息的准确性。信息管理系统所有工作的出发点是信息准确无误、及时,为了防止系统出现信息"垃圾进、垃圾出"的现象,企业必须制订一套完善的信息录入制度，该系统应提供多方位的审计功能，对于部门之间信息不一致的现象和可能出现的生产问题及时给出警报。

3. 计划控制

供应链环境下的企业生产控制与传统的企业生产控制的模式不同，它需要更多的协调机制（企业内部和企业之间的协调），体现了供应链的战略伙伴关系原则。供应链环境下的生产协调控制的内容包括：

（1）生产异常控制。企业的生产是一个闭环系统。生产计划人员需要向有关责任单位提出建议，变事后补救为事前控制。针对无法克服的生产问题，计划人员需要在考虑各方因素后重新修订生产计划。

（2）生产进度控制。生产进度控制的目的在于依据生产作业计划，检查零部件的投入和产出数量、时间和配套性，保证产品能准时装配出厂。供应链环境下因为许多产品是协作生产和转包的业务，其进度控制的难度较大。必须建立一种有效的跟踪机制进行生产进度信息的跟踪和反馈。供应链管理在生产进度控制中有重要的作用，依靠建立的供应链Internet/Intranet 网络平台和制订的信息录入制度，通过供应链管理系统实现供应链企业之间的信息跟踪机制和快速反应机制。

4. 计划考核

计划执行只有监控而没有考核，监控将流于形式。企业计划主管部门必须制定严格的计划考核制度，计划考核必须与责任人员的直接利益挂钩，可以根据实际情况奖励计划执行情况好的单位和个人，对于计划执行情况差，严重影响企业生产进度的单位和个人必须予以处分。

面向供应链的生产组织计划模式以 MRP Ⅱ/JIT 结合的生产管理模式为基础，以 Internet/Intranet 为平台，实现对整个供应链的管理，并能对计划执行过程进行监控，对生产过程控制，进而实现企业生产系统的敏捷性，提高企业的制造柔性，保证企业以低成本快速生产出市场/用户需求的产品。

三、供应链管理环境下的生产计划与控制系统总体模型

供应链管理环境下的生产计划与控制系统总体模型如图 7-5 所示。

（一）供应链管理环境下生产管理组织模式

在供应链管理环境下，生产管理组织模式和现行生产管理组织模式一个显著的不同就是：供应链管理环境下生产管理是开放性的、以团队为组织单元的多代理制。在供应链联盟中，企业进行合作生产，企业生产决策信息通过 EDI/Internet 实时地在供应链联盟中由企业代理通过协商决定，企业建立一个合作公告栏（在 Internet 上），实时地和合作企业进行信息交流。

企业内部也是基于多代理制的团队工作模式，主管人员负责团队与团队之间的协调。

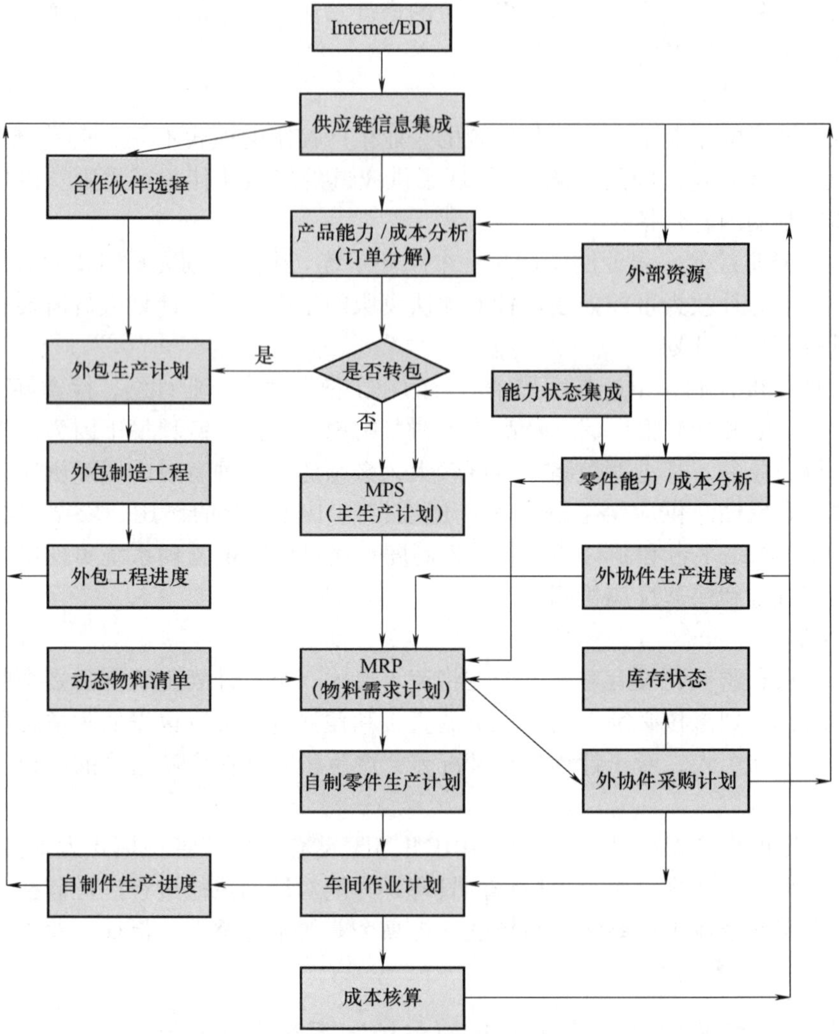

图 7-5　供应链环境下的集成生产计划与控制总体模型

协调是供应链管理的核心内容之一，供应链管理的协调主要有三种形式，即供应—生产协调、生产—分销协调、库存—销售协调。

（二）生产计划与控制模型的特点

1. 生产计划的特点

模型首次在 MRP Ⅱ 系统中提出了基于业务外包和资源外用的生产决策策略，使生产计划与控制系统更适应以顾客需求为导向的多变的市场环境的需要。生产计划系统更具柔性，更能适应订货型企业（MTO 企业）的需要。

第七章 供应链生产管理

传统的 MRP Ⅱ 系统中虽然有成本核算模块，但仅仅用于事后结算和分析，并没有真正起到成本的计划与控制作用。本模型把成本分析纳入了生产作业计划决策过程中，真正体现以成本为核心的生产经营思想。这是对 MRP Ⅱ 系统的一个改进。

基于该模型的生产计划与控制系统充分体现了供应链管理思想，即基于价值增值与用户满意的供应链管理模式。

2. 供应链管理环境中生产计划的信息组织与决策特征

（1）开放性。经济全球化使企业进入全球开放市场，不管是基于虚拟企业的供应链还是基于供应链的虚拟企业，开放性是当今企业组织发展的趋势。供应链是一种网络化组织，供应链管理环境中的企业生产计划信息已跨越了组织的界限，形成开放性的信息系统。决策的信息资源来自企业的内部与外部，并与其他组织进行共享。

（2）动态性。供应链管理环境中的生产计划信息具有动态的特性，是市场经济发展的必然。为了适应不断变化的顾客需求，使企业具有敏捷性和柔性，生产计划的信息随市场需求的更新而变化。模糊的提前期和模糊的需求量，要求生产计划具有更多的柔性和敏捷性。

（3）集成性。供应链管理环境中的企业生产计划信息是不同信息源的信息集成，集成了供应商、分销商乃至消费者和竞争对手的信息。

（4）群体性。供应链管理环境中的生产计划决策过程具有群体特征，是因为供应链是分布式的网络化组织，具有网络化管理的特征。供应链企业的生产计划决策过程是一种群体协商过程。企业在制订生产计划时不但要考虑企业本身的能力和利益，同时还要考虑合作企业的需求与利益。

（5）分布性。供应链企业的信息来源在地理上是分布的，信息资源跨越部门和企业，甚至全球化。通过 Internet/Intranet、EDI 等信息通信和交流工具，企业能够把分布在不同区域和不同组织的信息进行有机地集成与协调，使供应链的活动同步进行。

（三）供应链生产管理的信息跟踪机制

供应链企业在生产系统中使用跟踪机制的根本目的是保证对下游企业的服务质量。在企业集成化管理的条件下，跟踪机制才能够发挥其最大的作用。其中，客户的需求信息（订单）成为贯穿企业生产系统的一条线索，成为生产计划、生产控制相互衔接和协调的手段。

1. 生产计划中的跟踪机制

在接到下游企业的订单后，建立针对上游企业的订单档案，其中包含了用户对产品的个性化要求，如规格、质量、交货期和交货方式等具体内容。

企业对主生产计划进行外包分析，将订单分解为外包子订单和自制件子订单。订单与子订单的关系是：订单通常是一个用户提出的订货要求，在同一个用户提出的要求中，可能有多个订货项，可以将同一订单中不同的订货项定义为子订单，如表 7-5 所示的订单就包含了 3 个子订单。

表 7-5 一份订单包含的 3 个子订单

产品编号	出产日期	…
BJ101	2004/07/11	…
BJ102	2004/07/30	…
BJ103	2004/07/30	…

主生产计划对子订单进行规划、改变子订单在时间与数量上的设定，但保持了子订单与订单的对应关系。

(1) 投入产出计划中的跟踪机制。

1) 子订单的分解。结合产品结构文件和工艺文件以及提前期数据，安排编制生产计划，对不同的子订单独立计算，即不允许进行跨子订单的计划记录合并。

2) 库存的分配。本步骤与前一步骤是同时进行的，将计划期内可利用的库存分配给不同的子订单，在库存分配记录上注明子订单信息，保证专货专用。

3) 能力占用。结合工艺文件和设备组文件计算各子订单计划周期内的能力占用。这一步骤使单独评价子订单对生产负荷的影响成为可能。在调整子订单时也无须重新计算整个计划所有记录的能力占用数据，仅需调整子订单的相关能力数据。

4) 订单调整。结合历史数据对整个计划周期内的能力占用状况进行评价，找出可能的瓶颈。对于在一定时间段内所形成的能力瓶颈，可采取两种办法解决。一是调整子订单的产出日期和产出数量。二是将子订单细分为更小的批量，分别设定产出日期和产出数量。当然，必须保持细分后的子子订单与原订单的对应关系。

经过调整的子订单（或子子订单）和上一周期计划中未对生产产生实际影响的子订单（或子子订单）都可重新进行分解以产生新的计划。

5) 订单修正。本步骤实际上是在（1）~（4）步骤之前进行的，它是对前一周期内投入产出计划执行状况的总结。同正常的计划滚动过程一样，前一周期的生产进度数据和库存数据是必不可少的，不同的是，可以准确地按子订单检查计划的执行状况，同时调整相应子订单的数量设定以适应生产的实际情况。能够完成这一功能的原因在于整个生产系统都通过子订单形成了内在的联系。

(2) 车间作业计划。车间作业计划用于指导具体的生产活动，具有高度的复杂性，一般难以严格按子订单的划分来调度生产，但可要求在加工路线单上注明本批生产任务的相关子订单信息和相关度信息。在整个生产过程中实时地收集和反馈子订单的生产数据，为跟踪机制的运行提供来自基层的数据。

(3) 采购计划。采购部门接收的是按子订单下达的采购信息，可以使用不同的采购策略来完成采购计划。子订单的作用主要体现在以下几个方面：

1) 将采购部门与销售部门联系起来。下游企业在需求上的个性化要求可能涉及原材料和零部件的采购，采购部门可以利用子订单查询这一信息，并提供给各上游企业。

2）建立需求与生产间的联系。采购部门的重要任务之一就是建立上游企业的生产过程与本企业子订单的对应关系。在这一条件下，企业可以了解到子订单生产所需要的物资在上游企业中的生产情况，还可以提供给上游企业准确的供货时间。

2. 生产进度控制中的跟踪机制

生产控制是生产管理的重要职能，是实现生产计划和生产作业管理的重要手段。虽然生产计划和生产作业计划对生产活动已做了比较周密且具体的安排，但随着时间的推移，市场需求往往会发生变化。此外，由于各种生产准备工作不周全或生产现场偶然因素的影响，也会使计划产量和实际产量之间产生差异。因此，必须及时对生产过程进行监督和检查，一旦发现偏差，立即进行调节和校正工作，以保证计划目标的实现。

生产控制有许多具体的内容，下面仅以具有普遍意义的生产进度控制作为讨论对象。

生产进度控制的主要任务是依照预先制订的作业计划，检查各种零部件的投入和产出时间、数量以及配套性，保证产品能准时产出，按照订单上承诺的交货期将产品准时送到用户手中。

由于建立了生产计划中的跟踪机制，生产进度控制中的相应工作就是在加工路线单中保留子订单信息。此外，在生产进度控制中运用了多种分析方法，如在生产预计分析中的差额推算法，生产均衡性控制中的均衡系数法，生产成套性控制中的甘特图等。这些方法同样可以运用到跟踪机制中，只不过分析的目标不再仅是计划的执行状况，还包括了对各子订单的分析。

在没有跟踪机制的生产系统中，由于生产计划中隐去了子订单信息，生产控制系统无法识别生产过程与子订单的关系，也无法将不同的子订单区别开来，因此仅能控制产品的按计划投入和产出。使用跟踪机制的作用在于对于订单的生产实施控制，保证对客户的服务质量。

（1）控制优先级，保证对客户的产品供应。子订单是订单的细化，只有保证子订单的准时完工才能保证订单的准时完工，这也就意味着对客户服务质量的保证。在一个企业中不同的子订单总是和大量的相同或类似的零部件同时进行加工。在复杂的车间生产情况下，由于生产实际与生产计划的偏差，在制品未能按时到位的情况经常发生。在产品结构树中低层的零部件的缺件破坏了生产的成套性，必将导致高层零部件的生产计划无法执行，这是一个逐层向上的恶性循环。

较好的办法是将这种可能的生产混乱限制在优先级较低的子订单内，保证高优先级的子订单的生产成套性。在发生意外情况时，总是认为意外发生在低优先级别的子订单内，而高优先级的子订单能够获得物资上的保证。在低优先级订单的优先级不断上升的情况下，优先保证高优先级的订单，必然能够保证对客户的服务质量。相反，在不能区分子订单的条件下是无法实现这种办法的。"拆东墙补西墙"式的生产调度，会导致在同一时间加工却在不同时间使用的零部件互相挤占，为后续生产造成隐患。

（2）保证在企业间集成化管理的条件下的下游企业所需要的实时计划信息。对于本企业而言，这一要求就意味着使用精确实时的生产进度数据修正订单项对应的每一个子订单的相关计划记录，保持生产计划的有效性。在没有相应的跟踪机制的情况下，同一个生产计划、同一批半成品都可能对应着多份订单，实际上无法度量具体订单的生产进度。可见，生产控制系统必须建立跟踪机制才能实现面向订单的数据搜集，生产计划系统才能够获得必要的信息以实现面向用户的实时计划修正。

第四节　供应链管理下的生产组织新思想——延迟制造

一、延迟的概念及形式

（一）延迟策略的含义

延迟（Postponement）的概念其实早就出现，直到最近，延迟战略在物流运作中才得到真正的运用。所谓供应链管理的延迟策略，是指尽量延迟产品的生产和最终产品的组装时间，也就是尽量延长产品的一般性，推迟其个性化的时间。这种技术基于这样一个事实：一般情况下，随着预测点与需求发生点在时间上的接近，对需求量的预测就会越准确。这是因为随着时间的推移，我们可以获得更多关于实际需求的信息，从而降低不确定性，提高预测精度，减少不必要的库存积压或缺货。

延迟策略也可以减少物流预测的风险。在传统物流的运作安排中，运输和储存是通过对未来业务量的预测来进行的，如果将产品的最后制造和配送延迟到收到客户订单后再进行，那么，由于预测风险带来的库存就可以减少或消除。在用户需求多样化的今天，如果想满足用户的需求，就必须采用产品多样化策略。但是产品多样化必然带来库存的增加。在过去的物流管理系统中，分销中心的任务是仓储和分销。当增加产品品种时，库存也随之增加，这对企业来说是一笔很大的投资，相应的成本增加可能会削弱产品多样化策略的优势。为此，人们提出了延迟策略。在延迟策略中，地区性顾客化产品是到达用户所在地之后以模块化方式组装的，分销中心没有必要储备所有的最终产品，只储备产品的通用组件，库存成本大为降低。这样一来，分销中心的功能也发生了转变。为实现延迟策略，物流系统中的运输方式也必须跟着发生变化，如采用比较有代表性的通过式（Cross Docking）运输方式。通过式运输是指不将仓库或分销中心接到的货物作为存货，而是为紧接着的下一次货物发送做准备。

（二）延迟策略的形式

下面介绍两种主要的延迟策略。

1. 生产延迟

全球化的竞争迫切要求企业具有能增加灵活性而保持成本及质量不变的新的生产技术。灵活生产的思想是由重视客户的反应引起的。以反应为基础的生产能力将重点放在适应客户要求的灵活性上。生产延迟主张根据订单安排生产产品，在获知客户的精确要求和购买意向之前，不做任何准备工作（如采购部件）。按照订单生产的想法并不是新的，其新颖之处在于灵活的生产能够取得这种反应而不牺牲效率。如能做到按市场要求进行灵活生产，企业将可以摆脱对销售预测的依赖。

在现实情况中，批量生产的经济性是不能忽视的。挑战在于采购、生产及物流之间的定量交换成本，预测生产和由于引入柔性程序而失去规模经济之间的成本和风险的利益互换。生产批量要求流水线结构以及相关的采购模式与之相配，因此还要考虑采购成本、设备投资等因素。在传统的职能管理中，生产计划用来实现最低的单位生产成本。从综合的角度看，供应链的目的是以最低总成本达到客户期望的满意度，这就要求生产延迟以促进整个供应链更有效率。

生产延迟的目标在于尽量使产品保持中性及非委托状态，理想的延迟是制造相当数量的标准产品或基础产品以实现规模化经济，而将最后的特点，如颜色等推迟到收到客户的订单以后。

在延迟生产中，物流费用的节约来源于以标准产品或基础产品去适应广大不同客户的独特需要。它具有服务许多不同客户的潜力。

这类生产延迟的例子在保留大批量生产的规模经济效益的同时，减少了存货数量。

生产延迟的影响有两方面。首先，销售预测的不同的产品的种类可以减少，因此，物流故障的风险较低。其次，更为重要的影响是，更多的使用物流设施和渠道关系来进行简单生产和最后的集中组装。在某种程度上，非常专门化的或者高度限制的规模经济并不存在于制造生产中，产品的客户化也许最好在最接近客户终点市场的地方被授权和完成。在某一些行业中，传统物流库存的使命正在迅速地被改变，以适应生产延迟。

2. 物流延迟

在许多方面，物流延迟和生产延迟恰好相反。物流延迟的基本观念是在一个或多个战略地点对全部货品进行预估，而将进一步库存部署延迟到收到客户的订单。一旦物流程序被启动，所有的努力都将被用来尽快地将产品直接向客户方向移动。在这种概念上，配送的预估性质就被彻底的删除，而同时保留了大生产的规模经济。

许多物流延迟的应用包括服务供给部分，关键的与高成本的部件保存在中央库存内以确保所有潜在用户的使用。当某一种部件的需求发生时，订单通过电子通信传送到中央库存系统，使用快速、可靠的运输直接装运到服务设施中。结果是以较少的总体库存投资改进了服务。

物流延迟的潜力随着加工和传送能力的增长，以及具有高度精确性和快速的订单发送而得到提高。物流延迟以快速的订单和发送，替代在当地市场仓库里预估库存的部署。与生产延迟不同，系统利用物流延迟，在保持完全的生产规模经济的同时，使用直接装运的能力来满足客户要求。

生产及物流延迟都降低了因预测带来的风险，但两者的方式不同。生产延迟集中于产品，在物流系统中移动无差别部件并根据客户在发送时间前的特殊要求修改。物流延迟集中于时间，在中央地区储存不同产品，当收到客户订单时做出快速反应。集中库存减少了为用来满足所有市场区域高水平使用而要求的存货数量。采用哪种形式的延迟，取决于生产的数量、价值、竞争主动性、规模经济，以及客户期望的发送速度和一致性。在某些情况下，两种不同类型的延迟能够结合进一个物流战略中，两种形式一起代表着对于传统预测的有力挑战，如图7-6所示。

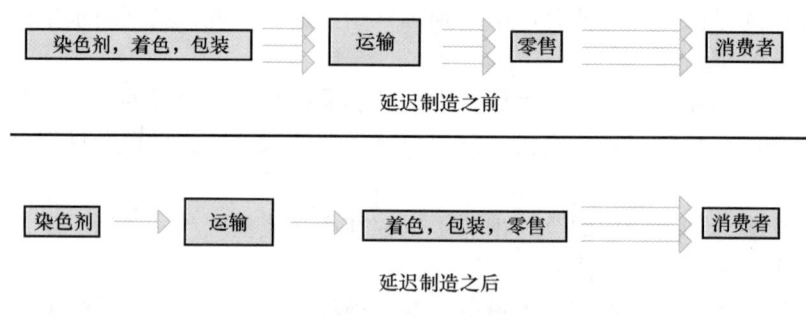

图 7-6　延迟制造

另外还有一些形式的延迟策略，如形式延迟策略和完全延迟策略。形式延迟策略：改变产品的基本结构，重新设计某些零件或流程，使其标准化和简单化（也就是在使用时具有共性），以简化存货管理，使产品具有一致性、规模性的特点。完全延迟策略：对于单一顾客特点需求的订单，直接由零售店传送到生产工厂执行，并直接运送给顾客或零售商。顾客的订购点已移至生产流程的阶段，生产和物流活动完全由订单驱动。

（三）实现延迟策略的条件

为了实现延迟策略，需要具备以下几项条件：

（1）零部件标准化。这是指将产品的零部件标准化，使产品生产时得以使用共同的零部件。其优点是：降低生产系统的复杂程度，增加在制品库存的弹性并改善顾客的服务水平。

（2）模块化设计。这是指将产品分成几个子模块，使其可以容易地组装在一起，这使得制造商可以延迟特定产品的组装，进而达到产品差异点的延迟。

（3）流程再造。这是指将产品的所有制造流程分解成共同流程与差异化流程两部分，并将差异化流程延迟至下游的分销点。

延迟策略在戴尔公司、松下电器、福特汽车公司、惠普公司和耐克公司等企业得到了广泛的应用。例如，惠普公司在台式打印机的供应链管理中，实施延迟策略，将台式打印机的最后组装延迟至各地的分销中心进行，取得了显著的效益。安全库存周期减少为5周，从而减少了库存总投资的18%，仅这一项改进便可以每年节省3 000万美元的存储费用。由于惠普公司通用打印机的价格低于同类客户化产品，因此又进一步节省了运输、关税等费用。除了降低成本，客户化延迟使得产品在企业内的生命周期缩短，从而对不准确的需求预测或是外界的需求变化都具有很好的适应性。一旦发现决策错误，可以在不影响顾客利益的情况下，以较小的损失较快地进行纠正。

二、延迟制造

（一）延迟制造的思想

延迟制造的核心思想是制造商只生产通用化、模块化的产品，尽量使产品保持中间状态，以实现规模化生产，并且通过集中库存减少库存成本，从而缩短提前期，使顾客化活动更接近顾客，增强应对个性化需求的灵活性。其目标是使适当的产品在适当的时间到达适当的位置。

具体而言，延迟制造是由制造商事先只生产中间产品或模块化部件，等最终用户对产品的功能、外观、数量等提出具体要求后才完成生产与包装的最后环节。例如，IBM公司事先生产出不同型号的硬盘、键盘等各种计算机配件，在接到订单后再按客户要求进行装配。在很多企业，最终的制造活动被放在离顾客很近的地方进行，如由配送中心或第三方物流中心完成，在时间和地点上都与大规模的中间产品或部件生产相分离，这样企业就能以最快的响应速度来满足顾客的要求。

延迟制造可以分为成型延迟、时间延迟和地点延迟。成型延迟是指推迟形成最终产品的过程，在获知客户的精确要求和购买意向之前，仅制造出基础产品或模块化的部件，在收到客户的订单后，再按客户的具体要求从事具体产品的生产。时间延迟指的是最终制造和处理过程被推迟到收到顾客订单以后进行。地点延迟是指推迟产品向供应链下游的位置移动，接到订单后再以供应链的操作中心为起点进行进一步的位移与加工处理。延迟制造是三种延迟的综合运用。

（二）延迟制造的分离点

我们通常将供应链结构划分为推动式和拉动式两种，推动式供应链企业根据对顾客需求的预测进行生产，然后将产品推向下游经销商，再由经销商逐级推向市场。在推动式供应链中，分销商和零售商处于被动接受的地位，企业间信息沟通少、协调性差、提前期长、快速响应市场的能力弱、库存量大，且往往会产生供应链中的存货数量逐级放大的牛鞭效应，但推动式供应链能利用制造和运输的规模效应为供应链上的企业带来规模经济的效益，还能利用库存来平衡供需之间的不平衡现象，如图7-7所示。

图 7-7 制造商推动的供应链

拉动式供应链模式通常按订单进行生产,由顾客需求来激发最终产品的供给,制造部门可以根据用户时间需求来生产定制化的产品,降低了库存量,缩短了提前期,能更好地满足顾客的个性化需求,可有效地提高服务水平和市场占有率。但其缺点是生产批量小、作业更换频繁、设备的利用率不高、管理复杂程度高,难以获得规模经济,如图 7-8 所示。

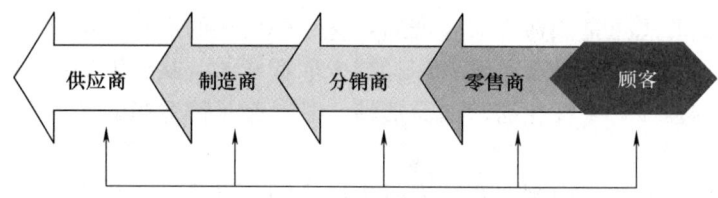

图 7-8 客户拉动的供应链

延迟制造是上述两种供应链模式的整合,通过两种模式的结合运用,扬长避短。运用延迟制造的生产过程可分为推动阶段和拉动阶段,通过对产品的设计与生产采用标准化、模块化和通用化的技术,产品可以由具有兼容性和统一性的不同模块组合而成。在推动阶段,制造商根据预测大规模生产半成品或通用化的各种模块,获得大量生产的规模效应。在拉动阶段,产品才实现差别化,根据订单需要,将各种模块进行有效的组合,或将通用化的半成品根据要求进行进一步加工,从而实现定制化的服务。

我们将推动阶段和拉动阶段的分界点称为顾客需求切入点(The Customer Order Decoupling Point,CODP,也称为分离点),在分离点之前,是由需求预测驱动的推动式的大规模的活动,一般面向全球性市场,产品标准化、中性化,实行大批量、规模化生产,生产效率高。分离点之后的活动由顾客订单驱动,一般面向地区性市场,且产品具有个性化、柔性化的特点,实行小批量加工,单位产品的加工成本较高,如图 7-9 所示。

分离点的定位与延迟活动的规模、延迟类型、顾客化方式均有密切关系。如表 7-6 所示。分离点位置越靠近顾客,延迟活动规模越小,顾客化活动复杂程度越低,因而快速响应能力(在已有的产品品种范围内)越高,但由于顾客化程度低,产品品种较少,企业柔

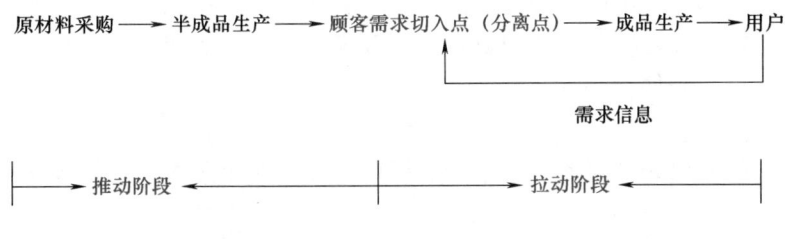

图 7-9 分离点的概念

性较小，应对个性化需求的能力不强。然而，在需求多样化趋势明显增强的今天，产品柔性是决定企业生存和发展的关键因素，因此分离点及延迟化策略定位必须把企业柔性放到极其重要的位置，如图 7-10 所示。

表 7-6 分离点的影响

相关因素 分离点位置	延迟活动规模	延迟类型	顾客化方式
制造商	大	延迟制造　延迟组装	通用件顾客化
分销商	中	延迟包装	配送服务顾客化
零售商	小	时间延迟	零售渠道调整

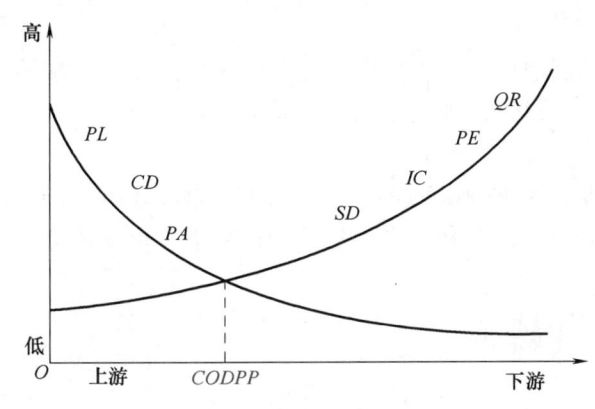

图 7-10 分离点位置的影响

$CODPP$：分离点位置；PL：延迟水平（即延迟活动的规模）；CD：顾客化程度；PA：产品柔性；
SD：标准化程度；IC：库存成本；PE：生产效率；QR：快速响应能力。

（三）延迟制造的实施条件

延迟制造生产模式虽然有诸多优势，但它并不适用于所有行业。有些产品的生产过程决定了它不可能采用延迟制造这种生产模式,还有些产品的特点使得采用延迟制造带来的收益不能弥补生产过程复杂化增加的成本。一般来说,推行延迟制造的企业,其生产与制造过程应当具有以下条件。

1. 可分离性

制造过程能被分离为中间产品生产和最终产品加工两个阶段,这样才有可能将最终产品的加工阶段进行延迟。

2. 可模块化

产品应能够分解为有限的模块,这些模块经组合后能形成多样化的最终产品,或产品由通用化的基础产品构成。基础产品经加工后,能提供给顾客更多选择。

3. 最终加工过程的易执行性

延迟制造将最终产品生产和中间产品的生产分离,最终产品的生产很可能被放在离顾客很近的地方执行。这就要求最终加工过程的技术复杂性和加工范围应当有限,易于执行,加工时间短,无须耗费过多的人力。

4. 产品的重量、体积和品种在最终加工中的增加程度大

延迟制造会增加产品的制造成本,除非延迟制造的收益能弥补增加的成本,延迟制造没有执行的必要。如果产品的重量、体积和品种在最终加工中增加很多,推迟最终的产品加工成型工作能节省大量的运输成本和减少库存产品的成本、简化管理工作、减少物流故障,这会有利于延迟制造的进行。

5. 适当的交货提前期

通常来说,过短的提前期不利于延迟制造,因为延迟制造要求给最终的生产与加工过程留有一定的时间余地;过长的提前期则无须延迟制造。

6. 市场的不确定程度高

市场的不确定程度高,细分市场多,顾客的需求难以预测,产品的销售量、配置、规格和包装尺寸不能事先确定,有利于采用延迟制造来减少市场风险。

案例讨论

延迟制造——
戴尔即时顾客化定制的核心策略

戴尔公司自从 1984 年创办以来,以营业额每年保持两位数字的高速发展。直销虽然是戴尔公司获取竞争优势不可缺少的一环,但是它只是强调了戴尔和客户接触的一面,而延迟制造则是其利润得以增加的重要原因。

第七章 供应链生产管理

戴尔公司作为一个计算机生产销售企业，处于计算机行业这样一个高科技行业，要想获得长足发展就必须了解该行业的特点：首先，计算机行业的发展已经相当成熟，但是技术上并没有完全定型，甚至更新换代速度相当迅速，面对如此迅速的更新速度，要求企业必须使库存保持较低的水平，减少原材料库存过时带来的减值风险。其次，计算机行业有一套国际通用的标准，使得标准化的零部件制造过程和最终装配过程得以相互分离，商家可以充分利用全球不同区域所具有的制造资源的优势，加以整合，即由在世界各地各个不同的公司生产各种零部件，然后在靠近销售地的地方进行即时客户化定制。最后，信息技术的飞速发展，使得计算机销售和与顾客的交流、沟通变得快速而简洁，特别是电子商务（B2B，B2C）和通信技术的发展，消除了企业与顾客以及与供应商之间在时间和空间上的距离。

针对以上特点，戴尔公司运用延迟制造策略充分发挥了其即时化定制的优势。延迟制造要求企业进行最终装配的产品由标准化、模块化的零部件组成，顾客个性化的需要可以通过对标准化部件的组合装配以及附加其他的个性化模块或服务得以实现。戴尔公司没有在零部件标准化上投入太多的精力，而将这些工作交由如英特尔等硬件生产厂家来完成。戴尔公司把关键放在处理其与众多供应商之间的关系上，在这一点上，戴尔公司减少了供应商的数量，其 95% 的零部件及原材料由 50 家供应商提供，其中 75% 来自 30 家最大的供应商，另外 20% 来自规模略小的 20 家供应商。同时，戴尔公司采用"供应商库存在制造工厂集中管理"的方法，在自己的组装厂附近建立一个相当大的仓库，并要求所有供应商在这个仓库中建立自己的库存，戴尔公司和所有的供应商一起更快、更准确地分享需求和生产信息，从而帮助供应商更好地计划他们的生产和库存。延迟制造使戴尔公司减少了库存，使得其库存周转时间变成了业界少有的 7 天，这大大加快了资金周转，减少了库存成本和原材料贬值的损失。延迟制造使戴尔公司能够在接到顾客订单以后进行最终的个性化装配，促使戴尔公司即时了解顾客需求和潜在需求，以及将顾客需求快速转变成产品和最终零部件的特性，并将这些需求信息通过 Internet/Extranet 提供给供应商们共享，以实现即时采购和组装。为了更准确地了解顾客需求和提供更好的服务，戴尔公司对市场进行细分，细分市场包括大公司，中等大小的公司，政府、教育和医疗机构，以及小客户。戴尔公司也认为对顾客信息的掌握是其战胜竞争对手的关键。

延迟制造作为一种生产运作管理策略，应用得越来越广泛。其思路虽然简单，但是在实际的实施过程中需要整合本企业以及供应链上各个企业的资源和能力、充分了解顾客的需求信息，并使之达到最大程度的共享。

（资料来源：延迟制造——戴尔即时顾客化定制的核心策略，科技管理研究，2004 年第 5 期。）

结合案例回答下列问题：
1. 结合案例内容，总结延迟制造给戴尔公司带来的优势。
2. 结合本章内容，思考实施延迟制造的条件有哪些。

习　题

1. 供应链生产管理的特点是什么？
2. 简述面向供应链的生产组织计划模式。
3. 生产延迟的含义是什么？

本章参考文献

[1] 马士华，林勇，陈永祥．供应链管理［M］．北京：机械工业出版社，2000．
[2] 唐纳德 J 鲍尔索克斯，等．供应链物流管理［M］．李习文，王增东，译．北京：机械工业出版社，2004．
[3] 丁慧平．现代生产运作管理［M］．北京：中国铁道出版社，2004．
[4] 刘丽文．生产与运作管理［M］．北京：清华大学出版社，1998．
[5] 骆温平．物流与供应链管理［M］．北京：电子工业出版社，2002．
[6] 陈志祥，等．供应链运营机制研究——生产计划与控制模式［J］．工业工程与管理，2000（2）．

第八章

供应链物流管理

▲ 作 用

本章是全书非常重要的一章,主要阐述物流管理与供应链管理的关系,详细说明基于供应链进行物流管理最主要的三个方面:运输管理、库存控制和网络设计,使读者能初步掌握基于供应链进行物流管理的知识。

▲ 关 键

- 供应链管理环境下物流管理的特征
- 运输决策的影响因素
- 运输网络的设计方案
- 供应链管理下的库存问题
- 供应链管理下的库存控制策略

第一节 物流与供应链管理

一、物流概述

美国物流管理协会(Council of Logistics Management,CLM)[一]于1998年对物流(Logistics)的定义是:"物流是供应链过程的一部分,是以满足客户需求为目的,以高效和经济的手段来组织产品、服务以及相关信息从供应到消费的运动和存储的计划、执行和控制的过程。"中国国家标准《物流术语》(GB/T 18354—2006)将物流定义为:"为物品及其信息流动提供相关服务的过程。"

[一] 该协会于2005年1月1日正式更名为美国供应链管理专业协会(Concil of Supply Chain Management Professionals,CSCMP)。

物流可根据物流的范畴分为社会物流和企业物流，根据作用领域的不同分为生产领域的物流和流通领域的物流，根据发展的历史进程分为传统物流、综合物流和现代物流，根据提供服务的主体不同分为代理物流和企业内部物流，按物流的流向不同还可以分为流入物流和流出物流。

一般认为，物流通常具有运输功能、储存功能、配送功能、装卸搬运功能、包装功能、流通加工功能和信息处理功能。

关于物流方面的理论知识，读者可参考专门的书籍，这里不再做过多介绍。

二、供应链管理环境下物流管理的特征

由于供应链管理下物流环境的改变，使新的物流管理和传统的物流管理相比有许多不同的特点。这些特点反映了供应链管理思想的要求和企业竞争的新策略。

首先我们来考察一下传统的物流管理的情况，如图8-1所示。在传统的物流系统中，需求信息和反馈信息（供应信息）都是逐级传递的，因此上级供应商不能及时地掌握市场信息，因而对市场反应速度比较慢，从而导致需求信息的扭曲。

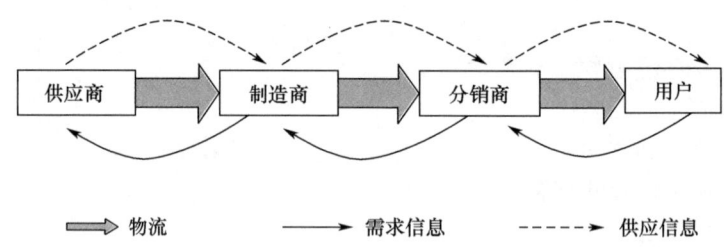

图 8-1　传统的物流供应链

另外，传统的物流系统没有从整体角度进行物流规划，常常导致一方面库存不断增加，另一方面当需求出现时又无法满足。这样，企业就会因为物流系统管理不善而丧失市场机会。早在1994年，康柏公司就曾因为流通渠道没有跟上而导致1亿美元的损失。康柏财务经理说，他们在制造、市场开拓和广告等方面做了很大努力，但是物流管理没有跟上，这是最大的损失。

简言之，传统物流管理的主要特点表现在：①纵向一体化的物流系统。②不稳定的供需关系，缺乏合作。③资源的利用率低，没有充分利用企业的有用资源。④信息的利用率低，没有共享有关的需求资源，需求信息扭曲现象严重。

图8-2为供应链管理环境下的物流系统模型，和传统的纵向一体化物流模型相比，信息的流量大大增加。需求信息和反馈信息不是逐级传递的，而是网络式传递的，企业通过EDI/Internet可以很快掌握供应链上不同环节的供求信息和市场信息。因此在供应链环境

下的物流系统有三种信息在系统中运行：需求信息、供应信息和共享信息。

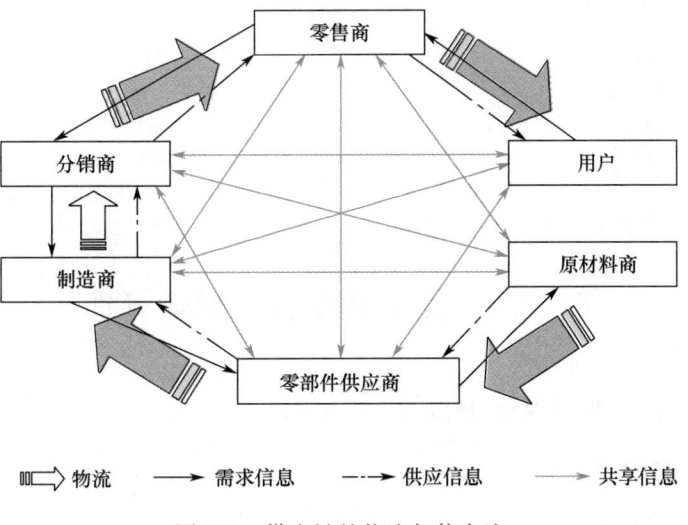

图 8-2　供应链的物流与信息流

共享信息的增加对供应链管理是非常重要的。由于可以做到信息共享，供应链上任何节点的企业都能及时掌握市场的需求信息和整个供应链的运行情况，每个环节的物流信息都能透明地与其他环节进行交流与共享，从而避免了需求信息的失真现象。

对物流网络规划能力的增强，也反映了供应链管理环境下的物流特征。它充分利用第三方物流系统、代理运输等多种形式的运输和交货手段，降低了库存的压力和安全库存水平。

作业流程的快速重组能力极大地提高了物流系统的敏捷性。通过消除不增加价值的过程，供应链的物流成本进一步降低，为实现供应链的敏捷性、精细化运作提供了基础性的保障。

信息跟踪能力的提高，使供应链物流过程更加透明化，也为实时控制物流过程提供了条件。在传统的物流系统中，许多企业有能力跟踪企业内部的物流过程，但没有能力跟踪企业之外的物流过程，这是因为没有共享的信息系统和信息反馈机制。

合作性与协调性是供应链管理的一个重要特点，但如果没有物流系统的无缝连接，运输的货物逾期不到，顾客的需求不能得到及时满足，采购的物资常常在途受阻，就会使供应链的合作效果大打折扣，因此，无缝连接的供应链物流系统是使供应链获得协调运作的前提条件。

灵活多样的物流服务还提高了用户的满意度。通过制造商和运输部门的实时信息交换，及时地把用户关于运输、包装和装卸方面的要求反映给相关部门，提高了供应链管理系统对用户个性化需求的响应能力。

归纳起来，供应链环境下物流管理的特点可以用如下几个术语简要概括：
（1）信息——共享。
（2）过程——同步。
（3）合作——互利。
（4）交货——准时。
（5）响应——敏捷。
（6）服务——满意。

第二节　基于供应链的运输管理

一、运输决策的内容及影响因素

（一）运输决策的内容

1. 运输方式

运输方式是指将产品从供应链网络的一个位置移动到另一个位置所采取的方式。一般有以下六种基本运输方式可供选择：

（1）航空运输。航空运输是最昂贵、最快捷的运输方式。
（2）公路运输。公路运输是较快速、较廉价、高度灵活的运输方式。
（3）铁路运输。铁路运输是适用于大宗货物的廉价运输方式。
（4）水陆运输。水陆运输是最慢的运输方式，通常是大宗海外货运唯一的经济选择。
（5）管道运输。管道运输主要用于输送石油和天然气。
（6）电子运输。电子运输是一种最新的、电子化的、通过互联网完成的"运输"方式，可"输送"诸如音乐之类原来只以物态形式流通的商品。

每一种运输方式在速度、货运规模、货运成本和灵活性方面均有不同特点，这些特点影响着企业对某种特定运输方式的选择。

2. 路径和网络选择

管理者必须做出的另一个主要决策是产品运输的路径和网络。路径是指产品运输的路线，网络是指产品运输的地点与路径的总和。例如，企业需要决定是直接将产品送到顾客手中，还是利用第三方配送企业送到顾客手中。企业在供应链设计阶段就要做出运输路径决策，此外还有日常决策或短期决策。

3. 内部化还是依靠外部资源

传统上，大部分运输职能是在企业内部完成的。现在，许多运输（甚至整个物流体系）职能却是依靠外部提供的。当企业决策运输体系时，他们不得不在部分运输内部化或依靠外部资源之间做出选择，这引发了另一方面的决策难题。

第八章　供应链物流管理

4. 反应能力与盈利水平的全面权衡

关于运输的最根本的权衡，就是某一给定产品的运输费用（盈利水平）与运输速度（反应能力）之间的权衡。

（二）影响运输决策的因素

在供应链的任何运输中，都存在着两个非常重要的角色，即托运人和承运人。托运人要求货物在供应链的两节点企业之间发生位移，而承运人则按照托运人的要求进行货物的移动或运输。

在做出有关运输的决策时，由于托运人和承运人的角度不同，他们考虑的影响运输的因素也不一样。作为承运人，它进行运输设备（如铁路、机车、货车和飞机等）投资决策和运营决策，并努力从这些资产中谋取最大回报。相反，托运人考虑的是如何使用合适的运输方式，以降低总成本（包括运输、库存、信息和设施所耗费的成本），并以合适的速度对消费者的需求做出反应。

1. 影响承运人决策的因素

承运人在进行固定资产投资、制订价格以及运营策略的时候，必须考虑到以下几项成本：

（1）与运输工具相关的成本。这是指承运人购买或者租赁运输工具所发生的成本。这项成本不论运输工具使用与否都会产生，承运人在短期运营决策中把它当作固定成本，但当制订长期战略或中期计划时，这些成本是可变的，购买或者租赁运输工具的数量，是承运人要做出的一个选择。与运输工具相关的成本是与购买和租赁的运输工具的数量成比例的。

（2）固定运输成本。这项成本包括运输枢纽建设成本、机场建设成本及与运输是否发生无关的劳动力成本。像货运终点站和机场的建设，这些成本与进入终点站的货车数量或使用机场的飞机数量无关。如果司机的工资与其出车安排无关，则其工资也应当计入该项成本。对于运营决策来说，这项成本是固定的，对涉及设施选址、设施规模的规划和战略决策而言，这项成本是可变的。固定运营成本通常与运输设施的规模成正比。

（3）与运距有关的成本。一旦运输工具投入运行，此项成本就发生了，它包括劳动力报酬和燃料费用。顾名思义，与运距相关的成本与运输路途长短、运输持续时间是相关的，但它与运输产品的数量无关。在进行战略规划时，此项成本被视为变动的，在做影响运距和运输持续时间的经营决策时，此成本也是可变的。

（4）与运量有关的成本。此项成本包括货物装卸费用以及与运量有关的燃料费用。在运输决策的过程中，这些费用通常是变动的，除非装卸货物的劳动力成本是固定的。

（5）运营成本。这项成本包括设计、安排运输网络的费用以及任何有关的信息技术投资。例如，当货运公司投资于一种有助于管理者进行运输线路决策的线路规划软件时，对软件的投资以及软件维护、操作的费用就属于经营成本。

承运人的大部分成本与货车、火车或轮船装载的运量无关，而取决于运输线路设计与运输工具安排。承运人应当在战略和规划决策时，将上述所有成本视为可变的；而在运营决策时，把大多数成本看作是固定不变的。

承运人的决策还受到以下两个因素的影响：一是承运人追求的对目标市场的反应能力；二是市场能承受的价格。例如，联邦快递公司采用航空运输网，以提供快速、可靠的包裹递送服务。相反，美国联合包裹递送中心则采用航空和公路运输相结合的方式，提供相对廉价但速度也较慢的服务。这两大运输网络的差别在服务价格表上得到了体现。联邦快递公司主要依据包裹的大小来收费，而美国联合包裹递送中心则依据包裹大小和目的地两个因素来确定价格。从供应链的角度来看，当价格与目的地无关而且运输的速度非常重要的时候，航空运输网络是比较适合的；而当价格随目的地而变化，且较慢的运输速度可以被接受时，公路运输网就比较适合了。

2. 影响托运人决策的因素

托运人决策包括三项内容：运输网设计，运输工具选择以及对不同客户采取不同的运输方式。托运人的目标是：在以承诺的速度满足客户需求的同时，使总成本最小化。托运人进行决策时，必须考虑到以下成本：

（1）运输成本。这包括为将货物运送到消费者手中而向不同承运人支付的总费用。这项成本主要取决于不同的承运人的报价以及托运人选择的运输方式，即选择廉价但较慢的运输方式还是选择高价但较快的运输方式。当承运人独立于托运人时，运输成本就是可变的。

（2）库存成本。这是指在托运人的供应链网络中保管库存货物所耗费的成本。库存成本在短期运输决策中是不变的，而在设计运输网络或制订运营策略时则是可变的。

（3）设施成本。这是指供应链网络中托运人的各种运输设施的成本。设施成本只有供应链管理者做战略规划时才是可变的，而在进行其他运输决策时均被视为固定的。

（4）作业成本。这是进行货物装卸及其他与运输相关的作业所带来的成本。在所有的运输决策中，此项成本都被视为可变的。

（5）服务水平成本。这是在没有完成货物运送义务时所承担的费用。在某些情况下，这项费用可能在合同中详细列明，而在其他情况中，则表现为客户的满意程度。在进行战略、规划和运营决策时都应当考虑此项成本。

在进行运输决策时，托运人应权衡以上各项成本。托运人的决策还会受以下两个因素的影响：它所需要满足的客户对反应灵敏度的要求和它从不同商品和服务中得到的利润。例如，网路先锋是一家网上零售店，它向客户承诺，以客户指定的时点为基础，在30分钟以内送货上门。美国联合包裹递送中心不是依据客户指定的时间，而只是在工作时间送货。两家公司设计的运输网络和与需求相关的运输工具的数量，反映了二者在战略上的差异。

二、运输网络的设计方案

设计良好的运输网络有助于供应链以较低的成本达到理想的反应能力。假设在零售供应链中有很多零售商和几个供应商，下面将讨论这类供应链中运输网络的设计方案及每一种方案的优势和不足。

1. 直接运输网络

在直接运输网络中，零售供应链的运输网络是这样构造的：它使所有货物直接从供应商处运达零售店，如图8-3所示。每一次运输的线路都是指定的，供应链管理者只需决定运输的数量并选择运输方式。要做出这一选择，供应链管理者必须在运输费用和库存费用之间进行权衡。这一点在本章的后面还要涉及。

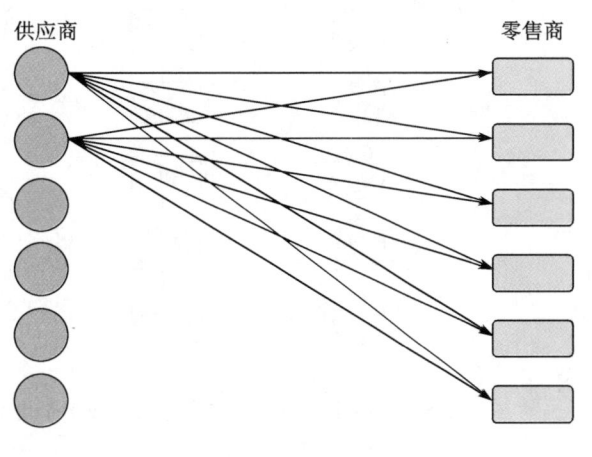

图 8-3　直接运输网络

直接运输网络的主要优势在于无须中介仓库，而且在操作和协调上简单易行。运输决策完全是独立的，一次运输决策不影响其他的货物运输。同时，由于每次运输都是直接的，从供应商到零售商的运输时间较短。

如果零售店的规模足够大，对供应商和零售店来说每次的最佳补给规模都与货车的最大装载量相接近，那么直接运输网络就是行之有效的。但对于小的零售店来说，直接运输网络的成本过高。如果在直接运输网络中使用满载承运商，由于每辆货车相对较高的固定成本，从供应商到零售店的货运必然是大批量进行的，这必然会导致供应链中库存水平提高。相反，如果使用非满载承运，尽管库存量较少，但却要花费较高的运输费用和较长的运输时间。如果使用包裹承运，运输成本会非常高。

2. 利用"送奶线路"的直接运送

"送奶线路"是指将从一个供应商那里提取的货物送到多个零售店，或者从多个供应商那里提取货物送至一个零售店，如图8-4所示。在这种运输体系中，供应商通过一辆货车直接向多个零售店供货，或者由一辆货车从多个供应商那里装载要运送到一家零售店去的货物。一旦选择这种运输体系，供应链管理者就必须对每条送奶线路进行规划。

直接运送具有无须中介仓库的好处，而送奶线路通过多家零售店在一辆货车上的联合运输降低了运输成本。例如，由于每家零售店的库存补给规模较小，这就要求使用非满载

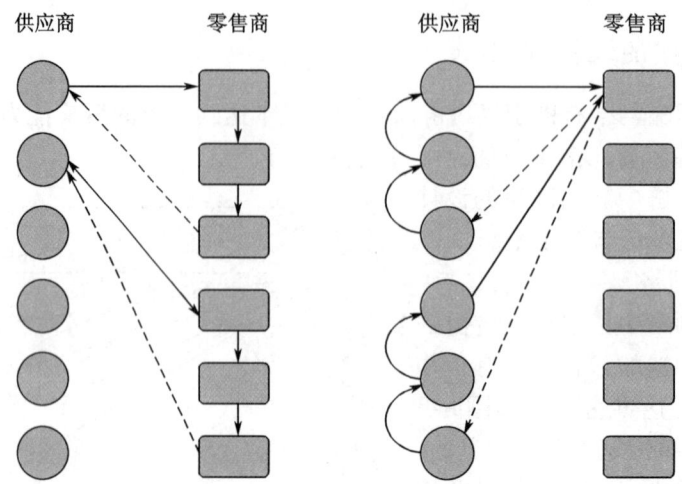

图 8-4 一个供应商至多家零售店或多个供应商至一家零售店的送奶线路运输

进行直接运送,而送奶线路使多家零售店的货物运送可以在同一辆货车上进行,从而更好地利用了货车并降低了运输成本。如果有规律地进行经常性、小规模的运送,而且一系列的供应商或零售店在空间上非常接近,送奶线路的使用将显著地降低成本。例如,丰田公司利用送奶线路运输来维持其在美国和日本的即时制造系统。在日本,丰田公司的许多装配厂在空间上很接近,因而可以使用送奶线路从单个供应商运送零配件到多个工厂。而在美国则相反,丰田公司利用送奶线路将多个供应商的零配件运往位于肯塔基州的一家汽车装配厂。

3. 所有货物通过配送中心的运输网络

在这种运输系统中,供应商并不直接将货物运送到零售店,而是先运到配送中心,再运到零售店。零售供应链依据空间位置将零售店划分区域,并在每个区域建立一个配送中心。供应商将货物送至配送中心,然后由中心选择合适的运输方式,再将货物送至零售店,如图 8-5 所示。

在这一运输体系中,配送中心是供应商和零售商之间的中间环节,

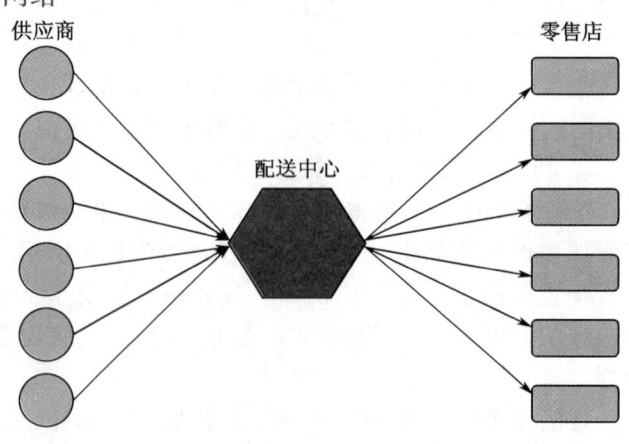

图 8-5 所有货物通过配送中心的运送

发挥两种不同的作用：一方面进行货物保管；另一方面则充当转运点。当供应商和零售店之间的距离较远、运费高昂时，货物保存和转运有利于减少供应链中的成本耗费。通过使进货地点靠近最终目的地，配送中心使供应链获取了规模经济效益，因为每个供应商都将中心管辖范围内的所有零售店的进货送至该配送中心。而且，配送中心的送货费不会太高，因为它只给附近的商店送货。

4. 通过配送中心使用送奶线路的运送

如图8-6所示，如果每家商店的进货规模较小，配送中心就可以使用送奶线路向零售商送货了，通过联合的小批量运送来降低送货成本。例如，日本的7-11公司将来自新鲜食品供应商的货物在配送中心进行对接，并通过送奶线路向商店供货。因为单个商店向所有供应商的进货还不足以装满一辆货车，配送中心和送奶线路的使用使该公司在向每一家连锁店提供库存商品时降低了成本。同时，使用配送中心和送奶线路要求高度的协调以及对送奶线路的合理规划和安排。

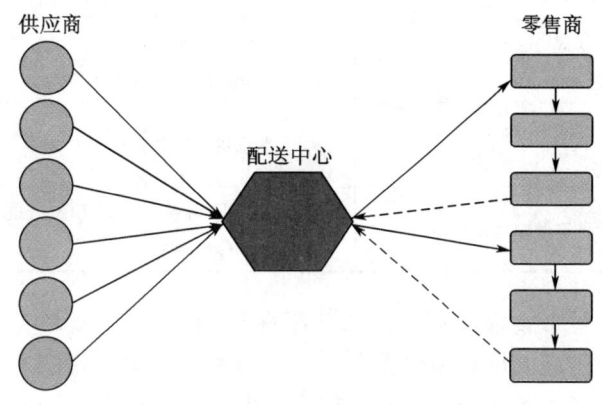

图8-6　配送中心利用送奶线路送货

许多网上商店在向客户送货时，也通过配送中心使用送奶线路，以便减少小规模送货的运输成本。

5. 量身定做的运输网络

量身定做的运输网络是上述运输体系的综合利用。它在运输过程中综合利用配送中心、送奶线路、满载和非满载承运，甚至在某些情况下使用包裹递送，目的是根据具体情况采用合适的运输方案。送到大规模商店的大批量产品可以直接运送，送到小商店的小批量产品可以通过配送中心运送。这种运输体系的管理是很复杂的，因为大量不同的产品和商店要使用不同的运送程序。量身定做的运输网络的运营，要求较多的信息基础设施，以便进行协调。但同时，这种运输网络也可以有选择地使用进/供货方法，减少运输成本和库存成本。

以上各种不同运输网络的优缺点可以总结为表8-1。

三、基于供应链的运输决策的要点

在供应链中进行运输决策时，必须注意以下几点：

表 8-1　不同运输网络的优点和缺点

网络结构	优点	缺点
直接运输	● 无须中间仓库 ● 简单的协作	● 库存水平高（由于货物批量大） ● 巨大的接收费用
利用"送奶线路"的直接运送	● 小批量货物较低的运输成本 ● 较低的库存水平	● 协调的复杂性加大
所有货物通过配送中心的运输网络	● 通过联合降低了进货运输成本	● 增加了库存成本 ● 增加了配送中心的处理费用
所有货物通过配送中心对接运送	● 必备库存水平很低 ● 通过联合降低了运输成本	● 协调的复杂性加大
通过配送中心使用送奶线路的运送	● 小批量货物有较低的送货成本	● 协调的复杂性进一步加大
量身定做的运输网络	● 运输选择与单个产品和商店的需求十分匹配	● 协调的复杂性最大

1. 使运输战略与竞争战略保持一致

管理人员必须确保运输战略有利于竞争战略的实施。为实现这一目标，管理人员应当设计各种运输激励机制。过去企业内的运输职能通常以它能在多大程度上节约运输费用来衡量。这种对运输职能的片面理解，造成了运输决策虽能降低运输成本，但却降低了企业为客户服务的反应能力，甚至可能增加企业的总成本。如果单纯用货车的装载量来评价配送中心工作人员的工作效率的话，那么为了能增加每次运输的运量，他就可能会延迟发货，从而降低企业的反应能力。在衡量运输职能时，企业应当综合考虑以下因素：运输成本，其他费用（如受运输决策影响的库存成本）以及对客户需求的反应能力。

2. 考虑内部运输和外部运输

企业必须将企业的内部运输和外部运输结合起来，以满足自身的运输需要。这种决策必须建立在企业运营运输业务的能力和运输对企业实现成功的战略重要性的基础之上。通常，在运量较小时适合采用外部运输，当运量较大而且反应能力要求较高时较好的选择是自己拥有运输队伍。例如，沃尔玛公司已经在供应链中使用反应型运输方式，考虑到运输对企业成功的重要性，公司拥有自己的运输队伍并自己经营。因为公司的运量一般较大，因而能够很好地利用其运输资产。相反，某些公司向客户小批量地发货，它们成功的关键在于库存管理而不是运输，第三方承运人将其产品与其他公司产品联合运输，能为它们降低成本。

3. 设计能适应电子商务需要的运输网络

随着电子商务的发展，许多 B2C 企业的运输规模变小，送货上门也随之发展起来。适应新经济要求的快速反应型运输系统应当能寻求一切机会进行联合运送，在某些情况下，甚至与竞争对手进行联合，以便降低小批量送货的成本。大多数电子商务送货要求使用昂贵的包裹运送或非满载运送。即时制造的发展和对减少库存、频繁更新库存的要求，更增加了小批量运货的需求，如果管理者在进行运输网络设计时不将这些因素考虑在内，那么企业的运输成本将显著增加，对客户需求的反应能力将下降。

4. 运用信息技术来改善运输经营

管理者必须在供应链中采用可行的信息技术，来降低运输成本、增强反应能力。很多企业提供的软件，都有助于制订运输计划、选择运输方式，并进行运输线路设计安排。现在的信息技术使管理者能掌握每一运输工具的准确位置以及其所运载的货物，卫星通信系统能使承运人与运输队伍中的运输工具保持联系。这些技术使承运人变得非常灵敏，也有助于通过更好的货物和运输工具之间的匹配来降低成本。再有，这些技术还有助于企业应付天气变化或其他不可预测因素的情况。

5. 运输网络设计必须具有弹性

进行运输网络设计时，管理者必须考虑到需求的不确定性和运输的可行性。忽视不确定性就会导致管理者大量使用廉价但缺乏弹性的运输方式。这些运输方式在一切顺利时运行良好，而一旦计划改变，就表现得很糟糕。如果管理者考虑到不确定性，它们就可能会在供应链中采用尽管更昂贵但具有弹性的运输方式。尽管对某一次特定运输来说，这些运输方式是昂贵的，但是由于不确定因素的存在，这些昂贵的运输方式有助于企业降低对客户需求的反应的总成本。

第三节　基于供应链的库存管理

一、供应链管理环境中的库存问题

（一）库存控制问题分析

供应链管理模式下的库存控制问题主要分为信息类问题、供应链运营问题和供应链的战略与规划问题三大类，具体包括以下内容。

1. 缺乏供应链的系统观念

虽然供应链的整体绩效取决于各个供应链节点企业的绩效，但是各个企业都是各自独立的单元，都有各自独立的目标与使命。有些目标和供应链的整体目标是不相干的，甚至有可能是冲突的。因此，这种各自为政的行为必然导致供应链整体效率的低下。例如，美国加利福尼亚州的某计算机制造商以每笔订货费作为绩效评价的指标，该企业集中精力降低订货成本。这种政策对于一个单一企业无可厚非，但是它没有考虑对供应链体系中其他制造商和分销商的影响，结果使一些制造商不得不维持较高的库存量。

大多数供应链系统都没有建立针对供应链整体绩效的评价指标,这是供应链中普遍存在的问题。有些企业采用库存周转率作为供应链库存管理的绩效评价指标,但是没有考虑对客户的反应时间与服务水平。实际上,客户满意度应该始终是供应链各项绩效评价的一项重要指标。

2. 对客户服务水平理解上的偏差

供应链管理的绩效好坏应该由客户来评价,或者用对客户的反应能力来评价。但是,由于对客户服务水平理解上的差异,导致客户服务水平的差异。许多企业采用订货满足率来评估客户服务水平,这是一种比较好的客户服务考核指标。但是订货满足率本身并不能保证运营。例如,一家计算机工作站的制造商要满足一份包含多种产品的订单需求,产品来自各个不同的供应商,客户要求一次性交货,制造商要在各个供应商的产品都到齐后才能一次性装运给客户。这时,应用总的订货满足率来评价制造商的客户服务水平是恰当的,但是,这种评价指标并不能帮助制造商发现供应商的具体交货时间。传统的订货满足率评价指标也不能评价订货的延迟水平。两家都具有90%的订货满足率的供应链,在如何迅速补给余下10%订货方面的差别是很大的。除了订货满足率之外,其他的服务指标不容忽视,如总订货周转时间、平均再订货率、平均延迟时间以及提前或延迟交货时间等。

3. 缺乏准确的交货状态信息

当顾客下订单时,他们总是希望知道什么时候能交货。在等待交货过程中,特别是当交货被延迟以后,也可能会对订单交货状态进行修改。一次性交货非常重要,但是必须看到,许多企业并没有及时而准确地将交货延迟的信息提供给客户,这当然会导致客户的不满和再订货率的下降。

4. 低效率的信息传递系统

在供应链中,各个供应链节点企业之间的需求预测、库存状态、生产计划等都是供应链管理的重要数据,这些数据分布在不同的供应链节点企业之间,要实现快速有效地响应客户需求,必须实时传递这些数据。为此,需要改善供应链信息系统模型,通过系统集成的方法,使供应链中的库存数据能够实时、快速地传递。但是,目前许多企业的信息系统并没有实现集成,当供应商需要了解客户需求信息时,获得的常常是延迟的和不准确的信息。由于信息延迟而引起的需求预测的误差和对库存量精确度的影响,都会给短期生产计划的实施带来困难。例如,企业为了制订一个生产计划,需要获得关于需求预测、当前库存状态、供应商的运输能力以及生产能力等信息,这些信息需要从不同的供应链节点企业数据库中获得,数据调用的工作量很大。数据整理完后制订主生产计划,然后运用相关管理系统软件制订物料需求计划,这样一个过程一般需要很长时间。时间越长,预测误差越大,制造商对最新订货信息的有效反应能力也就越差,生产出过时的产品和造成过高的库存也就不足为奇了。

第八章　供应链物流管理

5. 忽略不确定性对库存的影响

供应链运营过程中存在诸多的不确定因素，如订货的前置时间、货物的运输状况、原材料的质量、生产过程的时间、运输时间和需求的变化等。为减少不确定性对供应链的影响，首先应了解不确定性的来源和影响程度。很多企业并没有认真地研究和确定不确定性的来源和影响，错误地估计供应链中物料的流动时间，会造成有的物品库存增加，而有的物品库存不足的现象。

6. 缺乏合作与协调

供应链是一个整体，需要协调各节点企业的活动，才能获得最满意的运营效果。协调的目的是使满足一定服务质量要求的信息可以无缝地、流畅地在供应链中传递，从而使供应链能够实时响应客户的需求，形成更为合理的供需关系，适应复杂多变的市场环境。供应链的各节点企业为了应对不确定性，都设有一定的安全库存作为应急措施。但供应链体系的协调涉及很多的利益群体，如果相互之间缺乏信任和协调，为了应对市场的波动，企业就不得不维持一个较高的安全库存，付出更高的代价。

组织之间存在的障碍有可能使库存控制变得更加困难，因为各自都有不同的目标、绩效评价尺度，谁也不愿意去帮助其他部门共享资源。

要进行有效的合作与协调，组织之间需要建立一种有效的合作激励机制和信任机制。

7. 库存控制策略简单化

无论是生产企业还是物流企业，库存控制的目的都是为了保证供应链运行的连续性和应对不确定性的需求。在了解和跟踪不确定因素状态的前提下，利用跟踪到的信息制订相应的库存控制策略。库存控制策略的制订过程是一个动态的过程，库存控制策略中应该反映不确定因素动态变化的特性。

许多企业对所有的物资采用统一的库存控制策略，物资的分类没有反映供应与需求的不确定性。传统的库存控制策略多数是面向单一企业的，采用的信息基本上来自企业内部，库存控制策略没有体现供应链管理的思想。因此，如何建立有效的库存控制方法，并能体现供应链管理思想，是供应链库存管理的重要内容。

8. 忽略了产品流程设计的影响

现代产品设计与先进制造技术的出现，使产品的生产效率大幅度提高，而且具有较高的成本效益。但企业常常忽视了供应链库存的复杂性，结果所有节省下来的费用都被供应链上的分销成本与库存成本抵消了。同样，在引进新产品时，如果不进行供应链的规划，也会产生诸如运输时间过长、库存成本高等现象而无法获得利润。例如，美国一家计算机外设制造商，它为世界各国分销商生产打印机。打印机具有一些销售所在国特色的配件，如电源、说明书等。美国工厂按需求预测生产，但是随着时间的推移，当打印机到达各地区分销中心时，需求已经发生了变化。因为打印机是为特定国家而生产的，分销商没有办法应对需求的变化。这样的供应链缺乏柔性，结果造成产品积压，产生了高库存。后来，他们重新设计了供应链结构，主要改变了打印机的装配过程。工厂只生产打印机的通用组件，分销中心根据所在国家的需求特点加入相应的特色组件，从而大大降低了库存，也增强了供应链的柔性。这就是"为产品设计供应链管理流程"的思想，也充分体现了时间延迟策略的思想。

（二）供应链中的需求变异放大原理与库存波动

"需求变异加速放大原理"是美国著名的供应链管理专家李效良（Hau L. Lee）教授对需求信息在供应链中传递时发生的扭曲的一种形象描述。其基本思想是：当供应链的各节点企业只根据来自其相邻的下级企业的需求信息进行生产或供应决策时，需求信息的不真实性会沿着供应链逆流而上，逐级放大，达到最源头的供应商时，其获得的需求信息和实际消费市场中的顾客需求信息发生了很大的偏差，需求变异系数比分销商和零售商的需求变异系数大得多。由于这种需求放大效应的影响，上游供应商往往维持比下游供应商更高的库存水平。它说明了供应链库存管理中的一个普遍现象："看到的并非实际的"。图8-7显示了"需求放大效应"的原理和需求变异加速放大过程。

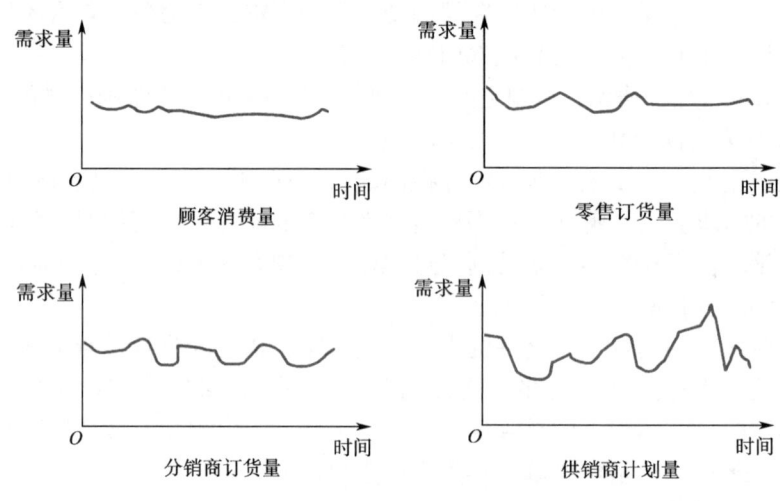

图8-7　供应链的需求放大原理

需求放大效应最先由宝洁公司（P&G）发现。宝洁公司在一次考察该公司最畅销的产品——一次性尿布的订货规律时，发现零售商销售的波动性并不大，但分销中心向宝洁公司订货的波动却明显增大了。有趣的是，他们进一步考察宝洁公司向其供应商订货时，他们发现其订货的变化更大。除了宝洁公司，其他公司如惠普公司，在考察其打印机的销售状况时也曾发现这一现象。

需求放大效应是需求信息扭曲的结果，图8-8显示了一个销售商实际的销售量和订货量的差异,实际的销售量与订货量不同步。在供应链中,每一个供应链的节点企业的信息都有一个信息的扭曲,这样逐级而上,即产生信息扭曲的放大。

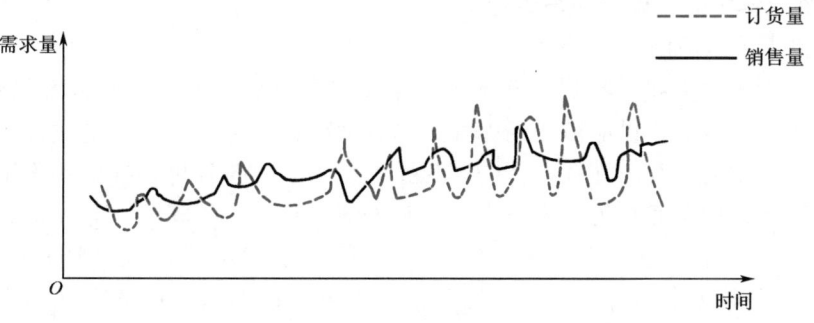

图 8-8　实际需求与订货的差异

美国斯坦福大学的李效良(Hau L. Lee)教授对需求放大现象进行了深入的研究,把其产生的原因归纳为四个方面:需求预测修正、订货批量决策、价格波动、短缺博弈。

需求预测修正是指当供应链的成员采用其直接的下游企业订货数据作为市场需求信号时,即产生需求放大。例如,库存管理人员在决定订货量时,会采用一些简单的需求预测方法,如指数平滑法。在指数平滑法中,未来的需求被连续修正,这样,送到供应商手中的需求订单反映的是经过修正的未来库存补给量,安全库存也是这样。

订货批量决策是指两种现象:一种是周期性订货决策;另一种是订单推动。周期性订货是指当企业向供应商订货时,不是来一个需求下一个订单,而是采用周期性分批订货,如一周、一月订一次。分批订货在企业中普遍存在,MRP 系统是分批订货,分销管理系统(DRP)也是如此。用 MRP 批量订货出现的需求放大现象称为"MRP 紧张"。

价格波动反映了一种商业行为——预先购买(Forward Buy)。价格波动是由于一些促销手段造成的,如价格折扣、数量折扣和赠券等。这种商业促销行为使许多推销人员预先采购的订货量大于实际的需求量。因为如果库存成本小于由于价格折扣所获得的利益,销售人员当然愿意预先多买,这样,订货就没有真实反映需求的变化,从而产生需求放大的现象。

短缺博弈是指这样一种现象:当需求量大于供应量时,理性的决策是按照用户的订货量比例分配现有的库存供应量,如总的供应量只有订货量的 50%,合理的配给办法是所有的用户获得其订货的 50%。此时,用户就为了获得更大份额的配给量,故意地夸大其订货需求,当需求降温时,订货又突然消失。这种由于个体参与组织的完全理性经济决策导致的需求信息的扭曲最终导致需求的放大。

我们在这里解释需求放大现象的原因,目的就是想说明供应链管理中库存波动的渊源和库存管理的新特点。采用传统的库存管理模式不可能解决诸如需求放大现象这样一些新的库存问题。因此,探讨新的适应供应链管理的库存管理新模式对供应链管理思想能否很好地实施起着关键作用。

(三) 供应链中的不确定性与库存

1. 供应链中的不确定性

从需求放大现象中我们看到,供应链的库存与供应链的不确定性有着很密切的关系。从供应链整体的角度看,供应链上的库存无非有两种:一种是生产制造过程中的库存;另一种是物流过程中的库存。库存存在的客观原因是为了应对各种各样的不确定性,保持供应链系统的稳定,但是库存另一方面也产生和掩盖了管理中的问题。

供应链上的不确定性表现形式有两种。一种是衔接不确定性(Uncertainty of Interface),即企业之间(或部门之间)不确定性,也可以说是供应链的衔接不确定性。这种衔接的不确定性主要表现在合作性上。另一种不确定性是运作不确定性(Uncertainty of Operation)。系统运行不稳定是组织内部缺乏有效的控制机制所致,控制失效是组织管理不稳定和不确定性的根源。

供应链的不确定性的来源主要有三个方面:供应不确定性,生产不确定性,顾客不确定性。供应不确定性表现在提前期的不确定、订货量的不确定等。供应不确定的原因是多方面的,如供应商的生产系统发生故障延迟生产,供应商的供应商的延迟,意外的交通事故导致的运输延迟等。生产的不确定性主要源于制造商本身的机器的故障、计划执行的偏差等。顾客不确定性的原因主要有需求预测的偏差、购买力的波动、从众心理和个性特征等。

本质上讲,供应链上的不确定性,不管其来自哪个环节,本质上讲是三个方面的原因造成的:

(1) 预测水平造成的不确定性。预测水平与预测时间的长度有关,预测时间长,预测精度则差,预测的方法对预测也有影响。

(2) 决策信息的可获得性、透明性和可靠性。供应链下游企业与顾客接触的机会多,可获得的有用信息多。

(3) 决策过程的影响,特别是决策人心理的影响。计划的制订、对信息的要求与共享,无不反映个人的心理偏好。

2. 供应链的不确定性与库存的关系

我们来分析一下供应链运行中的两种不确定性即衔接不确定性与运作不确定性对供应链库存的影响。

(1) 衔接不确定性对库存的影响。传统的供应链的衔接不确定性普遍存在,集中表现在企业之间的独立信息体系(信息孤岛)现象。为了竞争,企业总是为了各自的利益而进行资源的自我封闭(包括物质资源和信息资源),企业之间的合作仅仅是贸易上的短期合作,人为地增加了企业之间的信息壁垒和沟通的障碍,企业不得不为应付不测而建立库存，库存的存在实际就是信息堵塞与封闭的结果。

（2）运作不确定性对库存的影响。供应链企业之间的衔接不确定性可以通过建立战略伙伴关系的供应链联盟或供应链协作体而得以削减，同样，这种合作关系可以消除运作不确定性对库存的影响。当企业之间的合作关系得以改善时，企业的内部生产管理也能得以改善。因为企业之间的衔接不确定性因素减少时，企业的生产控制系统就能摆脱这种不确定性因素的影响，达到实时、准确的生产。

在传统的企业生产决策过程中，供应商或分销商的信息是生产决策的外生变量，库存管理的策略正是考虑到这种外生变量的不确定而存在的，因而库存成了维系生产正常运行的必要条件。当生产系统形成网络时，不确定性就像瘟疫一样在生产网络中传播，几乎所有的生产者都希望拥有库存来应对生产系统内外的不测变化。因为无法预测不确定性的大小和影响程度，人们只好按照保守的方法设立库存来应对不确定性。

二、供应链管理环境中的库存控制策略

（一）供应商管理库存策略

长期以来，流通中的库存是各自为政的。流通环节中的每一个部门都是各自管理自己的库存，零售商、批发商、供应商都有各自的库存，各个供应链环节都有自己的库存控制策略。由于各自的库存控制策略不同，因此不可避免地产生需求的扭曲现象，近年来，国外出现了一种新的供应链库存管理方法——供应商管理库存（Vendor Managed Inventory，VMI），这种方法打破了传统的各自为政的库存管理模式，体现了供应链的集成化管理思想，适应市场变化的要求，是一种新的有代表性的库存管理思想。

1. VMI 的基本思想

传统地讲，库存是由库存拥有者管理的，库存设置与管理是由同一组织完成的。这种库存管理模式并不总是最优的。供应链的各个不同组织根据各自的需要独立运作，会导致重复建立库存，因而无法达到供应链整体的最低成本，整个供应链系统的库存负担会随着供应链长度的增加而加重。VMI 能够突破传统的条块分割的库存管理模式，以系统的、集成的管理思想进行库存管理，使供应链系统能够获得同步化的运作。

VMI 是一种很好的供应链库存管理策略。关于 VMI 的定义，国外有学者认为："VMI 是一种在用户和供应商之间的合作性策略，以对双方来说都是最低的成本优化产品的可获得性，在一个相互同意的目标框架下由供应商管理库存，这样的目标框架被经常性监督和修正，以产生一种连续改进的环境"。归纳起来，该策略的关键措施主要体现在如下几个原则中：

（1）合作精神（合作性原则）。在实施该策略时，相互信任与信息透明是很重要的，供应商和用户（零售商）都要有较好的合作精神，才能够相互保持较好的合作。

（2）使双方成本最小（互惠原则）。VMI 不是关于成本如何分配或谁来支付的问题，

而是关于减少成本的问题。该策略能使双方的成本都降低。

（3）框架协议（目标一致性原则）。双方都明白各自的责任，观念上达成一致的目标，如库存放在哪里、什么时候支付、是否要管理费、要花费多少等，并且体现在框架协议中。

（4）连续改进原则。VMI 的主要思想是供应商在用户的允许下设立库存，确定库存水平和补给策略，拥有库存控制权。精心设计与开发的 VMI 系统，不仅可以降低供应链的库存水平，降低成本，而且用户还可获得高水平的服务，改善资金流，与供应商共享信息和获得更高的用户信任度。

2. 实施 VMI 的好处

供应链库存管理的成功通常来源于以更低的存货成本实现更好的服务水平。

（1）成本缩减。需求的易变性是大部分供应链面临的主要问题。许多供应商被 VMI 吸引是因为它缓和了需求的不确定性。少有的大订单迫使生产商维持剩余的能力或超额的成品存货量，这是为确保能响应顾客服务的要求，是一种成本很高的方法。VMI 可以削弱产量的峰值和谷值的差距，允许小规模的生产能力和存货水平。

在 VMI 中，补货频率通常由每月提高到每周（甚至每天），这会使双方都受益。由于对生产及运输资源更好地利用，降低了成本，也降低了对大量缓冲存货的需求。供应商可以做出与需要相协调的补货决定，消费组织从合理的低水平库存流转中受益。

在零售供应链中，不同购买者间的订货很少能相互协调，订单经常同时来，这就使及时实现所有的递送请求变得不可能。VMI 中，更大的协调将支持供应商对平稳生产的需求，而不必牺牲购买者的服务和存储目标。

最后，VMI 将使运输成本减少。如果处理得好，这种方法将会增加低成本的满载运输的比例。这可以通过供应商去协调补给过程来实现，而不是收到订单时再被动回应。另一个值得注意的方案是更有效的路线规划。例如，一辆专用的货车可以在途中停车多次，为某几位邻近的顾客补货。

（2）服务改善。零售商认为，服务好坏常常由产品的可得性来衡量。这来自于一个很简单的想法，即当顾客走进商店时，想买的产品却没有，零售商就失去了这桩买卖。其结果相当严重，因为失去一桩生意的"成本"可能是失去了"信誉"。所以，在计划时，零售商希望供应商是可信任并可靠的。

VMI 中，在多用户补货、递送间的协调大大改善了服务水平。一项不重要的递送可以推迟一两天，先来完成主要的递送业务。类似的，相对于小的业务，可以先完成大的补货业务。由于有能力平衡所有合作伙伴的需求，供应商可以改善系统的工作状况而不用使任何的个体顾客冒险。他们向顾客保证：顾客最主要的需要将会受到最密切的关注。如果没有 VMI，供应商很难有效地安排顾客需求的优先顺序。

如果增加有效解决现有问题的途径，服务就可以进一步改善。例如，在缺货的时候，配送中心之间进行平衡存货是十分必要的。没有 VMI，通常无法这样做，因为供应商和顾客都看不到整体的存货的配置（分布）。在 VMI 下，顾客可以将货物返还给供应商，而供应商可以将其供给另一位顾客，就实现了存货平衡。这种方法最坏也就是多了一些运输成本而已。

另外，VMI 可以使产品更新更加方便，新产品的上架速度将更快。

3. VMI 的实施方法

供应商管理库存的策略可以分如下几个步骤实施：

（1）建立顾客信息系统。要有效地管理销售库存，供应商必须能够获得顾客的有关信息。通过建立顾客的信息库，供应商能够掌握需求变化的有关情况，把由批发商（分销商）进行的需求预测与分析功能集成到供应商的系统中来。

（2）建立销售网络管理系统。供应商要很好地管理库存，必须建立起完善的销售网络管理系统，保证自己的产品需求信息和物流畅通。为此，必须解决以下问题：①保证自己产品条码的可读性和唯一性。②产品分类、编码的标准化。③商品存储运输过程中的可识别性。

目前已有许多企业开始采用 MRP Ⅱ 或 ERP 企业资源计划系统，这些软件系统都集成了销售管理的功能。通过对这些功能的扩展，可以建立完善的销售网络管理系统。

（3）建立供应商与分销商（批发商）的合作框架协议。供应商和销售商（批发商）一起通过协商，确定处理订单的业务流程以及控制库存的有关参数（如再订货点、最低库存水平等）、库存信息的传递方式（如 EDI 或 Internet）等。

（4）组织机构的变革。这一点也很重要，因为 VMI 策略改变了供应商的组织模式。引入 VMI 策略后，在订货部门产生了一个新的职能，负责用户库存的控制。

一般来讲，在以下的情况下适合实施 VMI 策略：零售商或批发商没有 IT 系统或基础设施来有效管理他们的库存；制造商实力雄厚并且比零售商市场信息量大；有较高的直接存储交货水平，制造商能够有效规划运输。

（二）联合库存管理策略

1. 联合库存的基本思想

联合库存管理（Joint Managed Inventory，JMI）是一种基于协调中心的库存管理方法，是为了解决供应链体系中的牛鞭效应、提高供应链的同步化程度而提出的。联合库存管理是一种风险共担的库存管理模式。

联合库存管理的思想可以从分销中心的联合库存功能谈起。地区分销中心体现了一种简单的联合库存管理思想。传统的分销模式是分销商根据市场需求直接向工厂订货。例如，汽车分销商（或批发商），根据用户对车型、款式、颜色和价格等的不同需求，向汽车制造厂订的货，需要经过较长时间才能到达，因为顾客不想等待这么久，因此各个分销商不得不进行库存备货，这样大量的库存使分销商难以承受，甚至破产。采用地区分销中心则大大减缓了库存浪费的现象。图 8-9 为传统的分销模式，每个分销商直接向工厂订货，每个分销商都有自己的库存，而图 8-10 为采用分销中心后的销售方式，各个销售商只需要少量的库存，大量的库存由地区分销中心储备，也就是各个分销商把其库存的一部分交给地区分销中心负责，从而减轻了各个分销商的库存压力。分销中心起到了联合库存管理的功能，它既是一个商品的联合库存中心，同时也是需求信息的交流与传递枢纽。

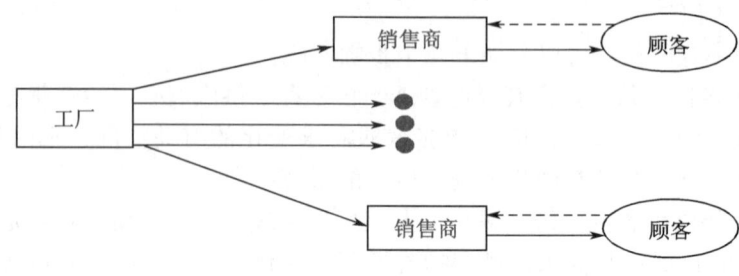

图 8-9　传统的销售模式

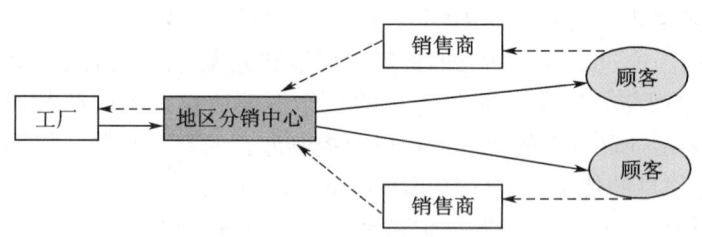

图 8-10　有地区分销中心的销售模式

人们从分销中心的功能中得到启发，对现有的供应链库存管理模式进行了新的拓展和重构，提出了联合库存管理新模式——基于协调中心的联合库存管理系统。

近年来，在供应链企业之间，更加强调双方的互利合作关系，联合库存管理就体现了战略供应商联盟的新型企业合作关系。

传统的库存管理，把库存分为独立需求和相关需求两种库存模式来进行管理。相关需求库存问题采用物料需求计划（MRP）处理，独立需求问题采用订货点办法处理。一般来说，产成品库存管理为独立需求库存问题，而在制品和零部件以及原材料的库存控制问题为相关需求库存问题。图 8-11 为传统的供应链活动过程模型，在整个供应链过程中，从供应商、制造商到分销商，各个供应链节点企业都有自己的库存。供应商作为独立的企业，其库存（即其产品库存）为独立需求库存。制造商的材料、半成品库存为相关需求库存，而产品库存为独立的需求库存。分销商为了应对顾客需求的不确定性也需要库存，其库存也为独立需求库存。

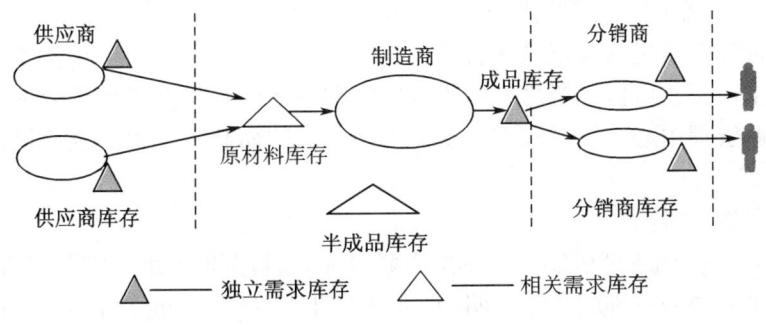

图 8-11　供应链活动过程模型

联合库存管理是解决供应链系统中由于各节点企业的相互独立库存运作模式导致的需求放大现象，提高供应链同步化程度的一种有效方法。联合库存管理和供应商管理用户库存不同，它强调双方同时参与，共同制订库存计划，使供应链过程中的每个库存管理者（供应商、制造商、分销商）都从相互之间的协调考虑，保持供应链相邻的两个节点之间的库存管理者对需求的预期保持一致，从而消除了需求变异放大现象。任何相邻节点需求的确定都是供需双方协调的结果，库存管理不再是各自为政的独立运作过程，而是供需连接的纽带和协调中心。图 8-12 为基于协调中心联合库存管理的供应链系统模型。

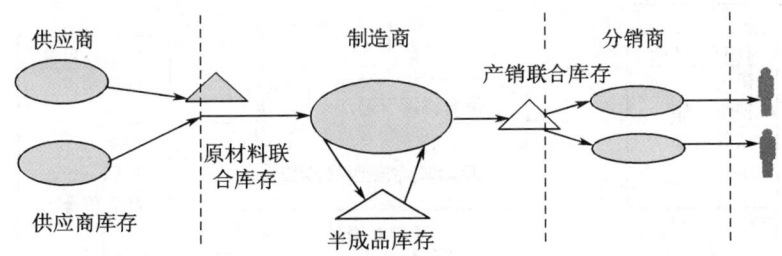

图 8-12　基于协调中心联合库存管理的供应链系统模型

2. JMI 的优点

基于协调中心的库存管理系统和传统的库存管理模式相比，有如下几个方面的优点：

（1）为实现供应链的同步化运作提供了条件和保证。

（2）减少了供应链中的需求扭曲现象，降低了库存的不确定性，提高了供应链的稳定性。

（3）库存作为供需双方信息交流和协调的纽带，可以暴露供应链管理中的缺陷，为改进供应链管理水平提供依据。

（4）为实现零库存管理、准时采购以及精细供应链管理创造了条件。

（5）进一步体现了供应链管理的资源共享和风险分担的原则。

联合库存管理系统把供应链系统管理进一步集成为上游和下游两个协调管理中心，从而部分地消除了由于供应链环节之间的不确定性和需求信息扭曲现象导致的供应链的库存波动。通过协调管理中心，供需双方共享需求信息，因而起到了提高供应链的运作稳定性的作用。

3. JMI 的实施策略

（1）建立供需协调管理机制。为了发挥联合库存管理的作用，供需双方应从合作的思想出发，建立供需协调管理的机制，明确各自的目标和责任，建立合作沟通的渠道，为供应链的联合库存管理提供有效的机制。图 8-13 为制造商与分销商协调管理机制模型。没有一个协调的管理机制，就不可能进行有效的联合库存管理。

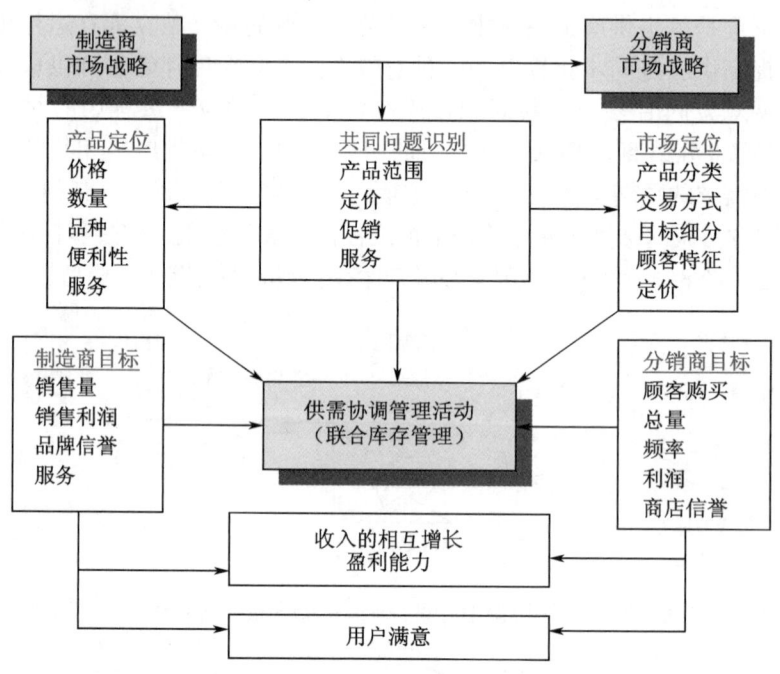

图 8-13 制造商与分销商的协调管理机制

建立供需协调管理机制，要从以下几个方面着手。

1）要建立联合库存管理模式，首先供需双方必须本着互惠互利的原则，建立共同的合作目标。为此，要理解供需双方在市场目标中的共同之处和冲突点，通过协商形成共同的目标，如用户满意度、利润的共同增长和风险的减少等。

2）建立联合库存的协调控制方法。联合库存管理中心担负着协调供需双方利益的角色，起协调控制器的作用。因此，需要对库存优化的方法进行明确确定。这些内容包括库存如何在多个需求方之间调节与分配，库存的最大量和最低库存水平，安全库存的确定以及需求的预测等。

3）供需双方应建立一种信息沟通的渠道或系统，以保证需求信息在供应链中的畅通和准确性。在联合库存管理模式中，要将条码技术、扫描技术、POS系统和EDI集成起来，并且要充分利用互联网的优势，在供需双方之间建立一个畅通的信息沟通桥梁和联系纽带。

4）建立利益的分配、激励机制。要有效运行基于协调中心的库存管理，必须建立一种公平的利益分配制度，并对参与协调库存管理中心的各个企业（供应商、制造商、分销商或批发商）进行有效的激励，防止机会主义行为，增加协作性和协调性。

(2) 发挥两种资源计划系统的作用。为了发挥联合库存管理的作用，在供应链库存管理中应充分利用目前比较成熟的两种资源管理系统：MRP Ⅱ和DRP。原材料库存协调管理中心应采用制造资源计划系统（MRP Ⅱ），而在产品联合库存协调管理中心则应采用物资资源配送计划（DRP）。这样在供应链系统中把两种资源计划系统很好地结合起来。

(3) 建立快速响应系统。快速响应系统（QR）是在20世纪80年代末由美国服装行业发展起来的一种供应链管理策略，目的在于减少供应链中从原材料到用户的时间和库存，最大限度地提高供应链的运作效率。

快速响应系统在美国等西方国家的供应链管理中被认为是一种有效的管理策略，经历了三个发展阶段。第一阶段为商品条码化，通过对商品的标准化识别处理加快订单的传输速度；第二阶段是内部业务处理的自动化，采用自动补库与电子数据交换系统提高业务自动化水平；第三阶段是加强企业间的合作，消除供应链组织之间的障碍，提高供应链的整体效率，如通过供需双方合作，确定库存水平和销售策略等。

目前在欧美等西方国家，快速响应系统应用已到达第三阶段，通过联合计划、预测与补货等策略进行有效的用户需求反应。美国的Kurt Salmon协会调查分析认为，实施快速响应系统后供应链效率大有提高：缺货大大减少，通过供应商与零售商的联合协作保证24小时供货；库存周转速度提高1~2倍；通过敏捷制造技术，企业的产品中有20%~30%是根据用户的需求而生产的。

(4) 发挥第三方物流系统的作用。第三方物流系统（The Third Party Logistics，3PL）是供应链集成的一种技术手段。TPL也叫作物流服务提供者（Logistics Service Provider，LSP），它为用户提供各种服务，如产品运输、订单选择和库存管理等。第三方物流系统的产生是由一些大的公共仓储企业通过提供更多的附加服务演变而来的，或是由一些制造企业的运输和分销部门演变而来。

把库存管理的部分功能代理给第三方物流系统管理，可以使企业更加专注于自己的核心业务，如图8-14所示。第三方物流系统起到了供应商和用户之间联系的桥梁作用，使企业可以降低成本，更专注于核心业务，获得更多的市场信息，获得一流的物流咨询服务，改进服务质量以及快速进入国际市场。

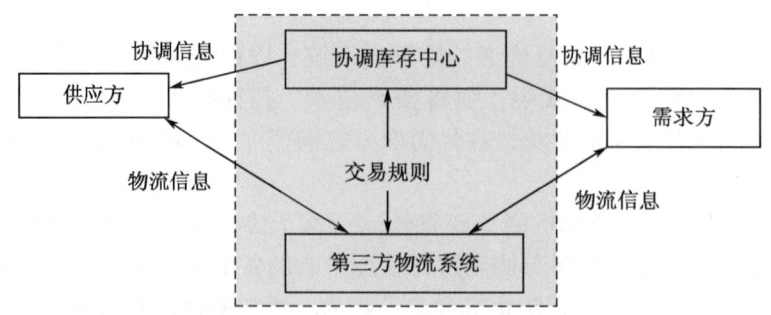

图 8-14　第三方物流系统在供应链中的作用

面向协调中心的第三方物流系统使供需双方都取消了各自独立的库存，增加了供应链的敏捷性和协调性，并且能够大大改善供应链的用户服务水平和运作效率。

案例讨论

家乐福的库存控制策略

一、家乐福超市的库存管理现状

1. 家乐福超市的经营模式

家乐福店面的选址绝大部分都集中于国内大城市，强调的是"充分授权，以店长为核心"的运营模式，商品的配送基本上都以供应商直送为主。物流方面，其充分依托供应商的物流系统，这样便可以大大地降低自己的运营成本，又可以配合在不同地区的开店适时地组织商品供应和配送，从而赢得在中国内地市场的发展优势。

2. 家乐福的 VMI 管理经验

VMI 是有效客户反应（ECR）中的一项运作模式或管理策略，其主要概念是供货商依据实际销售及安全库存的需求，替零售商下订单或补货，而实际销售的需求则是供货商依据由零售商提供每日的库存与销售资料预估而来的，通常，在整个运作上供货商具有一套管理系统来处理。

例如，家乐福超市和雀巢公司确定了亲密的战略合作伙伴关系，由雀巢公司为家乐福超市管理它所生产产品的库存。雀巢公司为此专门引进了一套 VMI 信息管理系统，家乐福超市也及时为雀巢公司提供其产品销售的 POS 数据和库存情况。通过集成双方的管理信息系统，经由 Internet/EDI 交换信息，雀巢公司就能及时掌握客户的真实需求。

家乐福超市的订货业务情况为：每天 9：30 以前，家乐福超市把货物售出与现有库存的信息用电子形式传送给雀巢公司；在9：30~10：30，雀巢公司将收到的数据合并至供应链管理系统中，并产生预估的订货需求；系统将此需求量传输到后端的 ERP 系统中，依实际库存量计算出可行的订货量，关系到建议订单；在10：30，雀巢公司再将该建议订单用电子形式传送给家乐福超市；在10：30~11：00，家乐福公司确认订单并对数量与产品项目进行必要的修改之后回传至雀巢公司；11：00~11：30，雀巢公司依照确认后的订单进行拣货与出货，并按照订单规定的时间交货。这样做可大幅缩短供货商的响应时间，而较早地得知市场的销售情况，降低供货商与零售商的不必要库存，而同时却可以提早引进市场所需商品，从而降低缺货率。

在实际的运用过程中，供货商与零售商存在价格对立关系，系统和运作方式也不同，因而需要一段较长的时间来磨合。尽管如此，经过半年的 VMI 实际运作后，雀巢公司对家乐福配送中心产品的到货率还是由原来的80%左右提升至90%；家乐福配送中心对零售店铺的产品到货率也由70%提升至90%左右，并仍在继续改善中；库存天数由原来的25天左右下降至15天以下；订单修改率由60%~70%下降至10%以下，每日销售额则上升了20%左右。雀巢公司也更容易掌握家乐福超市的销售资料和库存动态，以更好地进行市场需求预测和采取有效的库存补货计划，很好地解决了其畅销商品经常缺货、不畅销商品却有很多存货的问题，降低了成本。

3. 家乐福超市库存管理中的问题

（1）与供应商信息传递不够透明。家乐福超市与供应商之间的关系尚不够协调，信息传递尚不够透明。超市与供应商之间，组织关系的协调涉及更多的利益，相互之间的信息透明度往往不高，在这样的情况下，超市不得不维持一个较高的安全库存，并为此付出了较高的代价。

（2）库存管理系统不够完善。目前家乐福超市的库存管理系统还不具备专业性，功能也并不强大，各个区域系统相互独立，口径不统一，造成资源浪费。虽然仓库里面有货架，但负责搬卸、移动货物的升降式叉车很少，只能靠人工搬卸，叉车也都只是手动搬运叉车。这样使库房的空间不能得到充分利用，单位储存成本居高不下。同时由于库房管理人员的素质较低，工作随意性强，对货物码放的专业知识了解较少，从而使货物的码放往往处于一种无序的状态。

（3）库存控制过于简单。企业库存控制的目的是为了保证供应链运行的连续性和应对不确定的需求。目前，家乐福超市对其所有的物品均采用统一的库存控制策略，物品的分类没有反映供应与需求中的不确定性。在这种传统的库存控制策略中，多数超市采用的信息基本上来自企业内部，不能根据不同的供应商制订不同的措施，其库存控制没有体现供应链管理的思想。

因此，如何选择有效的库存控制方法以体现供应链管理的思想，是众多超市库存管理的重要内容。

二、家乐福的库存管理对策

1. 针对与供应商信息传递不透明的对策

（1）使用供应商管理库存方法。家乐福超市可以使用供应商管理库存方法。该方法是指供应商在用户的允许下，管理用户的库存，由供应商决定每一种商品的库存水平和维持这些库存水平的策略。这种建立在零售商—供应商合作伙伴关系基础上的供应商库存管理方法，能使供需双方有效地实现信息共享，从而降低整条供应链的库存水平，降低库存成本。家乐福超市使用这种库存管理方法，还能促使供应商为自己提供更高水平的服务，加速自身资金和物资周转，并使供需双方能共享利益，实现双赢。

（2）联合库存管理方法。家乐福超市也可以尝试另一种库存管理方法，那就是联合库存管理方法。联合库存管理是建立在经销商一体化基础之上的一种风险分担的库存管理模式。它强调供需双方同时参与，共同制订库存控制计划，使供需双方能相互协调。与传统的库存管理方法不同，联合库存管理是由制造商安装一个基于计算机的信息系统，通过该系统，超市就可以与制造商的其他经销商建立联系，通过该系统查看其他经销商的库存，超市在库存短缺时就可以在制造商的协调下，就近与其他经销商达成补货协议，从而使超市的库存成本降低。

2. 针对库存管理系统不完善的对策

（1）创新条码技术。传统手工作业方式在信息采集量加大的情形下，因为信息不能及时地反馈，会给收发作业造成一定的困难。因此，超市科学地创新条码技术，同时配合仓库信息管理系统进行作业，这样不仅可以提高工作效率，降低作业强度，也将大大提高商品收发作业的准确率，进而实现仓库管理的全面自动化。

（2）注重新设备在库存管理中的应用。设备是超市库存管理的重要组成部分，家乐福超市应当根据自身特点与管理现状，加快内部物流设施设备的更新，推广高新技术在库存管理中的应用，同时要对设备进行必要的维护、保养与维修，并且要储存一定数量的备件，以保证设备可以持续正常的运转。

3. 针对库存控制过于简单问题的对策

（1）加快超市信息系统建设。家乐福超市应最大限度地将销售信息、库存信息、客户信息、成本信息等与合作伙伴交流分享，做到信息共享，增大信息的透明度，并在此基础上与供应商一起发现问题、分析问题、解决问题。为此，家乐福超市应建立健全有效的信息系统，对商品的需求做出及时合理的分析，及时完成订单的编制，同时供应商通过该系统也可以快速准确地了解超市的销售及库存情况，保证第一时间向超市提供商品，满足顾客的需求。

（2）全体员工自觉参与库存控制。家乐福超市应对员工经常进行库存控制的培训，使全体员工自觉参与到库存控制与管理工作中，促使员工的工作从对顾客的要求做出被动反应转变为对顾客需求进行积极的预测，以向顾客提供全方位的商品和服务。库存的高低受众多因素的影响，包括商品的市场供需、价格走势、超市库存战略、超市整体运作水平等，如果一味盲目地强调降低库存而放弃超市整体效益最大化的原则，就会使库存管理变得毫无意义。加强库存管理，需要协调超市供应链中的各个环节，确定最优平衡点，实现资源的最佳整合利用，为超市创造更大的财富。

随着市场和管理的规范，当今企业间的竞争已不仅仅局限于惨烈的无原则的低价竞争，更主要的是通过科学化的管理，压低产品成本，使企业进入良性轨道，而库存管理水平直接决定着其产品在终端的价格竞争力，是取得竞争胜利的一个重要砝码。超市企业的商品库存管理是要进一步加以改进的。而供应商库存管理模式是值得试行和借鉴的，关键是根据流通企业自身的情况，配以高效的后续场内库存控制，从而达到既提高供应效率，又节省供应链成本的目的。

（资料来源：《超市库存控制策略探讨——以家乐福为例》《现代商业》，2013年12期）

结合案例回答下列问题：

结合案例内容，谈谈实施VMI的好处是什么？

习 题

1. 供应链管理环境下的物流管理有何特征？
2. 影响运输决策的因素有哪些？
3. 请比较不同的运输网络的特点。
4. 供应链中的库存控制问题有哪些？
5. 供应链中的需求变异放大原理产生的原因是什么？
6. VMI 的基本思想是什么？如何实施 VMI？
7. JMI 的基本思想是什么？如何实施 JMI？

本章参考文献

[1] 马士华，林勇，陈荣祥. 供应链管理［M］. 北京：机械工业出版社，2000.
[2] 马士华，林勇. 供应链管理［M］. 北京：高等教育出版社，2003.
[3] 赵林度. 供应链与物流管理理论与实务［M］. 北京：机械工业出版社，2003.
[4] 森尼尔·乔普瑞，彼得·梅因德尔. 供应链管理——战略、规划与运营［M］. 李丽萍，等译. 北京：社会科学文献出版社，2003.

第九章

供应链信息管理

▲ 作 用

供应链中的信息管理是供应链管理的重要内容。本章介绍了供应链中信息管理的基本知识、供应链中的信息流控制、供应链管理中的信息技术和信息系统。通过学习，读者能够掌握供应链信息管理的基本理论和方法。

▲ 关 键

- 供应链信息的构成
- 供应链中信息管理的重要作用
- 供应链中的信息流控制
- 信息技术在供应链管理中的应用
- 供应链管理中的信息系统

第一节 供应链中的信息

一、供应链中的信息构成

（一）从供应链环节的角度划分

对应于供应链中的不同阶段，信息可以包括：

（1）供应源信息。供应源信息包括能在多长的订货供货期内，以什么样的价格购买到什么产品，产品能被送到何处。供应源信息也包括订货状态、更改以及支付安排。

（2）生产信息。生产信息包括能生产什么样的产品，数量多少，在哪些工厂进行生产，需要多长的供货期，需要进行哪些权衡，成本多少，批量订货规模多大。

（3）配送和零售信息。配送和零售信息包括哪些货物需要运送到什么地方，数量多少，采用什么方式，价格如何，在每一地点的库存是多少，供货期有多长。

(4) 需求信息。需求信息包括哪些人将购买什么货物，在哪里购买，数量多少，价格多少。需求信息也包括需求预测和需求分布的有关信息。

（二）从供应链层次结构的角度划分

从层次结构的角度看，供应链中的信息可以包括四个层次，即个人信息、工作组信息、企业信息、供应链信息，如图9-1所示。

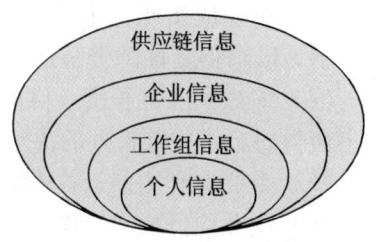

图9-1 供应链信息层次结构

二、信息管理在供应链中的重要作用

信息对供应链的运营至关重要，因为它提供了供应链管理者进行决策的事实依据。信息是供应链最重要的驱动要素。

信息管理的作用表现在以下几个方面。

（一）收集信息

收集信息主要是指：

（1）收集市场发展动态信息、顾客需求信息，以及其他与市场相关的信息，如季节性、地域性等。

（2）通过分析客户需求信息和市场信息，产生相关的市场知识、客户知识等。

（3）获得确切的客户订单，以保证采用拉式供应链管理模式。

（4）将信息和知识储存在数据仓库中，以备供应链管理调用。

（二）通过掌握的信息控制生产成本，以最优惠的价格满足顾客需求

（1）企业应按照客户要求组织生产，实现客户的愿望和需求，以客户的需求为导向；同时控制生产成本，以达到客户对价格的要求。

（2）企业应与上下游商家形成战略合作伙伴关系，争取在生产成本上获得伙伴的支持，以便有更好的定价空间。

（3）与其他企业合作时，企业应追求双赢的效果，以形成企业效益的最大化。

（4）企业应不断积极地寻求新资源，包括商业运行的各种资源，如公共关系、原料提供商和客户资源等。

（5）企业应积极开拓新的市场（无论是区域性的还是全球性的），寻求不断创造新市场的机会。

（三）优化配置供应链，形成正确的供应链管理决策

（1）企业内部的各部门间都应共享顾客的需求信息，使供应链管理成为各部门协作的管理模式。

（2）企业应在共享客户需求信息的基础上，形成企业内部以顾客为导向的经营体制，各部门都以客户为导向进行日常工作。

（3）企业应实现企业最佳状态的库存水平，无论是原料还是成品均要控制在一定的规模之下，以求得良性的资金运行。

（4）缩短供应链长度。供应链过长，意味着整体运营周期加长，从成本效益角度来看是不值得的。供应链管理的决策应包含供应链长度、运营周期的决策。

（5）企业应利用信息技术提供的方法改革企业原有业务流程。

（6）企业应低成本操作，实现供应链的整合。

（四）实现最优的配送和付款方式

（1）企业应采用最优的信息传递方式进行配送，包括配送流程的信息控制，如配货单、提货单的管理等，以促进实物配送。

（2）完成配送任务后，企业应寻求一种安全的付款方式，保证及时回收账款，使企业运营进入良性循环。

（五）获得客户反馈意见，提供良好的售后服务

供应链管理并不止于配送任务的完成，而是应该从企业整体商务出发，与企业的其他系统如客户关系管理系统协作。在完成配送的订单任务后，企业应获得客户的反馈意见，并提供良好的售后服务。其目的有两个：一是为供应链管理提供新的信息，以便完善供应链管理；二是为了保住企业的老客户，发展新客户。

三、供应链中有效信息的特征

制订供应链决策时，有用的信息应具有以下特征：

（1）信息必须正确。没有描述供应链真实状况的信息，企业管理者就很难做出科学的决策。这并非要求所有信息都百分之百的正确，而是要求所有得到的信息描述的事实至少没有方向性错误。

（2）信息必须及时。准确的信息常常存在，但这些信息要么已经过时，要么虽然没有过时，但其形式却不适用。要做出科学的决策，管理者需要的是及时且可利用的信息。

（3）信息必须恰好是必需的。通常，企业有大量于决策无益的信息，因此，企业必须考虑哪些信息应该保留，以便使宝贵的资源不被浪费在搜集无用的数据上，而遗漏了重要的信息。

一个成功的供应链信息系统应该使企业内形成优化的作业流程，使企业间形成无缝的链接。

第二节　供应链中的信息流及其控制

一、供应链中的信息流

一般来讲，企业管理的基本结构可分为三个层次，从上至下分别为决策层、管理层与

操作层，其中操作层是各类信息形成的主要环境。信息的采集、传递和加工处理的过程，就是信息流的形成过程。

以物流管理为例：信息是对物料状态的描述，信息流是物流过程的流动影像，物流是信息流的载体。其特点为：在操作层物流是显式的，在管理层物流是隐式的而信息流是显式的。信息流伴随物流而产生又反过来控制和调节物流，仅当信息流与物流同步时，才可实现管理层对操作层的透明管理。

采用信息技术前后，信息流的特点是不一样的。传统方式下，由于信息的采集与传递方式的影响，信息流的特点为：信息流滞后于物流；在部门与部门交接处存在着信息重复加工处理的情况；信息在层层传递中通常存在着失真的现象；滞后和失真的信息达不到有效地控制和调节物流的效果；这样的结果是由于企业决策层仅了解结果，而不了解过程。采用信息技术以后，与传统的方式相比，信息流具有新特点：信息流的采集与物流的过程同时发生；信息采用计算机集中存储，统一加工处理，消除了部门与部门交接处的冗余加工处理；用计算机传递、加工处理信息及时、准确，能够快速反馈信息并由此控制和调节物流。采用信息技术后，决策层不仅了解结果，而且了解过程，能做出准确的判断和实时的决策。

供应链管理环境下企业信息流模式和传统企业的信息流模式不同。以团队工作为特征的多代理组织模式使供应链具有网络化结构特征，因此供应链管理模式是一种网络化管理。信息的传递不是沿着企业内部的递阶结构（权力结构），而是沿着供应链不同的节点方向（网络结构）传递。为了做到供应链的同步化运作，供应链企业之间信息的交互频率也比传统企业信息传递的频率高得多，其信息流模式也是并行的。

信息流的实现需要一个技术上的平台，将供、产、销各个环节中的数据通过电子计算机技术，进行系统处理，并配合决策支持技术，对供应链中涉及的各部门发出协调指令，从而实现决策的高效率和高质量以及低产品成本的目标。信息系统具有以下几个特点：首先，它能按需求提供信息，为管理人员强化管理提供方便；其次，它能跨越组织边界将供应链中各相关的组织单位连接起来，并协调各组织间的关系和运行；由于各组织的协调运行直接通过实时信息交换进行，无须人工干预，因而它的有效控制和协作范围均较以前有所扩大；它在集中控制的同时，还能将决策能力分散给各地区组织，允许各地区组织了解它们的决策产生的影响。

供应链信息系统就是要建立一个有价值的网络，在此网络中，各个分离的企业通过信息共享网络，创建长期的和动态的超级组织。其目的就是要将供货者和客户融合为一体，实现组织间的高度合作以提高运行效率。因此，研究信息流的特性并据此设计业务流程就显得非常的重要。

二、供应链管理中的信息流控制

（一）信息流的控制模式

供应链企业的信息来源从地理上看是分布式的，信息资源跨越部门和企业，通过 Internet/Intranet、EDI 等工具，供应链中的核心企业能够把分布在不同区域和不同组织的信息有机地集成，使供应链活动同步进行。而在网络的关键点，如生产集中点、物流集中点，输入过多的信息和决策内容，则有可能使关键点过载。于是，是将信息分散控制还是集中控制便成了目前的一个争论焦点。在信息系统设计中，各点完全连接还是将它们分离，二者都存在一定的得失。

一般情况下，供应链管理中信息流的控制模式可分为分散控制、集中控制及综合协调控制三种。

1. 分散控制

这种信息流的控制主要分散在各个部门，信息在部门之间传递，由部门决定信息传递的方向及内容，形成分散控制模式。如图 9-2 所示，部门 A 与部门 B、部门 C、部门 D 之间可以互相交流，部门 B 与部门 A、部门 C、部门 D 之间也可以互相交流。

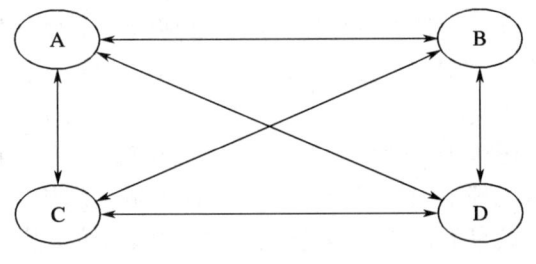

图 9-2 信息流的分散控制方式

该模式的特点是：各部门对信息的流向及内容有决定权，能灵活掌握信息需求及信息传播的时间、地点和方式，但企业不能从整体上把握信息的流向及内容，缺乏宏观调控能力并可能导致信息流的混乱及无序，管理效率下降，严重时将会使管理失控。

这种模式主要应用于部门之间文档的传送，包括意见、建议、说明及要求等，采用的形式一般为电子邮件、电子公告板等。

2. 集中控制

另一个典型的模式是所有的信息在传递过程中必须经过中央数据库再到达目的地，这时信息的内容及流向由中央数据库集中控制，构成信息流的集中控制模式。如图 9-3 所示，在这种情况下，部门 A 的信息全部送往中央数据库，这些信息中哪些能送往部门 B、哪些能送往部门 C、哪些能送往部门 D 由中央控制部门决定。

采用这种模式时，信息的流向及内容完全由一个中心所控制，大部分情况下，信息流是固定的，如果需要改变信息流，无论是改变信息的内容或是流向，都需经过中央数据库的同意，缺乏信息流动的灵活性。

该模式主要应用于研发、生产及销售等数据信息。目前，企业采用的大部分 MRP、

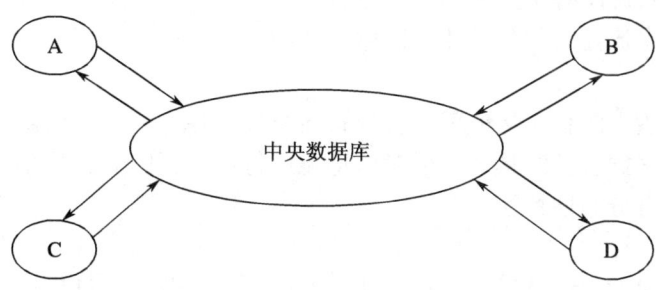

图 9-3　信息流的集中控制方式

ERP 等系统，其信息流模式便是这种集中控制方式。

3. 综合协调控制

实际上，企业在供应链管理中所使用的方式不会单纯地为分散控制模式或是集中控制模式，往往会综合使用，将两种方式的优点结合起来，以达到管理的最佳效果。如图 9-4 所示，甲、乙为两个企业，其中部门 A、部门 B 属于甲企业，部门 C 属于乙企业，单箭头表示部门与中央数据库的信息交流。双箭头表示两端的部门有该信息流的控制权。

图 9-4 中，设甲企业为核心企业，乙企业是以甲企业为核心的供应链中的上游企业，这两个企

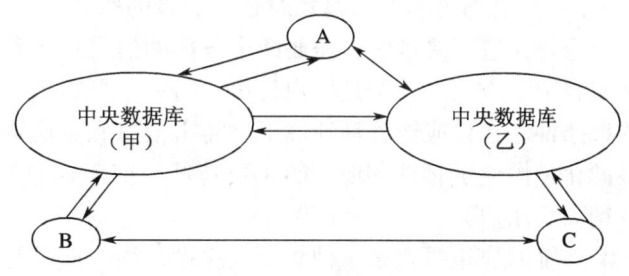

图 9-4　信息流的综合协调控制方式

业部门之间、部门与中央数据库之间的信息交流为分散控制模式，如果 A 为销售部门，B、C 为研发部门，则 A 部门可向乙企业中央数据库传递销售预测信息，B 部门可向 C 部门传递产品（零部件）开发的要求、建议等信息。而对于甲企业的中央数据库来说，可将乙企业视作与 A、B 一样的一个部门，集中控制其信息的流向，如产品（零部件）需求信息和物料的在途信息等。

该控制方式具有两个显著的特点：第一，它兼具分散控制的灵活性以及集中控制的宏观协调能力，使管理效率得以极大地提高；第二，它符合供应链管理的群体决策机制，物流、信息流能够顺畅、快捷地流动，无论是物质还是信息，都可使正确的人在正确的时间和地点以正确的方式获得。

（二）供应链管理环境下信息流控制的特征

供应链是一种网络化组织，供应链管理环境下的信息流跨越了组织的界限，形成开放

的信息系统。信息资源既有企业内部的，也有企业外部的，并且，这些信息随市场的变化而变化，构成了信息流控制的分布性、群体性和动态性特征。

1. 分布性

供应链管理环境下的企业从地理上看分布在全球的各个地方，信息资源通过网络连在了一起，各个企业根据自己的具体情况对信息流进行控制，因此，从整体上看，供应链管理的信息流控制具有分布性特征。

2. 群体性

由于供应链企业的决策过程是一种群体协商过程，企业在制订生产计划时不但要考虑企业本身的能力和利益，同时还要考虑合作企业的需求与利益，因此在对信息流进行控制时，也必须考虑到合作企业的需求，从而形成了信息流控制的群体性。

3. 动态性

由于顾客需求是在不断变化着的，为了适应这种变化，使企业具有敏捷性和柔性，就要求供应链管理的核心企业随时调整合作伙伴，并且随着市场环境的变化，随时调整信息流的内容及方向。所以说，供应链管理中信息流的控制具有动态性特征。

（三）信息流的控制模式对企业决策的影响

企业在进行决策时，需要两个方面的信息：一是需求信息；二是资源信息。需求信息又来自两个方面：一个是用户订单；另一个是需求预测。资源信息则是指生产计划决策的约束条件。在供应链管理环境下，需求信息和企业资源的概念与传统概念是不同的，信息多源化是供应链管理环境下的主要特征，资源信息不仅仅来自企业内部，还来自供应商、分销商和用户。

传统的决策模式是一种集中式决策，而供应链管理环境下的决策模式是分布式的群体决策过程，因为供应链管理是在时间上、地理上及生产上对所有供应商的制造资源进行统一集成和协调，使它们能作为一个整体来运作。基于多代理的供应链系统是立体的网络，各个节点企业具有相同的地位，有本地数据库和领域知识库，在形成供应链时，各节点企业拥有暂时性的控制权和决策权，每个节点企业的计划决策都受到其他企业计划决策的影响，因此一种协调机制和冲突解决机制是必不可少的。

在三种信息流控制模式中，分散控制强调代理方的独立性，对资源的共享程度低，缺乏宏观调控，很难做到供应链的同步化。集中控制模式把供应链作为一个整体纳入一个系统，采用集中方式决策，但轻视了代理的自主性，容易产生依赖思想，对不确定性的反应比较迟缓，难以适应市场需求的变化。比较好的控制模式是分散与集中相结合的混合模式。各个代理一方面保持各自的独立性运作，另一方面参与整个供应链的同步化运作体系，保持了独立性与协调性的统一。

信息流模式中到底需要集中控制多少、分散控制多少，是一个有关组织结构的问题，它比技术上的实现更为重要。在将供应链管理纳入企业的总体经营战略时，要不断地对企业流程进行再造与优化,对组织结构进行相应的调整。在调整与优化的时候需充分考虑信息管理方面的问题,它决定了目前环境下企业竞争力的大小。

第三节 信息技术在供应链管理中的应用

一、现代信息技术的发展

现代信息技术(IT)奠定了信息时代发展的基础,同时又促进了信息时代的到来,它的发展以及全球信息网络的兴起,把全球的经济、文化连接在一起。任何一个新的发现、新的产品、新的思想、新的概念都可以立即通过网络、通过先进的信息技术传遍世界。经济全球化趋势的日渐显著,使得信息网络、信息产业发展更加迅速,使各行业、产业结构乃至整个社会的管理体系发生了深刻变化。信息技术是一个内容十分广泛的技术群,它包括微电子技术、光电子技术、通信技术、网络技术、感测技术、控制技术以及显示技术等。在 21 世纪,企业管理的核心必然是围绕信息管理来进行的。

最近几年,技术创新成为企业改革的最主要形式,而信息技术的发展直接影响企业改革和管理的成败。不管是计算机集成制造(CIM)、电子数据交换(EDI)、计算机辅助设计(Computer Aided Design,CAD),还是制造业执行信息系统(Executive Information System,EIS),信息技术的采用已经成为企业革新的主要途径。

二、信息技术在供应链管理中的应用

信息技术在供应链管理中的应用可以从两个方面理解:一是信息技术的功能对供应链管理的作用(如 Internet、多媒体、EDI、CAD/CAM 和 ISDN 等的应用);二是信息技术本身所发挥的作用(如 CD-ROM、ATM 和光纤等的应用)。信息技术特别是最新的信息技术(如多媒体、图像处理和专家系统)在供应链中的应用,可以大大减少供应链运行中的不增值行为。

根据信息技术在供应链管理中的主要应用,可以归纳出如图 9-5 所示的应用领域。从图 9-5 中可以很容易地看出,供应链管理中信息技术的应用涉及的主要领域有供应链设计、产品、生产、财务与成本、市场营销与销售、策略流程、支持服务以及人力资源等多个方面。

1. 信息技术在企业间、企业内部业务往来领域的应用

在企业业务往来中,特别是在国际贸易中,有大量文件需要传输,电子数据交换(EDI)成为供应链管理的一项主要信息手段。EDI 是计算机与计算机之间的相关业务数据的交换工具,它有一致的标准以使交换成为可能。典型的 EDI 是传向供应商的订单。另外,利用 EDI 能清除职能部门之间的障碍,使信息在不同职能部门之间通畅、可靠地流

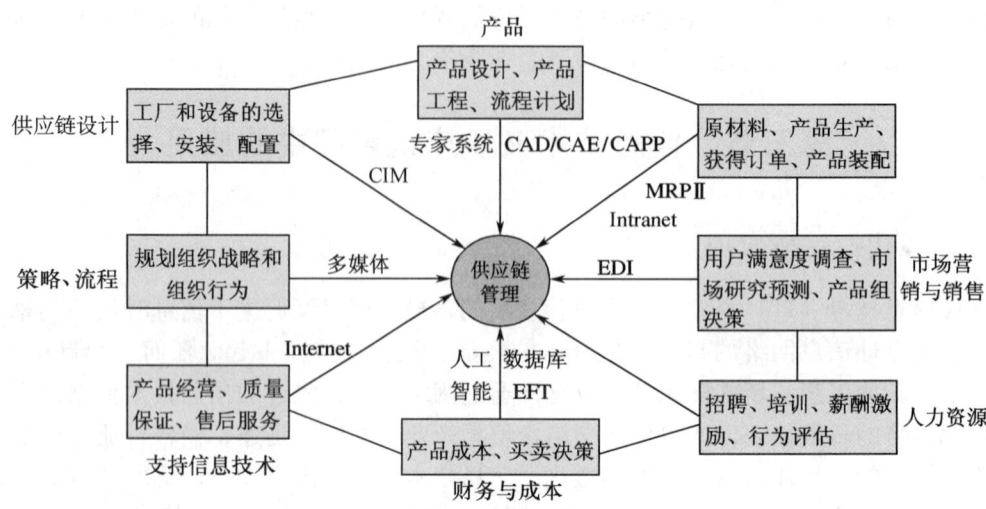

图 9-5 信息技术在供应链管理中的应用

通,有效减少低效工作和非增值业务。同时,企业可以通过 EDI 快速地获得信息,更好地进行交流并更好地为用户提供服务。

在企业内建立企业内部网络(Intranet)并设立电子邮件(E-mail)系统,使得职工能更加便捷地交流;IE 和 WWW 的应用可以从其他地方方便地获得有用数据,这些信息使企业在全球竞争中获得成功,帮助企业做出准确决策。信息流的提前期也可以通过电子邮件和传真的应用得到缩短。信息时代的发展需要企业在各业务领域中适当运用相关的信息技术。

2. 信息技术在战略规划领域中的应用

战略规划受到内部(生产能力、技能、职工合作、管理方式)和外部的信息因素的影响。供应链管理强调战略伙伴关系的管理,这意味着要处理大量的数据和信息才能有正确的决策去实现企业目标。电话会议、IE、多媒体、网络通信、数据库和专家系统等技术,可以用以收集和处理数据。决策的准确度取决于收集的内、外部数据的精确度和信息交换的难易度。

3. 信息技术在物流领域的应用

CAD/CAE/CAM、EFT 和多媒体的应用可以缩短订单流的提前期。如果把交货看作一个项目,为了消除物流和信息流之间的障碍,就需要应用多媒体技术、共享数据库技术、人工智能、专家系统和 CIM。这些技术可以改善企业内和企业之间计算机支持系统的工作,从而提高整个供应链系统的效率。

4. 信息技术在产品设计领域的应用

在产品设计领域中,企业可以运用质量功能展开(Quality Function Deployment,

QFD)、并行工程（Concurrent Engineering，CE）、CAD/计算机辅助工程（Computer Aided Engineering，CAE）和计算机辅助工艺过程设计（Computer Aided Process Planning，CAPP)，以缩短设计提前期并考虑在产品周期每个阶段的生产中减少非增值业务。

5. 信息技术在市场营销和销售领域的应用

市场营销和销售是信息处理量较大的两个职能部门。市场研究在一定程度上是信息技术革新的主要受益者。市场营销和销售作为一个流程需要集成市场研究、预测和反馈等方面的信息，EDI 在采购订单、付款、预测等事务处理中的应用，可以提高用户和销售部门之间数据交换工作效率，保证为用户提供高质量的产品和服务。

6. 信息技术在财务领域的应用

财务工作包括产品成本、买卖决策、资本投资决策、财务和产品组决策等。财务信息系统包括在线成本信息系统和数据库，主要采用在线共享数据库技术和计算机信息系统完成信息的收集和处理。技术分析专家系统（Expert System for Technology Analysis，ESTA）、财务专家系统能提高企业的整体投资管理能力，而且在 ESTA 中应用人工智能（Artificial Intelligence，AI）和神经网络技术可以优化某些非结构性问题的决策。EDI 和 EFT（Electronic Funds Transfer）应用在供应链管理当中可以提高供应链节点企业之间资金流的安全性和交换的速度。

7. 信息技术在生产领域的应用

生产过程中的信息量大而且繁杂，如果处理不及时或处理不当，就有可能出现生产的混乱、停滞等现象，MRPⅡ、JIT、CIMS、MIS 等技术的应用就可以解决企业生产中出现的多种复杂问题，提高企业生产和整个供应链的柔性，保证生产及供应链的正常运行。

8. 信息技术在客户服务领域的应用

企业之间的信息共享可以改善企业的客户服务水平，各种网络新技术的应用可以改善企业之间的信息交互使用情况。信息自动化系统提高了分销、后勤、运输等工作的效率，减少了纸面作业，从而可降低成本和提高用户服务水平。

9. 信息技术在人力资源管理领域的应用

人力资源管理当中，人类行为工程（Human Performance Engineering，HPE）也开始在企业管理中得到应用，它的主要职能是组织、开发、激励企业的人力资源。在企业系统的工作设计、培训、组织重构中应用 HPE 可以帮助企业提高从最高领导层到车间的人力效率，同时，多媒体、CAD/CAM 和 Internet 等技术的应用可以改善职工之间的合作水平并减轻工作压力。

10. 信息技术在供应链设计领域的应用

供应链设计当中运用 CIM、CAD、Internet、电子邮件和专家支持系统等技术，有助于供应链节点企业的定位、选择，以及资源、设备的配置。决策支持系统（Decision Support System，DSS）有助于核心企业决策的及时性和正确性。

第四节 供应链管理中的信息系统

一、供应链管理与信息系统的关系

现代的供应链管理系统也是基于计算机基础上的信息系统（Computer-Based Information System，CBIS），同样有 CBIS 的子系统。但是，在出现了企业信息系统（Enterprise Information System，EntIS）的概念后，产生了按职能划分的各种"信息系统"。它们只有局部性的意义，如主管信息系统、财务信息系统、制造信息系统等。这些只是为了学习和研究的方便而人为进行的划分。在一个具体的企业中，各种信息系统并没有物理上的分隔，只有逻辑上的区分。现在人们已经用企业资源规划（ERP）、MIS、CIS 等词来描述企业的信息系统。

供应链管理与企业信息系统的关系如图 9-6 所示。企业信息系统包括了 CBIS 中的五种信息系统（AIS、MIS、DSS、OA/VO、KBS）。其中，MIS 用于具体的职能部门，产生了职能信息系统（Functional Information System），包括了主管（经理）信息系统（EIS）、营销信息系统、财务信息系统、人力资源信息系统、信息资源信息系统和制造信息系统（MRP、MRPⅡ）等。其中，主管信息系统是企业经理人进行日常管理的工具，它对其他的职能信息系统进行管理。

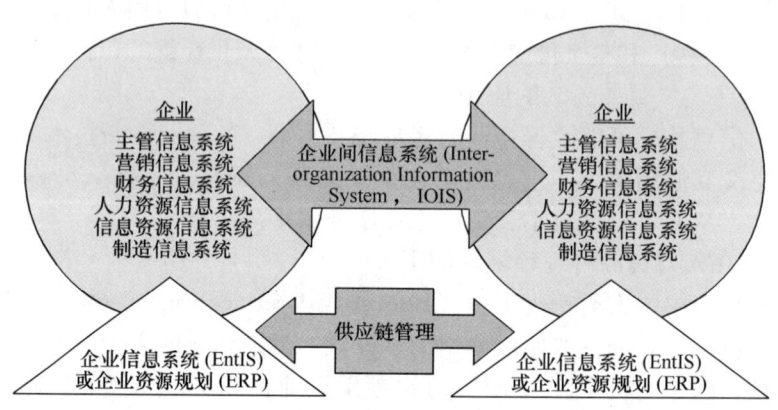

图 9-6 供应链管理与企业信息系统的关系

在供应链管理过程中，MIS 中还出现了为解决一些企业运营问题而产生的应用系统，如快速反应系统（QR）、有效客户反应系统（ECR）、电子订货系统（Electronic Ordering System，EOS）和持续补货系统（Continuous Replenishment Program，CRP）等。

（一）管理信息系统

管理信息系统（MIS）自 1961 年美国 J. D. Gdllagher 提出后到现在，其内涵已发生了重大的变化。现在人们普遍认为：管理信息系统是由计算机技术、网络通信技术、信息处理技术、管理科学和经济学等多技术、多学科组成的综合系统，它支持企业运营和管理。

管理信息系统在支持企业运营和管理的过程中，支持供应链管理是一个重点。因为供应链的管理过程包括了管理对象——人、财、物和管理过程——产、供、销，不仅涉及企业内部各部门，如原料仓库、生产车间、成品仓库、运输部、财务部和销售部等，也涉及企业外部，如原料供应商、分销商、协作伙伴和客户等。如果企业没有完善的内部信息系统支持企业内的供应链管理部分，那么企业间的供应链管理部分就谈不上。所以，企业内的信息系统物理结构实际上担负着两个方面的功能：一个是企业内的管理；另一个是企业间的管理。它们都是通过对企业内外的"信息流"的管理，来实现对实物的管理，即采用"概念系统"管理"实体系统"。

（二）决策支持系统

决策支持系统（Decision Support System，DSS）支持企业利用信息解决特殊的问题，它是企业的决策工具，产生决策信息，并传递这些信息，这是管理信息系统做不到的。DSS 提供了解决问题的信息，同时提供了解决半结构化问题的通信能力。它从 MIS 获得各种报表和各种数学模型，进行企业的决策。

在供应链管理中，包括供应链流程作业、供应链关系、供应链物流管理等方面，决策支持系统都起着十分重要的作用。

（三）基于知识的系统

供应链管理系统是动态复杂的系统，要解决好供应链上非线性的问题，最终要依靠基于知识的系统（KBS）。这个方面的研究目前正在不断开展中，信息技术与生物科学结合，将会给未来的企业管理注入全新的活力，使人们运用智能化手段解决复杂的商业问题成为可能。

二、企业内供应链信息系统的逻辑结构

（一）SCM 中 MIS 的基本结构模型

图 9-7 展示了供应链管理中的 MIS 的基本结构模型。在这个模型的数据库中，有来自 AIS 所提供的数据，更多的是企业内供应链流程作业的各种信息，还有来自企业间信息系统（Inter-Organization Information System，IOIS）的信息。数据库通过报表系统产生周期性的报表和一些特殊的报表。另外，它还产生一些数学模型，主要有记录、统计、查询和计算等。

（二）SCM 中 MIS 对数据、信息处理的逻辑结构模型

企业内供应链管理信息系统对数据和信息的处理逻辑结构模型如图 9-8 所示，这些结

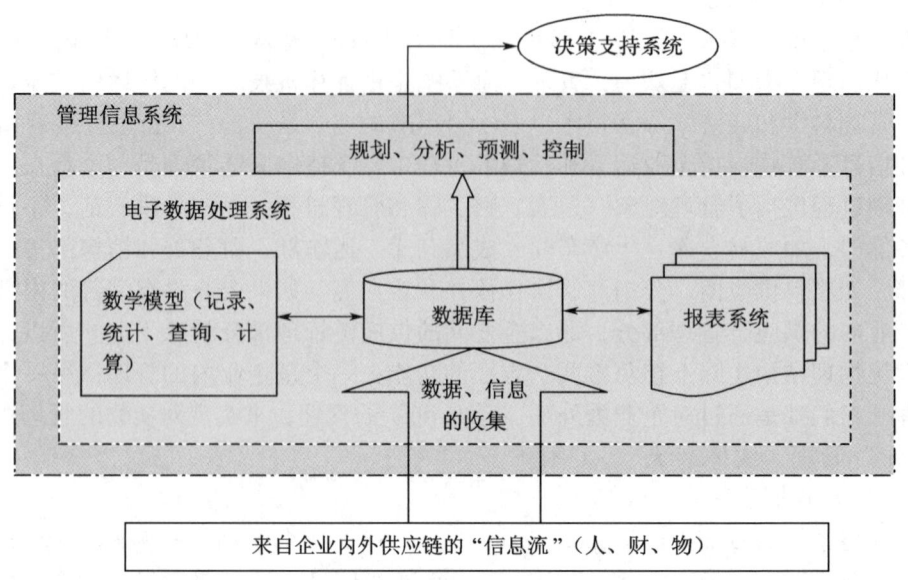

图 9-7　供应链信息流与管理信息系统

构还与企业间系统（IOIS）链接，形成一种企业内外数据的交流。另外，从某种意义上讲，一个企业不只是与供应链上其他企业有数据交换，还与关系到企业生存和发展的各种环境因素有联系。

从企业内部来看，信息系统中的数据、信息、知识的传输由几部分组成，如图9-8所示。图9-8只是为了学习和研究的方便而采用的一种逻辑的、概念上的组成部分的划分，不存在实体性，所以在构建信息系统过程中它只能作为一种参考模型。

1. 供应链管理作业层

在这个层次里，供应链管理进行实质性的操作，包括物流管理、仓储管理、运输管理、订单管理、分销管理、制造管理、财务管理、电子化采购管理和关系管理等。这些具体的操作是根据"商业应用层"中的"商业决策、管理、控制"的信息进行的。

根据企业实际运营状况、行业特点，在作业层中有不同的应用软件支持，如在制造业中有MRP、MRPⅡ。常见的作业操作流程还包括了企业间的系统，它们都依赖不同的应用软件支持作业过程。

2. 电子数据处理层

这个层次是将"供应链管理操作层"中实质性操作过程的数据和信息，通过各种收集数据的子系统，如EOS、POS、EDI等，收集到数据库中来。通过数据库管理系统收集、存储和管理这些数据。一些数据通过分类、排序、综合分析的数据挖掘过程，形成特有的

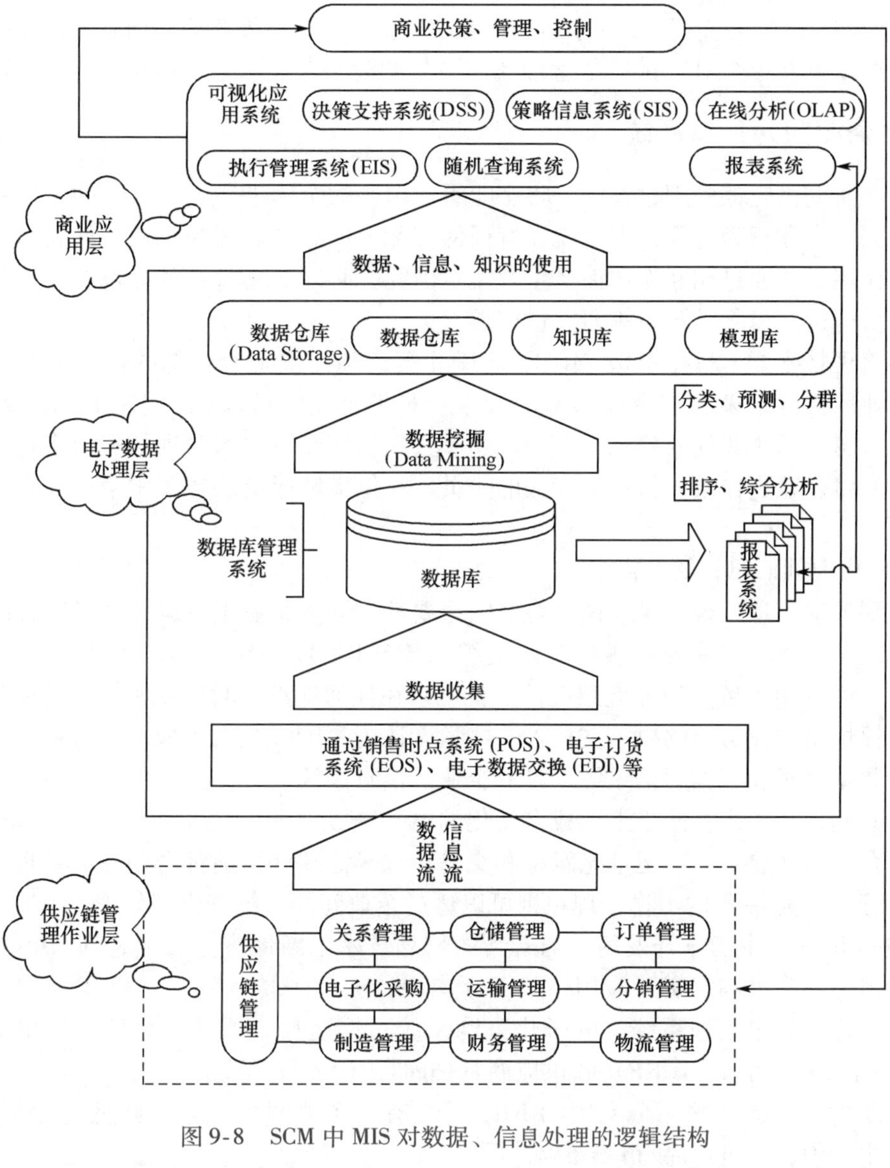

第九章 供应链信息管理

图 9-8　SCM 中 MIS 对数据、信息处理的逻辑结构

商业信息、商业知识、商业模型等。这些结构化的信息、知识和模型可供"商业应用层"调用，在企业的决策、管理、控制过程中发挥作用。

3. 商业应用层

商业应用层是信息系统的目的，所有数据收集、储存、提取后，如果没有商业应用都是无效的。所以"商业应用层"十分重要，它包括了许多可视化的应用系统，如决策支持

225

系统、报表系统、随机查询系统和在线分析等。

"商业应用层"对企业的整体运营、操作起着决策、管理和控制的作用，所以在图9-8中可以见到一个对"供应链管理操作层"的箭头，表示最后作用于这个层次。

三、企业间的信息系统

如果在研究供应链管理过程中，将企业看成单一的个体来研究，将它的信息系统和管理看成独立的个体行为过程，那么就没有任何实际上的意义。因为企业最终要与它的生存环境相互作用，并通过相互作用而产生效益。因此，必须从它所在的环境、其他供应链成员，以及供应链成员间的关系去研究供应链。

许多管理技术如CAD、JIT、MRP、MRPⅡ等，都注重企业内部的信息化管理，现在许多的商业软件也大多注重企业内部的管理。对于企业管理来说，优化内部管理非常重要，但如果忽视了企业间的信息系统的构建和管理，那么对内部管理的努力将是没有任何价值的。要将企业当作某一行业或产业的一员，在供应链成员的环境中来研究企业的运营和作业。

（一）企业间信息系统的概念

认识到外部信息在整合供应链环境中的重要性，许多企业正在运行某种形式的"企业间信息系统"（IOIS），有时也被称为跨组织系统（IOS）。IOIS是基于信息技术之上跨企业的系统。IOIS中配置适当的应用软件，就可以在任何地点及时地传递供应链成员所需要的信息，提供给企业必要的决策支持。一些学者认为，IOIS是两个或多个企业间形成的一个整合的数据处理和数据通信系统，是跨企业的信息系统。

企业间利用计算机在网络上形成自动化的电子链接，开展业务活动，如订单处理、订单审核、存货水平检查、装运信息跟踪和交易转账等。这些以前都必须手动处理或用其他的媒介处理（如邮件）的工作，现在则可以通过企业间的系统来进行处理。

最初的IOIS是由卖方开发的，随着新的信息技术不断地应用和整合到IOIS中，企业间系统的能力不断提高，实际应用系统不断出现，如电子转账系统（EFT）、决策支持系统、各式各样的订单处理系统、电子化采购系统、快速反应系统（QR）、订单周期管理（OMC）、持续补给系统（CRP）和供应商管理库存（VMI）等。

企业要为供应链开发一个实用的IOIS系统有三项明显的效益：降低企业运营成本，改进企业生产力，改进产品/市场策略。

（二）企业间信息系统的不同层次

一些学者认为，企业间系统有几种基本的、水平不同的信息系统，它们由一些不同级别的单一企业参与。信息系统的水平越高，其功能越全面、越完善，集成度越高，如水平2系统要比水平1系统的功能完善。企业的级别越高具有的信息系统越完善，在系统中信息交换和共享的程度也越高，如级别2企业要比级别1企业在信息系统中进行信息交换和共享的程度高。

1. 远程企业间输入/输出节点

在供应链成员中，某一应用系统是由一个或多个高级别的企业参与者支持的，其他供应链成员的某一企业从远程链接到这个系统中去，成为系统的参与者。这就是一级水平的企业间系统，如图9-9所示，也是最简单的企业间系统。

这种形式的企业间信息系统可以认为是供应链关系发展的最初阶段，也可以看成传统供应链向现代供应链转化的阶段。

2. 应用处理节点

如图9-10所示，应用处理节点（Application Processing Node）是由供应链成员企业开发的单一的业务应用处理软件系统，企业成员在其间发展和共享诸如库存查询、订单处理等简单应用软件。

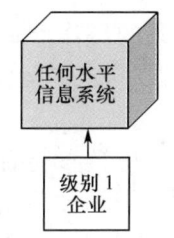

图9-9　一级水平的IOIS

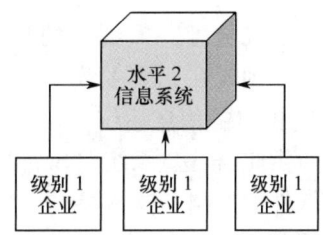

图9-10　二级水平的IOIS

3. 多参与者交换节点

多参与者交换节点（Multiparticipant Exchange Node）是由供应链成员企业开发的系统，其他成员企业可以通过网络与该企业链接。该企业可以与任何低级别的参与者共享网络链接，建立业务关系。这时的供应链成员间的关系更加密切。

从图9-11中可以看出，这时的供应链成员彼此间开始有较大的信任，进行各种业务的往来，在交易中有大量的文件在企业间的系统中传递。

4. 网络控制节点

网络控制节点（Network Control Node）是由供应链成员企业开发的企业间系统。它是用不同的应用软件构成的网络控制系统，可以允许不同类型的、低等级的参与者和最终用户共享信息。在共享的过程中可以自动控制和跟踪供应链成员的各种行为，如图9-12所示。

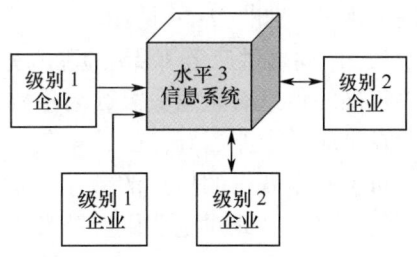

图9-11　三级水平的IOIS

5. 集成的网络节点

集成的网络节点（Integrating Network Node）使供应链成员都在一个有效的数据通信/数据处理的网络中，它整合了所有低级别的参与者，如图 9-13 所示。

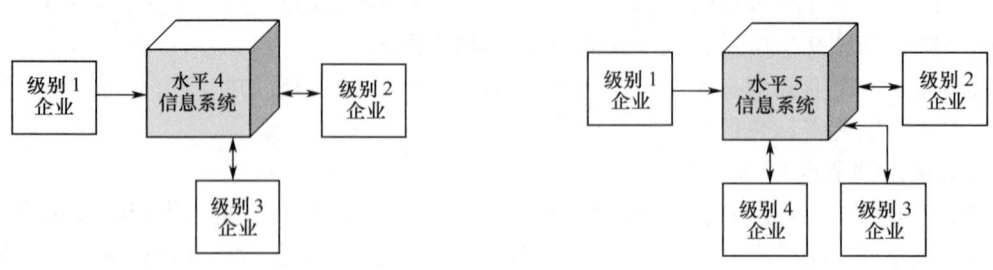

图 9-12　四级水平的 IOIS　　　　　　图 9-13　五级水平的 IOIS

这时供应链成员已进入到"协作"的阶段。通过有效的协作，企业间的连接更加牢固。供应链发展到现在，大多数企业已进入到企业间系统"同步"运作的阶段。

6. 企业间供应链信息系统

在企业间供应链信息系统（Supply Chain IOIS）中，供应链参与者彼此间共享一个含有不同应用软件的网络，这些参与者之间建立了业务关系。这种水平的信息系统类似上面提到的"网络控制节点"，但是它并没有规定 IOIS 参与者要达到一定的级别才能参与。因此，这种水平的 IOIS 参与者实际上可能处于不同的等级，有较低的等级、高等级或与 IOIS 共享组织相当的等级。我们将这些参与者的等级作为供应链伙伴不同的 IOIS 节点，称这第六种水平的 IOIS 为"企业间供应链信息系统"。它包括了前面五种不同的水平，如图 9-14 所示。

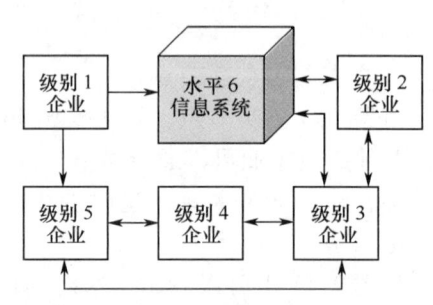

图 9-14　供应链 IOIS

（三）构建供应链 IOIS 的基本方法

正确的信息对企业决策起着重要作用，可以使企业在供应链中充当好自己的角色。现在，企业管理的重点不是获得的信息的数量，而是获得决策需要的正确信息。供应链 IOIS 能够获取正确的信息，因此对企业供应链管理起着至关重要的作用。

一个行业典型的供应链，从原料供应商开始，一直延伸到最终产品到零售店的货架上，有五种供应链成员参与其中。可以认为这是供应链的一个执行"周期"。但是在这个执行周期中的供应链成员彼此不知道对方在做什么，因此就没有足够的时间对本企业所扮演的供应链角色进行成本和绩效管理。这是目前供应链成员和业务伙伴间普遍存在的问题。

第九章 供应链信息管理

企业将信息系统扩展到供应链成员企业中去，进行供应链成员企业间的"信息共享"的目的是实现供应链管理的有效性，因此，探究供应链 IOIS 所需求的信息成为达到这种目的的重要因素。以下内容将从如何确定"需求的信息"、为供应链 IOIS 确定"需求的信息"和转入信息系统原型三个方面探讨构建供应链 IOIS 的基本方法。

1. 如何确定"需求的信息"

在不同层次上自由地、正确地共享实时的信息，对供应链管理来说是一个成功的要素。企业在许多方面都对供应链成员中的信息需求和共享感到十分迫切，包括战略目标、产能发展、物流、制造和采购等。

一个信息系统要确定"需求的信息"是很困难的事。很多时候管理者并不知道什么信息是他们实际上需要的。所以，当操作信息系统的时候，管理者要做的第一件事就是改变询问的方式，在设计信息系统来支持一个整合的供应链时，要考虑到这个问题。

因此，当开发一个 IOIS 支持供应链的时候，"需求的信息"的确定就成了重要的问题之一。企业最好能建立一个识别信息、通过 IOIS 进行信息分享的职能部门。这个部门的任务之一就是确定 IOIS 中的"需求的信息"。在确定"需求的信息"时有四项基本的错误：可视化系统功能代替了跨职能功能；单独会见管理者代替共同会见；在细节设计流程中不允许试验和错误；在会见中问了错误的问题。

要确定能得到企业所需求的信息，就要避免这些错误的出现。企业可以通过以下方法做到确定所需求的信息。

（1）跨职能部门、跨企业信息共享。企业在决策过程中，需要来自企业内、外的许多信息，以支持决策。因此，企业开发的信息系统应包括收集企业内外信息的功能，使信息可以跨职能部门流动。

（2）采用 JAD 集中管理者所需求的信息。很久以来，单独会见管理者是确定"需求的信息"的标准方法。但是，这种方法给管理者增加了许多压力，因此限制了管理者对问题的反应能力。解决这些问题的方法是采用一个组合的会见程序，即联合应用程序设计（Joint Application Design，JAD）。这个组合可以集中管理者对"需求的信息"的记忆。

（3）允许在系统设计过程中进行试验。在系统的细节设计过程中不允许试验和错误的发生，这是传统的系统开发的方式。这样在系统投入运行的时候，就可能出现一系列问题。

（4）避免询问错误的问题。分析者经常问管理者错误的问题。例如，一个分析者可能这样问一个管理者："你需要从新系统中获得什么信息？"这个问题看起来是对的，但它无助于管理者确定他们所需要的信息。这种方法经常使管理者有不知所措的感觉。为了避免问这些错误的问题，发展出来了三种不同的信息需求确定方法：企业系统规划法、关键成功因素法和 E/M 法。

2. 为供应链 IOIS 确定"需求的信息"

适当地跨企业确定"需求的信息",使用多种的方法比依赖一种方法好得多,可以保证所有"需求的信息"被识别。因此,为 IOIS 确定"需求的信息",跨企业的 JAD 使用了几种"结构化会见技术"(Structured Interviewing Techniques),包括企业系统规划法、关键成功因素法和 E/M 分析法。

(1) 企业系统规划法(Business Systems Planning,BSP)。BSP 是一种对企业管理信息系统进行规划的结构化方法,是由 IBM 公司在 20 世纪 70 年代开发的组织交流技术。它先是自上而下识别系统,识别企业流程,识别信息;然后自下而上的设计系统,以支持系统目标的实现。BSP 摆脱了对原组织系统结构的依赖性,从基本的作业流程出发,进行数据分析,找出决策所需要的数据,然后设计系统。

对于供应链管理 IOIS 来说,BSP 注重问题的识别和与一个企业流程的联合确定,确定什么信息是需要的信息,并将它提取出来。分析者首先必须鉴别供应链管理中的问题,以便把"需求的信息"提出来,如表 9-1 所示。

表 9-1 BSP 确定"需求的信息"的过程

BSP——问题/解决方案/信息		
问　题	解 决 方 案	信　　息
在保持或减少总供应链物流成本的条件下,缩短供应链成员企业间的订货周期	需要了解现有的供应链成员企业间的订单执行程序,以及供应链物流成本的情况	● 每个企业的订单执行程序 ● 供应链总物流成本 ● 供应链成员间的订货历史 ● 每个企业的单位产品库存成本
BSP——确定/信息		
确　　定		信　　息
如何运输某产品		具有竞争力的运输工具和运输方式 运输成本和运输执行

(2) 关键成功因素(Critical Success Factors,CSF)法。CSF 是由哈佛大学 William Zani 教授和麻省理工学院的 John Bockart 教授提出的,它是指对企业成功起关键作用的因素。每一个企业必须在每一个作业执行区域有效地运行 CSF 才能成功。CSF 通过分析找出企业成功的关键因素,然后围绕这些成功的关键因素确定系统需求,进行系统规划。基本步骤为:①理解企业的战略目标。②识别关键成功因素。③识别评价标准。④识别测量性能的数据。

对于供应链 IOIS 来说,CSF 必须鉴别供应链上每一个成员企业。可以想象,大多数企业有共同的 CSF。一旦 CSF 确定下来，也就确定了表达 CSF 所需求的信息，这时信息就被鉴别，参见表 9-2 的例子。

表 9-2 CSF 法确定"需求的信息"的例子

CSF——关键成功因素/信息	
关键成功因素	信 息
整合供应链绩效评价系统	• 整合供应链绩效评价 • 成员企业的绩效评价 • 供应链和企业的实际绩效评价 • 评价的目标 • 评价的绩效历史

（3）E/M 分析法（Ends/Means Analysis）。E/M 分析法将重点集中在企业的有效性（做正确的事）和效率（做好这些事）上，并用"需求的信息"管理它。运用这个技术包括如下两个阶段：

① 分析供应链成员想要的结果，考虑要达到这种目标所"需要的信息"。

② 找出实现上述目标的方法，再考虑采取这些方法时所"需要的信息"。两个步骤如表 9-3 所示。

表 9-3 E/M 分析法确定"需求的信息"的例子

E/M 分析——结果、效益、信息		
结　果	效　益	信　息
缩短订单的执行周期，从而降低了成本，提高客户的满意度	总的供应链物流成本最小化 供应链效益最大化	• 以作业为基础的会计信息 • 客户偏好（特点、成本、时间） • 供应链成员企业的效益 • 供应链效益（订单执行周期、库存水平、容量、客户满意度）
E/M 分析——方法、效益、信息		
方　法	效　益	信　息
监控库存绩效（总供应链库存水平、企业库存水平、服务水平）	评价库存绩效时达到最小化的库存水平	评价每个因素的实际成本

以上介绍了为供应链 IOIS 确定"需求的信息"所采用的三种技术（企业系统规划法、关键成功因素法、E/M 分析法），每一种技术的结果都可列出系列图表，它表示了跨企业的知识区域和相关的"需求的信息"的传递。当采用多种结构化技术时，"需求的信息"识别中将有一些冗余出现。这有助于确保正确地分析、全面地理解一系列"需求的信息"。

3. 转入信息系统原型

当设计企业间信息系统时，传统的方法并不允许试验和错误。为了解决这一问题，"原型"的概念被引入。它克服了这些问题，增加了系统的有效性。

"原型"法（Prototype）是 20 世纪 80 年代随着计算机技术的发展而发展起来的一种系统开发方法。它放弃了对现有系统全面、系统地详细分析，而根据系统开发人员对用户需求的理解，在各种软件工具的支持下，开发出原型系统，然后再与用户反复商量修改，直到满足客户的需求为止。

"原型"法的开发过程有如下几个阶段：

（1）识别基本需求。"原型"法的第一步是对企业进行调查，通过跨企业、跨职能的 JAD 会议，了解企业需求信息，并进行主要的信息分类。

一般来说，用户的基本需求有：系统结构、输出和输入要求、数据库结构、安全要求和系统接口等。

（2）初始原型系统的形成。初始原型系统是根据用户的需求开发出来的初步原型。初步原型产生了一系列报表，它在"结构化会见程序"过程中识别"需求的信息"。通过"测试——错误——再测试"的开发过程，利用原型设计方法，开发者能够通过多次的反复设计，确保全部"需求的信息"被适当地传递。

（3）对原型系统进行评价。开发人员和用户对系统进行评价，对原型系统进行操作、运行、检查、测试，以发现系统中的问题，并对功能、用户界面等进行评价。

（4）对原型系统进行改进。根据对系统提出的意见，开发人员对原型进行改进。

（5）原型系统完成。在不断满足用户需求的过程中，原型系统得到改进，并得到用户的认可。

（6）整理原型，提供文档。对原型进行整理和编号，并将其归入系统开发文档中，其中包括用户需求说明、系统逻辑性、系统设计说明、数据字典和系统使用说明书等。

最后，开发人员要与供应链管理团队一起回顾"原型"。

在供应链 IOIS 的构建中，主要涉及 10 个主要类型的信息，如表 9-4 所示。

表 9-4　供应链 IOIS 中的信息类别

供应链 IOIS 信息类别	
信 息 类 别	类别中包含信息的例子
产品信息	产品规格、价格/成本、产品销售历史
客户信息	客户预测、客户销售历史、管理团队
供应商信息	产品线、生产时间、销售团队和条件
生产流程信息	产能、承担任务、生产计划
运输信息	运输者、运输时间、成本
存货信息	存货水平、存货运装成本、存货地点
供应链成员信息	企业联系信息、伙伴角色、责任、接触计划
竞争信息	基准信息、竞争产品报价信息、市场份额信息
销售和市场信息	销售点（POS）信息、促销计划
供应链流程和执行信息	流程描述、绩效测量、成本、数量、交货、时间和客户满意度等

利用原型法构建系统，主要开发工具有图形编辑器、文档编辑器、字典编辑器、概要设计编辑器、细节设计编辑器和程序自动生成器。

在供应链成员中进行信息的共享对供应链管理是非常重要的。在供应链成员组织中，最终的整合和决策都需要一定格式的信息，当决策者需要这些信息的时候，就能在正确的时间里获得正确格式的信息。

案例讨论

安徽江汽物流有限公司：整车仓储调度系统

1. 公司简介

安徽江汽物流有限公司成立于 2003 年 1 月，由安徽江淮汽车集团有限公司控股，是隶属于江淮汽车集团的独立法人。公司自有运输车辆（包括客车）164 辆，拥有零部件、整车仓储和配送中心 5 座，自有仓储面积 32 000m^2，租赁仓储面积 32 534m^2，整车库面积 24.7 万 m^2。公司的核心客户为安徽江淮汽车股份有限公司，业务几乎涵盖江淮汽车产品线的全部物流过程，包括原材料进出物流、仓储配送、生产物流、产成品物流、车辆管理和维修、客运与租赁服务等一系列业务。

2. 实施信息化之前存在的问题

（1）系统出现问题追溯困难。信息化项目实施以前，公司只有一个仅用于实现简单的调度管理功能的系统，系统的软硬件都是托管于主机厂，系统一旦出现问题，很难找到问题的根本原因，且解决问题还需请主机厂相关人员给予支持，处理效率低且无法实现对系统的真正管控。

（2）无法对公司现有整车业务进行整体管控。公司信息化项目实施之前，所有的整车入库、出库都需要在主机厂 ERP 中进行操作，数据查询等工作都需要借助 ERP 进行。另外，物流公司本身使用的调度系统功能较为单一，对发运流程的各个节点管控不足，无法实现对物流业务各个节点的实时跟踪，缺少管理的落脚点。

（3）缺少核算业务的系统支持。公司两个整车事业部，每年的发运量要高达 40 万辆以上，在没有系统支撑的条件下，成本及收入的核算只能通过人工在表格中进行梳理确认，工作量巨大，且准确性不高。

（4）系统自动化有限。由于仓储系统为主机厂 ERP 系统，无法实现定制开发，入库、出库等操作无法通过自动扫码实现，需要手工输入库位号等信息，不仅操作效率低、易出错，且存在一定的滞后性。

3. 信息化项目实施过程中的问题

（1）物流与信息流的不匹配问题。家用车由于之前的业务流程较为稳定，所以在流程梳理环节问题较少，但商用车部分由于新的发运场地搬迁与系统上线为同一时间，即在流程还没有稳定的情况下就实施了系统的上线工作，出现了较为明显的不匹配情况，导致一度影响到了现场的发运效率。

（2）接口数据传递问题。两个整车项目在系统上线过程中都存在较多的数据传递问题。由于物流公司的仓储发运业务都需要与上游主机厂 ERP、DMS 等系统进行数据交互，以确保系统之间的数据能够实时共享，项目实施的过程中以中间表作为传输方式的接口，在数据传递过程中出现部分延迟，甚至需要人工干预才能完成部分异常数据的传输，效率较低且容易造成现场操作人员的抱怨。

4. 信息化系统的效益分析

公司的信息管理项目是基于可实现多基地、多平台、多仓库、多种运输联运的运作要求，以最大限度地实现整合可用资源、降低物流作业成本为目的。系统与 GPS 平台进行数据交互，可实时跟踪板车的在途情况，并且进行轨迹回放，查看车辆行驶轨迹。当车辆进入目的地 20km 范围时，系统可自动判断运抵，降低超期率。

（1）整车仓储管理系统（WMS）通过实车扫码入库、出库自动为商品车分配库位、释放库位；通过射频识别技术，将流转驾驶员与商品车绑定，实现过程的可追溯。物流行业普遍存在先完成业务，次月开票，第三个月结算的普遍弱势现场，对于物流企业如何准确及时地核定成本收益，为经营决策提供依据一直是困扰物流企业的普遍问题，此次通过计费管理系统（BMS），实现了商品车出库在途即开始计算成本和收益的预结算管理，结合管理指标项目的控制，可为公司决策者提供更及时、准确的经营指标数据。

（2）实现了闲置订单的回收再分配。在订单管理方面，整车物流企业中，由于缺乏有效手段，物流调度的订单分配的无序化，订单分配后承运商响应情况的追踪，以及相应的考核问题一直存在。新的信息系统通过多种管理手段，包含订单分配承运商的自动化，建立在承运商拼板业务模式下物流公司的调度审核与退回机制，对紧急或临近超期的订单进行预警信息推送，为企业提供了多种相对有效的管理手段与解决方案。

（3）实现了主机厂、承运商与经销商等多方基于订单的关键节点实时查询。信息快速及时的共享与传递是物流企业的基本需求，对于整车物流来说，主机厂、承运商、经销商及物流公司关注的点有所不同，主机厂更关注业务链条的两端（入库与经销商收车），承运商关注车辆的配载、路线与运抵，经销商关注质量与交期，而物流公司则从整体保障着整个业务链的顺畅。

（4）通过实施出厂物流公司整车物流信息化项目，使得管理要求得到落实，整车从仓储到运输整个过程全面受控，公司全面获得了整个业务运行管理的主动权。各个环节的责任和要求明确，任务分配清

第九章 供应链信息管理

晰，业务开展准确有序。

整车信息化工作虽都已实施上线，并且运行稳定，但仍有部分工作需要后期不断跟进，其中重点为"统一平台、达标部署、达标应用"，如何提高客户服务水平及承运商物流运作效率，整合物流资源，降低物流成本，建立统一的物流调度中心，是对后期信息化系统的一个挑战。

（资料来源：中国物流与采购联合会，《中国物流与采购信息化优秀案例集：2014》）

结合案例回答下列问题：
1. 信息管理在供应链中的作用是什么？
2. 供应链管理环境下信息流控制的特征是什么？

习 题

1. 信息管理在供应链中的作用是什么？
2. 供应链管理中信息流的控制模式有哪几种？各有何特点？
3. 供应链管理环境下信息流控制的特征是什么？
4. 什么是供应链 IOIS？
5. 构建供应链 IOIS 的方法有哪些？

本章参考文献

［1］林榕航. 供应链管理（SCM）教程［M］. 厦门：厦门大学出版社，2003.
［2］马士华，林勇，陈荣祥. 供应链管理［M］. 北京：机械工业出版社，2000.

第十章

供应链财务管理

▲ 作 用

本章主要阐述各种供应链决策的财务含义。通过学习,读者能够理解成本降低、存货水平改变和其他供应链举措对盈利能力的影响;学会运用决策树进行评估决策和弹性。

▲ 关 键

- 供应链的财务分析
- 供应链财务决策的影响因素
- 供应链中的贴现现金流分析
- 供应链财务决策的主要不确定性
- 运用决策树评估决策和弹性

第一节 供应链的财务分析

一、供应链和财务的关系

从供应链和财务的关系的角度看,供应链绩效将会影响顾客满意度和企业未来的收益。供应链流程直接决定了产品从厂家到最终消费者的全过程,相应的资源将被用来完成上述流程,也正是这些资源决定了产品在顾客所在地成为可得商品的成本,这一到货成本会影响购买者的决定。例如,若供应商甲的供应链过程效率较低,甲的配送成本一般会高于竞争者,消费者一旦从竞争者处购买到便宜的商品,那就必然会降低甲的销售收入。供应链服务的成本不仅影响着产品的适销程度(通过到货成本或商品价格来体现),还直接决定着企业的盈利能力。再如,在既定的商品价格、既定的销售规模和既定的服务水平下,其提供供应链服务的成本越高,企业的利润肯定就越低;相反,提供供应链服务的成本越低,则企业的利润就越高。

因此，要改变供应链流程的方法必须是最优化的选择，这是非常关键的。管理层有义务密切关注可供选择的供应链方案，保证入选的方案在完成企业利润最大化的目标时是最优的。虽然有的备选方案可以降低成本，但同时也减少了销售额和利润；而有的备选方案，在增加销售额的同时也增加了成本，客观上却还是减少了利润。因此，企业的决策制订者一般通过改变销售额和成本来优化企业的利润。

供应链管理包括原材料控制、过程控制和产成品存货控制。有关存货的财务应用管理主要是决定因存货而占用的必要资本是多少。在大多数公司和企业中，资金的使用都有周期限制，大量的资本需要投资于更加重要的地方，其资金的占用量也是巨大的，如新机器、新设备的投资，设备的更新和现代化等。较高的存货水平将导致较多的资金占用和一定程度的资本浪费，从而使其他项目的资金匮乏。

企业之间在资金需求和筹集附加资本方面的竞争日益加剧，对零库存和库存最小化的关注就是一个很好的例子。以按时配送、有效客户响应和及时响应为目标的供应链技术革新就是在想方设法地降低库存水平，并竭尽全力减少因存货而占用的资本，努力增加资金在其他更有投资意义的项目上的使用价值。当前许多企业使用多种方法以减少产成品存货，因为产成品存货与原料存货和半成品存货相比，其价值要大一些，所以在单件货物减少资本占用比率方面还有潜在的回旋余地。

从企业与客户的关系看，企业所提供的供应链服务水平会直接影响顾客满意度，长期坚持优质、及时的配送服务必然会提高顾客满意度和忠诚度。但是，企业必须考虑提供这些服务的成本和现实性，就是说，企业有没有将这种服务所带来的销售水平和盈利能力与提供服务的成本进行对比。供应链经理必须考虑提高供应链服务水平的成本和由此带来的销售额增长之间的比例情况以及其盈利能力的变化状况，尤其针对前面提到的最优化服务，我们更需要衡量其财务上的可能性和现实性。

二、财务效益评估的内容

财务效益评估的基本目标是考察项目的盈利能力、清偿能力和抗风险能力等，主要包括以下内容：

（1）项目的盈利能力，即项目投资的盈利水平。它直接关系到项目投产后能否生存和发展，是企业进行投资活动的原动力。它是评价项目在财务上的可行性程度的基本标志。

（2）项目的清偿能力，即项目按期偿还其到期债务的能力。它通常表现为贷款偿还期的长短，是银行放贷的重要依据。

（3）项目资金的流动性。通过计算资金流动比率、速动比率和负债与资本比率等各种财务比率指标，对项目投产后的资金流动情况进行比较分析，以反映项目生命周期内企业各年的利润、盈亏、资产和负债、资金来源和运用等。

（4）抗风险能力。这可以采用如盈亏平衡分析、敏感性分析和概率分析等方法进行评估，检验不确定性因素的变动对项目收益等指标的影响程度。

三、收入与成本的关系

供应链在追求流程高效和成本节约时，更应该注意到更高层次管理的目标是提高企业的销售和利润。

下面以一家公司为例来分析。某网上书店（称其为 B 公司）的主要业务是向读者提供打折的各类书籍。公司销售的各类书籍比当地书店便宜 15% 左右，如此低廉的价格优势和便利的网上订购直接带来的效益是公司每年的销售额成倍增长。表 10-1 和表 10-2 是该公司的资产负债表和利润表。

表 10-1　资产负债表

（单位：美元）

资　　产		负债及股东权益	
现金	22 500	流动负债	97 500
应收账款	45 000	长期负债	52 500
存货	15 000	负债合计	150 000
流动资产合计	82 500	股东权益	67 500
净固定资产	135 000		
资产合计	217 500	负债及股东权益合计	217 500

表 10-2　利润表

（单位：美元）

项　　目	分项金额	总项金额	项　　目	分项金额	总项金额
销售收入		225 000	其他运营成本	45 000	
销售成本		120 000	运营成本总计		60 750
毛利		105 000	息税前利润		44 250
运输成本	9 000		利息		18 000
仓库成本	2 250		所得税		10 500
存货成本	4 500		净利润		15 750

假设其他条件不变，则供应链成本的节约将直接导致利润的增加，数额的大小就是节省的成本数额。如果供应链成本减少所导致的利润增加的数额是一定的，那么等效的由销售增加而带来的利润增加的意义将大不一样。为了达到这一定数额的利润增加，销售额所应达到的增加额将十分可观。

表 10-3 表示的是该公司财务报表中的数据，从中可以得到数额不等的供应链节约成

本所对应的等效销售额。

表 10-3 与供应链节约成本等效的销售额

（金额单位：美元）

项目	原销售额		供应链节约成本所对应的等效销售额		
销售额	225 000	100%	2 857 143	7 142 857	14 285 714
总成本	209 250	93%	2 657 143	6 642 857	13 285 714
净利润	15 750	7%	200 000	500 000	1 000 000

在供应链节约成本一定的情况下，为了达到既定的利润增加，企业的利润率越低，则等效的销售增量就要越大，如表 10-4 所示。

表 10-4 不同利润率情况下的等价销售额

（金额单位：美元）

项目	利润率			
	20%	10%	5%	1%
销售额	50 000	100 000	200 000	1 000 000
总成本	-40 000	-90 000	-190 000	-990 000
成本节省	10 000	10 000	10 000	10 000

四、供应链的财务影响

企业的一个重要的财务目标就是创造令人满意的股东回报率。事实上，丰厚的利润才是投资人持有股票的根本目的，所以企业经济效益的好坏直接决定着投资人投资该企业股票的意愿。假如某一企业的投资回报率太低，股民和投资人将会从企业中撤出投资，这将导致企业的股票价格下降，并进而引发企业的财务危机，最终将导致企业被兼并或破产。

在分析投资人的回报率时，还应该考虑股票持有人的净投资和净投资价值。例如，假如有两家公司，A 公司的利润为 20 万元，B 公司的利润为 20 亿元，表面上看，B 公司的利润更加丰厚一些，但是假如 A 公司的净投资为 200 万元，而 B 公司的净投资为 2 000 亿元，此时，对股票持有人来说，A 公司的回报率为 10%（20 万元除以 200 万元），而 B 公司为 1%（20 亿元除以 2 000 亿元）。

一家企业的财务状况和表现也通过利润与相关资产的对比来进行分析，即所谓的资产回报率。现实生活中，企业的资产回报率是一个公认的财务状况指数，用于同行业企业之间和相近行业企业之间相互比较管理水平和衡量公司业绩。而企业的权益回报率和资产回报率都决定于公司的整个盈利能力的大小。

供应链流程管理是决定企业盈利能力的重要方面。供应链流程的效率和产量越高,企业的盈利能力就越强。相反,供应链流程的效率和产量越低,则企业的供应链运营成本就越高,盈利能力也就越差。所以说,供应链管理者的决策将直接影响企业的财务状况和经济效益。

图10-1表示的就是供应链管理与资产回报率之间的财务关系。供应链服务的效果影响着企业的销售水平,供应链流程的效率则决定了企业的成本总和。在内部供应链的全过程中,保有的存货水平决定着用于库存的资产量;订单处理的时间和信息传输时间,决定着企业从销售到收款的周期长短,也影响着应收账款和现金资产。同时,有关仓库的大小和数量的供应链决策将直接影响固定资产。图10-1表明资产回报率是通过用利润除以占用资本或资金(利润除以占用资本)来计算的。在占用资本水平既定时,利润额越高,则企业的资产回报率就越高。相反,利润越小,则企业的资产回报率越低。

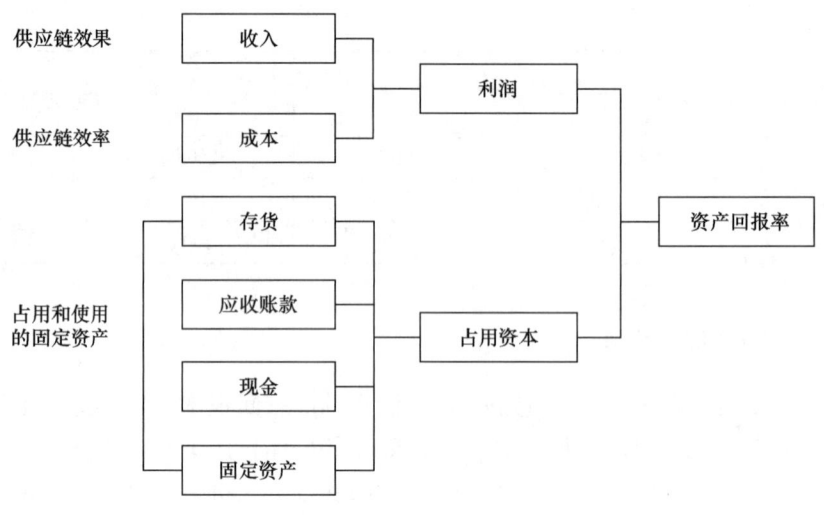

图10-1 供应链管理影响投资回报率

下面将供应链战略对资产回报率产生作用的领域加以总结,如图10-2所示。供应链管理者的决策内容包括渠道结构管理、库存管理、订单管理和运输管理,上述管理都对企业的资产占用水平和盈利水平产生深远的影响(包括因此产生的销售和供应链成本)。

渠道结构管理的内容包括以下几个方面:外部资源的利用、渠道库存最小化、提高信息价值和高效的渠道管理。通过利用外部资源的供应链流程,企业可以降低自身的供应链成本(外部资源是指其他企业拥有更加丰富的供应链专业知识和更高的供应链效率),降低资产投入(利用外部资源,包括其他企业的设备和更加高效的库存管理经验),提高销

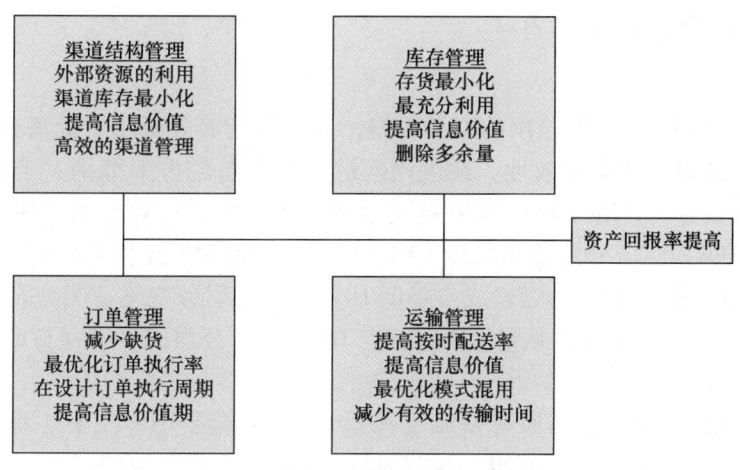

图 10-2　供应链决策和投资回报率

售收入（获得显著提高和持续不断的供应链服务）。利用供应链服务，必然导致资产回报率的全面提高。渠道库存的最小化带来的直接结果就是资金占用的减少。信息系统效率的提高和更新换代能够随时提供有关库存水平、生产进度和当前销售水平下购买力方面的信息。流线型的渠道结构设计通过减少不必要的中间过程（例如，绕过分销商而直接与终端销售商进行业务切磋），可以减少渠道各环节的存货，降低运输和仓库等渠道成本。库存的全面减少也将直接导致资产回报率的增加。

库存管理决策通过减少库存量（基本库存量、多余库存量）和最优化库存地点（关系到销售和使用的合作企业），减少存货资产方面的投资。上述决策要求做好销售及存货水平方面的数据分析，并考虑库存所在地域的因素。

高效的订单管理不仅能够降低供应链成本，还能帮助企业增加销售额，并提高企业资产回报率。合理地降低库存意味着更有效地管理库存，快速地增加销售额并且更好地满足顾客的需求。订单履行比率的提高和优化意味着订单处理时间的减少，这将大大缩短应收账款的回收时间。提高订单处理的效率，也降低了应付账款的数额和投资于应付账款的资金成本。

最后，运输决策将对销售和库存管理产生影响。在拥有了廉价和持续的运输服务做保障后，供应商通过降低销售商的库存和积压成本，在市场上将产品进行差异化的销售，以增加销售量和潜在的利润。通过使用低成本的运输方法，同时又不增加其他费用（除去运输节约成本），形式上的最优化保障了降低运输成本的机会和可能。这样，运输管理决策在增加了销售机会的同时，又降低了库存和成本，并最终使企业资产回报率得以提高。

五、供应链财务分析的方法

1. 普通分析

基于表 10-1 和表 10-2 所给出的财务数据，我们就能够分析用于提高企业盈利能力的供应链改进方案的科学性和有效性。改进供应链的基本备选方案都是关于减少运输成本、仓库成本和存货成本的。为了在供应链领域达到上述目标，将对下面三种情况加以分析：运输成本减少 10% 以后、仓库成本减少 10% 以后，以及存货成本减少 10% 以后的财务状况和变化。表 10-5 是 B 公司的运输成本降低 10% 以后的财务变化情况。表 10-6 是 B 公司的仓库成本降低 10% 以后的财务变化情况。表 10-7 是 B 公司的平均存货成本降低 10% 以后的财务变化情况。

如果 B 公司能够成功地在原有基础上将运输成本降低 10% 左右，那么公司的利润率将增加为 7.24% 左右，资产回报率也将从 7.24% 增长到 7.49% 左右，运输成本占总销售额的比率从 4% 降低为 3.6%，而仓库成本和库存成本占总销售额的比率还维持不变。

表 10-5 运输成本降低 10% 后的财务变化情况

（金额单位：美元）

项目	原数据	运输成本减少 10% 后	项目	原数据	运输成本减少 10% 后
销售收入	225 000	225 000	存货	15 000	15 000
销售成本	120 000	120 000	应收账款	45 000	45 000
毛利	105 000	105 000	现金	22 500	22 500
运输成本	9 000	8 100	固定资产	135 000	135 000
仓库成本	2 250	2 250	资产总计	217 500	217 500
存货成本	4 500	4 500	比率分析		
其他运营成本	45 000	45 000	利润率	7.00%	7.24%
运营成本总计	60 750	59 850	资产报酬率	7.24%	7.49%
息税前利润	44 250	45 150	存货周转/年	8.00	8.00
利息	18 000	18 000	运输成本占销售比重	4.00%	3.60%
所得税	10 500	10 860	仓库成本占销售比重	1.00%	1.00%
净利润	15 750	16 290	库存成本占销售比重	2.00%	2.00%
相关资产					

对表 10-6 和表 10-7 有类似的分析，只不过情况各自为仓库成本降低 10% 和库存成本减少 10%。每一种假设都和 B 公司的实际财务收支情况进行对比。当仓库成本降低 10% 的时候，运输成本和存货成本维持原有水平不变，进而分析变化情况。很显然在这两种情况下，公司的利润、利润率和资产回报率都会相应地提高。

表 10-6　仓库成本降低 10% 后的财务变化情况

（金额单位：美元）

项　目	原　数　据	仓库成本减少 10%	项　目	原　数　据	仓库成本减少 10%
销售收入	225 000	225 000	存货	15 000	15 000
销售成本	120 000	120 000	应收账款	45 000	45 000
毛利	105 000	105 000	现金	22 500	22 500
运输成本	9 000	9 000	固定资产	135 000	135 000
仓库成本	2 250	2 025	资产总计	217 500	217 500
存货成本	4 500	4 500	比率分析		
其他运营成本	45 000	45 000	利润率	7.00%	7.06%
运营成本总计	60 750	60 525	资产报酬率	7.24%	7.30%
息税前利润	44 250	44 475	存货周转/年	8.00	8.00
利息	18 000	18 000	运输成本占销售比重	4.00%	4.00%
所得税	10 500	10 590	仓库成本占销售比重	1.00%	0.90%
净利润	15 750	15 885	库存成本占销售比重	2.00%	2.00%
相关资产					

表 10-7　平均存货降低 10% 后的财务变化情况

（金额单位：美元）

项　目	原　数　据	平均存货减少 10%	项　目	原　数　据	平均存货减少 10%
销售收入	225 000	225 000	存货	15 000	13 500
销售成本	120 000	120 000	应收账款	45 000	45 000
毛利	105 000	105 000	现金	22 500	22 500
运输成本	9 000	9 000	固定资产	135 000	135 000
仓库成本	2 250	2 250	资产总计	217 500	216 000
存货成本	4 500	4 050	比率分析		
其他运营成本	45 000	45 000	利润率	7.00%	7.12%
运营成本总计	60 750	60 300	资产报酬率	7.24%	7.42%
息税前利润	44 250	44 700	存货周转/年	8.00	8.89
利息	18 000	18 000	运输成本占销售比重	4.00%	4.00%
所得税	10 500	10 680	仓库成本占销售比重	1.00%	1.00%
净利润	15 750	16 020	库存成本占销售比重	2.00%	1.80%
相关资产					

对表 10-5、表 10-6 和表 10-7 进行的分析，说明了供应链的改进方案极大地提高了公司的盈利水平。表 10-8 则对这几种供应链战略备选方案的财务影响进行了对比说明。

表 10-8　供应链各个战略的对比

分析比率	原数据	运输成本减少10%	仓库成本减少10%	平均存货减少10%
利润率	7.00%	7.24%	7.06%	7.12%
资产报酬率	7.24%	7.49%	7.30%	7.42%
存货周转/年	8.00	8.00	8.00	8.89
运输成本占销售比率	4.00%	3.60%	4.00%	4.00%
仓库成本占销售比率	1.00%	1.00%	0.90%	1.00%
库存成本占销售比率	2.00%	2.00%	2.00%	1.80%

从表 10-8 中可以很明显地看出利润率增长的变化，其中以减少运输成本的供应链备选方案的效果最显著。运输成本占销售收入的比重大于其他两项，为 4.09%，而仓储成本和存货成本分别为 1% 和 2%。正因为它们占销售收入的比重各不相同，所以企业要考虑将有限的资源和努力投入到重点的领域中去。

企业资产回报率的最显著的增加也是由运输成本的降低引起的。但是，由存货减少所引起的资产回报率的提高也达到了 7.42%，几乎与最大值 7.49% 相同。由存货减少而引起的财务利润的变化是双方面的：一方面降低了存货持有成本；另一方面也引起资产的减少。年度存货周转率变快，同时战略存货量也降低，这就要求该公司利用更少的资金投入存货，进而更有效的在其他领域投入更多资金。因此，减少存货的战略对资产回报率的提高有着双重的作用，既增加了利润又降低了所占用的资金。

2. 杜邦分析法

进行企业财务分析的另一种方法就是杜邦分析系统。在杜邦分析系统中，净利润率是净利润与销售收入的比值；资产周转率是销售收入和资产总和的比值，说明的是企业使用资产而进行销售活动的效果；资产回报率是净利润和资产总和的比值，反映了资产的盈利状况；净资产回报率显示的是股东报酬与股东企业权益之间的关系。杜邦分析系统的实例如图 10-3 所示。

3. 作业成本法

作业成本（ABC）法超越了传统成本会计的界限，将企业的直接成本与间接成本分配到各个主要作业中去，然后将这些活动分配给相关的产品或服务，从而帮助管理者了解耗费资源的真正原因和每项产品与服务的真实成本。通过作业成本的过程能非常成功地用成本术语演示并提供有关作业的非财务、经营性的信息，如投入、产出量、促进因素与限制因素等。作业成本成为作业链管理、价值链管理、供应链管理的基础。企业要将作业成本当作一项积极行动来引进，这项行动必将成为企业供应链中不可分割的一个部分。

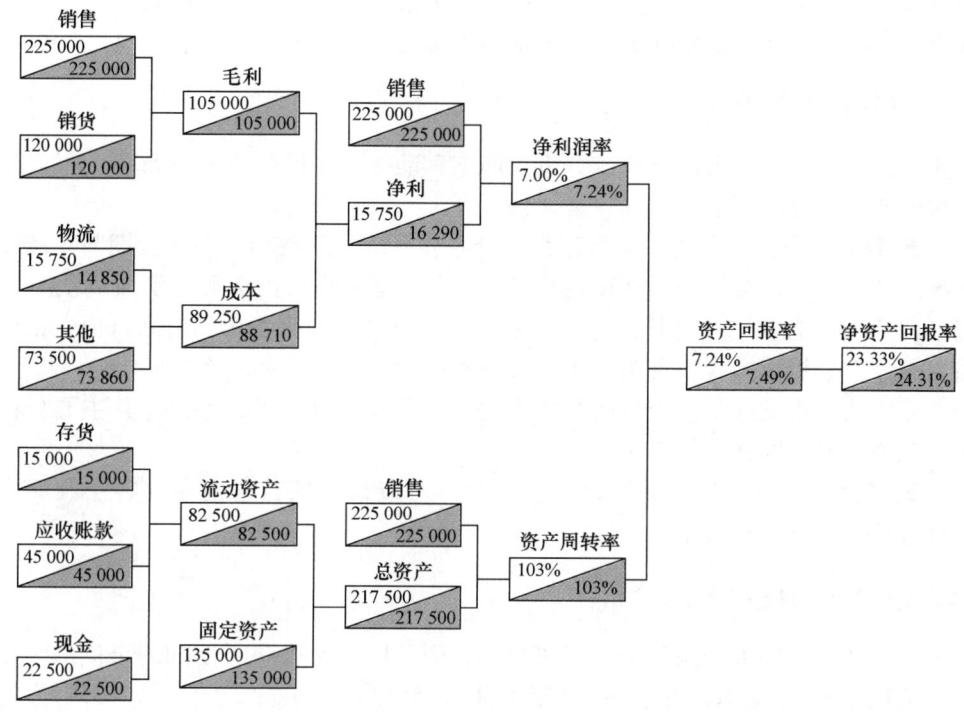

图 10-3　B 公司降低运输成本的杜邦分析系统

注：对角线上方是 B 公司的原数据，下方是削减运输成本后的数据，金额单位为美元。

第二节　供应链的财务决策

一、影响供应链决策的因素

在供应链设计阶段，决策的制订主要考虑的是如何在供应链内进行投资。企业所做出的决策主要包括：建多少家工厂、建多大规模的工厂，采购或租用多少辆卡车，建造仓库还是租用仓库等。这些决策一旦做出，在短期内往往不能随便更改，一般要持续几年，并限制供应链的活动范围。所以，对这些决策进行正确评价非常重要。在制订供应链决策特别是在设计全球供应链时，管理者除了要考虑供给和需求的不确定性因素之外，还要考虑其他影响上述决策的财务因素。例如，丰田公司的全球组装工厂更具有灵活性，每家工厂能够供应多个市场，这种弹性生产的好处在于通过改变产量来规避汇率和当地价格的波动，从中获取最大利润。如果汇率或价格存在不确定性，即便是在需求很小或者供应极不确定的情况下，企业也要选择灵活的全球供应链决策。因此在供应链决策中，必须既考虑供给和需求的不确定性，也要考虑财务因素的不确定性。

二、财务评价的方法

企业财务评价主要采用现金流量分析、静态和动态获利性分析，以及财务报表分析等方法。这些方法也可以用于供应链财务评价。

（1）现金流量分析。它是以项目作为一个独立系统，反映项目在建设期与生产经营期内某年流入和流出的现金活动。在项目经济评估前，必须做好财务和经济效益预测工作。

（2）静态与动态获利性分析。静态分析法的特点是不计算货币的时间价值，不用折现值。主要的静态分析指标有投资利润率、投资利税率、资本金利润率等。

动态分析法采用贴现现金流量的分析方法，也称折现法（DCF法），其主要分析指标有财务净现值、财务内部收益率等。

（3）财务报表分析。企业通过财务报表分析可以预计项目寿命期内各年利润率的情况，选择合适的资金筹措方案。

三、传统的贴现现金流分析

由于供应链设计决策会执行较长一段时期，因此应该对这一时期的现金流的结果进行评价。所谓现金流的现值，是指现金流量用今天的货币表示的价值。贴现现金流量（DCF）分析用以评价任何未来现金流量的现值，比较两种现金流量的财务价值。贴现现金流量分析的基本前提是"今天的货币价值高于明天的货币价值"，因为今天的货币可用以投资，在本金之外还可以获得回报。

如果今天用1元投资，其下一时期的投资回报率为 k，那么这1元在下一时期就变为 $(1+k)$ 元。因此在下一时期获得1元或在本期获得 $1/(1+k)$ 元对于投资者而言并没有什么区别。所以计算下一时期1元现值的贴现公式为：

$$贴现因子 = \frac{1}{1+k}$$

回报率 k 也称为贴现率或资本的机会成本。给定下一时期的现金流为 C_0，C_1，…，C_T，回报率为 k，则现金流的净现值（NPV）的计算公式为：

$$NPV = C_0 + \sum_{t=1}^{T} \left(\frac{1}{1+k}\right)^t C_t$$

在制订供应链决策时，我们应该比较不同投资方案的 NPV 值。如果 NPV 为负值说明选择该方案将导致供应链亏损。NPV 值最高说明选择该方案会使供应链获得最高的资本回报。

四、供应链财务决策的主要不确定性

管理者在决策时通常假定未来的需求和即期市场价格具有可预测性，而实际上需求和价格极不稳定,它们很可能会在任何供应链决策有效期中出现波动。对全球供应链来说,不同地区的汇率和通货膨胀率也很可能随着时间的推移而变动,供应链管理者在决策过程中必须考虑这些不确定因素。下面我们讨论一些模型,它们可以用来表述价格和汇率等财务因素的不确定性。

1. 不确定性的二项式表述

在讨论不确定性的二项式表述中,我们假定从一个时期推移至下一个时期时,关键性因素(如价格)只有两种可能的结果:上升或下降。在常用的多重二项式中,假定关键性因素或者上移 $u(u>1)$,概率为 p;或者下移 $d(d<1)$,概率为 $(1-p)$。假定基期的价格为 P,未来时期的可能结果有:

1 期:Pu,Pd

2 期:Pu^2,Pud,Pd^2

3 期:Pu^3,Pu^2d,Pud^2,Pd^3

4 期:Pu^4,Pu^3d,Pu^2d^2,Pud^3,Pd^4

总之,T 期所有的结果可以表示为:$Pu^t d^{(T-t)}$,其中:$t=0,1,\cdots,T$。价格由 t 期的 $Pu^a d^{(T-a)}$,调整至 $t+1$ 期的 $Pu^{a+1} d^{(T-a)}$,概率为 p;或调整至 $Pu^a d^{(T-a)+1}$,概率为 $(1-p)$。这可以表示为二项树如图 10-4 所示。

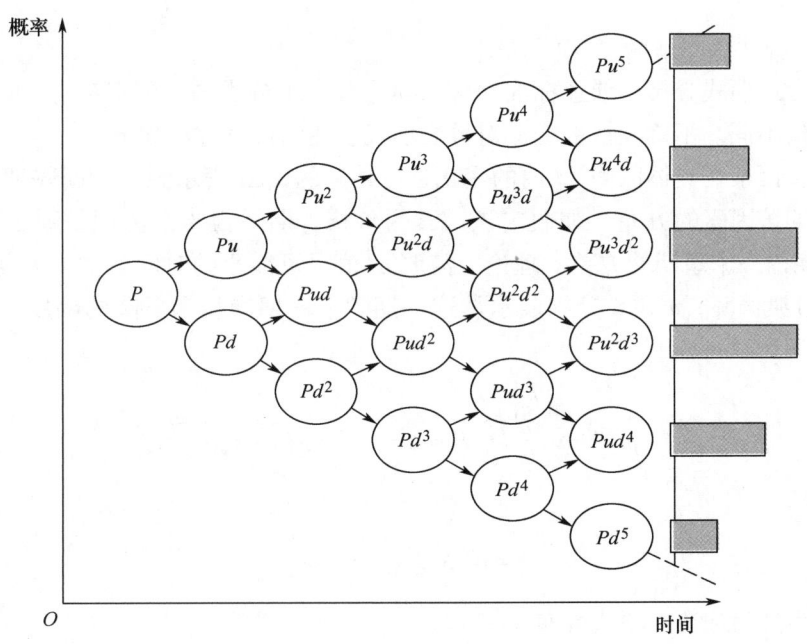

图 10-4 多重二项树

在加法二项式中，假定关键性因素在给定时期内增加 u，概率为 p；降低 d，概率为 $1-p$。在给定时期的加法二项式可表示如下：

1 期：$P+u$, $P-d$

2 期：$P+2u$, $P+u-d$, $P-2d$

3 期：$P+3u$, $P+2u-d$, $P+u-2d$, $P+3d$

4 期：$P+4u$, $P+3u-d$, $P+2u-2d$, $P+u-3d$, $P-4d$

总之，T 期所有的结果可以表示为：$P+tu-(T-t)d$，其中：$t=0, 1, \cdots, T$。

多重二项式不能取负值，可用于价格和汇率等非负因素的表述。此外，关键性因素的增长或下降可以表示为其现值的比例，而不是固定的绝对量。例如，单价为 10 美元的产品，其价格波动幅度为 5 美元的可能性要小于单价为 100 美元的产品，这一点在多重二项式中表现得尤为明显。

与多重和加法二项式逻辑不符的一种情况是，关键性因素在每期期末只取两种可能数值中的一个，当然，价格变动后的数值不止两个。但是如果时期足够短的话，这一假定可以成立，时期长短的选择取决于所考虑的因素。对于产品价格而言，一周或一个月很合适，而对于汇率来说，则需要选择更短的期间才行。

随着时期个数的增加，多重二项式的最终表达式的概率分布逐渐变得平滑，开始类似于正态分布。

2. 不确定性的变形对数二项式表述

变形对数二项式分布与前述标准加法二项式分布十分类似，但概率 p、增长率 u 或减少量 d 的数值不同。不确定性的变形对数二项式表述的计算方法如下：

假定潜在因素在具体区间 Δt 内的变化是可估测的，Δt 表示独立的间隔期，$\sigma^2 \Delta t$ 则为观测到的此期该因素的方差。如假定该因素为价格，期限为 4 个星期，则 σ^2 表示价格在 $\Delta t=4$ 的时期内一个星期的方差。理论上需要 σ^2 值尽可能小的时间。如果 r 表示无风险回报，p 表示过渡概率，u 和 d 分别表示从这一期到下一期增长和下降的幅度，它们之间的关系如下：

$$p = \frac{\left(1+\frac{\mu k}{H}\right)}{2}, \quad H = u = -d = \sqrt{k+(\mu k)^2}$$

其中

$$k = \sigma^2 \Delta t, \quad \mu = \frac{r}{\sigma^2} - \frac{1}{2}$$

则该分布可表述为加法二项式分布。

3. 不确定性的其他表述

在方案评估中，潜在的资产价格往往随着时间的推移呈现出连续变动。描述资产价格变动的常用方法是对数正态分布法。这一方法的主要特征是价格恒大于或等于 0。对数正态分布法的另一个特征与二项式分布相似,即资产价格的方差随着时间而变动。实际上,随着时间长度加大,资产价格的方差也成比例增大。

财务因素变动的另一种常见的表述形式就是均值回复法,也就是说,该因素沿着平均值上下波动。当它偏离平均值时,随着时间的推进又会重新回到平均值,因素偏离平均值越远,则回复平均值的拉力也就越大。

五、运用决策树评估决策

决策树是一种图谱,它可用来评估在因素不确定的情况下所做出的决策。贴现现金流的决策树可以用来评估在价格、需求、汇率以及通货膨胀等因素不确定的情况下所做出的供应链决策。

建立决策树的第一步是,确定做出决策时所考虑的时期数以及时期的长度,如 1 天、1 个月、1 个季度等。时期的长度最好定为影响供应链决策的要素可以大幅度变化的最短时间。"大幅度"很难定义,在大多数情况下,我们选择综合规划的执行期作为时期的长度。如果规划在每月都制订 1 次,则我们设定 1 个月作为一个时期。在以下的讨论中,用 T 代表评价供应链决策的时期数。

第二步是找出影响决策价值的因素,这些因素在时期 $T=0$ 内发生波动。它们包括需求、价格、汇率和通货膨胀。

第三步是确定每一因素从某一时期到下一时期变动的概率。例如,如果需求和价格是影响决策的两个关键因素,则必须定义从某一时期到下一时期需求和价格变动的概率。

第四步就是计算未来现金流的时期贴现率 K。不同时期的贴现率不同,而且贴现率应该考虑投资的内在风险,这一点至关重要,高贴现率通常应该用于高风险的投资。

现在,我们用决策树来评估决策。决策树包括现期和未来 T 个时期。将每个时期内的一个节点定义为要素价值(如需求和价格)的每一种可能的组合,画一些箭头,让它们由起始点 i 期指向终点 $i+1$ 期。一个箭头的概率被称为过渡概率,即从起点 i 期到终点 $i+1$ 期之间的过渡概率。

决策树的评估从 T 期的一个节点开始,最后回到基期。对于每个节点来说,通过各种因素的现值和未来值计算,就能得出最优决策。这种分析以贝尔曼原理为基础。贝尔曼原理是指对于给定状态下的任何战略选择,如果整个分析假定从下个时期开始,那么下个时期的最优战略就是所选择的战略。这一原理从最后一个时期开始,以倒置的方式找出最优战略。预期未来现金流往回贴现,并计入当前正在考虑的决策,基期的节点价值也就是每期的投资及采取决策的价值。可以运用规划树等工具来解决扩展式的决策树问题。决策树的分析方法归纳如下:明确每一个时期长度(如周、月)以及决策评估时期 T 的数值;明确在下一时期 T 会出现波动的因素,如需求、价格、汇率;明确每种因素的不确定性的表述,即用什么分布来描述不确定性;明确每一个时期的期间贴现率k;用每一时期的给定状态及两个连续时期状态转换的过渡概率来代表决策树;从T期开始,再回到基期,明确最优决策以及每一步的预期现金流。当前期包含预期现金流时,如果给定时期每种状态的预期现金流被包括在前期,则对其进行贴现。

下面以甲公司的租赁决策为例来阐述决策树分析方法。公司必须决定未来3年是否租赁仓库、租赁多少仓储空间。1 000单位产品的需求要占用1 000ft²(1ft² = 0.092 903m²)的仓储空间,而公司现有需求为每年100 000单位;未来3年的需求与仓储空间的即期价格是不确定的。他决定采用多重二项式来表示需求和价格的不确定性。从一年到下一年,需求可能上涨20%的概率为0.5,下跌20%的概率也为0.5。而且,两种结果出现的概率无年际变化。

公司能够以1美元/(ft²·年)的价格签订一个3年期的租赁合同,即期购买仓储空间的价格为每年1.20美元/ft²。据预测,从这一年到下一年,仓储空间的即期价格上涨10%的概率为0.5,下跌10%的概率也为0.5。两种结果的概率无年际变化。

管理者认为,仓储空间的价格波动和需求变化是相互独立的。公司从每一单位需求上所获得的收入为1.22美元,并且公司要满足所有可能产生的需求。公司3年中每年的贴现率为$k=0.1$。

管理者假定所有成本产生于每年的年初,并构建了一棵决策树,且$T=2$,如图10-5所示。图中的每一个节点代表以千平方英尺为单位的需求(D)以及以美元表示的价格(P)。每一过渡概率为0.25,因为价格波动和需求波动是相互独立的。

管理者首先分析了不签订3年期租赁合同而是在即期购买仓储空间的方案(以下简称方案Ⅱ),从第2期开始评估了公司在每一节点的利润。在$D=144$, $P=1.45$美元节点,甲公司在第2期必须满足144 000单位的需求量,仓储空间的即期购买价格为1.45美元/ft²,在$D=144$, $P=1.45$节点上,甲公司第2期的成本用$C(D=144,P=1.45)$表示,它可由下式求出:

$$C(D=144,P=1.45,2) = 144\ 000\text{ft}^2 \times 1.45\text{美元/ft}^2 = 208\ 800\text{美元}$$

在$D=144$, $P=1.45$美元节点上,甲公司第2期的利润用$P(D=144,P=1.45,2)$表示,它可由下式求出:

$P(D=144,P=1.45,2) = 144\ 000\text{ft}^2 \times 1.22\text{美元/ft}^2 - C(D=144,P=1.45,2) =$
(175 680 − 208 800)美元 = −33 120美元

甲公司在第2期的其他节点上的利润可计算如下:

$P(D=144,P=1.19,2) = (144\ 000 \times 1.22 - 144\ 000 \times 1.19)$美元 = 4 320美元
$P(D=144,P=0.97,2) = (144\ 000 \times 1.22 - 144\ 000 \times 0.97)$美元 = 36 000美元
$P(D=96,P=1.45,2) = (96\ 000 \times 1.22 - 96\ 000 \times 1.45)$美元 = −22 080美元
$P(D=96,P=1.19,2) = (96\ 000 \times 1.22 - 96\ 000 \times 1.19)$美元 = 2 880美元
$P(D=96,P=0.97,2) = (96\ 000 \times 1.22 - 96\ 000 \times 0.97)$美元 = 24 000美元
$P(D=64,P=1.45,2) = (64\ 000 \times 1.22 - 64\ 000 \times 1.45)$美元 = −14 720美元
$P(D=64,P=1.19,2) = (64\ 000 \times 1.22 - 64\ 000 \times 1.19)$美元 = 1 920美元
$P(D=64,P=0.97,2) = (64\ 000 \times 1.22 - 64\ 000 \times 0.97)$美元 = 16 000美元

管理者接着对1期每一节点的预期利润进行评估,即1期利润加上2期未来利润的现值(1期的价

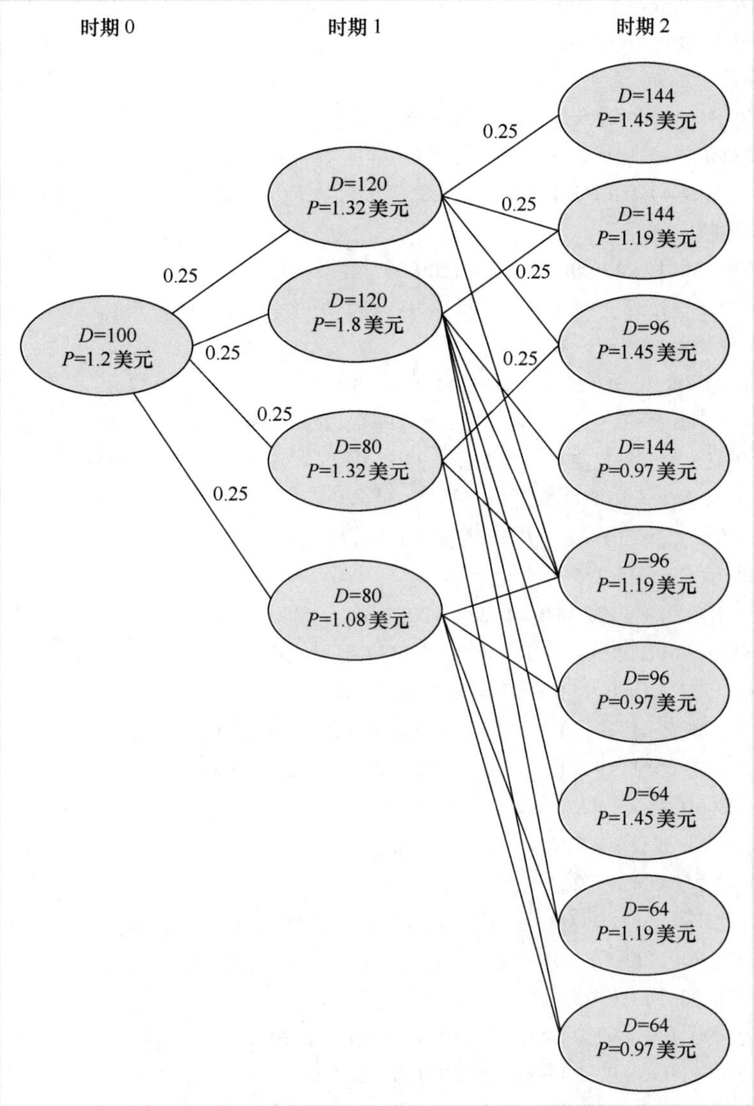

图 10-5 考虑需求和价格波动的决策树

值)。1 期某一节点上的预期利润 $EP(D,P,1)$ 为 2 期衍生的 4 个节点的预期总利润。$PVEP(D,P,1)$ 表示 1 期某一节点上的预期利润的现值，$P(D,P,1)$ 表示预期总利润，是 1 期利润和 2 期预期利润现值的总和。1 期的 $D=120$，$P=1.32$ 美元节点在 2 期有 4 种衍生状态。于是，管理者对 2 期所有 4 种衍生状态的预期利润 $EP(D=120,P=1.32,1)$ 进行评估，得出：

$EP(D=120,P=1.32,1) = 0.25 \times P(D=144,P=1.45,2) + 0.25 \times$
$P(D=144,P=1.19,2) + 0.25 \times P(D=96,P=1.45,2) + 0.25 \times$

$P(D=96,P=1.19,2) = (-0.25 \times 33\,120 + 0.25 \times 4\,320 - 0.25 \times 22\,080 +$
　$0.25 \times 2\,880)$ 美元 $= -12\,000$ 美元

1 期预期利润的现值如下：
PVEP$(D=120,P=1.32,1) = $ EP$(D=120,P=1.32,1)/(1+k)$
　　$= -12\,000$ 美元$/1.1 = -10\,909$ 美元

管理者得出 1 期 $D=120$，$P=1.32$ 节点的预期总利润 $P(D=120,P=1.32,1)$ 为该节点 1 期利润和未来预期利润现值的总和：

$P(D=120,P=1.32,1) = 12\,000 \times 1.22 - 120\,000 \times 1.32 +$
　PVEP$(D=120,P=1.32,1) = (-12\,000 - 10\,909)$ 美元 $= -22\,909$ 美元

1 期其他节点的预期利润可计算如下：
EP$(D=120,P=1.08,1) = 0.25 \times P(D=144,P=1.19,2) +$
　$0.25 \times P(D=144,P=0.973,2) + 0.25 \times P(D=96,P=1.19,2) +$
　$0.25 \times P(D=96,P=0.97,2) = (0.25 \times 4\,320 + 0.25 \times 36\,000 + 0.25 \times 2\,880 +$
　$0.25 \times 24\,000)$ 美元 $= 16\,800$ 美元
PVEP$(D=120,P=1.08,1) = $ EP$(D=120,P=1.08,1)/(1+k)$
　$= 16\,800$ 美元$/1.1 = 15\,273$ 美元
$P(D=120,P=1.08,1) = (12\,000 \times 1.22 - 120\,000 \times 1.08)$ 美元 $+$
　PVEP$(D=120,P=1.08,1) = (16\,800 + 15\,273)$ 美元 $= 32\,073$ 美元
EP$(D=80,P=1.32,1) = 0.25 \times P(D=96,P=1.45,2) +$
　$0.25 \times P(D=96,P=1.19,2) + 0.25 \times P(D=64,P=1.45,2) +$
　$0.25 \times P(D=64,P=1.19,2) = (-0.25 \times 22\,080 + 0.25 \times 2\,880 -$
　$0.25 \times 14\,720 + 0.25 \times 1\,920)$ 美元 $= -8\,000$ 美元
PVEP$(D=80,P=1.32,1) = $ EP$(D=80,P=1.32,1)/(1+k)$
　$= -8\,000$ 美元$/1.1 = -7\,273$ 美元
$P(D=80,P=1.32,1) = (80\,000 \times 1.22 - 80\,000 \times 1.32)$ 美元 $+$
　PVEP$(D=80,P=1.32,1) = (-8\,000 - 7\,273)$ 美元 $= -15\,273$ 美元
EP$(D=80,P=1.08,1) = 0.25 \times P(D=96,P=1.192,2) +$
　$0.25 \times P(D=96,P=0.97,2) + 0.25 \times P(D=64,P=1.19,2) +$
　$0.25 \times P(D=64,P=0.97,2) = (0.25 \times 2\,880 + 0.25 \times 24\,000 +$
　$0.25 \times 1\,920 + 0.25 \times 16\,000)$ 美元 $= 11\,200$ 美元
PVEP$(D=80,P=1.08,1) = (80\,000 \times 1.22 - 80\,000 \times 1.08)$ 美元$/(1+k)$
　$= 11\,200$ 美元$/1.1 = 10\,182$ 美元
$P(D=80,P=1.08,1) = (80\,000 \times 1.22 - 80\,000 \times 1.08)$ 美元 $+$
　PVEP$(D=80,P=1.08,1) = (11\,200 + 10\,182)$ 美元 $= 21\,382$ 美元

对于基期来说，总利润 $P(D=100, P=1.20, 0)$ 为基期利润与 1 期 4 个衍生节点预期利润现值的和：
EP$(D=100,P=1.20,0) = 0.25 \times P(D=120,P=1.32,1) +$

$$0.25 \times P(D=120, P=1.08, 1) + 0.25 \times P(D=80, P=1.32, 1) +$$
$$0.25 \times P(D=80, P=1.08, 1) = (-0.25 \times 22\,909 + 0.25 \times 32\,073 -$$
$$0.25 \times 15\,273 + 0.25 \times 21\,382)\text{美元} = 3\,818\text{美元}$$
$$\text{PVEP}(D=100, P=1.20, 1) = \text{EP}(D=100, P=1.20, 0)/(1+k)$$
$$= 3\,818\text{美元}/1.1 = 3\,471(\text{美元})$$
$$P(D=100, P=1.20, 0) = (100\,000 \times 1.22 - 100\,000 \times 1.20)\text{美元} +$$
$$\text{PVEP}(D=100, P=1.20, 0) = (2\,000 + 3\,471)\text{美元} = 5\,471\text{美元}$$

因此,不签订3年租赁合同而从即期市场购买所有仓储面积的预期净现值如下式所示:

$$\text{NPV}(\text{不租赁}) = 5\,471\text{美元}$$

管理者对另一种方案(方案Ⅰ)进行评估,即签订3年期租赁100 000ft² 仓储空间的合同。评估程序类似于方案Ⅱ,但利润变了。例如,在 $D=144$,$p=1.45$ 节点上,管理者不得不从即期市场以1.45美元/ft² 的价格租赁44 000ft² 的仓储面积,因为只有100 000ft² 面积的仓储空间以1美元/ft² 的价格租赁。如果需求低于100 000单位,公司仍然须支付100 000ft² 租赁面积的费用。对于第2期,公司在9个节点上获得的利润如表10-9所示。

表10-9 2期利润的计算

节 点	租赁面积/ft²	以即期价格租得的仓储空间/ft²	利润 $P(D, P, 2)$/美元
$D=144$,$P=1.45$	100 000	44 000	$144\,000 \times 1.22 - (100\,000 \times 1 + 44\,000 \times 1.45) = 11\,800$
$D=144$,$P=1.19$	100 000	44 000	$144\,000 \times 1.22 - (100\,000 \times 1 + 44\,000 \times 1.19) = 23\,320$
$D=144$,$P=0.97$	100 000	44 000	$144\,000 \times 1.22 - (100\,000 \times 1 + 44\,000 \times 0.97) = 33\,000$
$D=96$,$P=1.45$	100 000	0	$96\,000 \times 1.22 - 100\,000 \times 1 = 17\,120$
$D=96$,$P=1.19$	100 000	0	$96\,000 \times 1.22 - 100\,000 \times 1 = 17\,120$
$D=96$,$P=0.97$	100 000	0	$96\,000 \times 1.22 - 100\,000 \times 1 = 17\,120$
$D=64$,$P=1.45$	100 000	0	$64\,000 \times 1.22 - 100\,000 \times 1 = -21\,920$
$D=64$,$P=1.19$	100 000	0	$64\,000 \times 1.22 - 100\,000 \times 1 = -21\,920$
$D=64$,$P=0.97$	100 000	0	$64\,000 \times 1.22 - 100\,000 \times 1 = -21\,920$

管理者对1期每一节点的预期总利润进行评估。同样,1期某一节点的预期利润 $\text{EP}(D, P, 1)$ 是2期4个衍生节点的预期总利润,$\text{PVEP}(D, P, 1)$ 是这一预期利润的现值,$P(D, P, 1)$ 是1期和2期预期总利润的和,计算结果如表10-9和表10-10所示。

对于基期来说,1期4个节点的预期利润 $\text{EP}(D=100, P=1.20, 0)$ 如下式所示:

$$\text{EP}(D=100, P=1.20, 0) = 0.25 \times P(D=120, P=1.32, 1) +$$
$$0.25 \times P(D=120, P=1.08, 1) + 0.25 \times P(D=80, P=1.32, 1) +$$
$$0.25 \times P(D=80, P=1.08, 1) = (0.25 \times 35\,782 + 0.25 \times 45\,382 -$$
$$0.25 \times 4\,582 - 0.25 \times 4\,582)\text{美元} = 18\,000\text{美元}$$

表 10-10　1 期利润的计算

节　点	EP(D,P,1)/美元	PVEP(D,P,1)/美元	P(D,P,1)/美元
$(D=120, P=1.32, 1)$	$0.25 \times P(D=144, P=1.45, 2) +$ $0.25 \times P(D=144, P=1.19, 2) +$ $0.25 + P(D=96, P=1.45, 2) +$ $0.25 \times P(D=96, P=1.19, 2)$ $=(0.25 \times 11\,880 + 0.25 \times 23\,320 +$ $0.25 \times 17\,120 + 0.25 \times 17\,120)$ $=17\,360($ 美元 $)$	$\mathrm{EP}(D=120, P=1.32, 1)/$ $(1+k) = 17\,360/1.1$ $=15\,782$	$120\,000 \times 1.22 - (100\,000 \times 1 +$ $20\,000 \times 1.32) + \mathrm{PVEP}(D=120,$ $P=1.32, 1) = 20\,000 + 15\,782$ $= 35\,782$
$(D=120, P=1.08, 1)$	$0.25 \times 23\,320 + 0.25 \times 33\,000 +$ $0.25 \times 17\,120 + 0.25 \times 17\,120$ $= 22\,640$	$22\,640/1.1 = -2\,182$	$120\,000 \times 1.22 - (100\,000 \times 1 +$ $20\,000 \times 1.08) + \mathrm{PVEP}(D=120,$ $P=1.08, 1) = 24\,800 + 20\,582$ $= 45\,382$
$(D=80, P=1.32, 1)$	$0.25 \times 17\,120 + 0.25 \times 17\,120 -$ $0.25 \times 21\,920 - 0.25 \times 21\,920$ $= -2\,400$	$-2\,400/1.1 = -2\,182$	$80\,000 \times 1.22 - 100\,000 \times 1 +$ $\mathrm{PVEP}(D=80, P=1.32, 1)$ $= -2\,400 - 2\,182 = -4\,582$
$(D=80, P=1.08, 1)$	$0.25 \times 17\,120 + 0.25 \times 17\,120 -$ $0.25 \times 21\,920 - 0.25 \times 21\,920$ $= -2\,400$	$-2\,400/1.1 = -2\,182$	$800\,00 \times 1.22 - 100\,000 \times 1 +$ $\mathrm{PVEP}(D=80, P=1.32, 1)$ $= -2\,400 - 2\,182 = -4\,582$

基期预期利润的现值可计算如下：

$$\mathrm{PVEP}(D=100, P=1.20, 0) = \mathrm{EP}(D=100, P=1.20, 0)/(1+k)$$
$$= 18\,000 \text{ 美元}/1.1 = 16\,364 \text{ 美元}$$

预期总利润等于基期利润与 1 期 4 个节点预期利润的现值之和。如下式：

$$P(D=100, P=1.20, 0) = (100\,000 \times 1.22 - 100\,000 \times 1) \text{ 美元} +$$
$$\mathrm{PVEP}(D=100, P=1.20, 0) = (22\,000 + 16\,364) \text{ 美元} = 38\,364 \text{ 美元}$$

签订 3 年期租赁 100 000ft² 仓储面积的方案的 NPV 如下：

$$\mathrm{NPV}(\text{租赁}) = 38\,364 \text{ 美元}$$

可见，租赁方案的 NPV 比忽略不确定性时的 NPV（60 182 美元）要少得多。这是因为租赁方案是一个固定的决策，甲公司不能在需求下降的条件下，租赁更少的仓储面积来对市场条件做出反应。在不确定性存在的前提下，固定合同吸引力不大。

需求和价格不确定性的存在降低了租赁的价值，提高了即期市场选择这一方案的价值。然而，管理者仍然偏好签订 100 000ft² 的租赁合同，因为这一方案有更高的预期利润。

六、运用决策树评估弹性

在供应链内部评估弹性时，决策树分析方法非常有用。仍以上例公司仓库选择为背景，阐述如何运用决策树评估弹性。

第十章 供应链财务管理

提供给甲公司的合同中规定,前期预付为 10 000 美元,但公司可在租赁 60 000～100 000ft^2 的仓储空间之间有一个弹性选择,租赁价格为 1 美元/ft^2。公司必须为首批 60 000ft^2 每年支付 60 000 美元,然后才能以 1 美元/ft^2 的价格租用其余 40 000ft^2 的仓储空间。管理者决定运用决策树来评估这种前期支付 10 000 美元的弹性合同是否优于租赁 100 000ft^2 仓储空间的固定合同。

评估这一弹性合同的基本决策树如前面图 10-5 所示。然而,每一节点的利润将由于弹性而发生变化。如果需求大于 100 000 单位,公司即使在弹性合同下也会租用 100 000ft^2 的仓储空间。然而,如果需求介于 60 000～100 000 之间,公司只需为实际占用的仓储空间支付款项而无须支付无弹性合同下的所有 100 000ft^2 仓储空间的款项。第 2 期每一节点的利润可计算如下:

$P(D=144, P=1.45, 2) = [144\ 000 \times 1.22 - (100\ 000 \times 1 + 1.45 \times 44\ 000)]$ 美元 $= 11\ 880$ 美元

$P(D=144, P=1.19, 2) = [144\ 000 \times 1.22 - (100\ 000 \times 1 + 1.19 \times 44\ 000)]$ 美元

$= 23\ 320$ 美元

无论有没有提供弹性租赁,前两个节点的利润都相等,而在下一个节点,当即期价格低于租赁价格时,第三方物流公司能够利用这一弹性优势,只利用首批的 60 000ft^2 的租赁面积,以较低的价格从即期市场上购买其余的仓储空间。这样,$(D=144, P=0.97)$ 节点的利润就如下所示:

$P(D=144, P=0.97, 2) = [144\ 000 \times 1.22 - (60\ 000 \times 1 + 84\ 000 \times 0.97)]$ 美元

$= 34\ 200$ 美元

如果需求低于 100 单位时,甲公司也能够利用弹性租赁优势,做出不租赁的决定,从而不必支付 100 000ft^2 的款项。其余节点的利润可计算如下:

$P(D=96, P=1.45, 2) = (96\ 000 \times 1.22 - 96\ 000 \times 1)$ 美元 $= 21\ 120$ 美元

$P(D=96, P=1.19, 2) = (96\ 000 \times 1.22 - 96\ 000 \times 1)$ 美元 $= 21\ 120$ 美元

$P(D=96, P=0.97, 2) = [96\ 000 \times 1.22 - (60\ 000 \times 1 + 36\ 000 \times 0.97)]$ 美元

$= 22\ 200$ 美元

$P(D=64, P=1.45, 2) = (64\ 000 \times 1.22 - 64\ 000 \times 1)$ 美元 $= 14\ 080$ 美元

$P(D=64, P=1.19, 2) = (64\ 000 \times 1.22 - 64\ 000 \times 1)$ 美元 $= 14\ 080$ 美元

$P(D=64, P=0.97, 2) = [64\ 000 \times 1.22 - (60\ 000 \times 1 + 4\ 000 \times 0.97)]$ 美元

$= 14\ 200$ 美元

管理者评估了 2 期的预期利润 $EP(D, P, 1)$,它是 2 期利润的 1 期现值和 1 期每一节点的预期利润之和,计算结果如表 10-11 所示。

表 10-11 弹性合同下 1 期利润的计算

节 点	EP($D,P,1$)/美元	PVEP($D,P,1$)/美元	$P(D,P,1)$/美元
($D=120, P=1.32, 1$)	$0.25 \times 11\ 880 + 0.25 \times 23\ 320 +$ $0.25 \times 21\ 120 + 0.25 \times$ $21\ 120 = 19\ 360$	$193\ 60/1.1 = 17\ 600$	$120\ 000 \times 1.22 - (100\ 000 \times$ $1 + 20\ 000 \times 1.32) +$ $\text{PVEP}(D=120, P=1.32)$ $= 200\ 00 + 17\ 600 = 37\ 600$
($D=120, P=1.08, 1$)	$0.25 \times 23\ 320 + 0.25 \times 34\ 200 +$ $0.25 \times 21\ 120 + 0.25 \times$ $22\ 200 = 25\ 210$	$25\ 210/1.1 = 22\ 918$	$120\ 000 \times 1.22 - (100\ 000 \times 1 + 20\ 000 \times$ $1.08) + \text{PVEP}(D=120, P=1.08, 1)$ $= 24\ 800 + 22\ 918 = 47\ 718$

255

(续)

节　　点	EP(D,P,1)/美元	PVEP(D,P,1)/美元	P(D,P,1)/美元
(D=80,P=1.32,1)	0.25×21 120+0.25×21 120+ 0.25×14 080+0.25× 14 080=17 600	17 600/1.1=16 000	800 000×1.22−80 000×1+ PVEP(D=80,P=1.32,1) =17 600+16 000=33 600
(D=80,P=1.08,1)	0.25×21 120+0.25×22 200+ 0.25×14 080+0.25× 14 200=17 900	17 900/1.1=16 273	800 000×1.22−80 000×1+ PVEP(D=80,P=1.08,1) =17 600+16 273=33 873

1 期的预期总利润为基期利润与 1 期预期利润现值之和，因此

EP(D=100,P=1.20,0)=0.25×P(D=120,P=1.32,1)+0.25×P(D=120,P=1.08,1)+0.25×P(D=80,P=1.32,1)+0.25×P(D=80,P=1.08,1)=0.25×37 600+0.25×47 718+0.25×33 600+0.25×33 873=38 198 美元

PVEP(D=100,P=1.20,1)=EP(D=100,P=1.20,0)/(1+k)=38 198 美元/1.1=34 725 美元

P(D=100,P=1.20,0)=(100 000×1.22−100 000×1)美元+PVEP(D=100,P=1.20,0)
=(22 000+34 725)美元=56 725 美元

现在就可以得出弹性值，即两种合同的预期现值的差值：

弹性合同的预期现值=56 725 美元

固定合同的预期现值（租赁100 000ft²）=38 364 美元

弹性的净现值=56 725 美元−38 364 美元=18 361 美元

可见，弹性合同对甲公司有利。虽然它须预付 10 000 美元，总体来说比固定合同价值高 18 361 美元。

LES 公司基于供应链的财务管理

LES 公司于1993 年在中国成立，2009 年的销售额为10 亿元人民币，拥有员工3 500 多名，其最重要业务是婴幼儿服装和日用品的生产和销售。婴儿用品由于近年来受到网络购物的挤压，总体销售份额由原来的50%降到40%左右，但仍是公司一块重要的利润来源。

1. 日用品采购供应链的现状及存在的问题

目前的采购现状如下：第一，品牌和品类繁多。日用品品牌有 20 多个，品类有棉织品、大型用品、清洁保养、哺乳喂养、居家外出、妈妈用品和图书玩具等七类，其中存在大量重复的品类和品相，管理信息系统内显示在售的用品货号有 1 600 多个，除了宝贝可爱是自有品牌外，其他品牌均为引进代理。

第十章 供应链财务管理

第二，无品牌引进标准。日用品部品牌管理人员，即采购人员在引入新代理品牌时，并没有与销售部进行业绩预测，也没有一套完整的品牌引进流程。第三，采购和库存管理不当。采购人员定期下单采购，采购依据是靠销售数据和职业判断做出的采购预算，但往往存在畅销品缺货和滞销品积压的现象。第四，无标准货架管理体系。采购人员定期去商场专柜巡视，指导陈列，但未建立标准货架陈列管理制度。

2. 分阶段实施解决方案

第一阶段，拟定目标。公司成立专案小组，由采购、物流、销售、财务等部门的人员共同组成，全面整理产品品类。专案小组通过对连续三年的数据进行分析，发现约20%的商品占80%，于是由此着手，从销售优秀、良好、中等、差的不同层级的店柜中各选出一家代表店柜，共4家作为试验店柜，把这4家店柜在售的1 600多种用品品类缩减到470种商品，其余全部退回公司仓库，店柜只售460种商品。陈列部门和品牌管理人员共同制订陈列标准，开发出自动销补系统并与门店的POS机连接，每当店柜销售一件商品，系统会自动向公司发送一份补货单，实现"以销定补，销一补一"。专案小组将单个品牌的采购计划与销售部门的业绩预测相连接，每三个月开会讨论业绩预测和分析过去三个月的销售状态，对于销售不佳的单品进行促销。

第二阶段，清理用品库存，从实验店到全面推广。经过三个月对4家测试店柜的观察和改造，专案小组发现这4家店库存下降了59%，但销售业绩反而上升了24%，且库存周转天数由原先的164天下降到了54天。至此，该用品供应链进入第二阶段——推广至全国所有的店柜。这就面临一个关键问题：公司要如何处理打算摒弃的1 200多种商品？经公司各部门反复认证，决定以三种方式清理库存：第一，低价出售给加盟商和经销商，回笼现金资产；第二，对于临近保质期的商品，举办大型员工特卖会，以非常低廉的价格卖给员工；第三，通过向中国红十字会捐赠的方式，处理掉一批用品，此举为公司抵扣了当年的部分所得税。

经过第二阶段大力清理库存，所有门店总库存成本下降了2 000多万元，占总库存成本的30%。

3. 账务方面的成果

通过供应链管理的完善，公司的账务状况得到了提升。由于全国日用品店柜门市800多家，降低的库存占总库存金额的30%，达2 000多万元人民币，减轻了公司现金流的负担。降低库存随之带来的是缩短了库存周转天数，店柜由原先的平均200天的库存周转天数，降低到如今的60天内，意味着营业周期（库存周转天数＋应收账款周转天数）缩短了140天，相当于盈利增加了三倍左右，公司通过供应链变革实现了效益的全面提升。

（资料来源：刘艳，供应链下的财务管理［J］．才智，2010，(12)．)

结合案例回答下列问题：

1. 解释供应链管理领域中渠道结构管理、库存管理、订单管理和运输管理同资产回报率之间的关系。

2. 解释如何将供应链管理思想运用到公司的财务管理中。

习　题

1. 解释杜邦分析系统，并说明如何运用它进行供应链战略的选择。
2. 如何运用决策树评估弹性？

本章参考文献

[1] Marlle O Connor. A Full Measure of Customer Service [J]. Supply House Times，1999（12）：44-99.

第十一章

供应链管理方法

▲ 作 用

随着现代经济社会的发展,特别是企业间竞争的加剧和需求多样化的发展,产销之间迫切需要建立起一种相互信赖、相互促进的协作关系,通过现代信息技术的手段协调相互间的生产、经营、物流管理活动,进而在最短的时间内响应市场的变化。正是在这个意义上,供应链体系的构建代表了现代企业战略管理的未来发展方向。因此,从20世纪80年代末至今,世界范围内掀起了供应链体系构建的浪潮,产销联盟形成了大趋势,而这种发展态势表现最为明显的是快速反应(Quick Response,QR),有效客户反应(Efficient Consumer Response,ECR)和协同规划、预测和连续补货(Collaborative Planning Forecasting and Replenishment,CPFR)。本章将对这三种新型的供应链管理方法逐一进行介绍。

▲ 关 键

- 快速反应(QR)的含义、特点以及实施步骤
- 有效客户反应(ECR)的含义、特点和构建
- QR、ECR发展过程中出现的问题及原因
- 协同规划、预测和连续补货(CPFR)的本质特点

第一节 快速反应

一、快速反应出现的背景

美国的纤维纺织行业自20世纪70年代后半期,出现了大幅度萎缩的趋势。造成这种状况的主要原因是当时美国的纺织品进口大幅度上升。到20世纪80年代初,进口产品几乎占据了美国纺织品市场的40%。美国的纺织业为挽回这种产业下滑的颓势,提高生产效率,一方面加大设备投资,另一方面积极争取美国政府对进口纺织品的限制。尽管如此,

美国国产纺织品萎缩的情况仍然没能改变，市场份额不断缩小。在这种状况下，1984年美国84家大型企业结成了"爱国货运动协会"，该协会在积极宣传美国国产纺织品的同时，委托克特·萨尔蒙公司调查、研究提升美国纺织业竞争力的方法。最后，克特·萨尔蒙公司的研究报告表明，美国纺织业的主要问题是，尽管在整个产业链的某些环节存在着生产效率比较高的现象，但是整个产业链或供应链的效率却非常低。鉴于这种状况，报告提出通过信息的共享以及生产商与零售商之间的合作，确立起能对消费者的需求迅速响应的QR（快速反应）体制。在克特·萨尔蒙公司的倡导下，从1985年开始，美国纺织业开始大规模开展QR运动，正式掀起了供应链构建的高潮。

QR体系主要是由零售商、服装生产商和纤维生产商三方组成。当时，在美国积极推动QR的零售商主要有三家，即迪拉德百货店、J. C. 朋尼公司和沃尔玛，其中沃尔玛是推行QR的先驱。在纺织品领域，沃尔玛与休闲服装生产商塞米诺尔和面料生产商米尼肯公司结成了供应链管理体系。该QR体系的形成起到了良好的作用，大大提高了参与各方的经营绩效，有力地提升了相关产品的竞争力，起到了良好的带动和示范作用。更为重要的是，沃尔玛通过自身的QR实践，大大推动了供应链管理中各种运作体系的标准化，倡导建立了VICS委员会（Voluntary Inter-Industry Communications Standard Committee），并制定了行业统一的EDI标准和商品识别标准，即EDI的ANSIX.12标准和UPC商品条码。除此之外，1983年沃尔玛导入了销售时点系统（Point of Sales, POS），并且由于当时采用了UPC条码，所以在整个行业最早实现了产业链中的信息共享。到1988年，沃尔玛已与其他7家合作企业实现了POS系统的全店导入，所有这些都使得沃尔玛成为QR的主导者。

从沃尔玛开展QR的背景上看，尽管早在20世纪80年代初就已经进行了供应链管理方面的实践，而真正对它全面开展供应链管理产生巨大推动力的仍然还是美国的国货运动。在沃尔玛总部所在地的阿肯色州、南卡罗来纳州和北卡罗来纳州等美国南部诸州，美国本土的服装生产商聚集较多。20世纪80年代初，由于海外纺织品的冲击，美国大型零售商开始转向海外订货，从而造成这些本地企业出现萎缩，出现地域产业的空洞化现象。针对这种状况，当时阿肯色州的州长、后来的美国总统克林顿积极奔走于美国大型零售商之间，呼吁它们加大从美国本土企业进货。以此为契机，沃尔玛于1985年发动并参与了国货运动，涉及的商品以服装产品为中心延伸到其他小商品。到1989年，由于国货运动的开展和供应链体系的构造，美国本土企业的销售回升了17亿美元。正是由于沃尔玛的先驱性活动，不仅使美国服装产业的恶劣环境得到改善，削减了贸易赤字，而且也大大推动了QR在美国的发展，并形成了高潮，成为现代企业管理变革的主要趋势之一。

二、快速反应的含义

QR（快速反应）是指在供应链中，为了实现共同的目标，零售商和制造商建立战略伙伴关系，利用EDI等信息技术，进行销售时点的信息交换以及订货补充等其他经营信息的交换,用高频度、小数量的配送方式连续补充商品,以实现缩短交货周期、减少库存、提高客户服务水平和企业竞争力的供应链管理方法。

这种新型的合作方式意味着双方都要告别过去的敌对竞争关系,要以战略伙伴关系来提高向最终用户的供货能力,同时降低整个供应链的库存量和总成本。只有当贸易双方用技术来有效地管理彼此间的商品流和信息流,并在管理中接受这种新的"开放"关系的时候,快速反应才能真正发挥作用。

从字面上看,"快速反应"会使人们想到"更快地做事",从某种意义上讲,这是正确的。但它最重要的作用是,在降低供应链总库存和总成本的同时提高销售额。所以,成功的"快速反应"伙伴关系将提高供应链上所有伙伴的获利能力。

快速反应业务成功的前提是零售商和厂商的良好关系。实现这种关系的方法之一就是战略伙伴关系。战略伙伴关系要求厂商高级经理之间进行沟通和接触,然后将这种关系由上往下渗透到整个组织中,同时要求多个部门都参与规划和执行各阶段的工作。

不是所有的贸易伙伴都能变成战略伙伴,成功的战略伙伴应具备下列条件:①巨大的增长潜力。②跨部门的沟通。③长远的观点和一致的目标。④永远关注顾客的需要。⑤不断地监测业绩。

而下列因素对成功的战略伙伴关系是至关重要的:①要彼此理解对方的目标和局限。②建立更有效的沟通渠道。③采用新的业务战略和业务实践。④在公司内部推行教育计划。⑤实施和推广跨行业通信标准(VICS 标准)。⑥双赢方式的谈判。

三、快速反应的优点

1. QR 对厂商的意义

(1) 更好地服务顾客。快速反应可以为店铺提供更好的服务,最终为顾客提供更好的服务。由于厂商的送货与承诺相符,厂商能够很好地协调与零售商的关系,长期的、良好的顾客服务会增加市场份额。

(2) 降低流通费用。由于集成了对顾客消费水平的预测和生产规划,快速反应可以提高厂商的库存周转速度,减少需要处理和盘点的库存量,从而降低流通费用。

(3) 降低了管理费用。因为不需要手工输入订单,所以采购订单的准确率提高了,减少了额外发货。货物发出之前,仓库对运输标签进行扫描并向零售商发出提前运输通知,这些措施都降低了管理费用。

(4) 更好的生产计划。由于可以对销售进行预测并能够得到准确的销售信息,厂商可以准确地安排生产计划。

2. QR 对零售商的意义

(1) 提高了销售额。条形码和 POS 扫描使零售商能够跟踪各种商品的销售和库存情况,这样零售商就能够准确地跟踪存货情况,在确实需要时才订货。

(2) 减少了削价的损失。由于具有了更准确的顾客需求信息,零售商可以更多地储存顾客需要的商品,减少顾客不需要商品的存货,这样就减少了削价的损失。

(3) 降低了采购成本。商品采购成本是企业完成采购职能时发生的费用,这些职能包括订单准备、订单创建、订单发送及订单跟踪等。实施 QR 后,上述业务流程大大简化,采购成本也随之降低。

(4) 降低流通费用。厂商使用物流条码标签后,零售商可以扫描这个标签,减少了手工检查到货所发生的成本。

(5) 加快了库存周转。零售商能够根据顾客的需要频繁地小批量订货,降低了库存投资和相应的运输成本。

(6) 降低了管理成本。相关的管理成本包括接收发票、发票输入和发票例外处理时所发生的费用,由于采用了电子发票及预先发货清单技术,管理费用大幅度降低了。

总之,采用了快速反应的方法后,虽然单位商品的采购成本会增加,但通过频繁小批量采购商品,顾客服务水平就会提高,零售商就更能适应市场的变化,同时其他成本也会降低,最终提高了利润。

四、快速反应的实施步骤

实施 QR 需要经过六个步骤,如图 11-1 所示。每一个步骤都需要以前一个步骤作为基础,比前一个步骤有更高的回报,但是需要额外的投资。

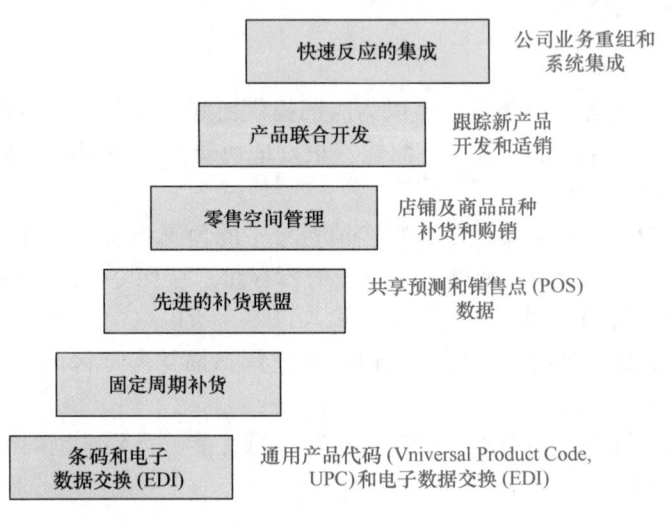

图 11-1 实施 QR 的六个步骤

1. 条码和电子数据交换（EDI）

零售商首先必须安装条码（UPC 码）、POS 扫描和 EDI 等技术设备，以加快 POS 机收款速度、获得更准确的销售数据并使信息沟通更加流畅。POS 扫描用于数据输入和数据采集，即在收款检查时用光学式阅读条码，然后将条码转换成相应的商品代码。

通用产品代码（UPC 码）是行业标准的 12 位条码，用作产品识别。正确的 UPC 产品标志对 POS 端的顾客服务和有效的操作是至关重要的。扫描条码可以快速准确地检查价格并记录交易。

EDI 是在计算机间交换商业单证需遵从的标准，如 ANSIX.12。零售业的专用标准是 VICS 委员会制定的，食品类的专用标准是美国统一代码委员会 UCC 制定的。EDI 要求企业将其业务单证转换成行业标准格式，并传输到某个增值网（VAN），贸易伙伴在 VAN 上接收到这些单证，然后将其从标准格式转为自己系统可识别的格式。EDI 可传输的单证包括订单、发票、订单确认、销售和存货数据及提前运输通知等。

EDI 的实施一般分为这样几个阶段：

（1）EDI 的技术实现，主要满足贸易伙伴通过 EDI 进行沟通的需要。

（2）将 EDI 系统同厂商和零售商现有的内部系统集成起来，加快信息流的速度，并提高通信数据的准确性。

（3）重新设计业务流程，以支持全面实现 EDI 后带来的角色和责任的变化。快速反应要求厂商和零售商完成本阶段的 EDI 实施。

许多零售商和厂商都了解 EDI 的重要性，所以已经实施了一些基本的交易（如采购订单、发票等）的 EDI 业务。而且很多大型零售商也强制其厂商实施 EDI 来保证快速反应。但 EDI 的全面实施还需要一段时间。

2. 固定周期补货

QR 的自动补货要求供应商更快更频繁地运输新订购的商品，以保证店铺不缺货，从而提高销售额。

自动补货是指基本商品销售预测的自动化。自动补货使用基于过去和目前销售数据及其可能变化的软件进行定期预测，同时考虑目前的存货情况和其他一些因素，以确定订货量。自动补货是由零售商、批发商在仓库或店内进行的。

3. 先进的补货联盟

成立先进的补货联盟是为了保证补货业务的流畅。零售商和消费品制造商联合起来检查销售数据，制订关于未来需求的计划和预测，在保证有货和减少缺货的情况下降低库存水平；还可以进一步由消费品制造商管理零售商的存货和补货，以加快库存周转速度，提高投资毛利率。投资毛利率是销售商品实际实现的毛利除以零售商的库存投资额。

4. 零售空间管理

零售空间管理是指根据每个店铺的需求模式来确定其经营商品的花色品种和补货业

务。一般来讲,在花色品种、数量、店内陈列及培训或激励售货员等方面,消费品制造商也可以参与甚至制定决策。

5. 联合产品开发

这一步的重点不再是一般商品和季节商品,而是服装等生命周期很短的商品。厂商和零售商联合开发新产品,其关系的密切超过了购买与销售的业务关系,从而缩短从新产品概念到新产品上市的时间,而且经常在店内对新产品进行试销。

6. 快速反应的集成

通过重新设计业务流程,将前五步的工作和公司的整体业务集成起来,以支持公司的整体战略。

快速反应前四步的实施,可以使零售商和消费品制造商重新设计产品补货、采购和销售业务流程。前五步使配送中心得以改进,可以适应大量的小运量运输,使配送业务更加流畅。

最后一步要求零售商和消费品制造商重新设计其整个组织、业绩评估系统、业务流程和信息系统,设计的中心围绕着消费者而不是传统的公司职能。有时也可以先进行最后一步工作,至少是设计整体体系结构,这样补货的改进和新产品的开发就会尽可能地互相吻合。在确定公司核心业务及其发展方向时,应具有战略性的眼光。

五、快速反应成功的条件

美国学者布莱克·本(Black Burn)在对美国纺织服装业 QR 研究的基础上,总结出 QR 成功应具有以下几个条件。

1. 必须改变传统的经营方式,革新企业的经营意识和组织

改变传统的经营方式和革新企业的经营意识和组织,具体表现在以下五个方面:

(1)企业不能局限于只依靠自己的力量来提高经营效率的传统经营意识,要与供应链各方建立合作伙伴关系,努力利用各方资源来提高经营效率的现代经营意识。

(2)零售商在垂直型 QR 系统中起主导作用,零售店铺是垂直型 QR 系统的起始点。

(3)在垂直型 QR 系统内部,通过 POS 数据等销售信息和成本信息的相互公开和交换,提高各个企业的经营效率。

(4)协调垂直型 QR 系统内各个企业之间的分工,消除重复业务和作业,建立有效的分工协作框架。

(5)必须改变传统的作业方式,利用信息技术实现作业无纸化和自动化。

2. 现代信息技术的应用和信息共享

企业必须开发和应用现代信息处理技术,这是成功进行快速反应活动的前提条件。现代信息技术有商品条码技术、物流条码技术、电子订货系统(Electronic Ordering System,EOS)、POS 数据读取系统、EDI 系统、预先发货通知(Advanced Shipment Notice,ASN)

技术、电子资金转账（Electronic Funds Transfer，EFT）系统、供应商管理库存（Vendor Managed Inventory，VMI）、连续补充库存计划（CRP）等。

同时，企业必须改变传统的对企业商业信息保密的做法，在销售信息、库存信息、生产信息、成本信息等方面与合作伙伴交流分享。在此基础上，各方在一起共同发现问题、分析问题和解决问题。

3. 供应方必须缩短生产周期，降低商品库存水平

具体来说，供应方应努力做到：

（1）缩短商品的生产周期（Cycle Time）。

（2）进行多品种少批量生产和高频率小数量配送，降低零售商的库存水平，提高顾客服务水平。

（3）在商品实际需要将要发生时采用 JIT 生产方式组织生产，减少供应商自身的库存水平。

第二节　有效客户反应

一、ECR 产生的背景

ECR 是 Efficient Consumer Response 的简写，即有效客户反应，这是美国食品杂货行业开展供应链体系构造的一种实践。可以说，ECR 吹响了美国食品杂货产业全面推动供应链管理的号角。ECR 之所以能在美国食品杂货行业得到广泛的认可和实践，其主要原因和背景有以下几个方面。

1. 零售业态间的竞争

20 世纪 80 年代末，美国食品杂货产业中出现了一些新型的零售业态，并且得到了迅速发展，成为食品零售市场中的主要竞争者，这种新型的食品零售业态主要是批发俱乐部（Wholesale Club）和仓储式商店（Mass Merchants），这些新型的市场参与者对原有的超市构成了巨大的威胁，这是因为新型的食品杂货零售业态强调的是每日低价、绝对净价进货以及快速的商品周转，这无疑大大削弱了超市的竞争优势。据统计，1987 年美国 76% 的食品杂货是通过超市销售的，到 1992 年这个比例已下降到 56%，这相当于传统超市减少了 27 亿美元的销售收入。这种状况下，一方面，原有的超市只有不断地调整自己的经营战略和经营形式，才能应对日益激烈的市场竞争；另一方面，作为新型的零售业态，也只有进一步强化竞争或核心能力，才能在长期的零售竞争中保持持续的优势。而作为零售企业亟待提高的能力首先就是：如何在最短的时间内，能对顾客的需求做出响应，从而实现快速、差异化的服务，同时借助于单品管理（即建立在个别商品管理基础上的畅销品、滞销品管理），提高零售企业的作业效率。正是在这种要求和发展目标的引导下，美国食品

杂货行业开始了 ECR 的实践和探索，并最终形成了供应链构建的高潮。

2. 日益膨胀的促销费用和大量进货的成本压力

在传统的经营体制中，由于市场中生产企业间和零售企业间的竞争加剧，各企业为了保持自己的销售额和市场份额，一方面生产企业试图通过降低价格来实现零售商的大量进货；另一方面，零售商为了促进销售也要求生产企业降低商品价格，提供各种商品销售中的优惠条件。其结果是生产商的负担加重，各种促销活动也损坏了生产企业的利益。生产企业为了将这种损失降低到最小，并保持持续增长的销售，只有不断扩大新产品的生产，通过广泛的产品线来弥补大量促销造成的损失。而这一行为又造成企业之间无差异竞争的加剧，同时使零售企业的进货和商品管理成本提高。由于 ECR 能够有效地解决上述问题，避免无效商品的生产、经营，通过确定商品的培育、经营提高产销双方的效率，所以，它的推行吸引了大量生产企业的加入。

3. 构建新型的供应链管理体系的需要

ECR 在美国的推行过程中还有一个背景和特点是值得人们注意的，即当时随着产销合作或供应链构建的呼声越来越高，特别是快速反应和战略联盟的日益发展，生产企业与零售商直接交易的现象越来越普遍，批发业则日益萎缩。但是，在 ECR 的推行过程中，并不是盲目地排斥批发商，而是在重新认识批发商重要性的同时，通过批发商经营体系的改造和现代经营制度的建立，将其有机地纳入到供应链体系的构建中，这可能与食品杂货行业的商品特性有一定的关联。

二、ECR 的含义

ECR（有效客户反应）是由生产厂家、批发商和零售商等供应链节点企业组成的，更好、更快并以更低的价格满足消费者需要为目的的供应链管理方法。

ECR 概念的提出者认为，ECR 活动是一个过程，这个过程主要由贯穿供应链各方的 4 个核心过程组成，如图 11-2 所示。因此，ECR 的战略主要集中在以下四个领域：高效的店铺空间安排，高效的商品补充，高效的促销活动和高效的新商品开发与市场投入。

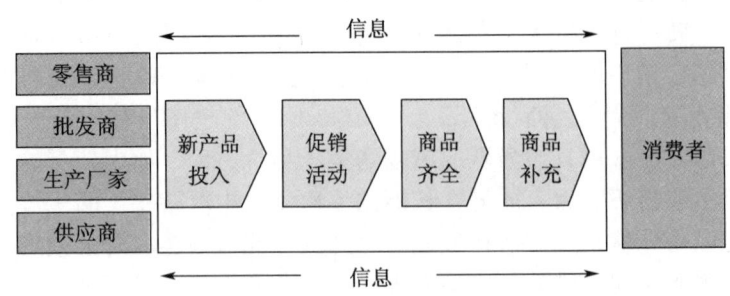

图 11-2　ECR 的供应链过程

三、ECR 系统的构建

ECR 概念是流通管理思想的革新。ECR 作为一个供应链管理系统需要把市场营销、物流管理、信息技术和组织革新技术有机结合起来作为一个整体来利用,以实现 ECR 的目的。构筑 ECR 系统的具体目标,是实现低成本的流通基础关联设施建设,消除组织间的隔阂,协调合作,满足消费者需要。组成 ECR 系统的技术要素主要有营销技术、物流技术、信息技术和组织革新技术。

(一) 营销技术

在 ECR 系统中采用的营销技术主要是商品类别管理(Category Management)和店铺货架空间管理(Space Management)。

1. 商品类别管理

商品类别管理是以商品类别为管理单位,寻求整个商品类别全体收益最大化。具体实施中,企业对经营的所有商品按类别进行分类,确定或评价每一个类别商品的功能、作用、收益性、成长性等指标,在此基础上,结合各类商品的库存水平和货架展示等因素,制订商品品种计划,对整个商品类别进行管理,以便在提高消费者服务水平的同时增加企业的销售额和收益。例如,企业把某类商品设定为吸引顾客的商品,把另一类商品设定为增加企业收益的商品,努力做到在满足顾客需要的同时兼顾企业的利益。商品类别管理的基础是对商品进行分类。分类的标准、各类商品功能和作用的设定依企业的使命和目的不同而不同。但是原则上,商品分类的标准不应该从是否方便企业进行分类,而应该按顾客的需要和顾客的购买方法来进行分类。

2. 店铺空间管理

店铺空间管理是对店铺的空间安排、各类商品的展示比例和商品在货架上的布置等进行最优化管理。在 ECR 系统中,店铺空间管理和商品类别管理同时进行,相互作用。在综合店铺管理中,对于该店铺的所有类别的商品、每个类别下不同品种的商品进行货架展示面积分配和布置,以提高单位营业面积的销售额和单位营业面积的收益率。

(二) 物流技术

ECR 系统要求及时配送和顺畅配送(Flow-through Distribution)。实现这一要求的方法有连续库存补充计划(Continuous Replenishment Program, CRP)、计算机辅助订货(Computer Assisted Ordering, CAO)、预先发货通知(ASN)、供应商管理库存(VMI)、直接转拨(Cross-Docking)以及店铺直送(Direct Store Delivery, DSD)等。

1. 连续库存补货计划

连续库存补充计划(CRP)是利用及时准确的 POS 数据确定销售出去的商品数量,根据零售商或批发商的库存信息和预先规定的库存补充程序确定发货补充数量和发送时间。

以小批量高频度方式进行连续配送，可及时补充零售店铺的库存、提高库存周转率、缩短交货周期。

2. 计算机辅助订货

计算机辅助订货（CAO）是基于库存和需求信息利用计算机进行自动订货的系统。

3. 预先发货通知

预先发货通知（ASN）是生产厂家或者批发商在发货时利用电子通信网络提前向零售商传送货物的明细清单。这样，零售商可以事先做好进货准备工作，同时可以省去货物数据的输入作业，提高商品检验作业效率。

4. 供应商管理库存

供应商管理库存（VMI）是生产厂家等上游企业对零售商等下游企业的流通库存进行管理和控制。具体地讲，生产厂家基于零售商的销售、库存等信息，判断零售商的库存是否需要补充。如果需要补充的话，自动地向本企业的物流中心发出发货指令，补充零售商的库存。VMI 方法包括了 POS、CAO、ASN 和 CRP 等技术。在采用 VMI 的情况下，虽然零售商的商品库存决策主导权由作为供应商的生产厂家把握，但是，在决定店铺的空间安排、商品货架布置等店铺空间管理决策方面仍然由零售商主导。

5. 直接转拨

直接转拨（Cross Docking，又称交叉配送或越库）是在零售商的流通中心，把来自各个供应商的货物按发送店铺迅速进行分拣装车，直接向各个店铺发货。这样，流通中心（仓库）仅是一个具有分拣装运功能的通过型中心，有利于交货周期的缩短、减少库存、提高库存周转率，从而节约成本。

6. 店铺直送

店铺直送（DSD）方式是指商品不经过流通配送中心，直接由生产厂家运送到店铺的运送方式。采用店铺直送方式可以保持商品的新鲜度，减少商品运输破损，缩短交货周期。

（三）信息技术

ECR 系统应用的主要的信息技术有 EDI 和 POS。

1. EDI 技术

信息技术的作用之一是实现商务作业的无纸化或电子化。一方面，利用 EDI 在供应链企业间传送订货单、发货清单、价格变化信息和付款通知单等文书单据。例如，厂家在发货的同时预先把产品清单发送给零售商，零售商在到货时，用扫描仪自动读取商品包装上的物流条码获得进货的实际数据，并自动地与预先到达的商品清单进行比较，以提高事务处理效率。另一方面，企业也可以利用 EDI 在供应链企业间传送销售时点数据、库存信息、新产品开发信息和市场预测信息等直接与经营有关的信息。例如，生产厂家可利用销售时点信息把握消费者的动向，安排好生产计划。零售商可利用新产品开发信息预先做好销售计划。因此，使用 EDI 可以提高整个企业乃至整个供应链的效率。

2. POS 技术

ECR 系统的另一个重要信息技术是 POS。对零售商来说，通过对在店铺收银台自动读取的 POS 数据进行整理分析，可以掌握消费者的购买动向，找出畅销商品和滞销商品，做好商品类别管理、库存管理和订货管理等工作。对生产厂家来说，通过 EDI 利用及时准确的 POS 数据，可以把握消费者需要，制订生产计划，开发新产品。

现在，许多零售企业把 POS 数据、顾客卡（Customer Card）和点数卡（Point Card）等结合起来使用。通过顾客卡，可以知道某个顾客每次在什么时间购买了什么商品、金额多少、到目前为止总共购买了哪些商品、总金额是多少。这样可以分析顾客的购买行为，发现顾客不同层次的需要，做好促销等方面的工作。

（四）组织革新技术

ECR 系统需要组成供应链的每一个成员以及每个成员中的各个部门紧密协调和合作。成功地应用 ECR 需要对企业的组织体系进行革新。

1. 企业内部革新技术

在企业内部，需要把采购、生产、物流、销售等按职能划分的组织形式改变为以商品流程为基本的职能横断型的组织形式。具体来讲，是把企业经营的所有商品按类别划分，对应于每一个商品类别设立一个管理团队，以这些管理团队为核心构成新的组织形式。在这种组织形式中，给每一个商品类别管理团队设定经营目标（如顾客满意度、收益水平、成长率等），同时在采购、品种选择、库存补充、价格设定和促销等方面赋予相应的权限。每个管理团队由一个负总责的商品类别管理人（Category Manager）和 6~7 个负责各个职能领域的成员组成。由于商品类别管理团队规模小，因而团队内部容易交流，各职能间易于协调。

2. 企业间的革新技术

组成供应链的企业间需要建立双赢型的合作伙伴关系，在企业之间进行信息交换和信息分享。生产厂家和零售商都需要在各自企业内部建立以商品类别为管理单位的组织。这样双方相同商品类别的管理团队就可聚集在一起，讨论从材料采购、生产计划到销售状况和消费者动向的有关该商品类别的全盘问题。另外，这种合作伙伴关系的建立有赖于企业最高决策层的支持。

3. 成本会计的革新技术

前面已经谈到，ECR 是供应链各方推进真诚合作实现消费者满意和实现基于各方利益的整体效益最大化的过程。这就引申出一个问题，即由供应链全体协调合作所产生的利益如何在各个企业之间进行分配。为了解决这个问题，需要搞清楚什么活动带来多少效益，什么活动花费多少成本。这样，需要把按部门和产品区分的成本计算方式改变为基于活动的成本计算方式。基于作业成本（Activity Based Costing，ABC）计算方式于 20 世纪 80 年代后期在美国被开发出来。ABC方式把成本按作业进行分摊,确定每个作业在各个产品上的分配,以此为基础计算出产品的成本。同时,进行基于作业的管理(Activity Based Management,ABM),即改进活动内容,排除不需要的无效率的作业,从而降低成本。

第三节 协同规划、预测和连续补货

一、CPFR 出现的背景

近几年来随着经济环境的变迁、信息技术的进一步发展以及供应链管理逐渐为全球所认同和推广,供应链管理开始更进一步地向无缝连接转化,促使供应链的整合程度进一步提高。这种供应链高度整合的项目就是沃尔玛所推动的合作预测和补货(Collaborative Forecast And Replenishment,CFAR)和合作计划预测和补货(Collaborative Planning Forecasting and Replenishment,CPFR),这种新型的系统不仅是对企业本身或合作企业的经营管理情况给予指导和监控,更是通过信息共享实现联动的经营管理决策。

CFAR 是利用 Internet 通过零售企业与生产企业的合作,共同进行商品需求预测,并在此基础上实行连续补货的系统。在原来的信息共享机制下,沃尔玛通过与其他企业共享 POS 数据来实现滞销商品的削减、迅速进行补货等功能,合作企业也能有效地控制本企业产品的销售。但是,在销售预测方面,供应链各企业是独自进行的,企业间销售预测就会出现不一致的状况。换句话说,尽管供应链各环节的企业都能通过 POS 数据的共享来进行合理的市场预测和经营管理计划的制订,但是由于各经济主体利益和地位的不一致,加上经验积累不同(如生产商更了解商品的技术发展、性能等,物流提供方更了解商品运输、库存管理的特性,零售商更了解市场发展的动向和销售技巧等),各企业的预测往往会有一些差异,而这种差异可能就会导致某些企业的经营损失和无效管理。相反,如果供应链各企业在能力集成的基础上,共同做出预测,则可以大大减小预测的偏差和由此而产生的风险。

以沃尔玛为例,数据采集是从沃尔玛的数据库开始,通过零售环节(Retail Link)将沃尔玛与合作企业之间的交易记录、销售数据、各种相关信息等储存在 CFAR 服务器中,采用标准化的格式加以分类整理。沃尔玛 CFAR 工作组主要是对各种数据和经营指令进行分析整理,用 Excel 表格形式进行计算,然后将分析结果以标准化的格式存入 CFAR 服务器。合作企业也设置有 CFAR 服务器,并与沃尔玛的系统服务器连接,合作企业的计划者根据沃尔玛的预测情况,加上本企业的分析研究,做出新的预测,并将新的商品预测存入 CFAR 服务器,再通过网络传输给沃尔玛的 CFAR 服务器。这样,在双方预测的基础上,综合形成一致的预测结果。显然,这种一致的预测,使得企业之间的各种活动和流程形成了紧密的结合。

在沃尔玛的不断推动下，基于信息共享的 CFAR 系统又向 CPFR 发展。CPFR 是在 CFAR 共同预测和补货的基础上，进一步推动共同计划的制订，即不仅合作企业实行共同预测和补货，同时将原来属于各企业内部事务的计划工作（如生产计划、库存计划、配送计划、销售规划等）也由供应链各企业共同参与。在 1995 年，由沃尔玛公司与其供应商 Warner-Lambert 公司、管理信息系统供应商 SAP 公司、供应链软件商 Manugistics 公司、美国咨询公司 Benchmarking Partners 5 家公司联合成立了工作小组，进行 CPFR 的研究和探索。1998 年，美国召开零售系统大会时又加以倡导。目前实验的零售企业有沃尔玛、凯马特和威克曼斯，生产企业有宝洁、金佰利和惠普等。可以说，这是目前供应链管理在信息共享方面的最新发展。从 CPFR 实施后的绩效看，Warner-Lambert 公司零售商品满足率从 87%提高到 98%，新增销售收入 800 万美元。在 CPFR 取得初步成功后，由零售商、制造商和方案提供商等 30 多个实体参加的 CPFR 委员会成立，与产业共同商务标准（Voluntary Inter-industry Commerce Standards，VICS）协会一起致力于 CPFR 的研究、标准制定、软件开发和推广应用工作。美国商业部资料表明，1997 年美国零售商品供应链中的库存约 1 万亿美元，CPFR 理事会估计，通过全面成功实施 CPFR 可以减少这些库存的 15%~25%，即 1 500 亿~2 500亿美元。由于CPFR巨大的潜在效益和市场前景，一些著名的企业软件商如 SAP，Manugistics，i2 等，正在开发 CPFR 软件系统和从事相关服务。

二、CPFR 的本质特点

1. 协同

从 CPFR 的基本思想看，供应链上下游企业只有确立起共同的目标，才能使双方的绩效都得到提升，取得综合性的效益。如果零售商的所谓 JIT 只是建立在供应方持有商品，而自己需要时由供应商及时补充的基础上，或者供应方的商品供应是建立在今年的销量要高于去年的销量的基础上，那么它是以牺牲双方中的一方、由对方持有较高存货为代价，其结果不是一种双赢的局面，而是"我赢，你自己考虑如何赢"的状况。CPFR这种新型的合作关系要求双方长期承诺公开沟通、信息分享，从而确立协同性的经营战略。尽管这种战略的实施必须建立在信任和承诺的基础上，但是这是买卖双方取得长远发展和良好绩效的唯一途径。正是因为如此，协同的第一步就是保密协议的签署、纠纷机制的建立、供应链计分卡的确立以及共同激励目标的形成（例如，不仅包括销量，也同时确立双方的盈利率）。应当注意的是，在确立这种协同性目标时，不仅要建立起双方的效益目标，更要确立协同的盈利驱动性目标，只有这样，才能使协同性能体现在流程控制和价值创造的基础之上。

2. 规划

1995 年沃尔玛与 Warner-Lambert 的 CFAR 为消费品行业推动双赢的供应链管理奠定了基础，此后当 VICS 协会定义项目公共标准时，认为需要在已有的结构上增加合作规划

(品类、品牌、分类、关键品种等)和合作财务(销量、订单满足率、定价、库存、安全库存、毛利等)。此外,为了实现共同的目标还需要双方协同制订促销计划、库存政策变化计划、产品导入和中止计划以及仓储分类计划。

3. 预测

任何一个企业都能做出预测,但是 CPFR 强调买卖双方必须有最终的协同预测。像季节和潮流等因素无论是对服装或类似商品的供应方还是销售方都是十分重要的,基于这类信息的共同预测能大大减少整个价值链体系的低效率、死库存,促进更好地销售产品,节约整个供应链的资源。与此同时,最终实现协同促销计划是预测精度提高的关键。CPFR 所推动的协同预测还有一个特点是它不仅关注供应链双方共同做出的最终预测,同时也强调双方都应参与预测反馈信息的处理和预测模型的制订和修正,特别是如何处理预测数据的波动等问题,只有把数据集成、预测和处理的所有方面都考虑清楚,才有可能真正实现共同的目标,使协同预测落在实处。

4. 补货

销售预测必须利用时间序列预测和需求规划系统转化为订单预测,并且供应方约束条件,如订单处理周期、前置时间、订单最小量、商品单元以及零售方长期形成的购买习惯等都需要供应链双方加以协商解决。根据 VICS 协会的 CPFR 指导原则,协同运输计划也被认为是补货的主要因素。此外,需要对例外状况出现的概率、转化为存货的百分比、预测精度、安全库存水准、订单实现的比例、前置时间以及订单批准的比例等定期协同审核。潜在的分歧,如基本供应量、过度承诺等,双方应及时解决。

三、CPFR 实践与发展现状

在沃尔玛等优秀企业的倡导下,特别是美国 VICS 协会在 1998 年发布了 CPFR 指导准则以后,越来越多的优秀企业开始采用 CPFR 来推动企业业绩的大幅提高,尤其是许多世界 500 强的企业大多已开始实施、建立或研究 CPFR,其中的代表除了沃尔玛公司之外,还有 Andersen 咨询公司、柯达公司、联邦百货店、JC 朋尼、金佰利公司、克特·萨尔蒙公司、Nabisco 公司、NCR 公司、宝洁公司等。这些公司不仅成为了 CPFR 的先驱,而且还在成功实施 CPFR 之后,进一步在其所有贸易伙伴中推广 CPFR。

CPFR 正越来越明显地影响着企业运营管理的基本模式,它日益证明 CPFR 是当今企业供应链管理的主导趋势和骨干框架。也正是因为如此,需要更为详细地了解和掌握如今 CPFR 发展的现状和具体的实施绩效。2000 年,Syncra System 和 Industry Direction 联合进行了一项针对全球制造商、零售商、分销商、物流提供商和其他经营者(主要集中于消费品领域)的 CPFR 调研,以了解这些企业为什么、如何实施 CPFR,以及 CPFR 所产生的作用。其调研样本的分布为:制造商占 49%、零售商占 23%、批发分销商占 10%、其他类型企业占 18%,企业的规模从不到 100 万美元到超过 5 亿美元。应该说,这个抽样调查具有相当大的代表性,因此,从中可以清晰地了解 CPFR 所产生的具体效果,以及当今 CPFR 实施过程中尚存的问题,这对推动 CPFR 在企业中的实践无疑大有裨益。

四、CPFR 供应链的实施

从 CPFR 全球实施和进展的情况可以看出,CPFR 不同于以往的管理实践,它关注的是企业间业务合作关系的建立,而不是单一企业内管理框架的建立。不仅如此,它不是简单地挖掘单一的相关数据,而是从多个组织中发现可比较的数据,进而对这些数据进行整合、组织,并以此确立组织间的商业规则。这正是 CPFR 之所以取得巨大成效的关键,也是 CPFR 实施推广的难点。

(一) CPFR 供应链的体系结构

以 CPFR 概念为基础建立的供应链体系结构,分为四个功能层:

(1) 决策层。决策层主要负责管理合作企业领导层,包括企业联盟的目标和战略的制定、跨企业的业务流程的建立、企业联盟的信息交换和共同决策。

(2) 运作层。运作层主要负责合作业务的运作,包括制订联合业务计划、建立单一共享需求信息、共担风险和平衡合作企业能力。

(3) 内部管理层。内部管理层主要负责企业内部的运作和管理,包括商品或分类管理、库存管理、商店运营、物流、顾客服务、市场营销、制造、销售和分销等。

(4) 系统管理层。系统管理层主要负责供应链运营的支撑系统和环境管理及维护。

(二) CPFR 实施的框架和步骤

1. 识别可比较的机遇

CPFR 有赖于数据间的比较,这既包括企业间计划的比较,又包括一个组织内部新计划与旧计划以及计划与实际之间的比较。这种比较越详细,CPFR 的潜在收益越大。正因为如此,CPFR 实施的第一步就是识别比较性机遇。将企业间的计划进行比较非常富有挑战性,因为零售商和制造商的计划千差万别,一般而言,零售商更关注预测消费者对促销、竞争者和产品类别变化的反应,而制造商通常对管理分销中心内的库存较为关心。零售商的目标是保持店铺和仓储中的商品,在排除滞销品的同时使畅销品不断货,供应商的目标是建立更有效的生产和补货流程。因此,如何有效地消除买卖双方计划的差异对于贸易伙伴数据的取得和保持其精确性非常重要。在识别可比较的机遇方面,应当意识到其关键在于:

(1) 订单预测的整合。通常,零售商根本不进行订单预测,这其中有很多商业和技术的原因,有些企业认为订单预测限制了企业调整库存或获取产品资源的柔性,而没有充分看到它产生的效益以及对恰当的补货方式产生的正效应。即便有些零售商做了订单预测,也只是对基本需求做出预测,而且这种预测完全没有与促销计划统一起来。CPFR 则不同,它为补货订单预测和促销订单提供了整合、比较的平台,CPFR 参与者应该搜集所有的数据资源和拥有者的计划,寻求一对一的比较,即便不能马上整合促销计划,则最起码零售商的基本订单预测应当同供应商预测相比较。

(2)销售预测的协同。CPFR要求企业在周计划促销的基础上再做出客户销售预测,这样将这种预测与零售商的销售预测相对照,就可能有效地避免销售预测中由于没有考虑促销、季节因素等产生的差错。

基于上述两个方面的考虑,CPFR的实施要求CPFR与其他供应和需求系统相整合,这样通过综合运作,识别可比较的机遇。具体来讲,对于零售商,CPFR要求整合比较的资源有商品销售规划(产生促销、销售预测的计划系统)、分销系统(包括订货、仓储管理或补货计划,这些计划能产生订单预测、货物追踪以及配送中心时点状态信息等)、店铺运作系统(报告店铺销售、店铺订单以及时点信息);对于供应商,CPFR需要整合比较的资源有CRM(帮助销售队伍制订促销和销售预测)、APS(建立最优的补货计划)以及ERP(基于企业需求生产和分销产品)。应当看到的是,CPFR的这种资源整合和比较,不一定都是表明CPFR系统与其他应用系统直接相连,但是这种比较的基础至少是形成共同的企业数据库,如果企业之间对产品品类的界定、季节段的界定、促销计划的界定等不一致,就不可能形成精确的预测,顺利实施CPFR。所以,在识别比较机遇阶段,定期数据的输入和协同数据处理和比较是CPFR运作的关键。在实施过程中,还有一点也是参与方需要关注的问题,即例外情况的识别。任何在数据输入、计划对比过程中发生的例外都需要事先考虑,并且一旦发生就需要人工介入,加以调整。所有这些弥补手段也需要供应链参与方细致的规划。

2. 数据资源的整合运用

CPFR实施的第二个阶段就是数据资源的整合运用,这种整合运用不仅是集合、调整数据,而且也需要供应链参与方调整相应的业务政策,以使CPFR可实施。数据资源的整合运用主要反映在如下方面:

(1)不同层面的预测比较。不同类型的企业由于利益的驱使,计划的关注点各不相同。一般在业务计划方面,零售商更倾向于基于地点的信息,如店铺层面的预测等;供应商更倾向于产品层面的具体信息(如品类、品种、规格等),而且越具体越好。这样这两类不同来源的信息常常产生不一致。CPFR要求协同团队寻求到不同层面的信息,并确定可比较的层次。

(2)商品展示与促销包装的计划。商品展示管理对于提高企业经营绩效至关重要,因为它通过将特定的产品放置在特定的位置来吸引客户的关注。CPFR系统在数据整合运用方面一个最大的突破在于它对每一个产品进行追踪,直到店铺,并且销售报告以包含展示信息的形式反映出来,这样预测和订单不单是需要多少产品,而且包含了不同品类、颜色及形状等特定展示信息,这样数据之间的比较不再是预测与实际绩效的比较,而是建立在单品基础上、包含商品展示信息的比较。CPFR实施过程中还有一个很重要的因素是建立在预测、追踪以及协同计划上的对促销商品的管理。以往促销时，特殊包装商品的管理非常困难，其原因在于交易伙伴有时可能没有对特殊包装商品的标识，所以，当对交易伙伴进行销售预测时，特殊包装商品的信息没有体现出来。而 CPFR 则不同，由于交易双方在事前就已商定协同促销，所以对促销商品的预测、追踪和管理就相对容易。

（3）时间段的规定。CPFR 在整合利用数据资源时，非常强调时间段的统一。由于预测、计划等行为都是建立在一定时间段基础上，所以如果交易双方对时间段的规定不统一，交易双方的计划和预测就很难协调。正因为如此，供应链参与者需要就管理时间段的规定进行协商统一，如预测周期、计划起始时间和补货周期等。

3. 组织评判

一旦供应链参与方有了可比较的数据资源，他们必须建立一个企业特定的组织框架体系以反映产品和地点层次、分销地区以及其他品类计划的特征。一般而言，一个企业有多种组织框架，如企业可以按照配送中心确立分销体系，也可以按照销售区域确立分销体系。企业往往在现实中采用多种组织管理方法，CPFR 能在企业清楚界定组织管理框架后，支持多体系的并存，体现不同框架的映射关系。例如，在"零售店铺"一栏中，零售企业可以按照"销售区域"或者"配送中心"管理相应的数据资源如图 11-3 所示，在"销售区域"栏目中列有一系列区域名，而各店铺都从属在特定区域之下，同样，在"配送中心"栏目中列有包含各店铺信息的配送中心信息。尽管同一店铺的信息可能分别从属于不同的管理栏目，但是 CPFR 反映的店铺信息是完全一致和同一数据。

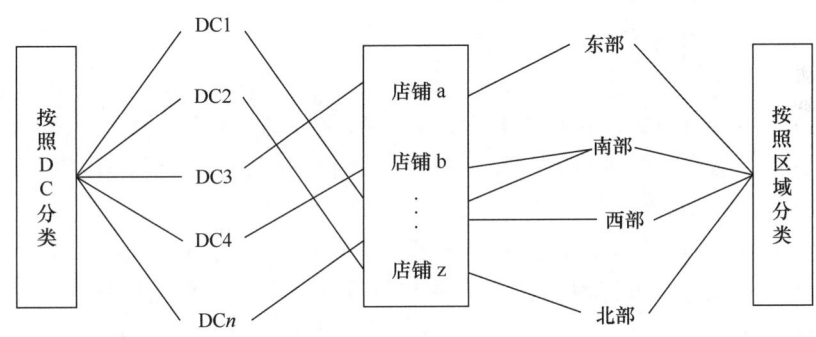

图 11-3　CPFR 所支持的多层组织框架

4. 商业规则界定

当所有的业务规范和支局资源的整合以及组织框架确立后，最后在实施 CPFR 的过程中需要决定的是供应链参与方的商业行为规则，这种规则主要表现在例外情况的界定和判断。

五、CPFR 实施过程中应当关注的因素

1. 以"双赢"的态度看待合作伙伴和供应链的相互作用

企业必须了解整个供应链过程以发现自己的信息和能力在何处有助于供应链，进而有益于最终消费者和供应链合作伙伴。换句话说，基于 CPFR 的供应链成功的一个关键是从"赢/损"的传统企业关系到"赢/赢"的合作关系的转变。

2. 为供应链成功运作提供持续保证，共同承担责任

这是基于 CPFR 的供应链成功运作所必需的企业价值观。供应链上每个合作伙伴的保证、权限和能力不同，合作伙伴应能够调整其业务活动以适应这些不同。无论在哪个职责层，合作伙伴坚持其保证和责任将是供应链成功运作的关键。

3. 防止产品转向

由于产品转向会较大地抑制合作伙伴协调需求和供应计划的能力，因此它不能与 CPFR 共存。防止产品转向的一个关键是使其了解短期效益与建立一个供应链的长期效益的差别。这也要求对 CPFR 有必要的信心。

4. 实现跨企业、面向团队的供应链

团队不是一个新概念。建立跨企业的团队产生了一个新问题：团队成员可能参与其他团队，或与他们合作伙伴的竞争对手合作。这些竞争对手互相有"赢/损"关系，团队联合的深度和交换信息的类型可能造成多个 CPFR 团队成员的冲突。在这种情况下，企业必须有效地构建支持完整团队和个体关系的公司价值系统。

5. 制定和维护行业标准

公司价值系统的另一个重要组成部分是对行业标准的支持。每个公司有一个单独开发的过程，这会影响公司与合作伙伴的联合。行业标准的制定有便于实行的一致性，又要允许公司间的不同，这样才能被有效应用。开发和评价这些标准，有利于 CPFR 参与者的信息共享和合作。

CPFR 是供应链管理的一个新模式，该模式中许多新的企业观很有价值。从其实施条件也可以看出，供应链中的管理模式不是一个部门、一个企业自己就能执行的，供应链管理需要一种整体观。

QR 在美国的发展——以沃尔玛为例

在美国食品业大规模开展供应链体系的构筑和发展的同时，另一个产业——纤维业也在如火如荼地

第十一章 供应链管理方法

开展供应链管理，并且在某种意义上，其进展比 ECR 更大、更为深入，这种供应链管理的发展就是 QR。QR（Quick Response）是伴随着美国的国货运动而产生和发展的。在推动 QR 的过程中，美国的克特·萨尔蒙和沃尔玛发挥了极为重要的先驱或主导作用。

QR 的形式主要由零售商、服装生产商和纤维生产商三方组成。当时，在美国积极推动 QR 的零售商主要有三家，即迪拉德百货店、J. C. 朋尼和沃尔玛，其中沃尔玛是最早推行 QR 的先驱。在纤维纺织品领域，它们与服装生产商塞米诺尔和面料生产商米尼肯公司结成了供应链管理体系，该 QR 体系的形成大大提高了参与各方的经营绩效，有力地提升了相关产品的竞争力，起到了良好的带动和示范作用。更为重要的是沃尔玛通过自身的 QR 实现，大大推动了供应链管理中各种运作体系的标准化，并制定了行业统一的 EDI 标准和商品识别标准。除此之外，1983 年沃尔玛导入了 POS 系统，并且由于当时采用 UPI 条码，所以整个行业最早实现了产业链中的信息共享。到 1988 年，沃尔玛已于其他七家合作企业实现了 POS 系统的全店导入，所有这些都使得沃尔玛成为 QR 的主导者。

到 1993 年，沃尔玛与生产商之间的供应链管理已不仅仅限于信息和物流方面的管理与协调，而是逐渐延伸到了营销管理活动的各个方面。具体来讲，沃尔玛每月向供应商递送一份长达 60 页的《商业计划》，其中包含生产商产品的分类管理，要求生产商专门为沃尔玛所提供的营销战略等。应当看到的是，这种形式的合作并不完全顺利，1994 年沃尔玛再度向合作方发出了商品分类管理的要求。总之，无论是服装还是非服装类产品，在沃尔玛的推动下，都在积极地开展供应链管理，并试图通过产销之间的长期协作实现与其他连锁零售业之间的竞争差异。

（案例来源：根据物流师资格考试资料整理）

结合案例回答下列问题：
1. 沃尔玛是如何成为 QR 主导者的？
2. 沃尔玛为推动供应链管理做了哪些工作？

习　题

1. 快速反应（QR）和有效客户反应（ECR）出现的背景是什么？
2. 快速反应（QR）的含义、特点是什么？
3. 快速反应（QR）的实施步骤有哪些？
4. 有效客户反应（ECR）的含义和特点是什么？
5. 有效客户反应（ECR）系统构建需要的要素有哪些？
6. 协同规划、预测和连续补货（CPFR）的本质特点是什么？
7. 如何实施协同规划、预测和连续补货（CPFR）？

本章参考文献

[1] 宋华. 物流供应链管理机制与发展［M］. 北京：经济管理出版社，2002.
[2] 现代物流管理课题组. 供应链管理［M］. 广州：广东经济出版社，2002.
[3] 赵林度. 供应链与物流管理——理论与实务［M］. 北京：机械工业出版社，2003.

第十二章

供应链的组织与流程

作 用

经济全球化的发展,极大地推动了全球化市场的形成和发展,加剧了竞争的激烈程度,企业为了能够在市场中获得竞争优势,开始构筑供应链管理体系,以获得更具魅力的供应链竞争优势。供应链管理体系的建立,不仅需要重组企业内的业务流程,而且还需要优化企业间的业务流程。

本章从供应链管理的组织结构模式说起,介绍和描述了供应链运作参考模型,最后系统介绍了业务流程重组的内涵和方法、供应链管理环境下企业业务流程的变化,以及在供应链管理环境下企业组织进行业务流程重组应注意的一些问题。

关 键

- 供应链管理的组织结构的典型模式
- 理解 SCOR 模型的基本流程和层次结构
- 理解 BPR 的概念和本质特征
- 供应链管理环境下的企业业务流程重组的主要变化

第一节 供应链管理的组织结构

物流管理是企业管理活动中业已存在的主要工作之一,虽然过去还没有明确提出供应链的概念。早期的物流管理仅关注企业内部的物流组织,很少涉及企业外部物流的问题。直到 20 世纪 90 年代初期,才把物流管理扩展为供应链管理,因而其组织结构也经历了不同的发展阶段。唐纳德·鲍尔索克斯等人将企业组织结构变化与物流管理、供应链管理等联系起来,对美国企业物流管理组织的变化总结出了几种典型模式。

一、传统组织结构(无独立物流管理部门)

传统物流管理组织结构就是常说的按职能、专业、部门分工的组织形式,如图 12-1

所示。这时的部门划分主要表现为按专业分割。虽然有上级主管部门进行协调，但是由于各个部门总是从各自的利益出发，从部门主管开始意见就很难达成一致，更不用说下面的工作人员了。

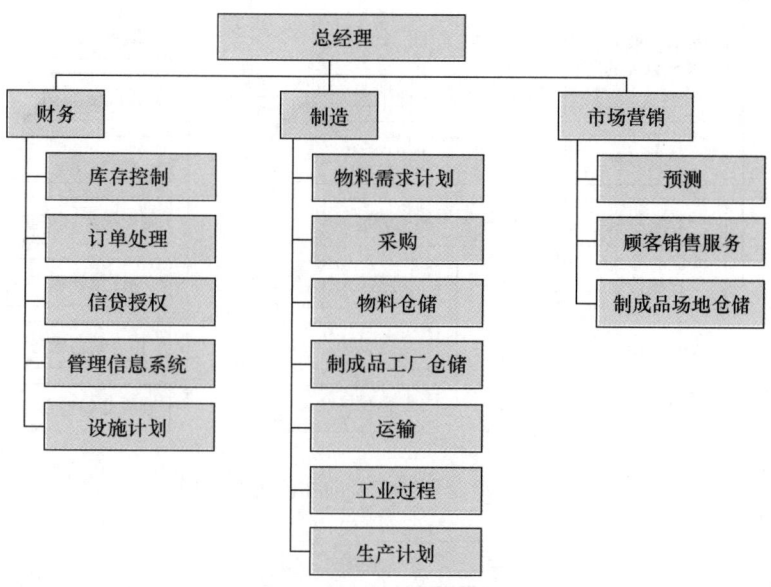

图 12-1　传统组织结构

这种现象意味着企业的整体工作缺乏跨职能的协调，从而导致生产的重复和浪费，信息也常被扭曲或延迟，权力界限和责任常常模糊不清。这时期还没有出现独立的物流管理功能，也没有独立的职能部门。

二、简单功能集合的物流组织形式（物料管理）

当人们初步认识到业务分割和分散化的组织使企业反应迟钝之后，即开始了对组织功能的合并和集合的尝试，这种变化出现在 20 世纪 50 年代。但是这时的功能集合只集中在少数核心业务上。例如，在市场营销领域，集中点通常围绕在客户服务周围。在制造领域，集中通常发生在进入原材料或零部件采购阶段，大多数的部门并未改变，组织层次也未做大的改变，因此其功能整合的效果有限。简单功能集合的物流组织机构形式如图 12-2 所示。

三、物流功能独立的组织形式（物资配送）

在 20 世纪 60 年代末、70 年代初，物流管理的重要性受到了进一步重视，出现了物流管理功能独立的组织形式，如图 12-3 所示。此时将物资配送和物料管理的功能独立出来，使其在企业中的地位得到了提升。尤其是随着市场需求量的逐渐加大，企业为了更快地、

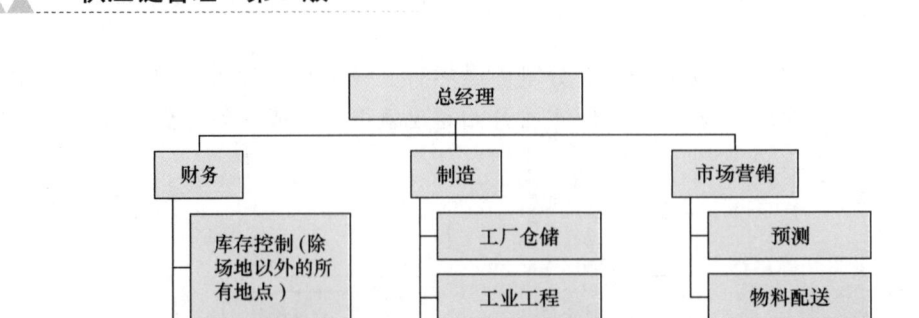

图 12-2　简单功能集合的物流组织结构

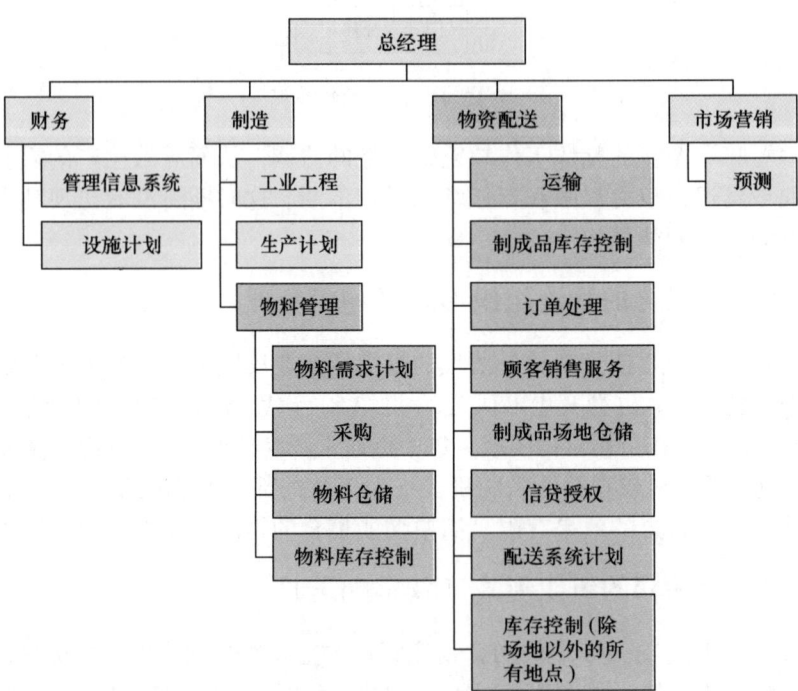

图 12-3　物流功能独立的组织结构

成本更低地做出反应，纷纷建立面向零售业的物流配送中心，这也是造成物流管理部门相对独立和地位提升的原因之一。

四、物流一体化组织形式（物流经理）

在20世纪80年代初期，物流一体化组织的雏形出现了。这种组织结构试图在一个高层经理的领导下，对所有的物流功能进行统一的运作，目的是对所有原材料和制成品的运输和存储进行战略管理，以使企业获得最大利益。这一时期计算机管理信息系统的发展，促进了物流一体化组织的形成。如图12-4所示，在这种组织结构中，负责总体的计划与控制处在组织的最高层次上，这种努力的结果促进了一体化的形成。计划功能关注的是长期的战略定位，并对物流系统质量改进和重组负责。物流控制的注意力集中在成本和客户服务绩效的测量上，并为管理决策的制订提供信息。物流控制系统开发是综合物流管理预测的关键程序之一。这时的物流组织将厂商定位在可以处理采购、制造支持和物资配送之间的利益协调方面，有利于从整体把握全局观念。

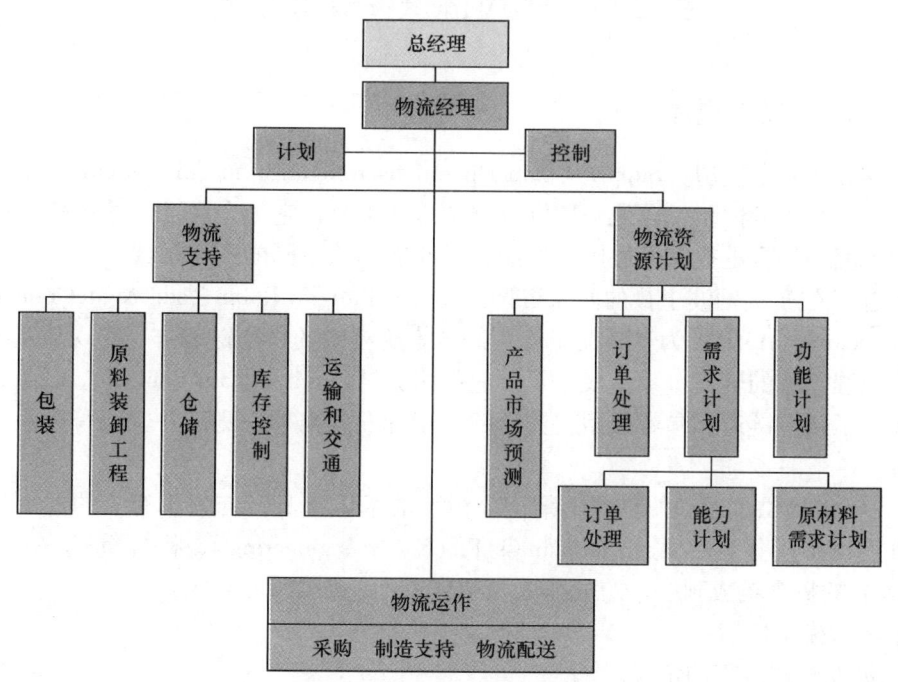

图12-4 一体化的物流组织结构

实际上，这已是供应链管理的基本形态了。一项综合研究显示，在过去的十几年里，物流组织完成了从分隔到物流一体化的转化，使功能渐趋整合。直到20世纪90年代中期，物流组织已扩展到联盟关系，并在可预见的未来保持优势。

五、从功能一体化向过程重构转移

自从业务流程再造（Business Process Reengineering，BPR）概念提出后，适应供应链管理的组织结构变化逐渐从过去的注重功能集合转向注重过程（或称流程）的重构上来。传统组织改变的只是集权和分权的权重或是顾客、地区、产品之间的合作，而未对基本工作流程进行任何重大的重新设计。在新的环境下，功能一体化对企业获得优秀绩效的作用仍然不足，因为现在所处的经营环境和所依赖的信息技术都与几十年前大不一样，不彻底改变原有流程就不能实现新的目标。所以，人们就提出了要将流程的整合作为新的工作中心。这项工作目前在欧美国家的企业中正如火如荼地进行着。

以上介绍的虽然是美国企业在物流管理方面的组织形式的演变历史，但其发展历程可以给我们一定的启发，使我国企业在考虑组织结构和业务流程重构时，有一个比较和参考的对象。

第二节 供应链运作参考模型

一、SCOR 模型概述

供应链运作参考模型（Supply-Chain Operations Reference-model，SCOR 模型）是一个标准供应链流程参考模型，也是一种供应链的诊断工具，它为全面准确地优化各种不同规模和复杂程度的供应链提供了通用的方法，因此适用于不同的产业领域。

1996 年，位于美国波士顿的两家咨询公司——Pittiglio Rabin Todd & McGrath（PRTM）和 AMR Research（AMR）为了帮助企业更好地实施有效的供应链运作，实现从基于职能管理到基于流程管理的转变，牵头成立了供应链协会（Supply-Chain Council，SCC），并于当年年底发布了供应链运作参考模型，其目的在于开发、维护、测试并验证跨行业的供应链流程标准。

SCOR 模型提供了通用的供应链结构、标准的术语定义、与评价有关的通用标准和最佳实施分析，将业务流程重组（Business Process Reengineering）、标杆管理（Benchmarking）等著名的概念集成到一个跨职能的框架体系中，如图 12-5 所示。

流程参考模型包括：
(1) 标准管理流程的定义。
(2) 标准流程间关系的框架结构。
(3) 衡量流程绩效的指标基准。
(4) 产生行业最佳绩效的管理实践。
(5) 选择供应链软件产品的信息（软件特性和功能界定标准）。

第十二章 供应链的组织与流程

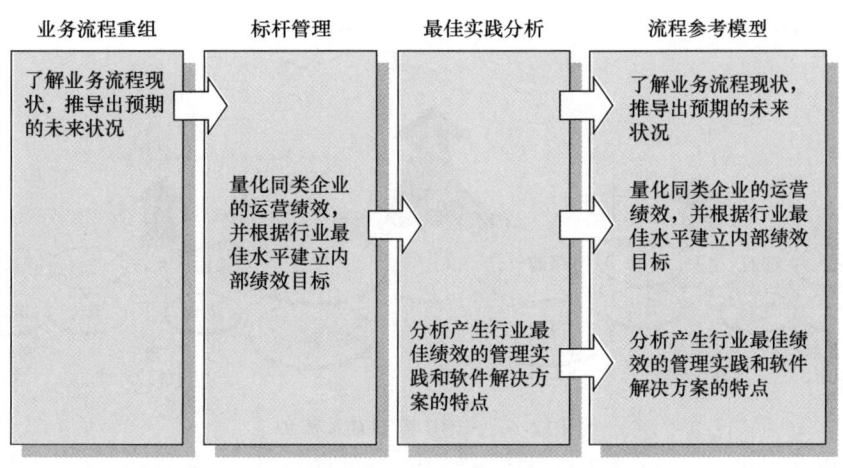

图 12-5 流程参考模型框架

二、SCOR 模型的范围和结构

（一）SCOR 模型的范围

SCOR 模型体现了"从供应商的供应商到客户的客户"的供应链管理思想，具体包括：

（1）所有与客户之间的交互环节，从订单输入到支付发票。

（2）所有产品（实物和服务）的传送，从供应商的供应商到客户的客户，包括设备、原材料、配件、产品和软件等。

（3）所有与市场之间的交互环节，从对总体需求的理解到每个订单的执行。

SCOR 模型不试图描述销售和市场流程、研究和技术开发流程、产品与工艺设计和开发流程以及交货后的客户支持流程。

SCOR 模型把供应链运作流程界定为五个基本的管理流程：计划（Plan）、采购（Source）、生产（Make）、交货（Deliver）和退货（Return），如图 12-6 所示。

（1）计划。计划是指需求和供应的计划和管理。它包括：平衡资源与需求，并为整个供应链建立计划，包括退货及采购、生产、交货等执行流程；管理业务规则、供应链绩效、数据收集、存货、资本资产、运输、计划配置、法规的要求和执行以及供应链风险；保持供应链各部门计划与财务计划的一致。

（2）采购。它包括：安排交货，产品的接受、核查和转运，向供应商付款；为按订单定制的产品确定和选择供应商；管理业务规则，评估供应商绩效并维护数据；管理库存、资本资产、购入的产品、供应商网络、进出口需求、供应商协议和供应链采购风险。

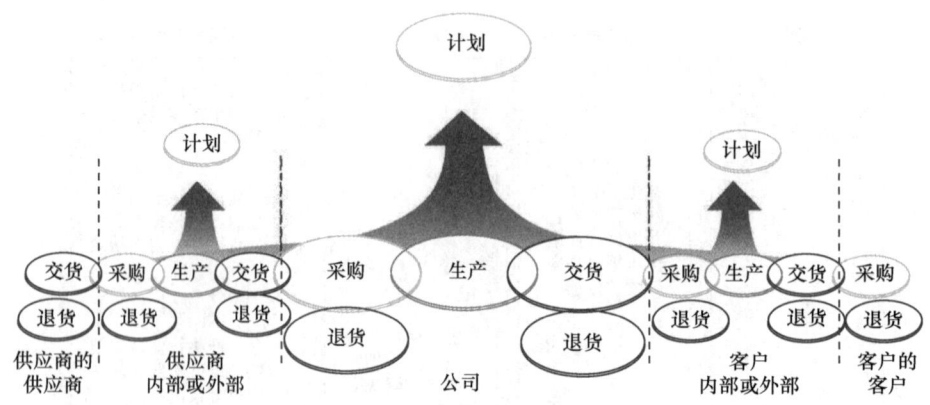

图 12-6　SCOR 模型基本流程

（3）生产。它包括：安排生产活动，产品制造和测试，包装出货等（随着 SCOR 模型的绿色化，在生产阶段也包括了特别的废物处理流程）；按订单定制的产品的最终制造；管理规则、绩效、数据、在制品、设备和设施、运输、生产网络、生产法规的执行和供应链生产风险。

（4）交货。交货是指产品的订单、仓库、运输和安装管理。它包括：从处理客户询价与报价到安排运输路线和选择运输工具的所有订单管理过程；从产品的接受和拣选到装载和发运的仓库管理；必要情况下，在客户现场进行收货、核查，并安装；开立发票；管理交货业务规则、绩效、信息、产成品库存、资本资产、运输、产品生命周期、进出口需求和供应链交货风险。

（5）退货。退货是指原材料的退回和产品退货。原材料退回包括：识别产品状况，处置产品，申请产品退货的许可，安排产品发运等。产品退货包括：产品退货的授权，安排退货接收，收货和转运等。此外，还包括管理退货业务规则、绩效、数据收集、退货库存、资本资产、运输、网络配置、法规的要求和执行以及供应链退货风险。

此外，在采购、生产和交货流程中设定了一个基本的内部结构，即模型集中考虑三种情况：按库存生产（Make-to-Stock）、按订单生产（Make-to-Order）和按订单定制（Engineer-to-Order）。而退货流程中，共包括三种类型的退货，即不合格产品的退货，维护、维修及待检产品等非直接生产物料的退货和过剩产品的退货。

（二）SCOR 模型的层次结构

SCOR 模型按流程定义可分为四个层次，如图 12-7 所示。第一层是流程定义层，第二层是流程配置层，第三层是流程元素层，这三层描述了供应链中通用的流程、子流程和活动。第四层是实施层，是对第三层的进一步分解，详细描述了工作流程的任务。这一层定义了企业为获得竞争优势，并适应变化的商业环境而进行的实践，通常依据企业组织的具体情况制订，因此 SCOR 模型并没有对其进行具体的定义。从第一层到第三层，SCOR 模型的内容可以将企业竞争战略转换为能够实现特定竞争目标的供应链体系。

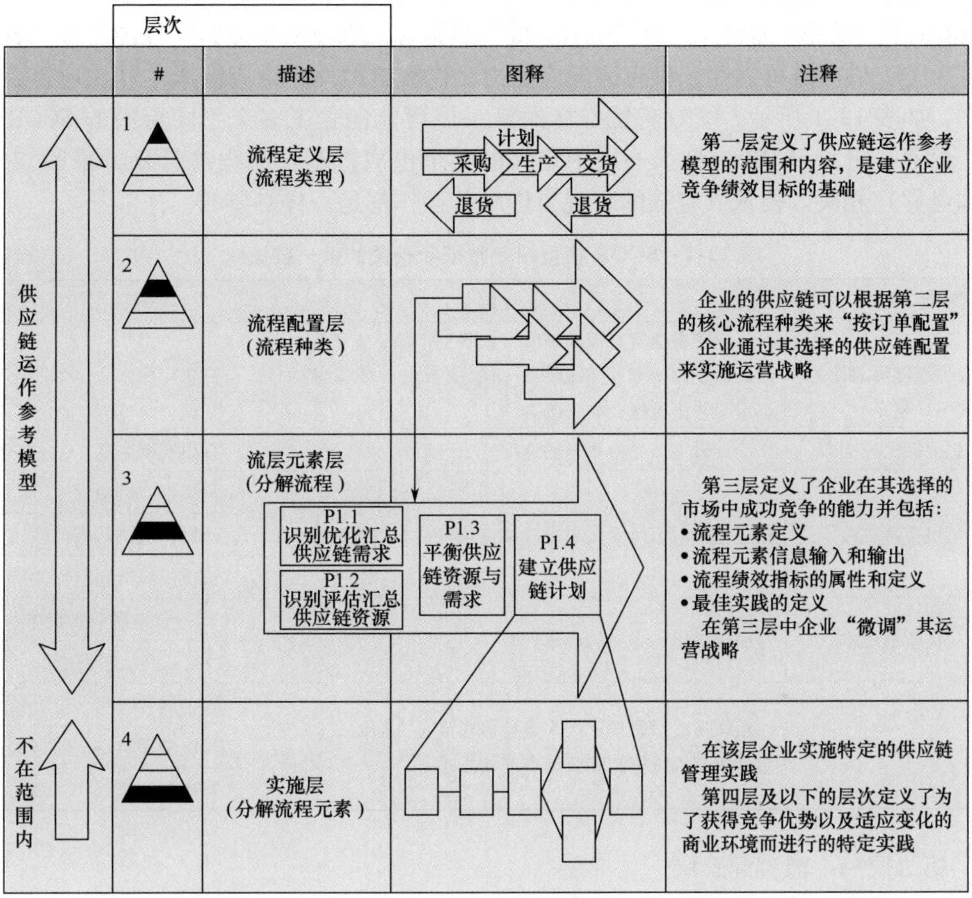

图 12-7　SCOR 层次模型

1. 第一层——流程定义层

SCOR 模型的第一层描述了五个基本流程：计划（Plan）、采购（Source）、生产（Make）、交货（Deliver）和退货（Return）。它定义了供应链运作参考模型的范围和内容，并明确了计划、采购、生产、交货和退货过程的类型，是企业确定供应链的性能和目标的基础。

（1）计划：平衡总需求与总供给，并制订一系列措施，最大限度地满足采购、生产和交货需求。

（2）采购：采购产品和服务，以满足计划或实际的需求。

（3）生产：将产品转化为成品状态，以满足计划或实际的需求。

(4) 交货：提供产成品和服务，以满足计划或实际的需求，通常包括订单管理、运输管理和分销管理等。

(5) 退货：与退货或接收以任何理由退回的产品相关的流程，包括售后客户支持。

SCOR 模型的第一层还规定了 10 项绩效衡量指标，以反映供应链的性能特征，并将其分为五大类：供应链可靠性、供应链反应能力、供应链柔性、供应链成本和供应链资产管理效率，如表 12-1 所示。绩效衡量指标的第一层可能涵盖了多个不同层次的 SCOR 模型流程，而不一定和 SCOR 模型第一层中定义的某个供应链基本流程（计划、采购、生产、交货和退货）相关。衡量供应链的表现与理解其运作都是一样必要的。

表 12-1 SCOR 模型绩效特征和相关的第一层指标

	绩效特征	绩效特征定义	第一层指标
面向客户	供应链可靠性	供应链在交货方面的绩效：正确的产品，在正确的时间，以正确的状况和包装、正确的数量，凭正确的单据，交给正确地点的正确客户	订单完成率
	供应链反应能力	供应链提供产品给客户的速度	订单完成周期
	供应链柔性	供应链面对市场变化赢得或维持竞争优势的敏捷性	积极供应链柔性
			积极供应链适应性
			消极供应链适应性
面向内部	供应链成本	与供应链运营有关的成本	供应链管理成本
			产品销售成本
	供应链资产管理效率	组织在通过管理资产来支持需求满足方面的效益，这包括所有固定资产和流动资产的管理	现金周转时间
			供应链固定资产回报率
			资产周转率

2. 第二层——流程配置层

流程配置层需要描述出供应链的基本布局结构，并确定供应链流程与基础设施的协调一致程度。利用不同种类的计划、采购、生产、交货和退货流程，来配置企业的供应链流程体系。企业通过其特有的供应链配置，决定企业运营战略，因此第二层的配置必须以供应链战略为基础，选择相关的子流程（流程种类）。该选择将影响到供应链第三层的设计，因为每个流程种类都需要不同的、详细的流程元素。

在该层，根据流程类型，每一个 SCOR 模型流程都可从三个角度进行详细描述：

(1) 计划流程。调整预期的资源以满足预期需求量的流程。计划流程平衡总需求和供给，并覆盖整个计划时期，通常是有规律的定期进行，影响供应链响应时间。

(2) 执行流程。由于计划或实际的需求而引起的物质产品状态的改变，通常包括：进度和先后顺序的排定、原材料及服务的转化以及产品向下一流程的移动，影响订单完成周期。

第十二章 供应链的组织与流程

（3）支持流程。计划和执行过程所依赖的信息和内外联系的准备、维护和管理。

3. 第三层——流程元素层

该层针对第二层的每个流程，列出详细的流程元素信息，包括流程元素的定义、流程元素信息的输入和输出、流程性能指标等。该层为企业提供了改善供应链时要成功地规划和确定目标所需要的信息，包括不同绩效特征的具体评价指标，最佳实践及其适用条件等。企业主要在这一层上调节运营战略。

4. 第四层——实施层

这一层定义了企业获得竞争优势，并适应于变化的业务条件下的实施方案。这一层随企业的具体情况而有所不同，因此 SCOR 模型并没有对它进行具体的定义。图 12-8 举例说明了企业中供应链管理实践的具体实施过程。

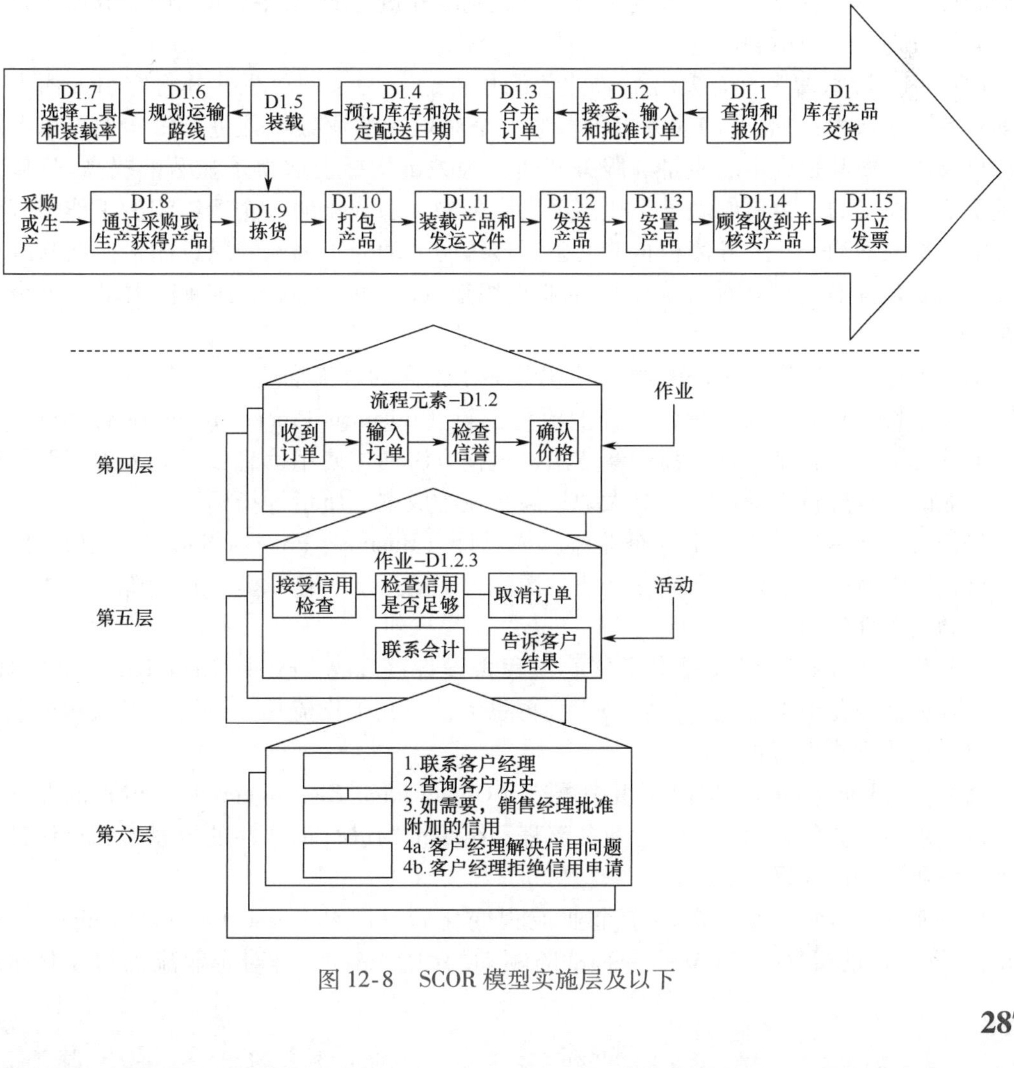

图 12-8　SCOR 模型实施层及以下

第三节 供应链业务流程重组

一、业务流程重组概述

20世纪90年代以来,在经济全球化的推动下,以迈克尔·哈默(Michael Hammer)和钱皮(James Champy)提出的业务流程再造理论为基础,美国的企业在管理上进行了重大的变革。业务流程再造(BPR)受到普遍关注,欧美等国企业掀起了"以业务流程再造"为核心的企业管理革命浪潮。

业务流程再造作为管理思想,诞生于20世纪90年代,仅仅发展了二十多年。由于站在新的角度去审视企业,并且大量采用了充满挑战和机遇的信息技术,使业务流程再造成为企业管理界的热门话题。

1990年,哈默博士首先提出了"业务流程再造"的管理思想,并将它引入西方企业管理领域。他认为:"企业的业务流程再造就是对现行的业务流程进行根本地再思考和彻底地再设计,使其在成本、质量、服务和速度等关键指标上取得了显著的提高。"作为一种基于信息技术的、为更好地满足顾客需要服务的、系统化、企业组织的工作流程的改进哲学及相关活动——业务流程再造突破了传统的劳动分工理论的思想体系,强调以"流程导向"替代原有的"职能导向"的企业组织形式,为企业经营管理提出了一个全新的思路。

迄今为止,已经有非常多的学者对 BPR 做了不同的定义描述,具体如下。

达文波特(Davenport)提出了企业流程创新(Business Process Innovation,BPI)的概念。他认为流程创新是一种革命的新方法,这种方法通过使用信息技术和人力资源管理技术对企业的流程进行创新,可以极大地提高企业的成本、质量等指标。

玛儒(Marrow)等人提出了企业流程再设计(Business Process Redesign,BPR)的概念。这种方法就是通过检查和简化企业关键流程中的活动和信息流,达到降低成本、提高质量和增大柔性的目的。

克普莱(Kaplan)等人提出了核心流程再设计(Core Process Redesign,CPR)的概念。CPR方法就是对企业运营进行根本性再思考,对其工作流程、决策、组织和信息系统同时以集成的方式进行再设计。

洛文沙(Loewenthal)提出了组织再造(Organization Reengineering,OR)的概念。他强调以组织核心竞争力为重点,对业务流程和组织结构进行根本性的再思考和再设计,以达到组织业绩的巨大提高。

格罗弗(Grover)等人提出了企业流程变化管理(Business Process Change Management,BPCM)的概念。BPCM是一种战略驱动的组织变革,是对企业流程的改善和重新设计，通过改变管理、信息、技术、组织结构和员工之间的关系，使企业在质量、响应速度、成本、柔性、顾客满意度、股票价值以及其他重要流程业绩方面取得优势。1999 年，格罗弗发表文章认为，BPR 的发展已经进入企业流程改变管理的阶段，连续性的改变显得越来越重要。

不同的学者根据自己的理解，给出了业务流程再造的定义，可以说众说纷纭，那么到底该怎样理解 BPR 所包含的管理思想，BPR 的基本内涵是什么呢？

（一）BPR 的核心是面向顾客满意度的作业流程

作业流程是指这样一系列活动：进行一项或多项投入，以创造出顾客所认同的有价值的产出。在传统劳动分工的影响下，作业流程被分割成各种简单的任务，经理们将精力集中于个别任务效率的提高上，而忽略了最终目标，即满足顾客的需求。而实施 BPR，就是要有全局的思想，从整体上确认企业的作业流程，追求全局最优，而不是个别最优。企业的作业流程可分为：

1. 核心流程

（1）物流作业活动。物流作业活动包括识别顾客需求、满足这些需求、接受订单、评估信用、设计产品、采购物料、制作加工、包装发运、结账和产品保修等。

（2）管理活动。管理活动包括计划、组织、用人、协调、监控、预算和汇报，以确保作业流程以最小成本及时准确地运行。

（3）信息系统。信息系统通过提供必要的信息技术以确保作业活动和管理活动的完成。

2. 支持流程

支持流程包括企业基础设施、人员、培训、技术开发和资金等，以支持和保证核心流程顺利进行。

（二）BPR 面向顾客和信息技术的实质

除前面已经论述的面向企业流程之外，实施 BPR，还必须面向顾客，并合理运用信息技术。

1. 面向顾客

BPR 诞生在美国，而不是其他地方，是有其必然性的。长期以来，美国企业以技术为推动，忽视了顾客的核心地位，故难以适应瞬息万变的市场环境。回顾历史，第二次世界大战后美国在世界经济格局中举足轻重，长期缺乏竞争对手，使之将精力大量投入学院式基础研究，走上了一条技术推动型道路。而在日本，科研为生产服务，因此到了 20 世纪 80 年代，日本的竞争力已经大大加强，并在机械、钢铁、汽车、化工等美国的传统优势行业显示出明显的比较优势。20 世纪 90 年代，美国企业纷纷转变思想，一切以市场、顾客为核心，正逐步夺回优势。

正如前文所说，顾客的选择范围扩大，期望值提高，如何满足客户需求，解决"个性化（Customization）提高"和"交货期（Responsiveness）缩短"之间的矛盾，已成为困扰企业发展的主要问题。实施 BPR 如同"白纸上作画"，这张白纸应是为顾客准备的，首先应当由顾客根据自己的需求填满，其中包括产品的品种、质量、款式、交货期、价格、办事程序、售后服务等，然后企业围绕顾客的意愿，开展重建工作。这是成功的关键，因此必须投入大量的精力。例如，有的企业为了能充分了解顾客和市场，甚至在其 BPR 小组中吸纳几名顾客，作为一个整体开展工作。通过这些顾客反馈信息，企业可以及时调整重建方向，以避免 BPR 的结果与意愿相违背。

2. 运用信息技术

在 BPR 的原则中，可以看出 BPR 与信息技术（IT）的紧密关系，但是两者的作用绝非是等同的。它们的关系可以归纳如下：

（1）BPR 是一种思想，而信息技术是一种技术。

（2）BPR 可以独立于信息技术而存在。

（3）这种独立是相对的，在 BPR 由思想到现实的转变中，信息技术起了一种良好的催化剂的作用。

实施 BPR 不是单纯的技术问题，更是一种思维方式的转变。而多数企业却将信息技术镶嵌于现有的经营过程中，它们想的是"如何运用信息技术来改善现有流程"，却没有从根本上考虑"我们要不要沿用现有的流程？"而后者才是 BPR 的观点，它不是单纯地搞自动化，不是单纯地用技术来解决问题，而是一种管理创新。

那么，有没有不需要信息技术的 BPR 项目呢？理论上应该是有的，但从全球范围看，随着国际互联网（Internet）、企业内部网（Intranet）和电子商务（Electronic Business）的飞速发展，信息技术正广泛而深入地介入人们的生活，改变着人们的生活方式和思维模式，在这种情形下，想脱离信息技术而完成 BPR 几乎是不可能的。

而且，若把 BPR 比作一种化学反应，那么信息技术就是催化剂，离开了它，反应虽可进行，但却难以达到理想的结果。正因为如此，合理运用信息技术成为 BPR 的难点和要点所在。

BPR 的基本内涵正是以作业为中心，摆脱传统组织分工理论的束缚，提倡顾客导向、组织变通、员工授权及正确地运用信息技术，达到适应快速变动的环境的目的。其核心是"过程"观点和"再造观点"。"过程"观点，即集成从订单到交货或提供服务的一连串作业活动，使其建立在"超职能"基础上，跨越不同职能部门的分界线，以求管理作业过程重建；"再造"观点，即打破旧有管理规范，再造新的管理程序，以回归原点和从头开始，从而取得管理理论和管理方式的重大突破。

二、组织结构和管理过程重组

企业作为一种组织客体，必须不断调整自身结构，以便在发展过程中不断地适应种种环境变化的需要。管理者通过种种运作方式，运用组织结构中不同部门、不同活动的组合，使系统中的信息流、物流和资金流正常流动，并最终实现企业的经营目标。组织结构犹如人体的骨骼，在企业管理中起着支撑作用，而管理过程则犹如人体的运动过程及各种状态。企业为实现其经营目标所具有的一系列功能，以及为完成这些基本职能需要进行的一系列活动，都可以用一系列的业务流程来阐述。因此，为了能够有效地对上述活动进行协调和控制，就产生了对企业的组织结构进行调整与重组的问题，也成了BPR的重要方法及重要研究内容之一。

（一）组织机构重组的基本内容

组织重组包含两项基本内容：一是职能解析；二是管理过程分析与重组。通过职能分析，可以确定企业所应具备的基本职能和为实现基本职能需执行的工作内容。通过管理过程分析与重组，即对为实现基本职能所进行的活动的顺序进行分析，找出其不合理的部分，进行重新安排，以使活动更加有效。这样就会形成企业必须具备的基本职能的各个管理过程，即重组后企业应该具备的管理过程。职能解析和管理过程重组是相辅相成、相互修正的，利用职能解析和管理过程分析的成果，按照组织结构划分原则，便可得到新的组织结构。当然，由于重组原则和企业着眼点的不同，可以得到多种组织结构方案供决策者参考评价，最终确立重组后的企业组织结构。

（二）管理过程重组的实施步骤

管理过程重组就是对原有的管理过程进行改造和重新设计，以使其优化和有效地运行。假设管理过程是以完成某项管理职能为目标的，由一系列管理工作按照其对管理信息处理的先后顺序排列，通过信息媒体组成业务管理流程；又假设管理过程可由若干管理子过程构成，管理子过程是能独立完成某项管理功能的过程。

管理过程 P 是一个可用二元组结构表示的网络结构 G，$G = (P, R)$，P 为管理子过程的集合，$P = (P_i | i = 1, 2, 3, 4, \cdots, n)$，$R$ 为所有管理子系统相互关系的集合，$R = (R_{ij} | i = 1, 2, 3, 4, \cdots, n; j = 1, 2, 3, 4, \cdots, n)$。$R_{ij}$ 表示第 i 个管理子过程与第 j 管理子过程的关系，其中 n 为管理子过程的数目。

根据上述定义则第 h 个管理子过程为 $P_h = (W_{h_1}, W_{h_2}, \cdots, W_{h_m})$，$m$ 为 h 管理子过程涉及的工作数目，则有 $F_h = (f(h)_{ij})_{n \times n}$ 是一主对角线元素为 0 的 $n \times n$ 阶方阵。由上可以推出：

$$G = (P, R) = (W, F)$$

其中，W 为管理工作 W_{ij} 的集合，F 为各项工作之间信息流量的集合。

$$W = \begin{pmatrix} W_{11} & W_{12} & \cdots & W_{1m} \\ W_{21} & W_{22} & \cdots & W_{2m} \\ \vdots & \vdots & & \vdots \\ W_{n1} & W_{n2} & \cdots & W_{nm} \end{pmatrix}$$

其中，某项 W_{ij} 可能为 0，但不能为空。n 为某管理过程所含的管理子过程的数目。因此，流程网络结构可以描述成如图 12-9 所示。

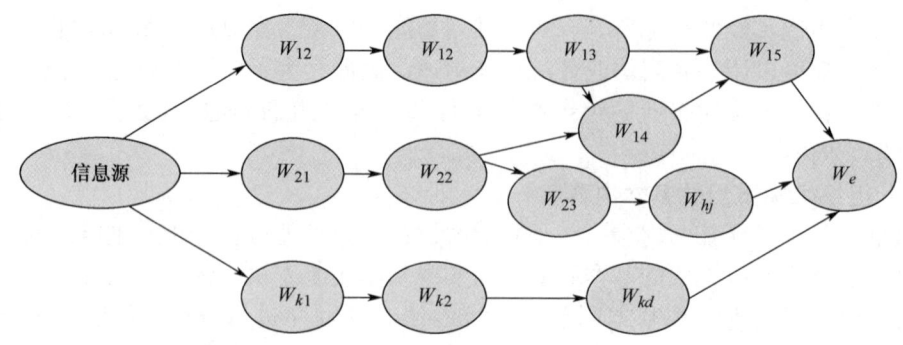

图 12-9　流程网络结构图

业务流程重组的工作步骤如图 12-10 所示，具有如下步骤：

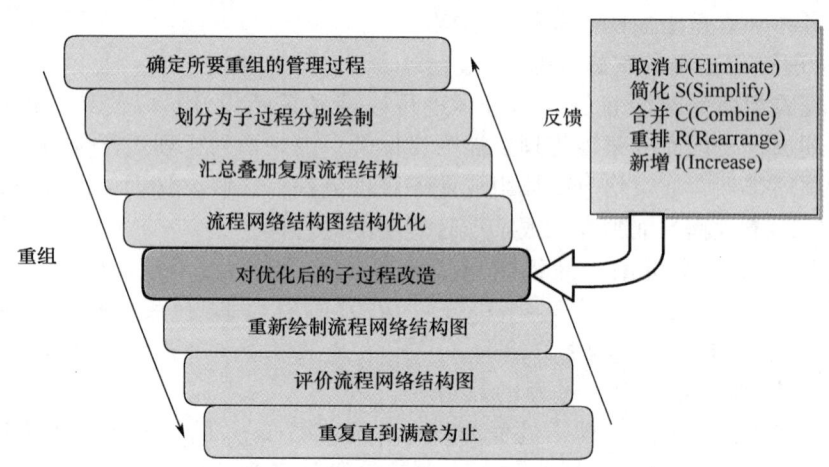

图 12-10　管理过程重组实施的步骤

第一步，确定所要重组的管理过程。
第二步，将管理过程划分为若干小的子过程分别绘制。
第三步，将管理子过程进行汇总叠加，得到原有管理过程的流程结构，及时记录存在问题，提示重组时加以考虑。
第四步，对整个流程网络结构图的结构进行优化，即 $\max(opt(R))$。在优化过程中，当 P_i 存在但不必要时，$R_{ij}=0$，当 P_i 与 P_j 的顺序关系要调整时，$R_{ij} \to R'_{ij}$。需要注意的是优化必须从整体结构考虑，即 $\max(opt(R)) \geq \sum \max(opt(R_{ij}))$。

第五步，运用 ESCRI 方法，对优化后的流程网络结构图中子过程进行改造。ESCRI 即取消——取消不需要的功能和不增值的活动；简化——是否可以简化复杂过程；合并——不能取消的作业过程考虑是否可以合并；重排——可否与其他工作转换顺序；新增——原企业是否具备现实需要的功能。

第六步，综合第四、第五步重新绘制流程网络结构图。

第七步，评价流程网络结构图。若 $\sum f'_{ij} < \sum f_{ij}$，则流程网络结构图得到优化，再进行安全性和逻辑性评价。考查新的管理过程是否能在完成目标的前提下正常运行，新方案是否同其他管理活动产生矛盾。

第八步，重复进行第四步到第七步，直到得到最满意的流程网络结构图为止，这时有 $G' = (P', R') = (W', F')$，G'、P'、R'、W'、F' 为最满意时的 G、P、R、W、F。

组织结构的调整与重组，是业务流程重组的重要方式，它提供了一种改造业务流程赖以生存的环境的手段。

三、供应链管理环境下企业业务流程的主要变化

下面从企业内部业务的变化、制造商与供应商之间的业务关系的变化以及信息处理技术平台三个方面，讨论实施供应链管理给企业业务流程带来的变化。

1. 制造商与供应商之间业务流程的变化

在供应链管理环境下，制造商与供应商或者制造商与分销商、供应商与供应商之间一般要借助于互联网或 EDI 进行业务联系，由于实施了电子化商务交易，因此许多过去必须通过人工处理的业务环节，在信息技术的支持下变得更加简捷了，有的环节甚至不要了，从而引起业务流程的变化。例如，过去供应商企业总是在接到制造商的订货要求后，再进行生产准备等工作，等到零部件生产出来，已消耗很多的时间。这样一环一环地传递下去，导致产品生产周期很长。而在供应链管理环境下，合作企业间可以通过互联网方便地获得需求方生产进度的实时信息，从而可以主动地做好供应或出货工作。例如，供应商企业可以通过互联网了解提供给制造商配件的消耗情况，在库存量即将到达订货点时，就可以在没有接到制造商的订货单前主动做好准备工作，从而大大缩短供货周期。由于这种合作方式的出现，原来那些为处理订单而设置的部门、岗位和流程就可以考虑重新设计了。

2. 企业内部业务流程的变化

供应链管理的应用，提高了企业管理信息计算机化的程度。从国外的成功经验看，实施供应链管理的企业一般都有良好的计算机辅助管理基础，不管其规模是大还是小。借助于先进的信息技术和供应链管理思想，企业内部的业务流程也发生了很大的变化。以生产部门和采购部门的业务流程关系为例，过去在人工处理条件下，生产管理人员制订出生产计划后，再由物资供应部门编制采购计划，还要经过层层审核，才能向供应商发出订货。

这是一种顺序工作方式的典型代表。由于流程较长，流经的部门较多，因而不免出现脱节、停顿、反复等现象，导致一项业务要花费较多的时间才能完成。在供应链管理环境下，有一定的信息技术作为支持平台，数据可以实现共享，并且可以实现合并处理，因而使原有的顺序工作的方式有可能发生变化。例如，生产部门制订完生产计划后，采购供应部门就可以通过数据库读取计划内容，计算需要消耗的原材料、配套件的数量，迅速制订出采购计划。通过查询数据库的供应商档案，获得最佳的供应商信息，就可以迅速向有关制造商发出订货单。进一步讲，可以通过互联网或 EDI 直接将采购信息发布出去，直接由供应商接收处理。

3. 支持业务流程的技术手段的变化

供应链管理环境中企业内部业务流程和外部业务流程的变化也不是偶然出现的。一般认为至少有两方面的原因。一是"横向一体化"管理思想改变了管理人员的思维方式，把企业的资源概念扩展了，更倾向于与企业外部的资源建立配置联系，因此加强了对企业间业务流程的紧密性；二是供应链管理促进了信息技术在企业管理中的应用，使并行工作成为可能。在信息技术比较落后的情况下，企业之间或企业内部各部门之间的信息传递都要借助于纸质媒介，制约了并行处理的工作方式。即使能够复制多份文件分发给不同部门，但一旦文件内容发生了变化则很难做到同步更新，难以保证信息的一致性。在这种落后的信息处理情况下，顺序处理就成了最可靠的工作方式。现在情况不同了，为了更好地发挥出供应链管理的潜力，人们开发了很多管理软件，借助于强大的数据库和网络系统，供应链企业可以快速交换各类信息。共享支持企业不同业务及其并行处理的相关数据库信息，为实现同步运作提供了可能。因此，实施了供应链管理的企业，其对内和对外的信息处理技术都发生了巨大变化，这一变化直接促使企业业务流程也不同程度地产生了变化。

四、供应链管理环境下企业业务流程重组应注意的问题

从前面章节的分析中可以看出，BPR 就是抛开现状，在打破原来职能分工的基础上，按业务流程重新考虑管理模式。它不是对原来的不足加以修修补补，而是从"零"开始重新设计，因此，原有的结构与职能分工在 BPR 的过程中已没有意义。为此，在企业着手实施变革之前，首先要以企业的流程为中心，重组管理部门；然后再以现代计算机技术作为 BPR 的技术手段和物质基础。这样，就可以使先进的信息技术与先进的管理流程相匹配，最大限度地发挥出企业的竞争潜力。要使企业组织变革能达到这样的效果，就要在 BPR 指导下实施如下的企业业务流程重新设计的战略。

1. 从整体上把握工作流程的重新设计

过去企业在进行组织变革的过程中，往往把注意力放在提高某个瓶颈环节的效率上，很少从整体上考虑整个流程是否合理。BPR 则不同，它一切从"零"开始，从企业整体来考虑流程的再设计。因此，以 BPR 为指导的企业组织变革设计策略强调首先在人们头

脑中树立起对整体流程重新设计的概念。供应链管理理念的核心是将资源配置从一个企业扩展到多个企业，因此，在这种环境下的工作流程设计不仅要考虑企业内部的部门重组，而且要把流程的工作特征考虑到相关企业中去。

2. 确定首要的企业流程重构的项目

企业中有各种各样的作业流程，结构十分复杂。全面铺开势必分散力量，难以取得成功。企业应该首先选择一些关键性的作业流程实施 BPR 的项目，以关键流程带动一般流程的重构。福特汽车公司北美财会部就是一个例子。它抓住付款流程的重构，带动采购和接收部门的工作流程的变化。实施供应链管理后，企业与合作企业的信息沟通与共享方式发生了变化，因此，原来需要多个人、多个部门处理的业务，现在只由一个人就能胜任。在部门的选择上，企业管理者可以考虑以销售部门（接受订单）或供应采购部门（发出要货订单）为核心展开 BPR 的项目。

3. 分析和评价现行作业流程

分析现行作业流程是为了找出存在的问题，以免其在将来的流程中重新出现；评价现行作业流程是为了对将来的改进找到一个"比较"的基准。例如，如果目标是缩短生产周期和降低成本，就要测出现行作业流程下生产周期和成本的准确值，作为将来评价供应链管理模式实施后在这两个目标上取得绩效的基准。

4. 选择合适的信息技术手段

现行的作业流程都是在传统管理模式下设计出来的，因而企业在工作流程上与供应链管理及其信息支持体系并没有多大的关系。现在，在引入信息技术时，首先要明确定义企业职能部门和作业流程的实体，明确企业在供应链管理模式下运作的要求，然后再选择计算机系统和管理软件的开发环境。BPR 强调在作业流程设计的初始阶段就考虑信息技术的作用，根据信息技术的能力确定新的作业流程。因此信息技术不仅是供应链管理的支持系统，而且还影响着新流程的构成。当前许多人都认为电子商务是 21 世纪企业经营的一个理想信息平台，因此在对供应链管理企业流程的重新设计时也要考虑这一问题。

5. 设计和建立作业流程的原型系统

在对作业流程进行分析的基础上，用现代计算机辅助软件工具建立原型系统。这里所说的原型系统既包括软件系统，也包括组织系统。软件原型系统是指为支持新作业流程而开发的软件；组织原型系统是指为了使新作业流程正常运作而重新组织起来的人员和岗位。经过一段时间的运作，会发现新流程中存在的问题，会获得对新流程应有的认识和技术。企业便可以此为基础，建立更好、更完善的作业流程，为实施供应链管理模式打下基础。

6. 取得合作伙伴的支持和配合

供应链管理下的企业业务重构不同于单个企业内部的流程重构。企业除了要对其内部流程改造外，还必须改造与合作伙伴共同进行的业务，如与供应商企业的业务联系、与分销商企业的业务联系等。因此,在理想的情况下,供应链管理业务流程重构应该从整个系统出发,所有节点企业同步进行重构。退一步讲,由于各个企业的情况千差万别,允许有先后顺序,但是应该着重做好有接口关系企业的协调工作,首先得到它们的配合,否则供应链的整体协调性就难以保证。

海尔的供应链组织创新

海尔集团的超常规发展,已在全国乃至全球产生巨大影响。1999年,海尔集团首席执行官(CEO)张瑞敏提出海尔集团的全球化战略,使海尔2000年全球营业额突破400亿元人民币,连续16年以80%以上的增长率高速度地向世界500强的目标挺进。这些业绩的取得,用张瑞敏的话说,就是对市场链流程的再造与创新,而物流则是在企业流程再造过程中最关键的因素。

1. 三个转移

张瑞敏曾提出三个战略转移:一是企业内部组织要适应外部组织变化,从原本直线职能式的管理转移到供应链的管理;二是从国内市场向国外市场转移;三是要有一套网上销售策略,实现制造业向服务业的转移。

2. 四个部门

为了适应这三个转移,2000年海尔集团对企业内部组织结构进行了调整,成立了物流、商流、资金流和海外推进本部四个部门。物流推进本部、商流推进本部从原来十几个产品事业部的职能部门剥离出来,由集团统一运作管理。张瑞敏说,简单来说,物流就是集体管理、集体采购,仓库使用立体库。

3. 第三方物流的提出

三个战略转移对海尔物流提出了更高的要求,海尔集团副总裁兼物流推进本部部长梁海山说,供应链要求物流推进本部成为集团的第三方,服务对象从集团内向集团外转移,从企业物流向物流企业转移。简而言之,就是海尔物流不能再仅仅是企业物流,而必须走向市场,发展成为第三方物流。

由于企业内部物流和社会化物流区别很大,按原有模式已不能满足海尔集团的全球化扩张,加之海尔的三个转移中已提出要从制造业向服务业转移,而物流业正是其要重点发展的服务业之一,海尔人甚至提出将物流业作为海尔新的经济增长点和未来发展的核心竞争力。

4. 统一采购

明确目标之后,要做的就是对物流机构进行整合,对全集团现有物流资源进行合理配置和重组。物流推进本部成立后,内部机构怎样设置?职能如何确定?海尔人经过广泛的调查论证后,结合海尔集团的实际情况,决定首先将过去分散在每个产品事业部的采购业务合并,实施统一采购,以达到在全集团最低总成本下提供JIT采购。大到几百万元的设备,小到一些办公用品诸如圆珠笔、订书机等都按统一采购进行操作。利用整合后的集团优势,大宗物料实现了大采购,利用数量和品牌优势取得了国内同业内的最优价格。

第十二章 供应链的组织与流程

5. 统一配送

海尔集团实施统一采购之后，进一步实施了统一配送，在企业内部库存实施 JIT 配送管理。其主要是为企业内部各个产品事业部的生产线进行零部件和离开生产线的成品进行保管和配送管理。配送管理突出两点：一是减少库存；二是保证 24 小时的快速反应，保证生产线正常运转。使用立体仓库是海尔物流的一个突破口，看似仅仅是仓库设备的换代，实质是观念的更新，甚至是整个集团物流观念的一场革命。1998 年，张瑞敏提出在海尔园内建一个立体仓库。以前海尔工厂厂内设有仓库，仓库和工厂混在一起，由于生产规模扩大，生产线不断增加，工厂内部的周转仓库面积越来越小，只能大量外租仓库，成本很高。当海尔集团自己要建仓库时，张瑞敏提出发展现代物流，不能建传统仓库，必须建立体仓库。立体仓库的使用，不仅节省了十几万平方米的外租仓库，更为重要的是，建立这个立体化仓库，要求物流配套的一系列基础工作必须跟上，信息系统管理、计算机管理要求要有标准化的包装、机械化的搬运，对物料进行统一编码并使用条码等。没有这些相配套，立体仓库就不能有效地使用起来。这样就对企业内部的整个物流基础工作进行了一次彻底的整改。正是通过这一突破口，海尔物流开始走上规范的现代物流之路。

6. 仓储及运输

海尔物流推进本部储运部，负责整个集团的成品分拨物流，将所有成品从青岛分拨到全国各地的周转仓库再到客户。其主要职责是统一协调及控制运输业务，为零距离销售提供物流配送保障，实现成品的 JIT 配送。

海尔集团的物流配送网随着产品销售网络的扩大而不断延伸，从城市到农村，从沿海到内地，从国内到国际，哪里有海尔产品的用户，海尔物流的触角就得延伸到哪里，物流服务就得跟进到哪里。此外，海尔青岛物流中心还可代理铁路运输、航空运输、远洋运输等业务，具备综合物流服务能力，大规模、全方位的服务可使海尔物流的运输成本远远低于市场运输价格。特别是在铁路运输方面，海尔物流与铁路部门有长期合作的良好关系，拥有优先发货权。

（资料来源：佚名. 不断创新的海尔物流. 物流技术与应用，2001，（1）.）

结合案例回答下列问题：
1. 海尔集团为什么要进行业务流程重组？
2. 海尔集团十多年前的成功对我们现在实施供应链管理有什么启示？

习 题

1. 简述供应链管理的组织结构的典型模式。
2. 简述 SCOR 模型包含的层次及各层次的作用。
3. 什么是 BPR？分析 BPR 发展的动因。
4. 举例说明供应链企业组织结构和管理过程重组的步骤。

实践与思考

业务流程重组（BPR）以其思想的先进性和变革的彻底性，已经吸引了许多企业的注意，成为欧美乃至世界关注的热点。资料表明，约有 70%~75% 的欧美企业正计划实施业务流程重组，更有许多企业通过业务流程重组已取得了喜人的成绩，例如，福特汽车公司、AT&T 公司、IBM 公司、意大利的 BAT 公司、德国西门子公司的 Nixdorf Service 公司等。此外，亚洲也有许多公司纷纷接受这一思想，其中不乏像泰国的泰华农民银行、我国台湾的永大机电工业公司这样的成功案例。

业务流程重组在当前管理学领域还是一个非常有争议的话题。支持者声称，业务流程重组是恢复美国竞争力的唯一途径，并将取代工业革命，使之进入重组革命的时代。而反对者则以高达 70% 的失败率为由进行攻击。那么，面对如此之高的失败率，企业在进行业务流程重组决策时，应重点关注哪些问题呢？

本章参考文献

[1] 王田苗，胡耀光. 基于价值链的企业流程再造与信息集成 [M]. 北京：清华大学出版社，2002.

[2] 赵林度. 供应链与物流管理 [M]. 北京：机械工业出版社，2003.

[3] 马士华，林勇，等. 供应链管理 [M]. 北京：机械工业出版社，2000.

[4] 现代物流管理课程组. 供应链管理 [M]. 广州：广东经济出版社，2002.

[5] 张成海. 供应链管理技术与方法 [M]. 北京：清华大学出版社，2001.

[6] 郭士正，卢震. 供应链与物流管理 [M]. 北京：机械工业出版社，2008.

[7] 王焰. 一体化的供应链战略、设计与管理 [M]. 2 版. 北京：中国物资出版社，2009.

[8] 杨华龙，刘进平. 供应链管理 [M]. 大连：东北财经大学出版社，2007.

[9] 张晓东，韩伯领. 供应链管理原理与应用 [M]. 北京：中国铁道出版社，2008．

[10] 王寿欣，蔺楠，覃正. 面向业务流程重组的过程分析与建模方法研究 [J]. 管理工程学报，2001 (4).

[11] 许民利，简惠云. 我国企业实施 BPR 战略的探讨 [J]. 中国地质大学学报：社会科学版，2001 (1).

[12] 曾斌，乔非，张浩，等. 基于 Petri 网的 BPR 建模方法的研究 [J]. 计算机工程与应用，2001 (5).

[13] 戴毅茹，严隽薇，董志斌. 支持 BPR 的面向对象资源建模技术 [J]. 计算机工程，2001 (9).

[14] 赵愚. 企业业务流程重组（BPR）与我国企业创新 [J]. 科技进步与对策，2001 (11).

[15] 尚林鹏. 浅析 BPR 概念及在我国的应用 [J]. 平原大学学报，2002 (2).

[16] Supply Chain Council. Supply-Chain Operations Reference-model 9.0. [S/OL]. 2008. http://www.supply-chain.org.

第十三章

供应链绩效评价

▲ 作 用

供应链绩效评价是供应链管理的重要组成部分，本章介绍了供应链绩效评价的基本知识、供应链绩效评价的特点、供应链绩效评价体系、绩效标杆法、供应链企业激励机制等内容，使读者能对供应链绩效评价有一个全面的了解。

▲ 关 键

- 供应链绩效评价的特点
- 供应链评价体系的构架
- 绩效标杆法
- 供应链企业激励机制

第一节 供应链绩效评价的特点

一、从单个企业角度进行绩效评价的特点

供应链管理是通过前馈的信息流和反馈的物料流及信息流，将供应商、制造商、分销商直到最终用户联系起来的一个整体的管理模式，因此它与单个企业管理模式有着较大区别，在对企业运行绩效的评价上也有许多不同。

单个企业绩效评价侧重于单个企业评价其内部职能部门或者职工个人，其评价指标在设计上有如下一些特点：

（1）单个企业绩效评价指标的数据来源于财务结果，在时间上略为滞后，不能反映供应链动态运营情况。

（2）单个企业绩效评价主要评价企业职能部门工作完成情况，不能对企业业务进程进行评价，更不能科学、客观地评价整个供应链的运营情况。

(3) 单个企业绩效评价指标不能对供应链的业务流程进行实时评价和分析,而是侧重于事后分析。因此,当发现偏差时,偏差已成为事实,其危害和损失已经造成,并且往往很难补偿。

鉴于此,为衡量供应链整体运作绩效,以便决策者能够及时了解供应链整体状况,应该设计出更适合于供应链绩效评价的指标和方法。

二、供应链绩效评价指标的特点

根据供应链管理运行机制的基本特征和目标,供应链绩效评价指标应该能够恰当地反映供应链整体运营状况以及上、下节点企业之间的运营关系,而不是单独地评价某一供应商的运营情况。例如,对于供应链上的某一供应商来说,该供应商所提供的某种原材料价格很低。如果孤立地对这一供应商进行评价,就会认为该供应商的运营绩效较好。若其下游节点企业仅仅考虑原材料价格这一指标,而不考虑原材料的加工性能,就会选择该供应商所提供的原材料。而若该供应商提供的这种价格较低的原材料,其加工性能不能满足下游企业生产工艺要求,势必增加下游企业的生产成本,从而使这种因价格低节约的成本被增加的生产成本所抵消。所以,评价供应链运行绩效的指标,不仅要评价该节点企业(或供应商)的运营绩效,而且还要考虑该节点企业(或供应商)的运营绩效对其他节点企业或整个供应链的影响。

单个企业绩效评价指标主要是基于部门职能的绩效评价指标,而供应链绩效评价指标是基于业务流程的绩效评价指标,通过图13-1、图13-2可以看出它们之间的差异。

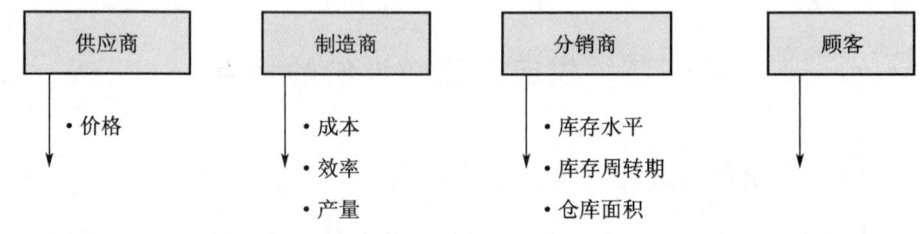

图13-1 基于职能的绩效评价指标示意图

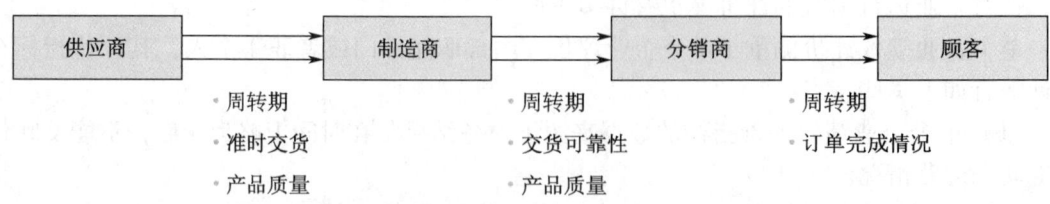

图13-2 基于供应链业务流程的绩效评价示意图

三、供应链绩效评价应遵循的原则

随着供应链管理理论的不断发展和供应链实践的不断深入,为了科学、客观地反映供应链的运营情况,应该考虑建立与之相适应的供应链绩效评价方法,并确定相应的绩效评价指标体系。供应链绩效的评价指标有其自身的特点,其内容比企业评价指标更为广泛,要能测评供应链的上游企业是否有能力及时满足下游企业或市场的需求。在实际操作上,为了建立能有效评价供应链绩效的指标体系,应遵循如下原则:

(1) 突出重点,要对关键绩效指标进行重点分析。
(2) 采用能反映供应链业务流程的绩效指标体系。
(3) 评价指标要能反映整个供应链的运作情况,而不是仅仅反映单个节点企业的运作情况。
(4) 应尽可能采用实时分析与评价的方法。要把绩效度量范围扩大到能反映供应链实时运作的信息上去,因为这比仅做事后分析要有价值得多。
(5) 在衡量供应链绩效时,要采用能反映供应商、制造商及用户之间关系的绩效评价指标,把评价的对象扩大到供应链上的相关企业。

四、供应链绩效评价指标的作用和内容

(一) 供应链绩效评价指标的作用

为了能评价供应链的实施给企业群体带来的效益,方法之一就是对供应链的运作状况进行必要的度量,并根据度量结果对供应链的运行绩效进行评价。因此,供应链绩效评价主要有以下四个方面的作用:

(1) 用于对整个供应链的运作效果进行评价,找出供应链运作方面的不足,及时采取措施予以纠正。
(2) 用于对供应链上各个成员企业进行评价,考察供应链对其成员企业的激励,吸引企业加盟,剔除不良企业。
(3) 用于对供应链内企业与企业之间的合作关系的评价,考察供应链的上游企业(如供应商)对下游企业(如制造商)提供的产品和服务的质量,从用户满意度的角度评价上、下游企业之间的合作伙伴关系的好坏。
(4) 除对供应链企业运作绩效的评价外,这些指标还可起到对企业的激励作用,包括核心企业对非核心企业的激励,也包括供应商、制造商和销售商之间的相互激励。

(二) 供应链绩效评价指标的内容

为了能起到上述作用,供应链的绩效评价一般从三个方面考虑:一是内部绩效度量;二是外部绩效度量;三是供应链综合绩效度量。

内部绩效度量主要是对供应链上的企业内部绩效进行评价,常见的指标有成本、客户

服务、生产率、良好的管理和质量等。

外部绩效度量主要是对供应链上的企业之间协调运行状况的评价。外部绩效度量的主要指标有客户满意度等。

21 世纪的竞争是供应链与供应链之间的竞争,这就引起人们对供应链总体绩效和效率的日益重视,要求提供能从总体上考察供应链运作绩效的衡量方法。这种考察方法必须是可以比较的。如果缺乏整体的绩效衡量,就可能出现制造商对客户服务的看法和决策与零售商的想法背道而驰的现象。综合供应链绩效的度量主要从客户满意度、时间、成本、资产等几个方面展开。

关于供应链绩效评价的一般性统计指标如表 13-1 所示。

表 13-1 供应链绩效评价的一般性统计指标

客户服务	生产与质量	资产管理	成本
饱和率		库存周转	全部成本/单位成本
脱销率	人工费系统	负担成本	
准时交货率	生产指数	废弃的库存	进出货运输费
补货订单	破损率	库存水平	仓库成本
周转时间	退货数	供货天数	管理成本
发运错误	信用要求数	净资产回报	直接人工费
订单准确率	破损物价值	投资回报	退货成本

除了以上一般性统计指标外,供应链的绩效还辅以一些综合性的指标(如供应链生产效率)来度量,也可由某些由定性指标组成的评价体系来反映,如客户满意度、企业核心竞争力、核心能力等。

第二节 供应链评价体系的构架

一、对供应链绩效的评估方法

当前人们对供应链整体绩效越来越关注,这就要求衡量标准能够综合反映各方面的观点,并能在各职能部门之间以及各供应链组织间进行比较。对供应链绩效的评估方法包括:现金到现金的周转时间、供应链库存周转天数、闲置时间、在货架上的货物占库存货物的百分比、供应链总成本以及供应链反应时间。

1. 现金到现金的周转时间

现金到现金周转是对企业现金使用效率的评估方法。虽然库存在资产负债表中通常都是作为流动资产汇报的,然而有时存货并不能反映企业的真实资产状态。例如,一些库存也许已经交付给客户,而这些客户由于某种原因还没有支付合同上规定的款项;相反,企业持有的某些存货也许还没有向供应商付款。现金到现金周转时间是将花费在库存上的成本转化成销售收入所需的时间,它可以通过库存周转天数与未清的应收账款天数相加,再减去未清的应付账款天数来进行计算。现假定一零售商有 30 天的库存数量,供货商提供 30 天的贸易信用天数,仅用现金交易方式卖给终端消费者,理论上这个企业的现金到现金周期等于零,因为它向最终消费者售货并取得货款的时候,正是应该向供应商支付货款的时候。更重要的是,无论资产负债表上怎样写,这家企业的实际库存投资为零。

物流是一个重要的影响因素,但现金到现金周转时间不仅仅受物流影响。现金到现金周转时间是对企业内部过程的衡量,因为它包括市场营销部分,如客户定价和销售条款,还包括采购部分,如供应商定价和条款。它提供了一个企业在库存资产方面财务资源整合的真实情况。

2. 供应链库存总量

传统的库存绩效衡量指标——周转率和库存数量将重点集中在单个的企业上。从供应链的观点来看,这些衡量指标的缺陷在于一家企业可以仅仅通过转移库存到供应商或客户手中来提高其绩效。供应链库存数量关注各个环节的总库存,一般情况下定义为工厂、配送中心、批发商、零售商处的全部成品库存数量。这种衡量方法中,库存进一步包括生产厂家和供应商所持有的原材料和零部件。这些半成品库存可折算为成品,并作为一部分记入全部供应链库存中来。先进的供应链管理方法可通过供应链整合来减少总周转天数,如食品行业中率先使用的有效客户响应(ECR)等。

3. 闲置时间

闲置时间是另一个用来衡量整体供应链在资产管理方面绩效的指标。库存闲置时间是指在供应链中库存闲置不用的天数与库存被有效地利用或配置的天数的比率。虽然有时由于质量控制的原因或为了缓冲某些不确定性而使得库存需要被放置不用,但延长了的闲置时间仍然反映了潜在的无生产性库存的数量。闲置时间同时也可以用于其他的资产的计算,特别是运输设备。例如,铁路车辆的利用率可以由铁路车辆放置不用和空置的天数与它装满货物的天数来计算。减少资产闲置时间是许多物流管理人员的一个关键工作目标。闲置的资产对一个组织的生产力没有任何贡献。

4. 在货架上的货物占库存货物的百分比

供应链中的所有参与者的关键目标是,不论何时何地,只要终端消费者需要购买产品,就有产品可以供应。传统的单独对分销中心和对零售商店的绩效评价指标很难保证当消费者在商店中选择商品时,企业就有产品可以供应。由于这个原因,在一些供应链关系中,对整体绩效的一个关键的衡量指标是货架货物占库存货物的百分比。其基本原理是一个消费者不可能或不愿意选择和购买一个在商店货架上不容易得到的商品。提高货架货物占库存物的百分比可以使供应链中的所有成员受益,而不仅仅是零售商。

5. 供应链总成本

迄今很多关于成本的讨论中,主要关注于单个企业的成本。图13-3描述了这样一个事实,即供应链总成本是供应链上所有企业成本的总和,而不仅是单个企业的成本。这个观点对有效的供应链管理绝对至关重要。仅仅关注单个企业的成本也许会导致局部优化和一家企业将费用转移到另外一家。如果供应链管理的目标是降低总成本,只要总成本的降低大于供应链中的某一个或几个成员成本的增加,则供应链作为一个整体就有改进。于是,那些成本减少的企业就有责任将利益分割一些给那些成本增加的企业以作补偿。这种在运作整合的变革中共享利益和共担风险的意愿是供应链管理的真正核心。

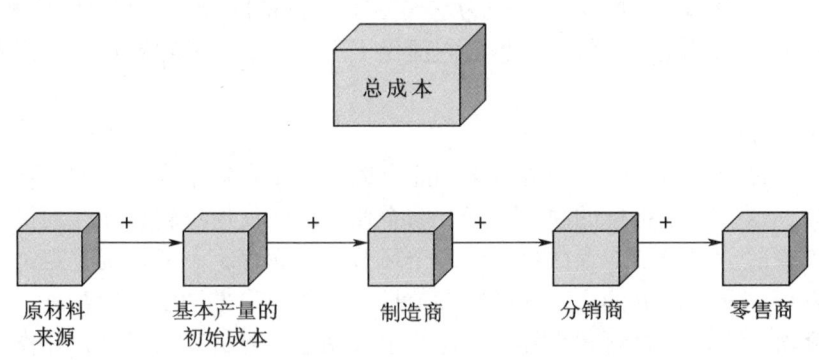

图13-3 供应链总成本

6. 供应链反应时间

综合供应链绩效的一个有趣的和极有意义的衡量标准是供应链反应时间(Supply Chain Response Time,SCRT)。SCRT可以通过满足需要的时间来计算,即一个企业认识到市场需求的根本性变化,将这一发现内在化,然后重新计划和调整产量来满足该需求所需要的时间。例如,在汽车工业中,当发现市场上对运动型汽车的需求极高时,汽车公司往往要花上几年时间来开发充足的生产量和能力,重新安排供应商关系,并满足消费者的需求。在大多数的情况下,一个真实的SCRT衡量标准实际上是一个理论的近似值。然而,当供应链管理人员考虑整个供应链需要多长时间才能准备好,以面对产品需求比预期的大(小)很多的情况时,SCRT就极其有用了。

二、反映整个供应链业务流程的绩效评价指标

在这里,整个供应链是指从最初供应商开始直至最终用户为止的整条供应链。综合考虑指标评价的客观性和实际可操作性,提出如下反映整个供应链运营绩效的评价指标。

（一）产销率指标

产销率是指在一定时间内已销售出去的产品与已生产的产品数量的比值，即：

$$产销率 = \frac{一定时间内已销售出去的产品数量(S)}{一定时间内生产的产品数量(P)}$$

因为 $S \leq P$，所以产销率小于或等于1。

产销率指标又可分成如下三个具体的指标：

1. 供应链节点企业的产销率

$$供应链节点企业的产销率 = \frac{一定时间内节点企业已销售的产品数量}{一定时间内节点企业已生产的产品数量}$$

该指标反映供应链节点企业在一定时间内的经营状况。

2. 供应链核心企业的产销率

$$供应链核心企业的产销率 = \frac{一定时间内核心企业已销售的产品数量}{一定时间内核心企业已生产的产品数量}$$

该指标反映供应链核心企业在一定时间内的经营状况。

3. 供应链产销率

$$供应链产销率 = \frac{一定时间内各节点企业已销售的产品数量之和}{一定时间内各节点企业已生产的产品数量之和}$$

该指标反映整个供应链在一定时间内的经营状况，其时间单位可以是年、月、天。随着供应链管理水平的提高，时间单位也可以取得越来越小，甚至可小到以天为单位。该指标也反映供应链资源（包括人、财、物、信息等）的有效利用程度，产销率越接近1，说明资源利用程度越高。同时，该指标也反映了供应链库存水平和产品质量，其值越接近1，说明供应链库存量越小。

（二）平均产销绝对偏差指标

$$平均产销绝对偏差 = \sum_{i=1}^{n} \frac{|P_i - S_i|}{n}$$

式中　n——供应链节点企业的个数；

　　　P_i——第 i 个节点企业在一定时间内生产产品的数量；

　　　S_i——第 i 个节点企业在一定时间内已生产的产品中销售出去的数量。

该指标反映在一定时间内供应链总体库存水平。其值越大，说明供应链库存量越大，库存费用越高；反之，说明供应链库存量越小，库存费用越低。

（三）产需率指标

产需率是指在一定时间内，节点企业已生产的产品数量与其上层节点企业对该产品的需求量的比值。具体分为如下两个指标：

1. 供应链节点企业产需率

$$\text{供应链节点企业产需率} = \frac{\text{一定时间内节点企业已生产的产品数量}}{\text{一定时间内上层节点企业对该产品的需求量}}$$

该指标反映上、下层节点企业之间的供需关系。产需率越接近1，说明上、下层节点企业之间的供需关系协调、准时交货率高；反之，则说明下层节点企业准时交货率低或者企业的综合管理水平较低。

2. 供应链核心企业产需率

$$\text{供应链核心企业产需率} = \frac{\text{一定时间内核心企业已生产的产品数量}}{\text{一定时间内用户对该产品的需求量}}$$

该指标反映供应链整体生产能力和快速响应市场能力。若该指标数值大于或等于1，说明供应链整体生产能力较强，能快速响应市场需求，具有较强的市场竞争能力；若该指标数值小于1，则说明供应链生产能力不足，不能快速响应市场需求。

（四）**供应链产品出产**（或投资）**周期**（Cycle Time）**或节拍指标**

当供应链节点企业生产的产品为单一品种时，供应链产品出产周期是指产品的出产节拍；当供应链节点企业生产的产品品种较多时，供应链产品出产周期是指混流生产线上同一种产品的出产间隔。由于供应链管理是在市场需求多样化经营环境中产生的一种新的管理模式，其节点企业（包括核心企业）生产的产品品种较多，因此，供应链产品出产周期一般是指节点企业混流生产线上同一种产品的出产间隔期。它可分为如下两个具体的指标：

1. 供应链节点企业（或供应商）零部件出产周期

该周期指标反映了节点企业库存水平以及对其上层节点企业需求的响应程度。该周期越短，说明该节点企业对其上层节点企业需求响应越快速。

2. 供应链核心企业产品出产周期

该周期指标反映了整个供应链的在制品库存水平和成品库存水平，同时也反映了整个供应链对市场或用户需求的快速响应能力。核心企业产品出产周期决定着各节点企业产品出产周期，即各节点企业产品出产周期必须与核心企业产品出产周期合拍。该周期越短，说明整个供应链的在制品库存量和成品库存量都比较少，总的库存费用都比较低；另一方面也说明供应链管理水平比较高，能快速响应市场需求，并具有较强的市场竞争能力。

缩短核心企业产品出产周期，应采取如下措施：

（1）使供应链各节点企业产品出产周期与核心企业产品出产周期合拍，而核心企业产品出产周期与用户需求合拍。

（2）可采用优化产品投产计划或采用高效生产设备或加班加点来缩短核心企业（或节点企业）产品出产周期。其中，优化产品投产顺序和计划来缩短核心企业（或节点企业）产品出产周期是既不需要增加投资又不需要增加人力和物力的好方法，而且见效快，值得推广。

（五）供应链总运营成本指标

供应链总运营成本包括供应链通信成本、供应链库存费用及各节点企业外部运输总费用。它反映供应链运营的效率。具体分析如下：

1. 供应链通信成本

供应链通信成本包括各节点企业之间的通信费用，如 EDI、互联网的建设和使用费用；供应链信息系统开发和维护费等。

2. 供应链总库存费用

供应链总库存费用包括各节点企业在制品库存和成品库存费用、各节点之间在途库存费用。

3. 各节点企业外部运输总费用

各节点企业外部运输总费用等于供应链所有节点企业之间运输费用总和。

（六）供应链核心企业产品成本指标

供应链核心企业的产品成本是供应链管理水平的综合体现。根据核心企业产品在市场上的价格确定出该产品的目标成本。再向上游追溯到各供应商，确定出相应的原材料、配套件的目标成本，只有当目标成本小于市场价格时，各个企业才能获得利润，供应链才能得到发展。

（七）供应链产品质量指标

供应链产品质量是指供应链各节点企业（包括核心企业）生产的产品或零部件的质量。质量指标主要包括合格率、废品率、退货率、破损率和破损物价值等指标。

三、反映供应链上、下节点企业之间关系的绩效评价指标

供应链上、下节点企业之间关系的绩效评价是以供应链层次结构为基础的。供应链可看成是由不同层次供应商组成的递价层次结构，上层供应商可看成是其下层供应商的用户。

因此，上层供应商评价和选择与其业务相关的下层供应商更直接、更客观。如此递推，即可对整个供应链的绩效进行有效的评价。为了能综合反映供应链上、下层节点企业之间的关系，有人提出了满意度指标，具体内容介绍如下：

满意度是反映供应链上、下节点企业之间关系的绩效评价指标，即在一定时间内上层供应商 i 对其相邻下层供应商 j 的综合满意程度 C_{ij}。其表达式如下：

$$C_{ij} = \alpha_j \times 供应商 j 准时交货率 + \beta_j \times 供应商 j 成本利润率 + \lambda_j 供应商 j 产品质量合格率$$

式中 $\alpha_j、\beta_j、\lambda_j$——权数，且 $(\alpha_j + \beta_j + \lambda_j)/3 = 1$。

准时交货率是指下层供应商在一定时间内准时交货的次数占其总交货次数的百分比。供应商准时交货率低，说明其协作配套的生产能力达不到要求，或者是对生产过程的组织

管理跟不上供应链运行的要求；供应商准时交货率高，说明其生产能力强，生产管理水平高。

成本利润率是指单位产品净利润占单位产品总成本的百分比。在市场经济条件下，产品价格是由市场决定的，因此，在市场供需关系基本平衡的情况下，供应商生产的产品价格可以看成是一个不变的量。按成本定价的基本思想，产品价格等于成本加利润，因此产品成本利润率越高，说明供应商的盈利能力越强，企业的综合管理水平越高。在这种情况下，由于供应商在市场价格水平下能获得较大利润，其合作积极性必然增强，必然对企业的有关设施和设备进行投资和改造，以提高生产效率。

产品质量合格率是指质量合格的产品数量占产品总产量的百分比，它反映了供应商提供货物的质量水平。质量不合格的产品数量越多，则产品质量合格率就越低，说明供应商产品的质量不稳定或质量差，供应商必须承担对不合格的产品进行返修或报废的损失，这样就增加了供应商的总成本，降低了其成本利润率。因此，产品质量合格率指标与产品成本利润率指标密切相关。同样，产品质量合格率指标也与准时交货率密切相关，因为产品质量合格率越低，就会使得产品返修的工作量加大，必然会延长产品的交货期，使得准时交货率降低。

在满意度指标中，权数的取值可随着上层供应商的不同而不同。但是对于同一个上层供应商，在计算与其相邻的所有下层供应商的满意度指标时，其权数均取相同值。这样，通过满意度指标就能评价不同供应商的运营绩效以及这些不同的运营绩效对其上层供应商的影响。满意度指标值低，说明该供应商运营绩效、生产能力和管理水平都较低，并且影响了其上层供应商的正常运营，从而影响整个供应链的正常运营。因此，满意度指标值较低的供应商应作为管理的重点，要么进行全面整改，要么重新选择供应商。在整个供应链中，若每层供应商满意度指标的权数都取相同值，则得出的满意度指标可以反映整个上层供应商对其相邻的整个下层供应商的满意程度。

供应链最后一层为最终用户层，最终用户对供应链产品的满意度指标是供应链绩效评价的一个最终标准。可按如下公式进行计算：

$$满意度 = \alpha \times 零售商准时交货率 + \beta \times 产品质量合格率 + \lambda \times \frac{用户期望的产品价格}{实际的产品价格}$$

四、衡量系统的目标

供应链管理人员必须建立起有效的衡量系统，以便达到对物流运作进行监控、管理和指导这三个目的。

监控是通过建立恰当的衡量标准来实现的，该衡量标准跟踪系统的运作情况，为管理层提出报告。例如，人们通常通过制订衡量标准和收集数据来汇报基础的服务绩效，包括相关的完成比率、实时交货率以及运输、仓储等物流活动的成本。管理是通过建立起与已有的衡量标准相关联的绩效标准来实现的，以此，来指出物流系统何时需要修改或需要注意。又如，如果完成比率降到绩效标准之下，物流经理必须找出原因并且做出调整，从而使得整个流程重新恢复到相应的水平。衡量系统的第三个目标是指导，这与员工的激励机制和对绩效的奖励有关。再如，有些公司鼓励仓库员工提高生产力，必须根据一定标准对他们的选货装卸等工作进行衡量，并在此基础上确定他们八小时工作的酬劳额度。如果他们不到八小时就完成了任务，那么应该让他们提前放工。

如图 13-4 所示是一个股东价值模式，它提供了一个在物流活动中同时考虑运作优良性和资产利用的框架。

在运作优良性方面，通过使客户取得成功和最大限度地降低服务总成本支出，衡量标准将重点集中在客户适应度的提高上。资产利用反映了在管理企业固定资本和营运资本方面的效率。固定资本包括制造和分销设施、运输和物料处理设备以及信息技术硬件设备。营运资本即代表现金、库存投资以及与应收账款相关的投资和应付账款相关的投资者之间的差额。特别需要指出的是，通过更加有效地使用与物流运营有关的资产，企业也许可以从现存模式中将资产解放出来。这些被解放的资本被认为是旋转资金，它可以用于组织其他方面的再投资。全面的资产运用对股东特别重要，并且对企业在金融市场中的形象也至关重要。

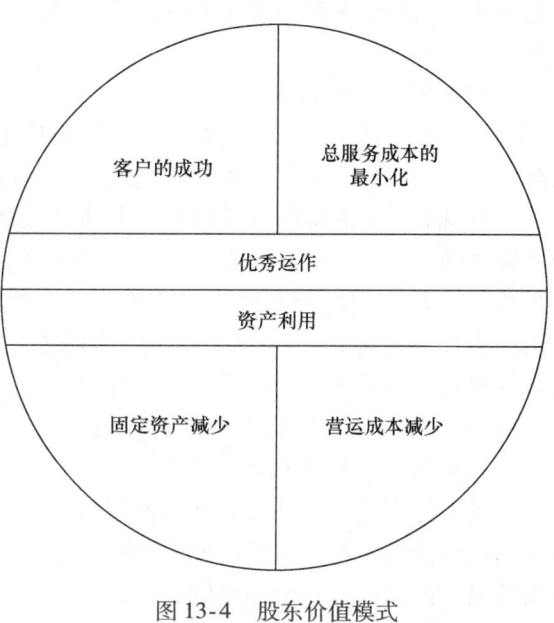

图 13-4　股东价值模式

五、一个理想的衡量系统的特征

理想的绩效衡量系统融入了三个能提供准确和及时的管理指导的特征：成本/服务协调、动态的以知识为基础的报告以及以例外为基础的报告。下面就对每一项进行描述和说明。

1. 成本/服务协调

由于在收集某些类型的数据上存在困难，以及相关的因果关系的影响，使大多数报告只能显示一段特定时间内的物流费用。例如，直到装运后的一段时间，才有可能收到运费清单。这样的实际情况，常会引起运费清单和发票混淆不清的问题。同样地，也就难以将那些与客户服务有关的额外费用，分配给那些需要为客户提供额外服务的订单中去。这样的报告，通常就不能反映对于收益的产生至关重要的成本/服务利益互换的实际情况，而确认和协调成本及收益，以做出有意义的决策。但对经理们来说，这却是一个至关重要的问题。例如，在玩具工业中，对于年初生产的玩具，为了鼓励玩具商们为节日销售做出努力，而对早期的订货打折扣。在这种情况下，除非是厂商已对成本被合适地安排到收益中去的情况有充分的了解，否则是难以做出应打多少折扣的决策的，管理层得到的将是一份扭曲了物流系统绩效的报告。因此，关键在于活动水平是否与计划的成本水平相匹配。当计划活动产生与未来销售有关的成本时，使相应的收益与成本相协调是可能的，也是必要的。

2. 动态的以知识为基础的报告

从总体上来讲，大多数的物流运作报告所提供的只是在一个单一报告期内的重要活动状态，诸如，当今的库存位置、运输成本、仓库成本以及其他费用的措施或活动水平。这些报告虽然提供了关键的统计资料，并能通过和过去的运作时期做比较来判断绩效是否达到计划目标，但它们毕竟是静态的。静态报告的缺陷在于不能为超越以往的时期提供一个景象，以及不能对未来做出关键的趋势判断。物流经理要求一个报告系统能够在它们突然失去控制之前，指出与逆境相反的趋势，理想的状态是，报告系统也能对可用的物流数据进行询问以及从中提取相关的信息，以正确地指导管理行动。这样，报告系统最好拥有调查能力以预见运作趋势，以及对行动提出合适、正确的建议。

3. 以例外为基础的报告

物流措施应该是以例外为基础的报告。物流广泛的和详细的性质，要求把管理的注意力从以期望的结果转移到以例外为基础的结果。计划结果例外情况的存在，证明有非期望活动的发生。因此，一个理想的报告系统将会帮助经理将需要关注的处理过程和活动隔离开来。

六、衡量和信息流的层次

从管理层的角度看，具有一个系统控制的机制是关键的。评价和控制系统可使管理层确信，总的运作处在合理、可控的范围。如果一个相当重要的例外情况出现时，就说明了产生了较大的偏离。然而，很少有经理愿意坐下来等待一个例外情况的出现。

下面来自库存管理的例子描述了系统控制和例外情况之间的关系。假设在一个计划时期中的某个时点上，有一种关键物品急需重新订货，而根据计划安排，几乎不可能再有资金分配给这种"公开购买"的项目，这时，就可能出现一个以一定的资金去准备一个新订单的指示。而这项订单所需的资金，可能是超越其批准权限的。在这种情况下，商品控制人员可能就会把这种情况告知管理层，从而做出合适的调整。

然而，如果原来的"公开购买"项目被认为足以覆盖客户的需要，而当今出现的问题来自于以往对资金做出的不适当分配，这时，如果没有外来的控制，对此做出决策的人，当然不愿意坐等管理层的检查，而继续按照原来的猜测继续"赌博"，原来不适当的存货，将会继续存在下去。这显然关系着对客户的服务政策，因为如果有一个检验的机会，管理层就会采取措施，选择增加"公开购置"项目，以减少或消除缺货情况有可能出现的风险。否则，管理层只能在缺货情况成为规定策略的例外时，才有机会来表达它的选择，显然这对服务策略的履行极其不利。

在库存管理中，评价和控制系统能够显示，在没有发出一个购买订单的情况下，一个关键的物品已经通过了正常渠道重新订货。库存控制经理会被期望采取合适的行动，以及如果需要的话，要求来自更高层次管理层的帮助。这些程序防止了控制趋势成为极端的例外。

这个讨论清楚地显示，管理层愿意阻止而非校正例外的情况。评价和控制系统的目的在于指出一个缺陷，从而能采取正确的行动来防止问题再次发生。

衡量的性质要求能够在企业中发展好几个层次的信息。作为一个总的规则，管理层检验的层次越高，数据和报告应越具有选择性。下列四种信息层次对于物流衡量是可应用的：指导、变化、决策和策略。在每一个层次上，信息是与趋势控制或例外校正有关的。

1. 指导

在指导的层次上，信息流和衡量均涉及运作计划的执行。一个交易单据流指明了一种需要，行动单据则确认了必要的合适步骤来达到目标。例如，收到一份订单时，先检查信用卡，然后订单被分配到其被取出、包装和运输的仓库里。在运输中，根据商定的销售条款，客户将收到支付单。订货收据是交易单据，活动的其他部分是由行动单据所产生的。

在特定的时间内，所有的交易和行动单据被结合进一系列的状态报告中。这个状态报告小结了个人活动和他们迎合被期望的交易要求的能力。例如，总的库存使用量可以根据产品线上的每个物品项目与当今的库存的比较而得出。根据状态报告情况，可以发出附加的行动单据来补充特定物品的存货。

关于在指导层次上的信息流和衡量，必须记住两个重要的性质。第一，信息集中于每天的商业交易活动，并根据事先决定的决策条例对有选择性的、有限的状态进行检验。换句话说，在指导层次上的信息流是按照事先决定的规划执行的。第二，积累记录从而对所有其他控制层次形成一个数据库。数据库产生涉及有效性、控制趋势以及对例外情况的考察。在指导层次管理上，可执行的处理行动是有限的，因为所有的连续衡量活动都是以交易和行动单据的产生，以及处理信息的精确性为基础的。

2. 变化

变化是指对计划的偏离。变化衡量的理想结果在于识别可能会发展成问题的趋势。然而，变化可能首先发生在指导的层次上，作为一个绩效需求水平的例外而出现。

管理可执行处理的行动涉及发生在变化水平的最初资源配置。第一，经理必须确定问题中的情景是一个独立的事件还是一个更为严重问题的征兆。第二，经理必须确定问题的解决方法是否在他的权力范围内以及他是否需要另外的资源分配。根据经理对这两个问题的解释,经理能够发出一个正确的指令来指导直接运作,或是要求来自决策层的帮助。

重要的是要意识到,检验确认变化的信息的范围比所需求设置的方向狭窄得多。在确认范围变化的场合,管理层关注的是单个交易的特定效率。

3. 决策

决策衡量有关对计划的修正,是对已经在方向和变化水平上出现的例外情况或问题要求对原运作计划进行重新评价。就像人们所能期望的,在决策层呈现的信息分类是非常有选择性的。重要的是要注意到,决策层是最初的衡量层次,因而可以在运作计划中做正式的改变。

修正通常要求对附加资源进行重新分配。决策的范围不应该包括对系统目标的改变。换句话讲,如果绩效有缺陷,在决策层,客户服务标准将不会被修正,然而,会授权加收附加的费用来迎合系统目标。决策层的管理活动必须就总的系统后果进行评价。就像前文所提到的,修正计划的决策权必须转送到涉及总系统绩效的所有经理手中。

4. 政策

首先,政策衡量包含了目标的改变。其次,当面临政策问题时,系统设计和管理领域将会合并。关注的领域在范围上变为全企业,并包括了所有的管理层。新政策的形成要求对计划系统设计做出评价。对于政策修正的要求可以源于企业管理中的任何一点。这样,讨论已经集中在产生来自物流数据库的信息,以及物流绩效或费用计划的变化中。然而,政策改变也可以是来自管理层的其他领域。例如,市场营销部门会要求一个总的客户服务水平的提高。

图13-5清晰地展示了包括物流管理的四个衡量层次。在每一个层次附近,表明其一个企业里相应的组织等级,在这张图的左边,用数据金字塔来反映每一个衡量层次所考虑的信息选择性。就像以前提到的,每一个层次是有关信息控制和例外事件报告的提供者。从指导层次到政策层次,信息虽然在量上减少了,但重要性却越来越大。

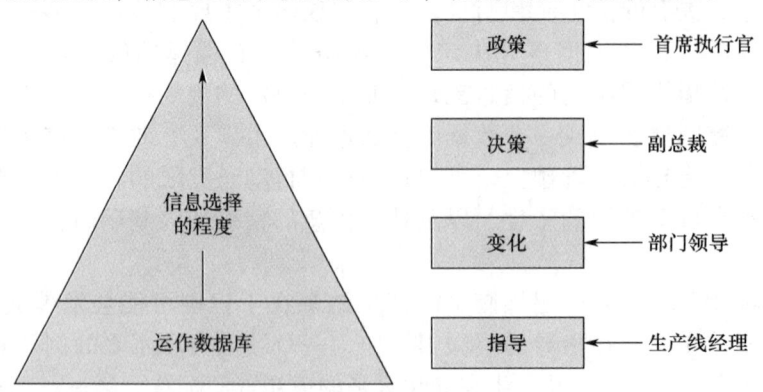

图13-5 信息流和衡量层次

第十三章 供应链绩效评价

第三节 供应链企业激励机制

一、建立供应链企业激励机制的重要性

为什么要建立供应链企业的激励机制？要回答这个问题，不妨从一个实际例子谈起。某一大型汽车制造商为了促进其生产的汽车在市场上的销售，向分销商提出了一个促销的激励措施。公司规定：只要经销商的销售额达到一定数额，年底时制造商将付给经销商一笔奖金。同时，为了帮助经销商，制造商出面与银行签订了分期付款的协议。此举推行下去之后，曾出现一阵销售热潮，库存量明显下降，但是，到年底一算账，制造商才发现有问题，原来，经销商为了扩大销售业绩，纷纷下调价格出售汽车。结果，汽车卖出去不少，经销商也得到了实惠，但是制造商则损失惨重，因为它们不得不承受低价销售的损失，使本来就步履艰难的生产经营活动雪上加霜。于是，制造商不得不检讨该项措施的失误，第二年重新制订新的促销战略。

这个例子说明，制造商的出发点是激励经销商多卖汽车，希望在给自己带来效益的同时，经销商也能获得一定利益，但是，事与愿违，此激励措施不但没有发挥正常的激励作用，反而给企业造成了一定的损失。

导致出现这种情况的原因当然是多种多样的，其中原因之一就是在委托代理过程中的风险所造成的。委托代理过程中的风险有多种表现形式，其中最为常见的是不完全信息下决策的风险、代理人的道德风险等。供应链企业间的关系实际上就是一种委托代理关系。由于信息非对称现象在经济活动中相当普遍，而许多经济合同又都是在信息非对称条件下执行的，就难免存在风险。产生风险的原因之一在于代理人拥有私有信息：委托人与代理人签订合同时，双方所掌握的信息是对称的。然而，建立委托代理关系后，委托人无法观察到代理人的某些私有信息，特别是代理人的努力程度方面的信息。在这种情况下，代理人可能会利用其私有信息采取某些损害委托人利益的行动（如上面举的汽车经销商的例子）。为了克服风险带来的危害，以合作和分担风险概念为中心的信息激励机制理论发展起来。

对于委托人来讲，只有使代理人行动效用最大化，才能使其自身利益最大化。然而，要使代理人采取效用最大化行动，必须对代理人的工作进行有效的激励。因此，委托人与代理人，即制造商和供应商或制造商和经销商之间的利益协调关系，就转化为信息激励机制的设计问题。所以说，如何设计出对供应链上的各个节点企业的激励机制，对保证供应链的整体利益是非常重要的。

313

二、供应链企业激励机制的特点

激励机制并不是一个新话题。组织行为学中有专门讨论激励问题，委托代理理论也研究激励问题。这里将激励的概念和范围扩大到了整个供应链及其相关企业上，从广义的激励角度研究供应链管理环境下的激励和激励机制的建立问题。

根据组织行为学的基本观点，一个人的工作成绩可以用公式表示：工作成绩 = f（能力 × 动机），即一个人工作成绩的好坏，既取决于他的能力，也取决于他的动机。如果一个人的积极性被调动起来，即动机被激发，那么他取得的成绩就大。美国哈佛大学心理学家威廉·詹姆士（William James）在对职工的激励研究中发现按时计酬的职工仅能发挥其能力的20%~30%，如果受到充分激励则可以达到80%~90%，也就是说，同样一个人在通过充分激励后所发挥的作用相当于激励前的3~4倍。它反映的是这样一个问题：在现代企业中，人们往往不是不会做，而是不积极地去做。因此企业管理的重要问题之一是调动职工的工作积极性。而职工积极性与个人需要和动机相联系，是由动机推动的。可以说，影响积极性的基本因素是人的需要和动机。

从供应链的委托代理特征去理解，所谓激励，就是委托人有一个价值标准，这些标准或目标可以是最小成本约束下的最大预期效用，也可以是某种意义上的最优资源配置，或个人的理性配置集合。现在，委托人希望能够达到这些目标，那么，委托人应该制订什么样的规则，能使其他市场参与者（代理人）的行为都能与委托人的目标一致呢？更进一步地分析，激励就是委托人如何使代理人在从自身利益效用最大化出发时，自愿或不得不选择与委托人标准或目标一致的行动。

激励是一个心理学范畴，在管理学的应用中，对激励的研究一般限于个人行为的范围。供应链激励因其对象包括团体（供应链和企业）和个人（管理人员和一般员工）两部分而将研究范围扩大为个人心理和团体心理。一般地讲，供应链涵盖的社会范围很大，具有社会性，供应链的团体心理即是社会心理。同时，供应链的社会心理作为一个"整体"具有"个体"——个人心理的一般特性，即基于需要产生动机进而产生某些行为以达到目标。但是，整体毕竟不是个体的简单相加，供应链的社会心理同时又具有其独特的一面。

作为众多企业的集合，供应链管理系统也存在同样的问题。成员企业的积极性不够，核心企业的开拓精神不强烈，有些企业是小富即安，更有一些企业仅安于维持现状、不亏损就心满意足了，或者是受到竞争压力和外部某些压力（如项目失败、市场需求疲软等）而退缩、丧失进取心等。一个企业如同一个人一样，也有需要、行为、动机和目的，也有心理活动，也有惰性，当然也需要激励。供应链激励是供应链管理的一项重要工作。供应链包含组织层（即供应链层）、企业层和车间层等三个层面，可激励对象包括供应链自身、成员企业、企业管理人员和一般员工。其中对管理人员（企业家）和一般员工的激励属于企业激励机制的范畴，因此供应链激励主要专注于供应链环境下的成员企业。

供应链企业的激励过程可以借用传统的激励过程模型来描述，如图13-6所示。从图中可以看出，供应链的激励机制包含激励对象（又称激励客体、代理方）、激励的目标、供应链绩效测评（包括评价指标、指标测评和评价考核）和激励方式（正激励和负激励，物质性激励、精神性激励和感情性激励）等内容。事实上，根据供应链激励的特点，供应链的激励机制还隐含了两个内容：供应链协议和激励者（又称激励主体、委托方）。

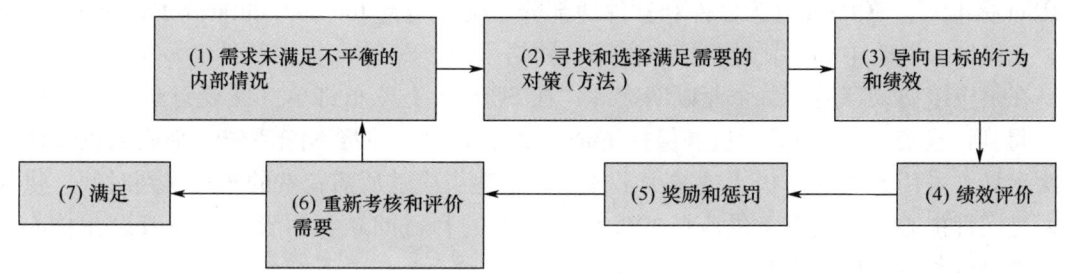

图13-6　供应链企业激励过程

三、供应链协议

供应链激励需要一个好的规则来评判好与坏，供应链协议（Supply Chain Protocol，SCP）充当了这一角色，为供应链绩效评价和激励的实现提供了一个平台。

供应链协议是将供应链管理工作进行程序化、标准化和规范化的协定。供应链协议为激励目标的确立、供应链绩效测评和激励方式的确定提供基本依据。激励目标要与激励对象的需要相联系，同时也要反映激励主体的意图和符合供应链协议。激励方式视绩效评价结果和激励对象的需要具体而定。

供应链的运作以快速、高效、敏捷等特点而显示出竞争优势，兼容并蓄了许多先进管理方法如JIT、MRPⅡ、CIMS、FMS（柔性制造系统）等。但是，供应链在运作时存在着安全性、法律法规协商时间、供应链优化、主动性限制、供应链淘汰机制等现实问题。这些问题的存在，制约了供应链功能的发挥。针对这几个根本性问题，相应地提出供应链协议，以规范对供应链运作的管理。供应链协议是根据供应链产品生产模式的特点，结合ISO 9000、EDI、TCP/IP等多方面知识，将供应链管理工作程序化、标准化和规范化，使供应链系统能有效控制、良好运作、充分发挥功能。简单地讲，供应链协议就是在一系列标准（供应链协议标准，简称SCP标准）支持下的拥有许多条目的文本（供应链协议文本，简称SCP文本），并将这些文本固化于一个网络系统（供应链协议网络系统，简称SCPNet）中。供应链协议强调供应链的实用性和供应链管理的可操作性，重视完全信息化和快速响应的实现。

供应链协议的内容分为三个部分：SCP 文本；SCP 标准；SCPNet。SCP 文本是供应链管理规范化、文本化、程序化的主体部分，包括 10 个部分：①定义；②语法规范；③文本规范；④供应链的组建和撤销；⑤企业加入供应链的条件、享受权利、应担风险以及应尽义务；⑥供应关系的确立与解除；⑦信息的传递、收集、共享与发布；⑧供应、分销与生产的操作；⑨资金结算；⑩纠纷仲裁与责任追究。SCP 标准包括产品标准、零配件标准、质量标准、标准合同、标准表（格）单（据）、标准指令、标准数据、标准文本以及 SCPNet 标准等。SCPNet 分为硬件和软件两部分。硬件包括 Internet/Intranet/Extranet、客户机、工作站、网管中心，软件包括数据库、网络系统、SCPNet 支撑软件。

在供应链协议环境下，企业以期货形式在 SCPNet 上发布订单（接受订单）寻求供应商（得到销售商）。这种灵活机制保持了企业的主动性，并将不能适应的企业从供应链上淘汰出局。采用 SCP 文本极大地减少了加入、组建供应链所需花费的较长谈判时间。供应链通过网管中心来协调由于供应链的优化而带来的利益问题。网管中心一般设在核心企业，并由核心企业负责管理。

四、激励机制的内容

从一般意义上讲，激励机制的内容包括激励的主体与客体、激励的目标和激励的手段。

（一）激励的主体与客体

激励的主体是指激励者，激励的客体是指被激励者，即激励对象。激励的主体从最初的业主转换到管理者、上级，到今天已经抽象为委托人。相应地，激励的客体从最初的蓝领工人阶层转换到白领的职员阶层，直至今天的代理人。供应链管理中的激励对象（激励的客体）主要是指其成员企业，如上游的供应商企业、下游的分销商企业等，也包括每个企业内部的管理人员和员工。这里主要讨论对代理人的激励。因此，供应链管理环境下的激励主体与客体主要有以下几对：

（1）核心企业对成员企业的激励。
（2）制造商（下游企业）对供应商（上游企业）的激励。
（3）制造商（上游企业）对销售商（下游企业）的激励。
（4）供应链对成员企业的激励。
（5）成员企业对供应链的激励。

（二）激励的目标

激励的目标主要是通过某些激励手段，调动委托人和代理人的积极性，兼顾合作双方的共同利益，消除由于信息不对称和道德行为带来的风险，使供应链的运作更加顺畅，实现供应链企业共赢。

（三）激励的手段

供应链管理模式下的激励手段多种多样。从激励理论的角度可划分为正激励和负激励两大类。

正激励是指一般意义上的正向强化、正向激励，是鼓励人们采取某种行为；而负激励则是指一般意义上的负强化，是一种约束、一种惩罚，阻止人们采取某种行为。

正激励是在激励客体和激励目标之间形成一股激励力，使激励客体向激励目标进发。负激励是对激励客体实施诸多约束，而仅仅预留指向激励目标一个方向给激励客体发展，从而达到激励目的。通常的激励方式基本上都是正激励，负激励被作为约束机制来研究。

对于激励的手段，在现实管理中主要采取三种激励模式：物质激励模式、精神激励模式和感情激励模式。

但是对供应链企业的激励不仅仅如此。例如，一条供应链因为获得比别的供应链更多的信息而被激励，这既不属于精神激励，也不属于物质激励，所以我们称之为信息激励模式。

一般而言，有以下几种激励模式可供参考。

1. 价格激励

在供应链环境下，各个企业在战略上是相互合作的，但是各个企业的利益不能被忽视。供应链的各个企业间的利益分配主要体现在价格上。价格包含供应链利润在所有企业间的分配、供应链优化而产生的额外收益或损失在所有企业间的均衡。供应链优化所产生的额外收益或损失大多数时候是由相应企业承担，但有时候因为不能辨别相应对象或者相应对象错位，而必须对额外收益或损失进行均衡，这个均衡通过价格来反映。

价格对企业的激励是显而易见的。高的价格能增强企业的积极性，不合理的低价会挫伤企业的积极性。供应链利润的合理分配有利于供应链企业间合作的稳定和运行的顺畅。

但是，价格激励本身也隐含着一定风险，这就是逆向选择问题。即制造商在挑选供应商时，由于过分强调价格，往往选中了报价较低的企业，而将一些整体水平较好的企业排除在外，其结果影响了产品的质量、交货期等。当然，看重眼前的利益是导致这一现象一个不可忽视的原因，但出现这种整体水平较差的供应商排挤整体水平较好的供应商的最为根本的原因是：在签约前对供应商不了解，没意识到报价越低意味着违约的风险越高。因此，使用价格激励机制时要谨慎从事，不可一味强调低价策略。

2. 订单激励

获得更多的订单是一种激励，在供应链内的企业需要更多的订单激励。一般来讲，一个制造商拥有多个供应商，多个供应商竞争来自于制造商的订单，更多的订单对供应商是一种激励。

3. 商誉激励

商誉是一个企业的无形资产，对企业极其重要。商誉来自于供应链内其他企业的评价和在公众中的声誉,反映企业的社会地位(包括经济地位、政治地位和文化地位)。委托代理理论认为:在激烈的市场竞争上,代理人的代理量(决定其收入)决定于其过去的代理质量与合作水平。从长期看,代理人必须对自己的行为负完全的责任。因此,即使没有显性激励合同,代理人也有努力工作的积极性,因为这样做可以提高自己在代理人市场上的声誉,从而提高未来收入。

我国有些在计划经济条件下成长的国有企业,长期以来对纵向关系十分重视,而对横向关系则没有从战略高度层面上予以认识。久而久之,企业没有良好的合作精神,履行合同的意识较差(如不能按时交货、不按合同付款、恶意欠债等)。这些行为严重影响了这些企业的声誉。因为不好的声誉,一方面使企业难以获得订单;另一方面也埋下了风险隐患。

为了改变这种状况,企业管理者应该从企业长远发展的战略目标出发,提高企业对商誉重要性的认识,不断提高信守合同、依法经营的市场经济意识。整个社会也要逐渐形成一个激励企业提高信誉的环境,一方面通过加强法制建设为市场经济保驾护航,严惩那些不遵守合同的行为;另一方面则要大力宣传那些遵纪守法、信守合同、注重信誉的企业,为这些企业获得更广泛的认同创造良好的氛围。

4. 信息激励

在信息时代里,信息对企业意味着生存。企业获得更多的信息意味着企业拥有更多的机会、更多的资源,从而获得激励。信息对供应链的激励实质上属于一种间接的激励模式,但是它的激励作用不可低估。在供应链企业群体中利用信息技术建立起信息共享机制,其主要目的之一就是为企业获得信息提供便利。企业如果能够很快捷地获得合作企业的需求信息,能够主动采取措施提供优质服务,必然会使合作方的满意度大为提高。这对合作方相互信任有着非常重要的作用。因此,企业在新的信息不断产生的条件下,始终保持着了解信息的欲望,也更加关注合作双方的运行状况,不断探求解决新问题的方法,这样就达到了激励供应链企业的目的。

信息激励机制的提出,也在某种程度上克服了由于信息不对称而使供应链中的企业相互猜忌的弊端,减少了由此带来的风险。

5. 淘汰激励

淘汰激励是负激励的一种。优胜劣汰是世间事物生存的自然法则,供应链管理也不例外。为了使供应链的整体竞争力保持在一个较高的水平,供应链必须建立对成员企业的淘汰机制,同时供应链自身也面临淘汰。淘汰弱者是市场规律之一,保持淘汰对企业供应链是一种激励。对于供应链来讲,淘汰弱者使其获得更优秀的业绩;对于业绩较差者,为避免淘汰的危险它更需要快速发展。

淘汰激励是在供应链系统内形成一种危机激励机制,让所有合作企业都有一种危机感。这样一来,企业为了能在供应链管理体系获得群体优势的同时自己也获得发展,就必须承担一定的责任和义务,这一点对防止短期行为给供应链群体带来的风险也能起到一定的作用。

6. 新产品、新技术的共同开发

新产品、新技术的共同开发和共同投资也是一种激励机制,它可以让供应商全面掌握新产品的开发信息,有利于新技术在供应链企业中的推广和开拓供应商的市场。

传统的管理模式下,制造商独立进行产品的研究与开发,让供应商制造已设计好的零部件。供应商没有机会参与产品的研究与开发过程,只是被动地接受来自制造商的信息,这种合作方式最理想的结果也就是供应商按期、按量、按质交货,不可能使供应商积极主动地关心供应链管理。因此,供应链管理好的企业,都将供应商、经销商甚至用户吸收到产品的研究开发工作中来,按照团队的工作方式展开全面合作。在这种环境下,合作企业也成为整个产品开发中的一分子,其成败不仅影响制造商,而且也影响供应商及经销商。因此,每个人都会关心产品的开发工作,这就形成了一种激励机制,构成对供应链上企业的激励作用。

7. 组织激励

在一个较好的供应链环境下,企业之间合作愉快,供应链的运作也通畅,少有争执。也就是说,一个组织良好的供应链对供应链及供应链内的企业都是一种激励。

减少供应商的数量,并与主要的供应商和经销商保持长期稳定的合作关系是制造商采取的组织激励的主要措施。但有些企业对待供应商与经销商的态度忽冷忽热,产品供不应求时对经销商态度傲慢,供过于求时往往企图将损失转嫁给经销商,因此得不到供应商和经销商的信任与合作。因此,供应链管理人员必须从组织上保证供应链管理系统的运行环境,否则供应链的绩效也会受到影响。

案例讨论

乐事薯片公司的绩效控制

温德尔·沃斯曼是乐事薯片公司的物流成本分析经理,他正面临着一项艰巨的任务。新上任的物流主管哈罗德转交给他一封信,这封信是乐事薯片制造有限公司的唯一一家大众消费品订货商 Buy 4 Less 公司写来的,信中抱怨乐事公司缺乏运作绩效。Buy 4 Less 公司所提出的问题包括:①频繁脱销;②对客户的要求反应不及时;③乐事产品的定价过高。信中建议,如果乐事希望继续为 Buy 4 Less 公司供货,就应该通过以下方法减少库存脱销的情况:①每周提供4次(而不是3次)的直接送货;②安装自动订单查询系统来提升反应速度(10 000 美元);③产品价格下调5%。虽然前物流主管基本上已经决定采纳这些建议,但是哈罗德却有不同的意见。哈罗德让温德尔准备一份乐事公司分段利润的详细分析报告。报告要采用电子表格的形式以便于进行基础分析。这些工作温德尔从来都没有做过,但被要求必须尽快完成。

乐事薯片制造有限公司生产和销售单一品种的薯片,购买对象主要有三种不同类别的零售客户:食品百货店、商场部门和大众消费品订货。其中,大部分的销售份额都集中在食品百货部门,该部门有 36 个零售客户销售点,每年的销售量约为 40 000 单位,占全年公司总销售金额的 50%。商场有 39 个客户销售点,年销售量约为 18 000 单位,占年销售金额的 27% 多。而在大众消费品订货部门,乐事公司只有一位客户(3 个销售点),年销售量约为 22 000 单位,占年销售收入的 22% 以上。所有的分拨运输都是采取直接送到店的方式进行的。由送货员带回过期的、在货架上摆放的样品和商品。

由于公司意识到大众消费品具有巨大的潜在利润,因此,近年来乐事公司着重扩展在这个部门的业务。虽然公司对于整体的收益率非常了解,但是却从来没有分析过单一客户的收益情况。

不久前,温德尔参加了一个讨论会,会议的主题是 ABC 成本分析。他迫不及待地想要把在讨论会上学到的技术用在当前的具体情况中,但是又不知道从何开始,因为他并不理解 ABC 成本分析同部门收益率分析之间的关系。温德尔手中有的只是乐事公司最近的一份利润表副本(见表 13-2),以及各部门物流支出的一些具体信息(见表 13-3)。

表 13-2 利 润 表　　　　　　　　　　(单位:美元)

项　目	金　额	项　目	金　额
收入		市场营销、销售和其他支出	52 151.20
净销售额	150 400.00	利息支出	2 473.00
利益及其他收入	3 215.00	成本及费用合计	144 284.20
收入合计	153 615.00	税前收益	9 330.80
成本及费用		所得税	4 198.86
销货成本	84 000.00	净收入	5 131.94
其他生产支出	5 660.00		

表 13-3 各部门的年度物流成本

成本类别(部门)	食品百货店	商　场	大众消费品
库存成本/(美元/每次运输)	1.80	1.20	2.80
信息成本/(美元/年)	1 000.00	8 000.00	1 000.00
运输成本/(美元/每次运输)	5.00	5.00	6.00

公司的所有运输都是采取直接到店的形式,每周向食品百货商店送货两次,向商场仓库送货一次,向大众消费品订货商送货三次。为了获得销售状况的信息,乐事薯片公司从食品百货和大众消费品订单的客户手中购买数据。购买数据的开支总计为每部门年花费 1 000 美元。商场要求送货人员用手持式扫描仪录入数据以便对销售情况进行管理。到每个仓库的运输费用取决于使用的运输汽车的型号。向商场和食品百货仓库送货用的是标准的送货卡车,而向大众消费品订货的客户送货则使用加长型货车。

各类产品的单位价格各不相同,食品百货的价格为 1.90 美元,商场为 2.30 美元,大众消费品订货

第十三章 供应链绩效评价

为 1.50 美元。温德尔也很清楚 Buy 4 Less 公司希望乐事公司能够用标有下调后的价格的标签代替现在的建议零售价。用于生产此类标签的机器的年租借费用约为 5 000 美元。另外每一单位产品的人力和材料费约为 0.03 美元。

当温德尔在办公室里整理各种数据准备完成这份部门利润率分析的报告时,他收到了几份提供帮助的建议。比尔·史密斯是市场营销部门的经理,他劝温德尔不要为这个分析报告过于劳神,他的理由是:很明显,Buy 4 Less 是我们最重要的客户。我们应该立即采纳他们的建议。

史迪夫·布朗是制造部门的主管,他有着不同的意见。他认为:满足 Buy 4 Less 公司的要求所需要的制造成本过于高昂,应该让 Buy 4 Less 公司了解我们对他们的特殊要求有何感想。

而销售部门也有不同意见。杰克·威廉姆斯认为食品百货类才是最重要的:购买量能说明一切!Buy 4 Less 怎么能是我们的最佳客户?

这个问题引起了如此广泛的争论令温德尔忧心忡忡。

结合案例回答下列问题:乐事应该从哪些维度评价 Buy 4 Less 这一供应链伙伴?

习 题

1. 供应链绩效评价的意义是什么?
2. 供应链绩效评价应遵循什么原则?
3. 供应链绩效评价的内容有哪些?

本章参考文献

[1] 马士华,林勇. 供应链管理 [M]. 北京:高等教育出版社,2003.

[2] 赵林度. 供应链与物流管理理论与实务 [M]. 北京:机械工业出版社,2003.

[3] 李培煊. 管理学 [M]. 北京:中国铁道出版社,1999.

[4] 唐纳德 J 鲍尔索克斯,等. 供应链物流管理 [M]. 李习文,王增东,译. 北京:机械工业出版社,2004.

[5] 霍佳震. 企业评价创新——集成化供应链绩效及其评价 [M]. 石家庄:河北人民出版社,2001.